The Bilingual Book of Rhymes, Songs, Stories, and Fingerplays

Pam Schiller, Rafael Lara-Alecio, Beverly J. Irby

Acknowledgments

Thank you to Kathy Charner, and the editors and proofreaders, Kate Kuhn, Jennifer Ford, and Jada Bradley, who worked many long hours checking the details and accuracy of each entry in this book.

Dedication

To My Uncle Carlos who taught me the beauty of language in all its many forms.

    —Pam Schiller

Dedication

I dedicate this book to all children who hopefully one day will discover that those who read, write, and speak in two languages have better opportunities to understand the world and to optimistically transform it!

I extend the dedication to our ingenious early childhood teachers who give of themselves to create meaningful, relevant, and enjoyable learning experiences in their classrooms.

    —Rafael Lara-Alecio

I dedicate this book to our children's first teachers, and to mine—Gladys and Thomas Irby. Parents make all the difference in our life's view and our life's adventure.

    —Beverly J. Irby

Acknowledgment

We want to thank those who along our lives' paths have inspired our minds.

    —The authors

Reconocimiento

Gracias a Kathy Charner, y a todos los editores, Kate Kuhn, Jennifer Ford y Jada Bradley quienes dedicaron cientos de horas en todo el proceso de editamiento para garantizar lo mejor en la producción literaria.

Dedicación

A mi tío Carlos quien me enseñó la belleza del lenguaje en todas sus formas.

    —Pam Schiller

Dedicación

Dedico este libro a todos los niños quienes pronto descubrirán que todos aquellos que leen, escriben y hablan dos lenguajes tienen mejores oportunidades para entender el mundo en que vivimos y lo más importante, la oportunidad para transformarlo. Extiendo esta dedicatoria a todos nuestros maestros ingeniosos que en todos los tiempos transforman y hacen significativo, relevante y agradable el proceso de enseñanza.

    —Rafael Lara-Alecio

Dedico este libro a mis primeros maestros incluyendo Gladys y Thomas Irby. Nuestros padres siempre hacen la diferencia en nuestras vidas y aventuras.

    —Beverly J. Irby

Reconocimiento

Deseamos agradecer a todos aquellos que a lo largo de nuestras vidas han inspirado nuestras mentes.

    —Los autores

The Bilingual Book of Rhymes, Songs, Stories, and Fingerplays

Pam Schiller, Rafael Lara-Alecio, and Beverly J. Irby

El libro bilingue de rimas, canciones, cuentos y juegos

Pam Schiller, Rafael Lara-Alecio y Beverly J. Irby

Over 450 Spanish/ English Selections

gryphon house®, inc.
Beltsville, MD

© 2004 Pam Schiller, Rafael Lara-Alecio, and Beverly J. Irby
Published by Gryphon House, Inc.
10726 Tucker Street, Beltsville, MD 20705
800.638.0928; 301.595.9500; 301.595.0051 (fax)

Visit us on the web at www.gryphonhouse.com

Illustrations: Deborah Wright and Richele Bartkowiak
Cover Art: Beverly Hightshoe

Library of Congress Cataloging-in-Publication Data

Schiller, Pamela Byrne.
  The bilingual anthology of rhymes, songs, stories, and fingerplays / by
Pam Schiller, Rafael Lara-Alecio, and Beverly J. Irby.
     p. cm.
  Text in English and Spanish.
  Includes index.
  ISBN 13: 978-0-87659-284- 7
  ISBN 10: 0-87659-284-1
  1. English language--Study and teaching (Primary)--Spanish
speakers--Activity programs. 2. Spanish language--Study and teaching
(Primary)--English speakers--Activity programs. 3. Children's literature,
English--Translations into Spanish. 4. Children's literature,
Spanish--Translations into English. I. Lara-Alecio, Rafael. II. Irby,
Beverly J. III. Title.
  PE1129.S8S35 2004
  428.2'461--dc22

                                                    2004012018

Bulk purchase

Gryphon House books are available for special premiums and sales promotions as well as for fund-raising use. Special editions or book excerpts also can be created to specification. For details, contact the Director of Marketing at Gryphon House.

Disclaimer

Gryphon House, Inc. and the authors cannot be held responsible for damage, mishap, or injury incurred during the use of or because of the information in this book. Appropriate and reasonable caution and adult supervision of children is recommended at all times. Do not leave young children unattended at any time. Observe safety and caution at all times.

Table of Contents

Sound and Movement/ Sonido y Movimiento

Celebrations/Celebraciones

Rodeo Time/Tiempo del rodeo

Workers/Trabajadores

Introduction

Songs, fingerplays, chants, rhymes, and stories are the cornerstones of our childhood memories. They are embedded in our personal histories. In childhood and even in adulthood, they hold the power to cheer us, teach us, entertain us, sustain us, enchant us, and comfort us—they are magical. And they are all core ingredients in quality early childhood classrooms and curriculums.

Songs, fingerplays, chants, rhymes, and stories are used throughout the early childhood day. They may be part of the first morning circle or to help with transitions. They are used to teach concepts and skills. They are used to create a sense of community and even as a source of entertainment.

Of all the values attributed to these central ingredients of the early childhood curriculum, probably the most crucial is the role they play in laying the foundation for literacy. The two most reliable predictors of how easily a child will learn to read are the size of the child's vocabulary (oral language development) and his or her ability to discriminate sounds (phonological awareness). Songs, fingerplays, chants, rhymes, and stories, each in their own way, provide the opportunity for building vocabulary and for exploring the sounds of language.

How to Use This Book

The Bilingual Book of Rhymes, Songs, Stories, and Fingerplays/El libro bilingue de rimas, canciones, cuentos, y juegos is a treasure for any classroom. It is organized by themes to provide a quick reference point for you. It makes it easy to find support for your lessons or to be more spontaneous and follow children's interests as they emerge. All selections are in both English and Spanish. If the entry originated in Spanish it will show up first in Spanish and then in English. If, on the other hand, it originated in English it will show up first in English followed by the Spanish. We did not use direct translation for the most part because the translations don't always work in the second language. We do, however, provide comparable pieces for all selections. This is imperative for children who are learning two languages.

The anthology selections provide support for themes, but they also provide a springboard for the teaching of a second language. Research suggests that children who are exposed to just 50 words of a second language prior to age 6 will develop an "ear" for the sounds of that language that will allow them to later speak the language without an accent or dialect.

The stories in *The Bilingual Book of Rhymes, Songs, Stories, and Fingerplays/El libro bilingue de rimas, canciones, cuentos, y juegos* are diverse. They include action stories, prop and puppet stories, and listening stories. Literacy is developed as children explore books and other printed materials, but a sense of story is developed when children play a more active role. The prop and puppet stories encourage children to retell the story in their own words. The action stories allow children to physically participate in the story. The listening stories require children to create their own visual images of story characters and story scenes. Involving children in the story helps them develop a sense of story from the inside out.

The selections in this anthology can be used throughout the day. Sing a song or say a chant during morning circle to start the day. Use a rhyme or chant, such as to fill the wait time as children prepare for lunch, recess, or going home. There are several selections in the collection, such as "Clean-Up Time/La hora de limpiar," that are perfect for transitions. At group time use one of the songs, chants, or rhymes to "announce" the beginning of group time.

Most of the songs in this anthology are familiar and have traditional tunes. Newly written songs are written to traditional tunes. In the eyes of a child, there is no such thing as "someone who can't sing," but if you have lost your childhood vision and see yourself as a non-singer, you can still use the songs—just turn them into chants.

We hope that you will enjoy having bilingual songs, fingerplays, chants, rhymes, and stories at your fingertips. As the selections come to life in your classroom, embrace the magic that they hold. The value is tremendous and the fun begins the minute you open the book.

The appendix of this book (page 431) includes a list of websites and books that provide comprehensive information about the Spanish language, Spanish pronunciation, and cultures in Spanish-speaking countries.

The Alphabet Forward and Backward/ El alfabeto al derecho y al revés

Tune: The Alphabet Song

The Alphabet Forward and Backward

Traditional

A-B-C-D-E-F-G, H-I-J-K-L-M-N-O-P, Q-R-S, T-U-V, W-X-Y-Z.

Now I know my ABCs. Next time sing them backwards with me.

Z-Y-X-W-V-U-T, S-R-Q-P-O-N-M, L-K-J, I-H-G, F-E-D, C-B-A.

Now I've said my ZYX's. Bet that's not what you expected!

El alfabeto al derecho y al revés

adaptado por Rafael Lara-Alecio

A B C D E F G...H I J K L M N Ñ O P..Q R S...T U V...W X...Y... Z.

Ahora sé todas mis letras. Ahora cántalas al revés.

Z Y X W V U T...S R Q P O Ñ N M...L K J...I H G...F E D...C B A.

Ahora sé todas mis letras. ¿Tu cómo la ves?

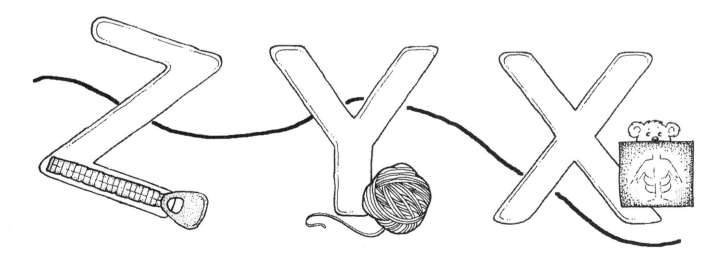

The Alphabet Song/La canción del ABC

Tune: Twinkle, Twinkle, Little Star

The Alphabet Song

Traditional

A-B-C-D-E-F-G
H-I-J-K-L-M-N-O-P
Q-R-S-T-U-V
W-X-Y and Z
Now I know my ABCs.
Next time won't you sing with me?

La canción del ABC

adaptado por Rafael Lara-Alecio

A-B-C-D-E-F-G
H-I-J-K
L-M-N-Ñ
O-P-Q-R-S
T-U-V-W
X-Y y Z
Ahora sé mi abecedario
Dime que piensas de mí.

Cleanup Time/La hora de limpiar

Tune: Do You Know the Muffin Man?

Cleanup Time

Traditional

Oh, can you put the toys away,
Toys away, toys away?
Oh, can you put the toys away?
It's time to end our play.

La hora de limpiar

adaptado por Rafael Lara-Alecio y Beverly J. Irby

Oh, ¿Puedes guardar los juguetes?
¿Guardar los juguetes, los juguetes?
Oh, ¿Puedes guardar los juguetes?
Termina de ponerlos en los gabinetes.

Canción sobre la luna/Moon Song

Tono: Brilla, brilla estrellita

Canción sobre la luna

by Rafael Lara-Alecio y Beverly J. Irby

A-B-C, D-E
mira la luna con él.
F-G-H-I-J.
No olvides tus botas.
K-L, MNÑO
no olvides que la luna es una "o".
P-Q-R, S-T
brinca adentro del cohete.
U-V-WXY
ahora estoy alegre.
Z-Z-ZZ
a la luna, zumbando es mi meta.

Moon Song

by Beverly J. Irby

Look at the moon over the sea,
A-B-C-D-E,
Making night light as day,
F-G-H-I-J.
Beautiful moon shine on me,
K-L-M-N-O-P.
Sing lovely moon, sing your night song to me,
P-Q-R-S-T.
Sing before you say you good-bye,
U-V-W-X-Y.
Shine down brightly, sing merrily,
Z-Z-ZZZ.
Beautiful shining over the sea!

Days of the Week/Días de la semanas

Tune: Are You Sleeping?

Days of the Week

Traditional

Today is Monday; today is Monday.
How are you? How are you?
Very well, I thank you. Very well, I thank you.
How about you? How about you?

…Tuesday
…Wednesday
…Thursday
…Friday
…Saturday
…Sunday

Días de la semana

adaptado por Rafael Lara-Alecio

Hoy es lunes. Hoy es lunes.
¿Cómo estás? ¿Cómo estás?
Muy bien, gracias. Muy bien, gracias.
¿Y tú? ¿Y tú?

…martes
…miércoles
…jueves
…viernes
…sábado
…domingo

Color Song/Los colores

Tune: I've Been Workin' on the Railroad (chorus)

Color Song

by Pam Schiller

Red is the color for an apple to eat.
Red is the color for cherries, too.
Red is the color for strawberries.
I like red, don't you?

Blue is the color for the big blue sky.
Blue is the color for baby things, too.
Blue is the color of my sister's eyes.
I like blue, don't you?

Yellow is the color for the great big sun.
Yellow is the color for lemonade, too.
Yellow is the color of a baby chick.
I like yellow, don't you?

Green is the color for the leaves on the trees.
Green is the color for green peas, too.
Green is the color of a watermelon.
I like green, don't you?

Orange is the color for oranges.
Orange is the color for carrots, too.
Orange is the color of a jack-o-lantern.
I like orange, don't you?

Purple is the color for a bunch of grapes.
Purple is the color for grape juice, too.
Purple is the color for a violet.
I like purple, don't you?

Los colores

adaptado por Rafael Lara-Alecio y Beverly J. Irby

Rojo es el fuego. Rojo es el amor.
Rojo es el corazón con que quiero yo.

Amarillo es el plátano. Amarillo es el limón.
Amarillo es el sombrero que lleva Don Simón.

Azul es el cielo. Azul es la mar.
Azul es el barquito que te voy a dar.

La naranja nació verde y con el tiempo maduró,
se puso tan bonita que anaranjada se quedó.

Verde es el árbol. Verde es el pino,
cuando llegue el invierno se verá divino.

De la fruta mora viene el color morado.
Moradas son las uvas que mi tío ha pizcado.

Negro es el gato que sale en la noche.
¡Cuidado gato negro ahí viene el coche!

Palito, palito, color de café,
si tú no me quieres yo ya sé por qué.

Blanca es mi casita, blanca y chiquita,
llena de flores y muy bonita.

Cuando tengo los colores, cuando tengo los
    colores,
Solo pienso en los colores y ellos se convierten
    en amores.

Colores/Colors

Tono: Yankee Doodle

Colores

by Rafael Lara-Alecio y Beverly J. Irby

Éste es el canto de los colores.
Colores que puedo ver
y sus nombres aprender,
eso voy hacer,
los nombres aprender.
Así lo voy a hacer.
Rojo, azul, verde, amarillo,
anaranjado, café y morado.
Negro, blanco son también colores.
¿Cuántos te he enumerado?
Nueve colores ahora te he cantado.

Colors

by Pam Schiller

I see colors all around
And I can name them too.
There's red and brown
And then there's blue,
Orange, purple, pink, and yellow.

I see colors, yes I do.
I see colors, cheery.
I see colors everywhere.
They make the world less dreary.

Black and white are colors, too.
They look real good on pandas.
I like 'em more than red and blue,
Especially on the zebras.

I see colors, yes I do.
I see colors, cheery.
I see colors everywhere.
They make the world less dreary.

Here We Go 'Round the Mulberry Bush/Aquí vamos a la vuelta de la morera

Here We Go 'Round the Mulberry Bush

Traditional

Here we go 'round the mulberry bush, *(Hold hands and walk in circle.)*
The mulberry bush, the mulberry bush.
Here we go 'round the mulberry bush
So early in the morning.
This is the way we wash our clothes, *(Suit actions to words.)*
Wash our clothes, wash our clothes.
This is the way we wash our clothes
So early Monday morning.

Additional verses:

This is the way we iron our clothes…Tuesday morning.
This is the way we scrub the floors…Wednesday morning.
This is the way we sew our clothes…Thursday morning.
This is the way we sweep the house…Friday morning.
This is the way we bake our bread…Saturday morning.
This is the way we go to church…Sunday morning.

Aquí vamos a la vuelta de la morera

adaptado por Rafael Lara-Alecio

Aquí vamos a la vuelta de la morera, *(Tómense por las manos y caminen en círculo.)*
de la morera, de la morera,
Aquí vamos a la vuelta de la morera
muy temprano por la mañana.
Ésta es la forma que lavamos la ropa, *(Haga palabras de acción.)*
lavamos la ropa, lavamos la ropa.
Ésta es la forma que lavamos la ropa,
el lunes por la mañana.

Versos adicionales:

Ésta es la forma que planchamos la ropa…
el martes por la mañana.
Ésta es la forma que fregamos los pisos…
el miércoles por la mañana.
Ésta es la forma que cosemos la ropa…
el jueves por la mañana.
Ésta es la forma que barremos la casa…
el viernes por la mañana.
Ésta es la forma que hacemos el pan…
el sábado por la mañana.
Ésta es la forma que vamos al parque…
el domingo por la mañana.

Months of the Year/Los meses del año

Tune: Bumping Up and Down in My Little Red Wagon

Months of the Year

Traditional

January, February, March, and April,
May and June, July and August.
September, October, November, December.
Then you turn around.
(Repeat. After singing it through twice, end with
the last line: "Twelve months in each year!")

Los meses del año

adaptado por Rafael Lara-Alecio y Beverly J. Irby

Enero, febrero, marzo y abril,
mayo y junio, julio y agosto,
septiembre, octubre, noviembre y diciembre.
Luego das la vuelta.
(Repita, después de repetir la cancion dos
veces, concluya diciendo —¡Doce meses en
cada año!—)

This Is the Way We Walk to School/ De esta manera yo camino a la escuela

Tune: Here We Go 'Round the Mulberry Bush

This Is the Way We Walk to School

by Pam Schiller

This is the way we walk to school,
Walk to school, walk to school.
This is the way we walk to school,
Early in the morning.

Additional verses:
This is the way we hop to school…
This is the way we jump to school…
This is the way we skip to school…

De esta manera yo camino a la escuela

adaptado por Rafael Lara-Alecio y Pam Schiller

De esta manera yo camino a la escuela,
camino a la escuela, camino a la escuela.
De esta manera yo camino a la escuela,
todas las mañanas.

Versos adicionales:
De esta manera yo corro a la escuela…
De esta manera yo salto en la escuela…
De esta manera yo brinco en la escuela…

Oh, Do You Know the Principal?/ Oh, ¿Conocen al Director?

Tune: Do You Know the Muffin Man?

Oh, Do You Know the Principal?

by Pam Schiller

Oh, do you know the principal,
The principal, the principal?
Oh, do you know the principal?
He/She is in charge of our school.

Oh, do you know the secretary,
Secretary, secretary?
Oh, do you know the secretary?
He/She runs the office so well.

Oh, do you know the custodian,
The custodian, the custodian?
Oh, do you know the custodian?
He/She keeps our classroom neat!

Oh, do you know the bus driver,
The bus driver, the bus driver?
Oh, do you know the bus driver?
He/She drives us to our school!

Oh, do you know the librarian,
The librarian, the librarian?
Oh, do you know the librarian?
He/She reads to us each day!

Oh, ¿Conocen al Director?

por Rafael Lara-Alecio, Beverly J. Irby y Pam Schiller

¡Oh! ¿Conocen al Director?
¡Oh! ¿Conocen al Director,
al Director, al Director?
¡Oh! ¿Conocen al Director?
¡Él dirige nuestra escuela muy bien!

¡Oh! ¿Conocen al personal de la oficina?
¿Al personal de la oficina, al personal de la oficina?
¡Oh! ¿Conocen al personal de la oficina?
¡Ellos llevan los registros en orden!

¡Oh! ¿Conocen al conserje?
¿Al conserje, al conserje?
¡Oh! ¿Conocen al conserje?
¡Él mantiene todo ordenado y limpio!

¡Oh! ¿Conocen al chofer?
¿ Al chofer, al chofer?
¡Oh! ¿Conocen al chofer?
¡Él nos lleva a la escuela!

¡Oh! ¿Conocen al bibliotecario?
¿Al bibliotecario, al bibliotecario?
¡Oh! ¿Conocen al bibliotecario?
¡Él nos lee cada semana!

Sing a Song of Opposites/Canta la canción de los opuestos

Tune: Mary Had a Little Lamb

Sing a Song of Opposites

by Pam Schiller

This is big and this is small,
This is big; this is small,
This is big and this is small,
Sing along with me.

Additional verses:
This is tall and this is short…
This is up and this is down…
This is in and this is out…
This is happy and this is sad…
This is soft and this is hard…
This is fast and this is slow…
This is here and this is there…

Canta la canción de los opuestos

adaptado por Rafael Lara-Alecio y Pam Schiller

Éste es grande y éste es pequeño,
este es grande y éste es pequeño,
este es grande y éste es pequeño,
canta conmigo mi amigo.

Versos adicionales:
Éste es alto y éste es bajo.
Éste es largo y éste es corto.
Ésta es izquierda y ésta es derecha.
Éste es sobre y éste es debajo.

Time for Rhymes/Hora de rimar

Tune: The Addams Family

Time for Rhymes

Traditional

Time for rhymes *(clap twice)*,
Time for rhymes *(clap twice)*,
Time for rhymes, time for rhymes, time for
    rhymes.

Verse:
There's cat and there's pat,
There's fat and there's rat.
There's mat and there's hat.
The "-at" family.

Additional verses:
Sad, mad, had, fad, pad, dad…
Set, met, let, pet, set, vet…
Bike, hike, Mike, pike, trike, like …

Hora de rimar

*adaptado por Rafael Lara-Alecio, Beverly J. Irby y
Pam Schiller*

Hora de rimar *(Hacer ruido con las palmas de
    sus manos dos veces.)*
hora de rimar *(Hacer ruido con las palmas de
    sus manos dos veces.)*
hora de rimar, hora de rimar, hora de rimar.

Verso:
Hay pan y hay tan,
hay flan y hay plan.
Hay van y hay gran,
la familia de "-an."

Versos adicionales:
masa, casa, asa, pasa, grasa, brasa...

Your Name/Tu nombre

Tune: Do You Know the Muffin Man?

Your Name

by Beverly J. Irby and Rafael Lara-Alecio

If your name begins with __,
Begins with __, begins with __,
If your name begins with __,
Stand up, please.

Variations: Sit down, please; jump up, please.

Tu nombre

por Beverly J. Irby y Rafael Lara-Alecio

Si tu nombre empieza con __,
empieza con __, empieza con__,
si tu nombre empieza con __,
levántate por favor.

Variaciones: Siéntate por favor; Salta por favor.

Be Very Quiet/¡Cállense!

Be Very Quiet

Traditional

Shhh—be very quiet,
Shhh—be very still.
Fold your busy little hands,
Close your sleepy little eyes.
Shhh—be very quiet.

¡Cállense!

por Beverly J. Irby y Rafael Lara-Alecio

¡Shhh! ¡Cállense!
¡Shhh! ¡Quédense muy quietos!
Enlacen sus manitas atareadas,
cierren sus ojitos soñolientos.
¡Shhh! ¡Cállense!

I Wiggle/Menearse

I Wiggle

Traditional

I wiggle, wiggle, wiggle my fingers. *(Wiggle fingers.)*
I wiggle, wiggle, wiggle my toes. *(Wiggle toes.)*
I wiggle, wiggle, wiggle my shoulders. *(Wiggle shoulders.)*
I wiggle, wiggle, wiggle my nose. *(Wiggle nose.)*
Wiggle, wiggle, wiggle, dee, dee, *(Shake head.)*
Now I'm as still as I can be. *(Sit or stand still.)*

Menearse

por Beverly J. Irby y Rafael Lara-Alecio

Meneo, meneo, meneo mis dedos de la mano. *(Menea los dedos de tu mano.)*
Meneo, meneo, meneo mis dedos del pie. *(Menea los dedos de tu pie.)*
Meneo, meneo, meneo mis hombros. *(Menea tus hombros.)*
Meneo, meneo, meneo mi nariz. *(Menea tu nariz.)*
No me quedan más meneos en mi cuerpo, *(Mueve tu cabeza.)*
por eso me siento tan callado como callado puedo estar. *(Permanece callado.)*

ABCD/ABCD

ABCD

Tradicional

A B C D
La burra se me fué
por la calle de mi tía Merced.

A E I O U
¿El burro sabe más que tú?

ABCD

adapted by Beverly J. Irby y Rafael Lara-Alecio

A B C D
The donkey ran under
My Aunt Mary's tree.

A-E-I-O-U
Does the donkey know more than you?

Crayones nuevos/New Crayons

Crayones nuevos

por Rafael Lara-Alecio y Beverly J. Irby

Hoy tengo crayones nuevos,
crayoncitos de color.
¿Qué dibujaré con ellos?
¿Un juguete, una flor?
No, dibujaré una cajita de manzanas
redonditas y encarnadas,
que ya empiezo a saborear.

New Crayons

by Beverly J. Irby and Rafael Lara-Alecio

Today I have new crayons,
One of every color.
What shall I color with them?
Fireworks or a flower?

No, I drew a little box of apples,
With apples round and fat.
I want some of those apples.
Oh, no! So does my cat!

Adivinanzas con letras/Letter Riddles

por Beverly J. Irby y Rafael Lara-Alecio

Una en la mano,
una en la tuna;
pero en el mono no hay ninguna.
(La letra A)

One is in land,
One is in earth,
But there is not one in sky.
(The letter A)

Una está en la tierra,
una está en correr,
pero ninguna está en la mar.
¿Quién soy?
(La letra E)

I'm at the end of the cake
Without icing, without sugar,
Without flour, without milk.
What am I?
(The letter E)

Estoy en pepino,
permanezco derecho,
como un soldado,
pero no estoy en soldado,
ni tampoco en derecho.
¿Quién soy?
(La letra I)

I'm a little stick,
Very straight.
I am in the middle.
I don't stand in front.
I don't stand in back.
What am I?
(The letter I)

Tengo forma de pelota.
Estoy al principio y al final de oso.
¿Quién soy?
(La letra O)

I look like a ball.
I am at the beginning and ending of "Otto."
(The letter O)

Soy una letra
llamada "n"
pero cuando salto al revés
soy otra letra.
¿Quién soy?
(La letra U)

Do you know of a little letter
That if you turn it over it makes "n",
But if you turn it over again
It is at the beginning of up?
(The letter U)

First and Last Name Cheer/Porra de su primer nombre y su apellido

First and Last Name Cheer

by Pam Schiller

(Insert each child's name.)
My first name is <u>Evan</u>.
My last name is <u>Smith</u>.
Put it together and what do you have?
<u>Evan Smith</u>!
That's me!

Porra de su primer nombre y su apellido

por Rafael Lara-Alecio y Beverly J. Irby

(Ponga el nombre de cada niño en la clase.)
Mi nombre es <u>Iván</u>,
y mi apellido es <u>López</u>.
Ahora pon los juntos, y ¿Qué tienes?
<u>¡Iván López</u>!
¡Ese soy yo!

I Like School/Me gusta la escuela

I Like School

by Pam Schiller

I like school. I like it a lot.
It's my favorite place, believe it or not.
I love blowing bubbles. I love all the toys.
I love the quiet, and I love the noise.
I love painting with feathers and building with
     blocks,
Reading good books, and dancing in socks.
My teacher loves me. I know that it's true.
She smiles and laughs the whole day through.
I'm a *(name of your school)* kid. It's plain to see,
'Cause I'm just as happy as a kid can be.

Me gusta la escuela

por Rafael Lara-Alecio

Me gusta la escuela, me gusta mucho te lo digo.
Es mi lugar favorito, te lo digo y así sigo.
Hacer burbujas me gusta. Todos los juguetes
     me gustan.
Tanto la tranquilidad como el bullicio me
     encantan.
Me encanta pintar con plumas y con bloques
     jugar.
Me encanta leer buenos libros y con mis amigos
     bailar.
Le agrado a mi maestra. Yo sé que es verdad.
Ella me sonríe y sonríe todo el día.
Soy estudiante en *(Menciona el nombre de tu
     escuela.)*
eso es fácil de ver ¡porque soy tan feliz como
     todo niño debe ser!

Números/Numbers

Números

por Beverly J. Irby y Rafael Lara-Alecio

Un gato
Dos perros
Tres pollitos
Cuatro conejitos
Cinco tortugas
Seis caballos
Siete vacas
Ocho ovejas
Nueve cabras
Diez peces
Once elefantes
Doce jirafas
Trece osos
Catorce leones
Quince mapaches
Dieciséis lagartos
Diecisiete cocodrilos
Dieciocho monitos
Diecinueve gorilas
Veinte rinocerontes
Veintiún hipopótamos
Veintidós camellos
Veintitrés venados
Veinticuatro tigres
Veinticinco alces

Numbers

by Rafael Lara-Alecio and Beverly J. Irby

One cat
Two dogs
Three chicks
Four rabbits
Five turtles
Six horses
Seven cows
Eight sheep
Nine goats
Ten fish
Eleven elephants
Twelve giraffes
Thirteen bears
Fourteen lions
Fifteen raccoons
Sixteen alligators
Seventeen crocodiles
Eighteen monkeys
Nineteen gorillas
Twenty rhinoceroses
Twenty-one hippopotamuses
Twenty-two camels
Twenty-three deer
Twenty-four tigers
Twenty-five elks

Los opuestos/Opposites

Los opuestos

por Rafael Lara-Alecio y Beverly J. Irby

Ahora vamos a jugar,
a un juego que te va a gustar.
Si yo digo caliente,
tú me dices frío.
Caliente, caliente, caliente,
frío, frío, frío.
Si yo digo grande,
tú dices pequeño.
Grande, grande, grande,
pequeño, pequeño, pequeño.
*(Continúe la rima usando otras combinaciones
de opuestos.)*

Opposites

by Rafael Lara-Alecio and Beverly J. Irby

A game of opposites we can play.
You say the opposite of what I say.
I say hot,
You say _____ (cold).
Hot, hot, hot,
Cold, cold, cold.
I say big,
You say _____ (small).
Big, big, big,
Small, small, small.
*(Continue the rhyme with other opposite
combinations.)*

Time to Go Home/Hora de ir a casa

Time to Go Home

by Rafael Lara-Alecio and Beverly J. Irby

"It's time to go home,"
I heard my teacher say.
"Now, please, pick up your toys,
And put them all away."

Hora de ir a casa

por Rafael Lara-Alecio y Beverly J. Irby

El día ya se acaba.
Pronto el sol se pondrá.
Es hora de recoger los juguetes.
Mañana otro día será.

Tick Tock/Tic tac

Tick Tock

by Beverly J. Irby and Rafael Lara-Alecio

Tick, tock,
Hear the clock,
Almost time for school.
I get one carton of milk.
Mother fries two eggs.
Brother gets three bowls.
Father cuts four oranges.
Sister makes five slices of toast.
Tick, tock,
Hear the clock,
Breakfast is the rule.
Tick, tock,
Hear the clock,
Rushing off to school.

Tic tac

por Beverly J. Irby y Rafael Lara-Alecio

Tic tac,
hace el reloj.
Casi es tiempo para la escuela.
Tengo un cartón de leche.
Mamá cocina dos huevos.
Hermano toma tres tazas.
Papá corta cuatro naranjas.
Hermana hace cinco bonitas tostadas.
Tic tac,
hace el reloj.
Es tiempo para desayunar.
Tic tac,
hace el reloj,
¡Dense prisa para estudiar!

With a Crayon in My Hand/ Con un crayón en la mano

With a Crayon in My Hand

by Pam Schiller

With a crayon in my hand,
Everything's at my command.
Thoughts race through my mind,
And my hand is close behind.
I can make my lines real straight,
Or I can make a crazy eight.
I can draw them up and down,
Or color them red and brown.
I'll draw polka-dotted ants
And elephants in training pants,
Dinosaurs with bandaged knees,
And monkeys hanging in orange trees.
Here's a crayon that's just for you.
Now let's see what you can do!

Con un crayón en la mano

por Rafael Lara-Alecio y Beverly J. Irby

Con un crayón en la mano,
me siento con poder de mando.
Pensamientos corren por mi mente,
y mis dedos están candentes.
Puedo hacer líneas rectas,
o hacer un ocho loco.
Los puedo dibujar desde arriba hacia abajo,
o colorearlos de café, o de rojo.
Dibujaré hormigas con lunares,
y elefantes en pañales.
Dinosaurios con las rodillas vendadas,
y monos que se columpian de las enramadas.
Éste es un crayón que tú puedes tener.
¡Ahora, a ver lo que puedes hacer!

Roll On, Roll On/Rueda, rueda
(Listening Story)

Roll On, Roll On

by Pam Schiller

The little blue button spent most of his life in a box on the shelf. Sometimes the children took the box down and played with the buttons, and he liked that. But they never dropped him on the floor or took him home. Never once did he get to stay in Tiffany's pocket when it was time to dance. Tiffany never forgot to put him away, so he never got to go outside. Tiffany always remembered to put the button box back on the shelf, so he never got to go to the corner market after school.

The little blue button really wanted to see the world. Well, one day…you know what happened, don't you? Somebody accidentally knocked the button box over. Hundreds of buttons spilled on the table, and Little Blue rolled off the table and onto the floor. When no one was looking, he rolled out the door. Roll on, Little Blue, roll on, roll on.

He rolled down the hallway, past hundreds of feet, out through the front door, and into the street. Roll on, Little Blue, roll on, roll on.

He rolled past the market and saw Ashley's dad stacking apples and oranges for the sale that he had. Roll on, Little Blue, roll on, roll on.

He rolled past the bakery, all "chocolatey" sweet, and waved at the butcher he happened to meet. Roll on, Little Blue, roll on, roll on.

He rolled past the tire shop and on to the light, then went to the laundry down on the right. Roll on, Little Blue, roll on, roll on.

He rolled past the toy store and on to the pool, down a long staircase, and into the school. Roll on, Little Blue, roll on, roll on.

His adventure is over; he's seen the whole town. Now he's back in his box and settling right down. Sleep on, Little Blue, sleep on, sleep on.

Roll On, Roll On/Rueda, rueda
(Listening Story)

Rueda, rueda

por Rafael Lara-Alecio y Pam Schiller

El botoncito azul pasaba la mayor parte de su vida en una cajita que estaba en un estante. A veces, los niños sacaban la cajito del estante y jugaban con los botones y con el botoncito azul ¡Eso le gustaba! Pero los niños nunca lo tiraban al suelo o se lo llevaban para su casa.

Ni siquiera una vez tuvo la oportunidad de quedarse en el bolsillo de Tiffany cuando era hora de ir al baile. Tiffany nunca se olvidaba de volverlo a colocar en la cajita, así que el botoncito azul nunca tenía la oportunidad de salir. Tiffany siempre se acordaba de colocar la cajita de botones de regreso en el estante. El botoncito azul nunca podía ir al mercado de la esquina después de clase. El botoncito azul tenía muchos deseos de conocer el mundo. Pero ¿Saben lo que pasó un día? Por accidente, alguien botó la cajita de botones al suelo. Cientos de botones se desparramaron sobre la mesa y el botoncito azul rodó por la mesa y cayó al suelo. Cuando nadie miraba, el botoncito rodó hasta llegar a la puerta.

Rodó por el pasillo, cientos de pies pasó, salió por la puerta principal y a la calle llegó.

Rueda, botoncito azul, rueda que rueda.

Rodó y pasó por el mercado y al papá de Ashley pudo ver, quien vendía manzanas y naranjas.

Rueda, botoncito azul, rueda que rueda.

Rodó y pasó por la panadería, por la pastelería y le hizo señas al señor que conoció en la carnicería.

Rueda, botoncito azul, rueda que rueda.

Rodó y pasó por la tienda de llantas y luego se paró en el semáforo de la esquina; fue a la tintorería y allí un rato estuvo.

Rueda, botoncito azul, rueda que rueda.

Rodó y pasó por la juguetería y la piscina también visitó.

Finalmente, por una larga escalera a la escuela llegó.

Rueda, botoncito azul, rueda que rueda.

Su aventura se acabó; ya vió toda la ciudad. Ahora en su cajita de nuevo el botoncito está.

¡Duerme, botoncito azul, duerme, duerme!

Smart Cookie's Best Friend, Gabby Graham/Gabby Graham, la mejor amiga de Smart Cookie
(Listening Story)

Smart Cookie's Best Friend, Gabby Graham

by Pam Schiller

Smart Cookie is a wonderful, round, perfect chocolate chip cookie. Gabby Graham is a fine, rectangular graham cracker. Smart Cookie and Gabby Graham are best friends. They can't wait to get to school each day so they can play together. Their favorite activity is building in the blocks center. They make roads and highways, barns and farms, tall skyscrapers and cozy cottages.

Smart Cookie always finds a rectangular block that matches Gabby's graham cracker-shaped body and says with a laugh, "Hey, this block is the same shape you are."

Gabby finds two half-circle arches, puts them together, and says with a laugh, "Hey, these blocks are the same shape you are." Both cookies laugh.

Next to playing with the blocks, the cookies both love story time. They like all the Dr. Seuss stories but, of course, *If You Give a Mouse a Cookie* is their favorite story. Do you know why?

The cookies like drawing and painting. They love to play outdoors. They enjoy playing games with the other children and they both sing loudly during Morning Circle. The cookies love everything about school, but there is no doubt that their favorite thing about school is the opportunity to spend time together. They are best friends. Do you have a best friend?

Smart Cookie's Best Friend, Gabby Graham/Gabby Graham, la mejor amiga de Smart Cookie
(Listening Story)

Gabby Graham, la mejor amiga de Smart Cookie

por Rafael Lara-Alecio y Pam Schiller

Smart Cookie es una galletita con trocitos de chocolate. Es maravillosa, redonda y perfecta. Gabby Graham es una galletita graham muy fina y rectangular. Smart Cookie y Gabby Graham son muy buenas amigas. No pueden esperar para ir a la escuela todos los días y así poder jugar juntas. Su actividad favorita es hacer construcciones de bloques. Construyen caminos y carreteras, graneros y granjas, rascacielos altos y cabañas acogedoras.

Smart Cookie siempre encuentra un bloque rectangular que va con la forma del cuerpo de Gabby Graham y le dice riéndose. —Mira, este bloque tiene la misma forma que tú—.

Gabby encuentra dos arcos en semicírculo, los junta y le dice riéndose.

—Mira, estos bloques tienen la misma forma que tú—. Las dos galletitas se ríen.

Además de jugar con los bloques, a las dos galletitas les encanta la hora de los cuentos. Les gustan todos los cuentos del Doctor Seuss. Por supuesto, su cuento favorito es *Si le das una galleta a un ratón.* ¿Sabes por qué?

A las dos galletitas les encanta dibujar y pintar. Les gusta mucho jugar al aire libre. Disfrutan mucho jugando con otros niños y las dos cantan a toda voz durante el círculo matutino. A las dos galletitas les encanta todo lo que tenga que ver con la escuela. No hay duda de que lo que más les gusta sobre la escuela es la oportunidad que tienen de estar juntas. Ellas son muy buenas amigas. Y tú ¿Tienes un mejor amigo o amiga?

Additional selections that support the theme of School Days/Días de escuela:
Mary Had a Little Lamb/Mary tenía una corderita (page 248)
Are You Listening?/¿Me están escuchando? (page 36)

Do Your Ears Hang Low?/
¿Son tus orejas muy largas?

Do Your Ears Hang Low?

Traditional

Do your ears hang low? *(Point to ears.)*
Do they wobble to and fro? *(Move hands side to side.)*
Can you tie them in a knot? *(Make tying motion.)*
Can you tie them in a bow? *(Pretend to tie a bow.)*
Can you throw them over your shoulder
Like a Continental soldier? *(Salute.)*
Do your ears hang low? *(Point to ears.)*

¿Son tus orejas muy largas?

adaptado por Rafael Lara-Alecio y Beverly J. Irby

¿Son tus orejas muy largas? *(Señala tus orejas.)*
¿Bambolean adelante y atrás? *(Mueve tus manos adelante y atrás.)*
¿Puedes con un nudo amarrarlas? *(Haz como que amarras algo.)*
¿Puedes con un lazo atarlas? *(Haz como que haces un lazo.)*
¿Puedes lanzarlas detrás de tus hombros? *(Pretende que pasas algo sobre tus hombros.)*
¡Como los soldados del Norte lo mandan! *(Haz como que saludas.)*
¿Son tus orejas muy largas? *(Señala tus orejas.)*

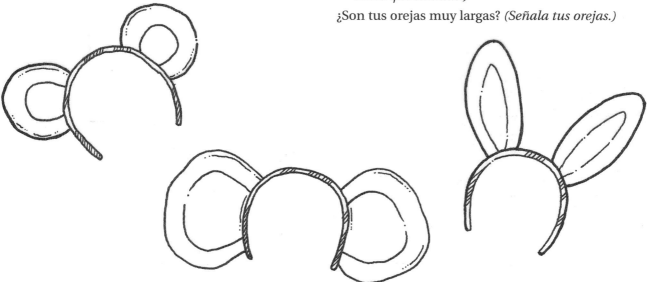

Are You Listening?/¿Me están escuchando?

Tune: Are You Sleeping?

Are You Listening?

Traditional

Are you listening?
Are you listening?
Boys and girls, girls and boys?
Come and join our circle.
Come and join our circle.
Sit right down.
Sit right down.

¿Me están escuchando?

adaptado por Rafael Lara-Alecio y Pam Schiller

¿Me están escuchando?
¿Me están escuchando?
Niños y niñas, niñas y niños.
Vengan al círculo.
Vengan al círculo.
Ahora siéntense.
Ahora siéntense.

Are You Sleeping?/¿Fray Felipe, Fray Felipe?

Are You Sleeping?

Traditional

Are you sleeping? Are you sleeping?
Brother John, Brother John?
Morning bells are ringing.
Morning bells are ringing.
Ding! Dong! Ding!
Ding! Dong! Ding!

¿Fray Felipe, Fray Felipe?

adaptado por Rafael Lara-Alecio y Beverly J. Irby

Fray Felipe, Fray Felipe
¿Duermes tú? ¿Duermes tú?
Suenan las campanas.
Suenan las campanas.
¡Din, don, dan. Din, don, dan!

Buenos días/Good Morning

Tono: Martinillo

Buenos días

por Rafael Lara-Alecio

Buenos días, buenos días.
¿Cómo estás? ¿Cómo estás?
Muy bien, gracias, muy bien, gracias.
¿Y tú? ¿Y tú?

Buenas tardes, buenas tardes.
¿Cómo estás? ¿Cómo estás?
Muy bien, gracias, muy bien, gracias.
¿Y tú? ¿Y tú?

Buenas noches, buenas noches.
¿Cómo estás? ¿Cómo estás?
Muy bien, gracias, muy bien, gracias.
¿Y tú? ¿Y tú?

Good Morning

by Rafael Lara-Alecio and Beverly J. Irby

Good morning, good morning.
How are you? How are you?
Very well, I thank you. Very well, I thank you.
How about you? How about you?

Good afternoon, good afternoon.
How are you? How are you?
Very well, I thank you. Very well, I thank you.
How about you? How about you?

Good evening, good evening.
How are you? How are you?
Very well, I thank you. Very well, I thank you.
How about you? How about you?

El Chorrito/The Little Stream

El Chorrito

Tradicional

Allá en la fuente había un chorrito,
se hacía grandote, se hacía chiquito.
Allá en la fuente había un chorrito,
se hacía grandote, se hacía chiquito.

Estaba de mal humor,
pobre el chorrito tenía calor.
Estaba de mal humor,
pobre el chorrito tenía calor.

The Little Stream

adapted by Beverly J. Irby

There in the fountain there is a stream.
Sometimes it is large, sometimes it is small.
There in the fountain there is a stream.
Sometimes it is large, sometimes it is small.

One day he was in a bad mood.
Poor little stream was too hot.
One day he was in a bad mood.
Poor little stream was too hot.

Head, Shoulders, Knees, and Toes/ Cabeza, hombros, rodillas y dedos

Head, Shoulders, Knees, and Toes

Traditional

(*Suit actions to the words.*)
Head, shoulders, knees, and toes,
Knees and toes.
Head, shoulders, knees, and toes,
Knees and toes.
Eyes and ears and mouth and nose.
Head, shoulders, knees, and toes,
Knees and toes!

Variation:
Eyes, ears, mouth, and nose,
Mouth and nose.
Eyes, ears, mouth, and nose,
Mouth and nose.
Eyes and ears and mouth and nose.
Eyes, ears, mouth and nose.

Cabeza, hombros, rodillas y dedos

adaptado por Rafael Lara-Alecio y Beverly J. Irby

(*Haga lo que las palabras sugieren.*)
Cabeza, hombros, rodillas y dedos,
rodillas y dedos.
Cabeza, hombros, rodillas y dedos,
rodillas y dedos.
Ojos y orejas y boca y nariz.
Cabeza, hombros, rodillas y dedos.
rodillas y dedos.

Variación:
Ojos, orejas, boca y nariz,
boca y nariz.
Ojos, orejas, boca y nariz,
boca y nariz.
Ojos y orejas y boca y nariz.
Ojos, orejas, boca y nariz.

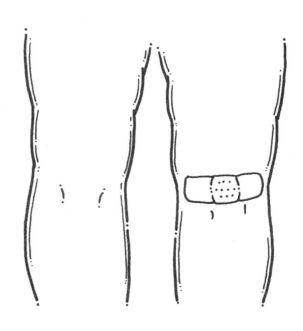

If You're Happy and You Know It/
Si estás contento

If You're Happy and You Know It

Traditional

If you're happy and you know it, clap your hands. *(Clap hands twice.)*

If you're happy and you know it, clap your hands. *(Repeat.)*

If you're happy and you know it then your face will surely show it. *(Point to face.)*

If you're happy and you know it, clap your hands. *(Clap hands twice.)*

Additional verses:

Stomp your feet *(Stomp feet twice.)*

Shout hurray! *(Raise hand.)*

…point to a circle…

…point to the color red…

Si estás contento

adaptado por Rafael Lara-Alecio y Beverly J. Irby

Sí estás contento y lo sabes, ponte a aplaudir. *(Aplaude dos veces.)*

Sí estás contento y lo sabes, ponte a aplaudir. *(Aplaude dos veces.)*

Sí estás contento y lo sabes, si estás contento y lo sabes,

tu cara lo mostrará siempre así. *(Con un dedo señala tu cara.)*

This Is My Head/Ésta es mi cabeza

by Rafael Lara-Alecio and Beverly J. Irby
(Suit actions to the words.)

This is my cabeza.
This is my head.
Ésta es mi cabeza.
Mama, dance with me.
Mama baila conmigo.
Ésta es mi cabeza.
This is my head
I am so smart, ¡Si! ¡Si! ¡Si!
Soy muy inteligente, ¡Si! ¡Si! ¡Si!

These are my eyes.
Éstos son mis ojos.
Papa, dance with me.
Papa baila conmigo.
Éstos son mis ojos.
These are my eyes.

I am so smart, ¡Si! ¡Si! ¡Si!
Soy muy inteligente, ¡Si! ¡Si! ¡Si!

These are my ears.
Éstas son mis orejas.
Mama, dance with me.
Mama baila conmigo.
Éstas son mis orejas.
These are my ears
I am so smart, ¡Si! ¡Si! ¡Si!
Soy muy inteligente, ¡Si! ¡Si! ¡Si!

nose/nariz
mouth/boca
stomach/estómago
feet/pies

Open, Shut Them/Ábranlas, ciérrenlas

Open, Shut Them

Traditional

(Suit motions to the words.)
Open, shut them. Open, shut them.
Give a little clap.
Open, shut them. Open, shut them.
Put them in your lap.

Walk them, walk them. Walk them, walk them.
  (Walk fingers up chest to chin.)
Way up to your chin.
Walk them, walk them. Walk them, walk them.
  (Walk fingers around face, but not into
  mouth.)
But don't let them walk in.

Ábranlas, ciérrenlas

adaptado por Rafael Lara-Alecio y Beverly J. Irby

(Haga lo que las palabras sugieren.)
Ábranlas, ciérrenlas, ábranlas, ciérrenlas.
Demos un aplauso.
Ábranlas, ciérrenlas, ábranlas, ciérrenlas.
Pongan sus manos sobre sus rodillas.

Caminemos con ellas. Caminemos con ellas.
Caminemos con ellas hasta tocar tú mentón,
  hasta tocar tú mentón. *(Caminen sus dedos*
  desde su pecho hasta su mentón.)
Caminemos con ellas, caminemos con ellas,
  caminemos con ellas. *(Caminen sus dedos*
  alrededor de su cara, pero no dentro de
  sus bocas.)
¡Pero tengan cuidado que no entren a sus bocas!

Tengo una muñeca/I Have a Doll

Tengo una muñeca

Traditional

Tengo una muñeca vestida de azul,
con sus zapatitos y delantal de tul.
La saqué a paseo y se me enfermó,
la metí en la cama con mucho dolor.
Esta mañanita me dijo el doctor
que le dé jarabe con un tenedor.

Coro:
Brinca la tablita yo ya la brinqué,
bríncala de nuevo yo ya me cansé.
Dos y dos son cuatro,
cuatro y dos son seis.
Seis y dos son ocho y
ocho, dieciséis,
y ocho, veinticuatro,
y ocho, treinta y dos.
Si todos nos descuidamos
terminamos con tos.

I Have a Doll

adapted by Beverly J. Irby and Rafael Lara-Alecio

I have a little doll dressed all in blue,
With pretty little shoes and an apron too.
I took her for a stroll and she became ill;
I put her to bed and gave her a pill.
The doctor said to give her a cough drop
And she will jump right up.

Chorus:
Jump upon the table just like I did,
Jump once more just like I said.
Two plus two is four,
Four plus two is six,
Six plus two is eight plus eight, sixteen,
Plus eight, twenty-four,
Plus eight, thirty-two.
If we don't take care of ourselves,
We'll end up with "aaachoo!"

These Are Things I Like to Do/
Éstas son las cosas que me gusta hacer

Tune: Here We Go 'Round the Mulberry Bush

These Are Things I Like to Do

by Pam Schiller

These are things I like to do,
Like to do, like to do.
These are things I like to do.
I know a trick or two.

*(Suit actions to the following words for
    additional verses.)*
This is the way I read a book…I know a trick or
    two.
This is the way I paint a picture…I know a trick
    or two.
This is the way I ride my bike…I know a trick
    or two.
This is the way I work a puzzle…I know a trick
    or two.
This is the way I throw the ball…I know a trick
    or two.
This is the way I help my dad…I know a trick
    or two.
This is the way I climb a tree…I know a trick
    or two.

Éstas son las cosas que me gustan hacer

por Rafael Lara-Alecio y Pam Schiller

Éstas son las cosas que me gustan hacer,
me gustan hacer, me gustan hacer,
éstas son las cosas que me gustan hacer,
con un truco o tres.

*(Haga lo que las palabras sugieren para
    siguientes versos.)*
Ésta es la forma que leo un libro…Yo sé un
    truco o dos.
Ésta es la forma que pinto un cuadro…Yo sé un
    truco o dos.
Ésta es la forma que monto mi bicicleta…Yo sé
    un truco o dos.
Ésta es la forma que hago rompecabezas…Yo sé
    un truco o dos.
Ésta es la forma que lanzo pelotas…Yo sé un
    truco o dos.
Ésta es la forma que ayudo a papá…Yo sé un
    truco o dos.
Ésta es la forma que subo a un árbol…Yo sé un
    truco o dos.

This Is the Way We Wash Our Hands/Así es como nos lavamos las manos

Tune: Here We Go 'Round the Mulberry Bush

This Is the Way We Wash Our Hands

Traditional

(Suit actions to the words.)
This is the way we wash our hands,
Wash our hands, wash our hands.
This is the way we wash our hands,
Several times each day.

Additional verses:
We put the soap in our hands…and then go
    like this.
We wash between our fingers well…to get off all
    the dirt.
We use the water to rinse our hands…and then
    we go like this.
We use a towel to dry our hands…then we put it
    in the trash.

Así es como nos lavamos las manos

adaptado por Pam Schiller y Rafael Lara-Alecio

(Haga lo que las palabras sugieren.)
Así es como nos lavamos las manos,
lavamos las manos, lavamos las manos.
Así es como nos lavamos las manos,
muchas veces cada día.

Versos adicionales:
Colocamos el jabón en nuestras manos… y
    luego hacemos así.
Nos lavamos entre los dedos también… para
    sacar lo sucio.
Usamos el agua para enjuagar nuestras
    manos… y luego hacemos así.
Usamos una toalla para secar nuestras manos…
    luego la colocamos en la basura.

La torre de Alicante/The Tower of Alicante

La torre de Alicante

Tradicional adaptado por Rafael Lara-Alecio y Beverly J. Irby

En Alicante ha sucedido algo inesperado.
La torre nueva de Alicante se ha caído.
En Alicante ha sucedido algo inesperado.
La torre nueva de Alicante se ha caído.
H, I, J, K, L, Ñ, M, A.
Si tú no me llevas, ¡Mi tía Pepa lo hará!

The Tower of Alicante

adapted by Rafael Lara-Alecio and Beverly J. Irby

In Alicante it came to pass that the new tower
    tumbled down.
In Alicante it came to pass that the new tower
    tumbled down.
H, I, J, K, L, N, M, A.
In Alicante it is a sad day!

Where Is Thumbkin?/
¿Dónde está Pulgarcito?

Where Is Thumbkin?

Traditional

Where is Thumbkin? *(Place hands behind back.)*
Where is Thumbkin?
Here I am. Here I am. *(Bring out right thumb, then left.)*
How are you today, sir? *(Bend right thumb.)*
Very well, I thank you. *(Bend left thumb.)*
Run away. Run away. *(Put right thumb behind back, then left thumb behind back.)*

Additional verses:
Where is Pointer?
Where is Middle One?
Where is Ring Finger?
Where is Pinky?
Where are all of them?

¿Dónde está Pulgarcito?

Tradicional

Pulgarcito, Pulgarcito, ¿Dónde estás? *(Coloca tus manos detrás de ti.)*
¡Aquí estoy! ¡Aquí estoy! *(Muestra primero el dedito derecho y luego el izquierdo.)*
¿Cómo estás, hoy? *(Dobla tu dedito de la mano derecha.)*
Muy bien, gracias. *(Dobla tu dedito de la mano Izquierda.)*
Ya me voy. Ya me voy. *(Pon tu dedito de la mano derecha detrás de ti, y luego el de la mano izquierda.)*

Versos adicionales:
Índice, ¿Dónde está?
Medio, ¿Dónde está?
Anular, ¿Dónde está?
Meñique, ¿Dónde está?
Mano, ¿Dónde está?

All by Myself/Todo lo puedo hacer

All by Myself

by Beverly J. Irby and Rafael Lara-Alecio

I can do many things
All by myself. *(Point to self.)*
I can use a napkin and eat chicken wings
    (Pretend to use a napkin and eat.)
All by myself. *(Point to self.)*
I can tie my shoe and wash my dog *(Pretend to*
    tie shoe and wash a dog.)
All by myself. *(Point to self.)*
I can brush my teeth and roll a log *(Pretend to*
    brush teeth and roll a log.)
All by myself. *(Point to self.)*
(Add other verses.)

Todo lo puedo hacer

por Beverly J. Irby y Rafael Lara-Alecio

Éstas son las cosas que puedo hacer.
Todo lo puedo hacer. *(Señálate a ti mismo.)*
Puedo peinar mi cabello y zapatos atar. *(Señala*
    tu cabello y tus zapatos.)
Todo lo puedo hacer. *(Señálate a ti mismo.)*
Puedo lavar mis manos y mi cara lavar. *(Simula*
    lavarte las mano y la cara.)
Todo lo puedo hacer.
Puedo poner mis juguetes y bloques en su
    lugar. *(Simula separar las cosas.)* Todo lo
    puedo hacer
en uno, dos y tres. *(Señálàte a ti mismo.)*

Cinco dedos/Five Fingers

Cinco dedos

Tradicional adaptado por Beverly J. Irby y Rafael Lara-Alecio

Éste compró un huevito. *(Señala con tu dedo*
    meñique.)
Éste lo cocinó. *(Señala con tu dedo anular.)*
Éste le echó la sal. *(Señala con tu dedo de*
    en medio.)
Éste probó un poquito. *(Señala con tu*
    dedo índice.)
Y éste pícaro, gordo gordito *(Señala con tu*
    dedo pulgar.)
se lo comió todito! *(Mueve tu mano y tus dedos.)*

Five Fingers

adapted by Rafael Lara-Alecio and Beverly J. Irby

This one bought a little egg. *(Move your*
    little finger.)
This one started to fry it. *(Move your ring finger.)*
This one sprinkled it with salt. *(Move your*
    middle finger.)
This one took a little bite. *(Move your pointer.)*
And this cute, chubby one *(Move your thumb.)*
Ate it—what a sight! *(Wave your hand and move*
    your fingers.)

Five Fingers on One Hand/Cinco dedos en cada mano

Five Fingers on One Hand

by Beverly J. Irby and Rafael Lara-Alecio

(Suit actions to the words.)
I have five fingers on one hand,
Ten toes on my two feet.
Two ears, two eyes,
One nose, one mouth,
Isn't that just neat?

My fingers can rap.
My hands can clap.
My feet can tap.
My ears can hear.
My eyes can peer.
My nose can sneer.
My mouth can cheer.

Cinco dedos en cada mano

por Beverly J. Irby y Rafael Lara-Alecio

(Haga lo que las palabras sugieren.)
Tengo cinco dedos en cada mano,
tengo diez dedos en mis dos pies.
Dos orejas, dos ojos,
una nariz, una boca
¿Cómo la ves?

Mis manos pueden aplaudir, mis pies pueden
    dar golpecitos,
mis ojos pueden claramente ver,
mis orejas pueden oír,
mi nariz puede oler,
mi boca puede decir —Yo soy—
¿Cómo la ves?

Here's My School/Aquí está mi escuela

Here's My School

by Pam Schiller

Here's my school. *(Lace fingers of both
    hands together.)*
Who's inside?
Open the doors. *(Open thumbs slightly.)*
You can't hide. *(Shake head as if saying "no.")*
Open the doors, *(Open thumbs wide.)*
There are children inside! *(Turn hands out to
    expose wiggling fingers.)*

Aquí está mi escuela

por Rafael Lara-Alecio y Beverly J. Irby

Aquí está mi escuela. *(Coloca los dedos de una
    mano entre los dedos de la otra mano y
    cierra las manos.)*
¿Quién está adentro?
Abran las puertas *(Abre ligeramente los
    dedos pulgares.)*
No puedes esconderte *(Mueve la cabeza como
    diciendo —no—.)*
Abran las puertas, *(Abre tus dedos pulgares
    ampliamente.)*
¡Hay niños adentro!

Five Little Fingers/Los dedos de la mano

Five Little Fingers

by Rafael Lara-Alecio and Beverly J. Irby

One little finger standing on its own. *(Hold up index finger.)*

Two little fingers, now they're not alone. *(Hold up middle finger.)*

Three little fingers happy as can be. *(Hold up ring finger.)*

Four little fingers go walking down the street. *(Hold up all fingers.)*

Five little fingers. This one is a thumb. *(Hold up four fingers and thumb.)*

Wave bye-bye 'cause now we are done. *(Wave bye-bye.)*

Los dedos de la mano

por Beverly J. Irby y Rafael Lara-Alecio

Uno, dos, tres, cuatro, cinco, *(Pon tus dedos uno tras otro.)*

los deditos de las manos. *(Mueve tus dedos.)*

Uno, dos, tres, cuatro, cinco, *(Pon tus dedos uno tras otro.)*

siempre son buenos hermanos. *(Mueve tus dedos.)*

Para coger, para trazar, *(Pretende como que tomas un objeto.)*

para aprender a contar. *(Pretende como que cuentas.)*

Para cortar, para pegar *(Pretende como que cortas, como que pegas.)*

y aprender a dibujar. *(Pretende como que dibujas.)*

Now I'm Four!/¡Ahora tengo cuatro!

Now I'm Four!

by Beverly J. Irby and Rafael Lara-Alecio

When I was one, I was so sweet, *(Hold up one finger.)*

My mama strolled me down the street. *(Pretend to push a stroller.)*

When I was two, I climbed a chair, *(Hold up two fingers.)*

And got my gum stuck in my hair! *(Point to hair.)*

When I was three, I sang sweetly, *(Hold up three fingers.)*

And put my toys away neatly. *(Pretend to stack something.)*

Now I am four, and I am tall. *(Hold up four fingers and stand tall.)*

It's my baby brother who is small! *(Pretend to hold a baby.)*

¡Ahora tengo cuatro!

por Beverly J. Irby y Rafael Lara-Alecio

Cuando tenía un año, era chiquito. *(Señala tu dedo meñique.)*

No podía hablar ni un poquito. *(Mueve tu cabeza.)*

Cuando tenía dos años, podía hablar. *(Muestra dos dedos.)*

Podía cantar y hasta caminar. *(Señala tu boca y tus pies.)*

Cuando tenía tres años, crecí un montón. *(Muestra tres dedos.)*

¡Ahora tengo cuatro! ¡Yo soy grande! *(Muestra cuatro dedos.)*

Tengo diez deditos/Ten Little Fingers

Tengo diez deditos

por Rafael Lara-Alecio y Beverly J. Irby

Tengo diez deditos *(Muestra tus diez deditos.)*
cinco en cada mano. ¿No los ves? *(Mueve cada mano.)*
Todos son míos.
Mira todas las cosas que puedo hacer con ellos. *(Muestra tus diez deditos.)*
¿Quieres ver?
Yo puedo apuntar con ellos. *(Apunta con uno de tus dedos al pizarrón.)*
Yo puedo hacer ruidos con ellos. *(Haz ruido con tus dedos.)*
Yo puedo cuidadosamente dar golpecitos *(Golpea algo con tus dedos.)*
y también usarlos para sostener mi cara. *(Coloca tu mejilla sobre tus dedos.)*
Mis cinco dedos pueden decir "Adiós". *(Dí "Adiós" con tus cinco dedos.)*
Ellos pueden señalar cualquier cosa. *(Señala cualquier cosa.)*
Yo quiero mucho a mis dedos,
sí, yo los quiero mucho. *(Lleva tus cinco deditos a tu pecho.)*
Estoy muy agradecido por todo lo
que ellos hacen por mí. *(Besa tus dedos.)*

Ten Little Fingers

by Rafael Lara-Alecio and Beverly J. Irby

Ten fingers belong just to me. *(Hold up ten fingers.)*
Five on each hand, don't you see? *(Wiggle each hand.)*
Look at all the things I can do
With my ten fingers tried and true. *(Hold up ten fingers.)*
I can make them snap, snap, snap. *(Snap.)*
I can make them tap, tap, tap. *(Tap.)*
I can carefully make them lace. *(Lace fingers.)*
Or use them to hold up my face. *(Place chin in hands.)*
Five of them can say good-bye. *(Wave.)*
One of them can point up high. *(Point.)*
I love my fingers, yes I do. *(Nod head yes.)*
I am thankful for all they do. *(Kiss fingers.)*

This Big Circle Is My Head/Este es el círculo que está formaen mi cabeza

This Big Circle Is My Head

by Beverly J. Irby and Rafael Lara-Alecio

This big circle is my head. *(Make a large circle with both hands.)*

This little circle is where words are said. *(Point to mouth.)*

These two little circles help me see. *(Point to eyes.)*

This little one really can sneeze. *(Point to nose.)*

This is my hair on the circle that's my head. *(Point to hair.)*

This is my hat that sits on my head. *(Place hands on head. Pretend to put on hat.)*

This is my brain that helps me think. *(Point to brain.)*

These are my eyelashes—blink, blink, blink! *(Point to eyes and blink.)*

Éste es el círculo que forma mi cabeza

por Beverly J. Irby y Rafael Lara-Alecio

Éste es el círculo que forma mi cabeza. *(Haz un círculo con ambas manos.)*

Ésta es la boca con la cual puedo hablar. *(Señala tu boca.)*

Éstos son mis ojos para ver. *(Señala tus ojos.)*

Ésta es mi nariz para estornudar. *(Señala tu nariz.)*

Éste es el cabello que crece en mi cabeza. *(Señala tu cabello.)*

Éste es mi sombrero, todo bonito y de color café. *(Señala tu sombrero.)*

Ésta es la pluma que adorna mi sombrero. *(Señala con tu dedo índice.)*

¡Ahora estoy listo para ir a la escuela contento!

Una boquita/A Little Mouth

Una boquita

por Rafael Lara-Alecio y Beverly J. Irby

Yo tengo una boquita para comer, *(Señala tu boca.)*

yo tengo una naricita para oler. *(Señala tu nariz.)*

Yo tengo dos ojitos para ver. *(Señala tus ojos.)*

Yo tengo dos oídos para oír *(Señala tus orejas.)*

y yo tengo mi cabecita para pensar y dormir. *(Pon tu cabecita sobre tus manitas y empieza a dormir.)*

A Little Mouth

by Rafael Lara-Alecio and Beverly J. Irby

One little mouth helps me eat, *(Point to mouth.)*

One little nose to smell roses so sweet, *(Point to nose.)*

Two little eyes to help me see, *(Point to eyes.)*

Two little ears to hear a buzzing bee, *(Point to ears.)*

And one little head to think and sleep. *(Rest head on hands, as if to sleep.)*

After My Bath/Después del baño

After My Bath

Traditional

After my bath oh why, why, why
Do I rub, rub, rub 'til I'm dry, dry, dry?
Dry two hands, ten fingers, ten toes,
Two little legs and one wet nose.
If I were a dog it would be so great;
All I'd have to do is shake, shake, shake!

Después del baño

adaptado por Beverly J. Irby y Rafael Lara-Alecio

Después de mi baño yo intento, intento,
   intento,
secarme con una toalla hasta estar seco,
   seco, seco.
Secarme las manos, los dedos, los pies,
las dos piernas y la nariz.
Sólo pienso en que tardaría menos
si yo fuera un perro y pudiera sacudirme—así,
   así, así.

Big and Small/Soy alto, soy bajito

Big and Small

Traditional

(Suit actions to the words.)
I can make myself real big
By standing up straight and tall.
But when I'm tired of being big,
I can make myself get small.

Soy alto, soy bajito

adaptado por Rafael Lara-Alecio y Beverly J. Irby

(Haga lo que las palabras sugieren.)
Me agrando, estiradito
y me acurruco, pequeñito.
Soy alto cuando me estiro.
Soy bajito cuando me achico.

Eye Rhyme/Ojos que riman

Eye Rhyme

by Pam Schiller

You see me; I see you.
Your eyes are blue; mine are too.
Your eyes are big, and round, and brown.
They must be the prettiest eyes in town.
When I look at you, know what I see?
Eyes as green as they can be.
Blue eyes, green eyes,
Brown eyes, hey.
Your eyes are gray,
And I love them
that way.

Ojos que riman

por Pam Schiller y Rafael Lara-Alecio

Me ves; te veo.
Tus ojos son azules; los míos, también.
Tus ojos son grandes, redondos, y cafés.
Ellos deben ser los ojos más bonitos en Cortés.
Cuando te veo ¿sabes que veo?
Tus ojos lindos cuando fuimos de paseo.
Ojos azules, ojos verdes,
ojos cafés, ojos grises ¡eh!
¡Si los sumamos tenemos diez!

Here Are My Ears/Aquí están mis orejas

Here Are My Ears

Traditional

(Suit actions to the words.)
Here are my ears; here is my nose.
Here are my fingers; here are my toes.
Here are my eyes both open wide.
Here is my mouth with white teeth inside.
Here is my tongue that helps me speak.
Here is my chin, and here are my cheeks.
Here are my hands that help me play.
Here are my feet for walking today.

Aquí están mis orejas

adaptado por Rafael Lara-Alecio y Beverly J. Irby

(Haga lo que las palabras sugieren.)
Aquí están mis orejas; aquí está mi nariz.
Aquí están mis dedos; aquí, los dedos de mis
pies.
Aquí están mis ojos ambos bien abiertos.
Aquí está mi boca con dientes blancos adentro.
Aquí está mi lengua que me ayuda hablar.
Aquí está mi mentón y aquí están mis mejillas.
Aquí están mis manos que me ayudan a jugar.
Aquí están mis pies para caminar.

Head, Shoulders, Baby/
Cabeza y hombres, bebé

Head, Shoulders, Baby

Traditional

Head, shoulders, baby, 1, 2, 3.
Head, shoulders, baby, 1, 2, 3.
Head, shoulders, head, shoulders,
Head, shoulders, baby, 1, 2, 3.

Shoulders, hip, baby, 1, 2, 3.
Shoulders, hip, baby, 1, 2, 3.
Shoulders, hip, shoulders, hip,
Shoulders, hip, baby, 1, 2, 3.

—Hip, knees.
—Knees, ankle.
—Ankle, toes.
—Toes, ankle.
—Ankle, knees.
—Knees, hips.
—Hip, shoulders.
—Shoulders, head.

Cabeza y hombros, bebé

adaptado por Rafael Lara-Alecio y Beverly J. Irby

Cabeza y hombros, bebé, 1, 2, 3.
Cabeza y hombros, bebé, 1, 2, 3.
Cabeza y hombros, bebé, 1, 2, 3.
Cabeza, hombros, cabeza, hombros,
cabeza y hombros, bebé, 1, 2, 3.

Hombros, caderas, bebé, 1, 2, 3.
Hombros, caderas, bebé, 1, 2, 3.
Hombros, caderas, bebé, 1, 2, 3.
Hombros, caderas, hombros, caderas,
hombros, caderas, bebé, 1, 2, 3.

—caderas, rodillas.
—rodillas, tobillos.
—tobillos, dedos.
—dedos, tobillos.
—tobillos, rodillas.
—rodillas, caderas.
—caderas, hombros.
—hombros, cabeza.

Here Are My Eyes/Aquí está mis ojos

Here Are My Eyes

by Pam Schiller

Here are my eyes, *(Point to eyes.)*
One and two.
I can wink, *(Wink.)*
So can you.
When my eyes are open, *(Open eyes wide.)*
I see the light.
When they are closed, *(Close eyes.)*
It's dark as night.

Aquí están mis ojos

por Pam Schiller y Rafael Lara-Alecio

Aquí están mis ojos, *(Señala hacia tus ojos.)*
uno y dos.
Yo puedo parpadear *(Parpadea.)*
¿Puedes tú?
Cuando mis ojos están abiertos,
    (Abre bien tus ojos.)
veo la luz.
Cuando mis ojos están cerrados,
    (Cierra tus ojos.)
veo oscuro.
¿Ves tú?

High and Low/Hasta arriba y hasta abajo

High and Low

Traditional

I reach my hands way up high. *(Reach high.)*
I can almost touch sky.
Then I bend way down low *(Touch the floor.)*
And touch the floor just so.

Hasta arriba y hasta abajo

adaptado por Rafael Lara-Alecio y Beverly J. Irby

Levanto mis manos hasta muy arriba
Y casi puedo tocar el cielo. *(Levanta tus manos muy arriba.)*
Luego me inclino hasta muy abajo *(Ahora toca el piso con tus manos.)*
y de esta manera toco el suelo.

I Can, You Can!/¡Yo puedo, tú puedes!

I Can, You Can!

by Pam Schiller

(Suit actions to the words.)

I can put my hands up high. Can you?
I can wink my eye. Can you?
I can stick out my tongue. Can you?
I can open my mouth wide. Can you?
I can fold my arms. Can you?
I can cover my ears. Can you?
I can touch my nose. Can you?
I can give myself a great big hug. Can you?
And if I give my hug to you, will you give me
    yours too?

¡Yo puedo, tú puedes!

por Pam Schiller y Rafael Lara-Alecio

(Haga lo que las palabras sugieren.)

Yo puedo alzar las manos. ¿Y tú?
Yo puedo guiñar el ojo. ¿Y tú?
Yo puedo sacar la lengua. ¿Y tú?
Yo puedo tener la boca bien abierta. ¿Y tú?
Yo puedo doblar los brazos. ¿Y tú?
Yo puedo taparme los oídos. ¿Y tú?
Yo puedo tocarme la nariz. ¿Y tú?
Yo puedo darme un tremendo abrazo. ¿Y tú?
Y si yo te doy un abrazo ¿puedes tú darme uno
    a mí?

I Like Black/Me gusta el color negro

I Like Black

by Pam Schiller

I like black,
Not yellow, red, or blue.
I like black.
I bet you like it, too.
Blackbirds, black flowers,
Tall and shiny black towers.
Tiny, black, baby kittens,
Warm and woolly black mittens.
Blackberries, black cherries,
Black socks, black rocks.
I like black,
Not yellow, red, or blue.
I like black.
I really, really do!

Me gusta el color negro

por Pam Schiller y Rafael Lara-Alecio

Me gusta el color negro.
No el amarillo, ni el rojo ni el azul.
Me gusta el color negro.
Me imagino que a ti también te gusta.
Pájaros negros, flores negras,
torres negras altas y relucientes,
gatitos negros pequeñitos,
mitones negros calentitos,
moras y cerezas negras y crujientes,
calcetines negros, rocas negras.
Me gusta el color negro.
Ni el amarillo, ni el rojo ni el azul.
Me gusta el color negro.
¡De veras, de veras me gusta el color negro!

I Like Blue/Me gusta el color azul

I Like Blue

by Pam Schiller

I like blue.
I really, really do.
I like blue.
Do you like it, too?
I like white clouds on blue skies.
I like large ships on blue oceans.
I like the blue color of my sister's eyes.
I like blue lotions and notions.
Blue balls, blue cars,
Blue blankets, blue stars,
Blue birds, blue hats,
Do they make blue cats?
Blueberries are yummy.
They tickle my tummy.
Blue suckers are dandy,
My most favorite candy.
I like blue,
I really, really do.
I like blue.
Do you like it, too?

Me gusta el color azul

por Pam Schiller y Rafael Lara-Alecio

Me gusta el color azul.
De veras me gusta.
Me gusta el azul.
Me imagino que a ti también te gusta.
Me gustan las nubes blancas en el cielo azul,
los barcos grandes en el mar azul,
el color azul de los ojos de mi hermana,
las lociones y las cremas azules,
los balones azules, los carros azules,
las frazadas azules, y los estrellas azules.
Los pájaros azules y los sombreros azules,
¿Existen los gatos azules?
¿Existen los arándanos azules
que me hacen cosquillas en el estómago?
Me encantan los caramelos azules con palitos,
son mis dulces favoritos.
¡Me gusta el azul,
de veras me gusta!
¡Me gusta el azul!
¿A ti también te gusta el color azul?

I Like Green/Me gusta el color verde

I Like Green

by Pam Schiller

I like green. I like it a lot.
I like green frogs, believe it or not.
I like green gelatin. I like green bugs.
I'm a green fellow from blankets to rugs.
Green ribbons are keen. Green clover is neat.
I really love green. It can't be beat.
I like green fish. Oh, can't you see?
Think what you wish. Green's the color for me.

Me gusta el color verde

por Pam Schiller y Rafael Lara-Alecio

Me gusta el color verde, me gusta muchísimo.
Me gustan las ranas verdes aunque parezca
    chistosísimo.
Me gusta tener todo verde, mi alfombra y
    mi frazada.
Me gustan las cintas verdes, y los tréboles
    verdes más que nada.
Me encanta el verde. No hay nada más bonito.
Me gustan los peces verdes. ¿Puedes verlos?
Bueno, no importa lo que creas. ¡El verde es mi
    color favorito!

I Like Orange/Me gusta el color anaranjado

I Like Orange

by Pam Schiller

I like orange. I like it a lot.
I like orange. I think it is hot.
Orange candy, orange cats,
Orange balls, and orange bats.
Orange crayons, orange paint,
Isn't orange quaint?
Orange is the color that I like the best.
I say it with zeal; I say it with zest.
You can take away blue, purple, red, yellow, too.
Just don't take away orange, whatever you do!

Me gusta el color anaranjado

por Pam Schiller y Rafael Lara-Alecio

Me gusta el color anaranjado. Me gusta
    muchísimo.
Me gusta el color anaranjado. Es calentísimo.
También me gustan los dulces anaranjados, los
    gatos anaranjados,
los balones anaranjados, y los bates
    anaranjados.
La pintura anaranjada, los crayones
    anaranjados.
El anaranjado es el color que necesito.
Lo digo con ardor; con entusiasmo lo repito.
Puedes quitarme el azul, el rojo, el amarillo y
    el morado.
¡Pero hagas lo que quieras, no me quites el
    color anaranjado!

I Like Purple/Me gusta el color morado

I Like Purple

by Pam Schiller

I like purple. Purple, purple, purple!
I like how it looks. I like how it sounds.
I like it in books. I like it on clowns.
I like purple every minute of the day.
I like it when I work. I like it when I play.
I like purple, every shade and every hue.
It's purple for me whatever I do.
Purple snow cones, purple drinks,
Purple houses, purple inks,
Purple dogs and purple cats,
Purple snails and purple rats.
Purple monsters, purple dreams,
Purple stars and purple moonbeams.
Give me purple every day.
Let's hear it for purple—hip, hip, hooray!

Me gusta el color morado

por Pam Schiller y Rafael Lara-Alecio

Me gusta el color morado, el color morado, el
    color morado.
Me gusta como se ve y como queda pintado.
Me gusta en los libros. Me gusta en los payasos.
Me gusta el morado en cada momento soleado.
Me gusta cuando trabajo. Me gusta cuando
    juego.
Me gusta el morado en todos sus matices
    de fuego.
Es mi color predilecto para todo.
Me gustan los conos de nieve morada, los
    refrescos morados,
las casas moradas, la tinta morada,
los perros y los gatos morados.
Cada día quiero el morado.
¡Viva el color morado! ¡Bravo! ¡Bravo!

I Like Red/Me gusta el color rojo

I Like Red

by Pam Schiller

I like red. I like it a bunch.
I like red jam. I like red punch.
I like red flowers. I like red shoes.
Red is the color I always choose.
I like red. Red's the best.
I like red socks. I like red vests.
I like red hair. Oh, can't you see?
Red is the only color for me.

Me gusta el color rojo

por Pam Schiller y Rafael Lara-Alecio

Me gusta el color rojo. Me gusta mucho.
Me gusta la jalea roja. Me gusta el ponche rojo.
Me gustan las flores rojas. Me gustan los
    zapatos rojos.
El rojo es el color que siempre escojo.
Me gusta el color rojo. No hay nada como
    el rojo.
Me gustan los calcetines rojos. Me gustan los
    chalecos rojos.
Me gusta el pelo rojo. ¿Puedes comprender?
¡El rojo es el único color que quiero ver!

I Like White/Me gusta el color blanco

I Like White

by Pam Schiller

I like white. I like it day or night.

I like white shoes. I like white socks.

White's the color I choose when I'm picking
up rocks.

I like white. It never, ever clashes.

It's always just right with ribbons and sashes.

White soft marshmallows, white fluffy pillows,

White little birds and white furry cats.

White balls, white flowers, white hats,

White cakes, white clouds, white snow.

It's white, white, white wherever I go.

Me gusta el color blanco

por Pam Schiller y Rafael Lara-Alecio

Me gusta el color blanco, de día o de noche.

Me gustan los zapatos blancos. Me gustan los
calcetines blancos.

Es el color que escojo cuando estoy
recogiendo piedras.

Me gusta el blanco. Nunca, nunca desentona.

Siempre se ve bien en cintas y cinturones.

También me gustan los bombones de merengue
blanco y suaves,

las almohadas blancas y blandas,

los pajaritos blancos y los gatitos peludos y
blancos,

las pelotas blancas, las flores blancas, los
sombreros blancos,

las tortas blancas, las nubes blancas, y la
nieve blanca.

¡A dondequiera que vaya quiero blanco,
blanco, blanco!

I Like Yellow/Me gusta el color amarillo

I Like Yellow

by Pam Schiller

I like yellow, yellow is swell.
I like yellow—bet you can tell.
Yellow balloons, big yellow bows,
Yellow nail polish on my toes.
Yellow kittens, yellow beach balls,
Yellow mittens, bright yellow walls.
Yellow icing on my cake.
Yellow inner tubes on the lake.
Yellow flowers, sweet yellow bees,
Big yellow leaves in yellow trees.
Yellow, yellow, yellow, yellow,
I'm a happy yellow fellow!

Me gusta el color amarillo

por Pam Schiller y Rafael Lara-Alecio

Me gusta el color amarillo, ¡Qué bonito es!
Me gusta el color amarillo ¿no lo ves?
También me gustan los globos amarillos, los
   grandes lazos amarillos,
el esmalte amarillo en las uñas de mis pies.
Los gatitos amarillos, los balones de playa
   amarillos,
los mitones amarillos, las paredes amarillas,
la alcorza de pastel amarillo en una torta,
los tubos de llantas de color amarillo en el lago,
y las flores amarillas en los árboles amarillos,
amarillo, amarillo, amarillo, amarillo,
¡Qué contento estamos! ¡Rodeados de amarillo!

I Look in the Mirror/Miro al espejo

I Look in the Mirror

by Pam Schiller

I look in the mirror, and what do I see?
I see a happy face smiling at me.
I look in the mirror, and what do I see?
I see a funny face staring at me.
I look in the mirror, and what do I see?
I see a sad face frowning at me.

Variation:

I look in the mirror and what do I see?
I see a funny face looking at me.
A scrunched-up nose, twisted mouth,
    squinty eyes,
And two fuzzy eyebrows—what a surprise!
I look in the mirror and what do I do?
I giggle and laugh at the sight of me.

Miro al espejo

por Pam Schiller y Rafael Lara-Alecio

Miro al espejo. ¿Qué veo?
Veo una cara alegre que me sonríe.
Miro al espejo. ¿Qué veo?
Veo una cara divertida que está mirándome
    a mí.
Miro al espejo. ¿Qué veo?
Veo una cara triste que me frunce el ceño así.

Variación:

Miro al espejo. ¿Qué veo?
Veo una cara divertida que me mira.
una nariz achatada, una boca torcida, unos
    ojos desviados,
y dos cejas tupidas ¡Qué sorpresa!
Miro al espejo. ¿Qué veo?
Me río con ganas y sonrío ante mi imagen.

I Love/Yo amo

I Love

by Pam Schiller

I love to sit in Mommy's lap.
I feel all safe and sound.
I give my mom a hug and kiss
Before she puts me down.

I love to feel my daddy's arms
When he lifts me from the ground.
I give my dad a hug and kiss
Before he puts me down.

Yo amo

por Pam Schiller y Rafael Lara-Alecio

Yo amo sentarme en el regazo de mi mamá,
y sentir todo su cariño y devoción.
Tambien me gusta darle un abrazo y un beso
    a mi mamá.
¡Amo abrazarte, mamá, hasta quitarme
    la respiración!
Yo amo sentir los brazos de mi papá
cuando él me levanta y
me da un gran abrazo y un beso.
¡Todo esto me hace sentirme muy feliz!

I Use My Senses/Uso mis sentidos

I Use My Senses

by Pam Schiller

I use my senses for everything.
I see and hear and touch and taste and smell.

I can see the sun up in the sky.
I can see clouds floating by.
I smell cookies in the oven baking.
I smell the leaves my daddy's raking.
I love to touch our bunny so soft and furry,
And listen to my kitty cat all sweet and "purry."
Strawberry ice cream taste so yummy,
And apples too are good for my tummy.
I hear the birdies sweetly singing,
And I run to the phone when I hear it ringing.

I use my senses for everything.
What do you use your senses for?

Uso mis sentidos

por Pam Schiller y Rafael Lara-Alecio

Uso mis sentidos para todo.
Veo, oigo, toco, degusto y huelo.

Puedo ver salir el sol en el cielo.
Puedo ver las nubes como velo.
Puedo oler galletas horneándose y
puedo oler las hojas que mi papá recoge.
Me gusta tocar nuestro conejito tan suave
    y bonito,
y escuchar suavemente ronronear a mi gatito.
El helado de frutillas tiene un gusto tan rico,
y las manzanas son un excelente platillo.
Oigo los pajaritos dulcemente cantar,
y voy al teléfono cuando lo oigo sonar.

Uso mis sentidos para todo
¿y tú? ¿Para qué usas tus sentidos?

Inside Out/Muy contento por dentro

Inside Out

by Pam Schiller

When I'm happy on the inside,
It shows on the outside.
It is quite impossible, you see,
To hide what's inside of me.

When I am happy, I dance.
I lift my feet and prance.
I twirl and spin and glide
Because I'm happy inside.

Muy contento por dentro

por Pam Schiller y Rafael Lara-Alecio

Cuando estoy contento por dentro,
se nota en el exterior.
Es imposible esconder,
lo que está pasando en tu interior.

Cuando estoy contento, bailo.
Levanto los pies y salto,
doy vueltas, giro y me sostengo
porque estoy contento por dentro.

The Many Faces of Me/Mis muchas caras

The Many Faces of Me

by Pam Schiller

My mother says I wear many faces.

When I am happy, I look like this. *(Turn around and smile.)*

When I am mad, I look like this. *(Turn around and look angry.)*

When I am sad, I look like this. *(Turn around and look sad.)*

When I am confused, I look like this. *(Turn around and look confused.)*

When I daydream, I look like this. *(Turn around and look pensive.)*

When my grandmother comes to visit, I look like this. *(Turn opposite direction and smile.)*

When my brother knocks down my sandcastle, I look like this. *(Turn and look angry.)*

When I can't have a second helping of ice cream, I look like this. *(Turn and look sad.)*

When I can't find my shoes, I look like this. *(Turn and look confused.)*

When I am thinking about summer vacation, I look like this. *(Turn and look pensive.)*

How many faces do you have? *(Point to another child.)*

(Invite children to think of other things that cause them to make faces.)

Mis muchas caras

por Rafael Lara-Alecio y Pam Schiller

Mi mamá me dice que yo uso muchas caras.

Cuando estoy feliz, yo me veo así. *(Da una vuelta y sonríe.)*

Cuando estoy enojado, yo me veo así. *(Da una vuelta y mira enojado.)*

Cuando estoy triste, yo me veo así. *(Da una vuelta y mira triste.)*

Cuando estoy confundido, yo me veo así. *(Da una vuelta y mira confuso.)*

Cuando estoy soñando de día, yo me veo así. *(Da una vuelta y mira pensativo)*

Cuando abuelita me visita, yo me veo así. *(Da una vuelta en posición opuesta y sonríe.)*

Cuando mi hermano dá un puntapié a mi castillo de arena, yo me veo así. *(Da una vuelta y mira furioso.)*

Cuando yo no puedo tener un segundo helado de crema, yo me veo así. *(Da una vuelta y mira triste.)*

Cuando yo no puedo encontrar mis zapatos, yo me veo así. *(Da una vuelta y mira confuso.)*

Cuando pienso acerca de mis vacaciones de verano, yo me veo así. *(Da una vuelta y mira pensativo.)*

¿Cuántas caras diferentes tienes tu? *(Señala a otro niño en clase.)*

(Invite a sus niños a pensar de otras cosas que causen a ellos hacer caras.)

Sana, sana/Froggie, Froggie

Sana, sana

Tradicional

(Esta rima es dicha a todos aquellos niños que se golpean.)

Sana, sana, colita de rana.

Si no sanas hoy, sanarás mañana.

Sana, sana, colita de rana.

Ten un besito para hoy y mañana.

Otra versión:

(Esta rima es dicha a todos aquellos niños que se golpean.)

Sana, sana, colita de rana.

Si no sana hoy, sanará mañana.

Sana, sana, colita de gato.

Si no sana ahora, sanará dentro de un rato.

Froggie, Froggie

adapted by Beverly J. Irby

(This rhyme is told to console a child when he or she gets hurt.)

Froggie, froggie, little frog's tail

If you don't heal today

Tomorrow's another day.

Say and Do/Decir y hacer

Say and Do

by Pam Schiller

(Suit actions to the words.)

Say "red," and touch your head.

Say "sky," and touch your eye.

Say "bear," and touch your hair.

Say "hear," and touch your ear.

Say "south," and touch your mouth.

Say "rose," and touch your nose.

Say "in," and touch your chin.

Say "rest," and touch your chest.

Say "farm," and touch your arm.

Say "yummy," and touch your tummy.

Say "bee," and touch your knee.

Say "neat," and touch your feet.

Decir y hacer

por Beverly J. Irby y Rafael Lara-Alecio

(Haga lo que las palabras sugieren.)

Di "condesa" y toca la cabeza.

Di "mojo" y toca el ojo.

Di "cielo" y toca el pelo.

Di "maneja" y toca la oreja.

Di "foca" y toca la boca.

Di "perdiz" y toca la nariz.

Di "maravilla" y toca la barbilla.

Di "lecho" y toca el pecho.

Di "trazo" y toca el brazo.

Di "amiga" y toca la barriga.

Di "amarilla" y toca la rodilla.

Di "anillo" y toca el tobillo.

Sometimes/A veces

Sometimes

Traditional

Sometimes I am tall. *(Stand tall.)*

Sometimes I am small. *(Crouch low.)*

Sometimes I am very, very, tall. *(Stand on tiptoes.)*

Sometimes I am very, very small. *(Crouch and lower head.)*

Sometimes tall, *(Stand tall.)*

Sometimes small. *(Crouch down.)*

Sometimes neither tall nor small. *(Stand normally.)*

A veces

adaptado por Beverly J. Irby y Rafael Lara-Alecio

A veces soy alto. *(Ponte de pie.)*

A veces soy bajo. *(Dóblate.)*

A veces soy muy, muy alto. *(Ponte de puntillas.)*

A veces soy muy, muy bajo. *(Dóblate y baja tu cabeza tanto como puedas.)*

A veces alto. *(Ponte de pie.)*

A veces bajo. *(Dóblate.)*

A veces ni alto ni bajo. *(Ponte normal.)*

Stand Up Tall!/¡Qué alto!

Stand Up Tall!

by Beverly J. Irby and Rafael Lara-Alecio

(Suit actions to the words.)

Stand up tall!

Hands in the air!

Now sit down

On the floor!

Clap your hands!

Make a frown!

Smile and smile,

And flop like a clown!

¡Qué alto!

por Beverly J. Irby y Rafael Lara-Alecio

(Haga lo que las palabras sugieren.)

Me paro con las manos en alto

luego me siento por un momento.

Aplaudo cuando me gusta algo,

frunzo el ceño desde pequeño.

Sonrío como mi tío,

y dando saltos atravieso el río.

Stop, Look, and Listen/Alto, mira y escucha

Stop, Look, and Listen

Traditional

Stop, look, and listen
Before we cross a street.
First we stop, use our eyes and ears,
And last, we use our feet.

Alto, mira y escucha

adaptado por Rafael Lara-Alecio y Beverly J. Irby

Alto, mira, y escucha,
antes que cruces una calle,
primero usa tus ojos y oídos,
y luego usa tus pies.

Stretching Fun/Estirándome

Stretching Fun

by Pam Schiller

(Suit actions to the words.)
I stretch and stretch and find it fun
To try to reach up to the sun,
I bend and bend to touch the ground,
Then I twist and twist around.

Estirándome

adaptado por Beverly J. Irby y Rafael Lara-Alecio

(Haga lo que las palabras sugieren.)
Yo me estiro y estiro, y ésto me hace sentir
   muy bien
yo trato de alcanzar el sol.
Me doblo y doblo, hasta tocar el suelo.
Y luego, giro y giro en mi contorno.

Stretching Chant/Canto del estiramiento

Stretching Chant

Traditional

(Suit actions to the words.)
Stretch to the windows,
Stretch to the door,
Stretch up to the ceiling,
And bend to the floor.

Canto del estiramiento

adaptado por Beverly J. Irby y Rafael Lara-Alecio

(Haga lo que las palabras sugieren.)
Me estiro hacia la ventana.
Me estiro hacia la puerta.
Me estiro hacia el cielo.
Me doblo hacia el piso.

Taller, Smaller/Altísimo, pequeñísimo

Taller, Smaller

by Beverly J. Irby and Rafael Lara-Alecio

(Suit actions to the words.)
When I stretch, stretch, stretch, I am so tall;
When I squat down, down, down, I am so small.
Taller, taller, taller, taller,
Smaller, smaller, smaller, smaller, a teeny
    tiny ball.

Altísimo, pequeñísimo

adaptado por Beverly J. Irby y Rafael Lara-Alecio

(Haga lo que las palabras sugieren.)
Cuando me estiro, me siento alto,
cuando me doblo, me siento pequeño,
¡Altísimo, altísimo, altísimo,
pequeñísimo, pequeñísimo, pequeñísimo,
    pequeñísimo dentro de una pelotita!

Thank You/Gracias

Thank You

Traditional—adapted by Beverly J. Irby and Rafael Lara-Alecio

(Suit actions to the words.)
My hands say thank you
With a clap, clap, clap.
My feet say thank you
With a tap, tap, tap.

Clap, clap, clap.
Tap, tap, tap.
I turn around,
Touch the ground,
And with a bow,
I say…Thank you, now.

Gracias

adaptado por Beverly J. Irby y Rafael Lara-Alecio

(Haga lo que las palabras sugieren.)
Mis manos dicen gracias
con un clap, clap, clap.
Mis pies dicen gracias
con un tap, tap, tap.

Clap, clap, clap.
Tap, tap, tap.
Yo me volteo alrededor,
toco el piso
y con emoción,
yo digo… gracias de a montón.

Things I Like to Do/ Las cosas que me gusta hacer

Things I Like to Do

by Pam Schiller

These are the things I like to do
Read a book
Paint a picture
Ride a tricycle
Eat an ice cream cone
Play with a ball
Swing
Build with blocks
Swim
Take a bath
Eat pancakes
Hold a frog
What do you like to do?

Las cosas que me gusta hace

por Pam Schiller y Rafael Lara-Alecio

Leer un libro,
pintar un cuadro,
montar en bicicleta,
comer un helado,
jugar con una pelota,
nadar,
construir bloques,
columpiarme
tomar un baño, y
comer panqueques
¡Y me gusta atrapar una rana saltarina!

We Can/Podemos

We Can

by Beverly J. Irby and Rafael Lara-Alecio

(Suit actions to the words.)
We can hop, hop, hop,
We can bop, bop, bop,
We can flop, flop, flop,
We can stop, stop, stop.

We can nod our heads, "yes,"
We can shake our heads, "no."
We can bend our knees a tiny bit
And sit down and touch a toe.

Podemos

por Beverly J. Irby y Rafael Lara-Alecio

(Haga lo que las palabras sugieren.)
Podemos saltar, saltar, saltar.
Podemos brincar, brincar, brincar.
Podemos aplaudir, aplaudir, aplaudir.
Podemos zapatear, zapatear, zapatear.
Podemos parar, parar, parar.
Podemos inclinar la cabeza para decir sí.
Podemos mover la cabeza de un lado a otro
    para decir no.
Podemos doblar nuestras rodillas un poquito
y sentarnos, sentarnos, sentarnos despacito.

How Do You Feel Today?/
¿Cómo te sientes hoy?
(Action Story)

How Do You Feel Today?

by Pam Schiller, Beverly J. Irby, and Rafael Lara-Alecio

(Suit actions to the words.)

How do you feel today? I feel happy because I am with my friends.

How do you feel today? I feel silly because I put my shoes on the wrong feet.

How do you feel today? I feel scared because a storm is coming.

How do you feel today? I feel angry because someone ate my ice cream.

How do you feel today? I feel surprised because someone gave me a gift.

How do you feel today? I feel sad because someone ate all of the candy.

How do you feel today? I feel contented because I have a puppy.

How do you feel today? I feel loved by my teacher.

¿Cómo te sientes hoy?

por Pam Schiller, Beverly J. Irby y Rafael Lara-Alecio

(Haga lo que las palabras sugieren.)

¿Cómo te sientes hoy? Me siento feliz porque estoy con mis amigos.

¿Cómo te sientes hoy? Me siento chistoso porque me puse mis zapatos al revés.

¿Cómo te sientes hoy? Me siento asustado porque viene la tormenta.

¿Cómo te sientes hoy? Me siento enojado porque alguien se comió mi helado.

¿Cómo te sientes hoy? Me siento sorprendido porque recibí un regalo.

¿Cómo te sientes hoy? Me siento triste porque alguien se comió todos los dulces.

¿Cómo te sientes hoy? Me siento contento porque tengo un perrito.

¿Cómo te sientes hoy? Me siento amado por mi maestro(a).

My Body Talks/Mi cuerpo habla
(Action Story)

My Body Talks

by Pam Schiller

(Suit actions to the words.)

When I want to say, "hello," I wave my hand.

When I want to say, "no," I shake my head from side to side.

When I want to say, "yes," I nod my head up and down.

When I want to say, "good job," I stick up my thumb.

When I want to say, "I disagree," I turn my thumb down.

When I want to celebrate a success, I clap my hands.

When I want to say, "enough" or "stop," I hold my hand out.

When I want to say, "come here," I wave my hand toward me.

When I want to say, "goodbye," I wave my hand or blow you a kiss.

When I want to say, "I love you," I wrap my arms around you and squeeze.

Mi cuerpo habla

por Pam Schiller, Beverly J. Irby y Rafael Lara-Alecio

(Haga lo que las palabras sugieren.)

Cuando yo quiero decir hola, agito mi mano.

Cuando yo quiero decir no, muevo mi cabeza hacia uno y otro lado.

Cuando yo quiero decir sí, muevo mi cabeza hacia arriba y hacia abajo.

Cuando yo quiero decir bien hecho, yo levanto mi dedo pulgar.

Cuando yo quiero decir que no estoy de acuerdo, yo bajo mi dedo pulgar.

Cuando yo quiero celebrar un triunfo, aplaudo con mis manos.

Cuando yo quiero decir suficiente o parar, levanto la palma de mi mano.

Cuando yo quiero decir venga aquí, señalo con mi mano hacia mí.

Cuando yo quiero decir adiós, agito mi mano, o te envío un beso.

Cuando yo quiero decir te amo, yo envuelvo mis brazos a tu alrededor y te aprieto.

Additional selections that support the theme of All About Me/Todo acerca de mí:

I Love the Mountains/Amo las montañas (page 417)

Johnny Appleseed/Juanito semilla de manzana (page 418)

My Bike/Mi bicicleta (page 219)

Walk, Walk, Walk Your Feet/Camina, camina, con tus pies (page 218)

When I Was One/Cuando tenía un año (page 167)

Rock-a-Bye Baby/Duérmase niñito

Rock-a-Bye Baby

Traditional

Rock-a-bye, baby
In the tree top,
When the wind blows
The cradle will rock.
When the bough breaks
The cradle will fall,
And down will come baby,
Cradle and all.

Duérmase niñito

adaptado por Rafael Lara-Alecio y Beverly J. Irby

Duérmase niñito,
duérmase mi amor.
Cierra tus ojitos,
ciérralos muy bien.

Arrorró mi niño/Hush Now, My Little One

Tono: Arrorró mi niño

Arrorró mi niño

Tradicional

Arrorró mi niño. Arrorró mi sol.
Arrorró pedazo de mi corazón.
Duérmete mi niño. Duérmete mi amor.
Duérmete pedazo de mi corazón.
Arrorró mi niño que te canto yo.
Arrorró mi niño que ya se durmió.

Arrorró mi niño. Arrorró mi sol.
Arrorró pedazo de mi corazón.
Si usted se duerme yo le voy a dar,
un caramelito de ésos de chupar.

Hush Now, My Little One

adapted by Beverly J. Irby and Rafael Lara-Alecio

Hush now, my little one. Hush now,
   my sunshine.
Hush now, piece of my heart.
Go to sleep, my little one. Go to sleep, my love.
Go to sleep, piece of my heart.
Sleep, my little one, while I sing to you.
Sleep, my little one, who is already asleep.

Farmer in the Dell/El granjero en la cañada

Farmer in the Dell

Traditional

The farmer in the dell, the farmer in the dell,
Heigh-ho the derry-o, the farmer in the dell.
The farmer takes a wife. The farmer takes
   a wife.
Heigh-ho the derry-o, the farmer takes a wife.

Additional verses:
The wife takes a child…
The child takes a nurse…
The nurse takes a cat…
The cat takes a mouse…
The mouse takes the cheese…

El granjero en la cañada

adaptado por Rafael Lara-Alecio y Beverly J. Irby

El granjero en la cañada está,
el granjero en la cañada está,
cantando va, cantando va,
el granjero en la cañada feliz está.

Versos adicionales:
El granjero tiene una esposa llamada Rosa.
La esposa tiene un bebé que toma té.
El bebé lo tiene la nana que se llama Ana.
La nana tiene un gatito llamado Tito.
El gatito juega con un ratón que tiene
   un bastón.
El ratón se come el queso que cuesta un peso.
El queso se queda en el mesón donde cuesta
   un tostón.

Nanita, nana/Lullaby

Tono: Nanita, nana

Nanita, nana

Tradicional

A la nanita, nanita,
a la nanita de aquél
que llevó el caballo al agua,
y lo trajo sin beber.
Duérmete, niño chiquito,
duérmete y no llores más.
que reírán los angelitos
para no verte llorar.

Lullaby

adapted by Rafael Lara-Alecio and Beverly J. Irby

This is a lullaby, lullaby,
A lullaby of someone who
Took his horse to water,
And could not get him to drink.
Sleep, little boy,
Sleep and cry no more.
It makes the little angels laugh
When they do not see you cry.

El patio de mi casa/My Garden

Tono: El patio de mi casa

El patio de mi casa

Tradicional

El patio de mi casa es muy particular
se cierra y se moja como los demás.
Agáchense y vuélvanse a agachar
para que los niños bonitos vuelvan a jugar.

My Garden

adapted by Pam Schiller

The garden around my house is beautiful.
I planted every little seed with love and care.
The gentle rain brings life to the tiny seeds,
And the sun warms the flowers in my
garden fair.

Ten in the Bed/Diez en una cama

Ten in the Bed

Traditional

There were ten in the bed and the little one
said, *(Hold up ten fingers.)*
"Roll over! Roll over!" *(Roll hand over hand.)*
So they all rolled over and one rolled out. *(Hold
up one finger.)*
There were nine in the bed…*(Repeat
hand motions.)*
*(Continue counting down with each repetition
until only one remains.)*
There was one in the bed and the little one said,
"Alone at last!" *(Place head on hands as
if sleeping.)*

Diez en una cama

adaptado por Rafael Lara-Alecio y Beverly J. Irby

Habían diez en una cama y el pequeño
exclamaba: *(Muestren sus diez deditos.)*
¡Voltéense, voltéense! *(Giren sus deditos
formando un círculo.)*
Entonces todos se voltearon y uno se cayó.
(Bajen un dedito de tu mano.)
Habían nueve en una cama. *(Ahora muestren
nueve deditos.)*
¡Voltéense, voltéense!
Entonces todos se voltearon y uno se cayó.
*(Continúen contando con la misma
repetición hasta que sólo uno se quede solo.)*
Había uno en la cama y el pequeño exclamaba:
¡Buenas noches! *(Coloquen su cabecita sobre
sus dos manitas juntas como que si
estuvieran durmiendo.)*

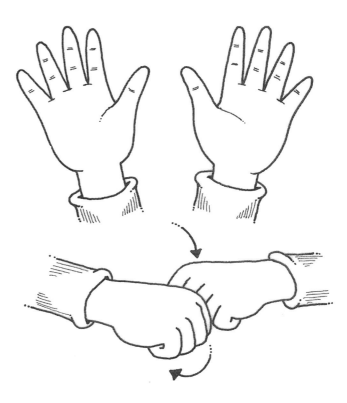

Grandpa's (or Grandma's) Glasses/Los lentes de mis abuelo (abuela)abuelitos

Grandpa's (or Grandma's) Glasses

Traditional

These are Grandpa's glasses
This is Grandma's hat.
This is the way we fold our hands
And place them in our lap.

Los lentes de mis abuelitos

adaptado por Beverly J. Irby y Rafael Lara-Alecio

Éstos son los lentes de mis abuelitos. *(Haz lentes con tus dedos.)*
Éstos son los sombreros de mis abuelitos. *(Cúbrete la cabeza.)*
Así es como dobla sus manos *(Dobla tus manos y colócalas sobre tus piernas.)*
y las pone en su regazo.

Houses/Las casas

Houses

by Beverly J. Irby and Rafael Lara-Alecio

This is a nest for Mr. Blackbird. *(Cup hands.)*
This is the hive for Mrs. Bee. *(Make two fists and place them together.)*
This is the hole for Bunny Rabbit, *(Make a hole by putting fingertips together.)*
And this is a house for me. *(Place fingertips together to make a roof.)*

Las casas

por Beverly J. Irby y Rafael Lara-Alecio

En este nido vive el pajaro zunzún. *(Haz un nido con los dedos de tu mano.)*
En esta colmena vive una abeja común. *(Con tus dos manos, haz dos puños y colócalos juntos.)*
En esta cueva vive el gran oso pardo *(Haz un hoyo poniendo las yemas de tus dedos juntos.)*
y en esta casa vive mi amigo Gerardo. *(Coloca los dedos de tus manos juntos para hacer un pico.)*

My Family's Music/Una familia de músicos

My Family's Music

Traditional

Mother plays piano, *(Pretend to play instruments as they are mentioned.)*
Father plays violin,
Brother plays the oboe—
Tin-a-lin-a-lin-a-lin.

Una familia de músicos

adaptado por Beverly J. Irby y Rafael Lara-Alecio

(Pretendan tocar el instrumento cuando cada uno de ellos se mencione.)
Mi mamá toca el piano, *(Pretende que tocas el violín.)*
mi papá toca el violin, *(Pretende que tocas la flauta.)*
mi hermanito el obo: *(Pretende que tocas la corneta.)*
tilín, tilín, tilín.

How Many People in Your Family?/ ¿Cuántas personas hay en tu familia?

How Many People in Your Family?

by Beverly J. Irby and Rafael Lara-Alecio

(Hold up one finger for each family member.)
There are five people in my family.
One daddy, one mother,
One tiresome brother,
One baby brand new…and me.
1, 2, 3, 4, 5,
There are five people in my family.
How many people in yours?

¿Cuántas personas hay en tu familia?

por Beverly J. Irby y Rafael Lara-Alecio

(Levanta un dedo por cada persona en tu familia.)
Hay cinco personas en mi familia que son,
mi papá, mi mamá,
mi hermana traviesa,
un nuevo bebé…y yo.
1, 2, 3, 4, 5.
Hay cinco personas en mi familia.
¿Cuántas personas hay en tu familia?

My Family/Mi familia

My Family

by Beverly J. Irby and Rafael Lara-Alecio

My daddy likes to read a book.
My mother likes to cook.
My brother likes to bounce a ball,
And baby sister likes to crawl.
As for me, it's hard to say.
I guess I mostly like to play.

Mi familia

by Beverly J. Irby y Rafael Lara-Alecio

A papá le gusta caminar.
A mamá le gusta cocinar.
A mi hermano le gusta cantar.
A mi hermanita le gusta bailar.
Y a mi me gusta por la mañana nadar.

Window Watching/Observando a través de la ventana

Window Watching

Traditional

See the window I have here,
So big and wide and square. *(Draw a square in the air.)*
I can stand in front of it,
And see the things out there. *(Shade eyes as if looking at something in the distance.)*

Observando a través de la ventana

adaptado por Rafael Lara-Alecio y Beverly J. Irby

Puedo ver la ventana que está aquí,
que es grande, amplia y cuadrada. *(Traza un cuadrado en el aire)*
Puedo pararme frente a la ventana,
y ver las cosas de la señora Mariana. *(Lleva tu mano sobre tu frente como mirando algo a larga distancia.)*

Where Is Baby?/¿Dónde está el bebé?

Tune: Where Is Thumbkin?

Where Is Baby?

by Pam Schiller

Where is baby? Where is baby? *(Hold up little finger of right hand.)*
Here I am. Here I am. *(Hold up little finger of left hand.)*
It's so good to see you.
It's so good to see you. *(Little fingers touch.)*
Come back soon. Come back soon. *(Put behind back one at a time.)*

Additional verses:
Where is brother…*(Hold up ring fingers.)*
Where is sister…*(Hold up middle fingers.)*
Where is mother…*(Hold up pointer fingers.)*
Where is father…*(Hold up thumbs.)*
Where's the whole family…*(Hold up both hands.)*

¿Dónde está el bebé?

por Pam Schiller, Beverly J. Irby y Rafael Lara-Alecio

El bebé, el bebé ¿Dónde está? *(Levanta el dedito meñique de tu mano derecha.)*
Aquí está. Aquí está. *(Levanta el dedito meñique de tu mano izquierda.)*
Gusto en saludarte. Gusto en saludarte *(Tócate ambos meñiques.)*
ya se va, ya se va *(Retira cada meñique uno por uno.)*

Versos adicionales:
¿Dónde está el hermano? *(Levanta el dedo anular.)*
¿Dónde está la hermana? *(Levanta el dedo medio.)*
¿Dónde está la mamá? *(Levanta el dedo índice.)*
¿Dónde está el papá? *(Levanta los dedos pulgares.)*
¿Dónde está la familia? *(Levanta ambas manos.)*

Two Little Houses/Dos casitas

Two Little Houses

by Beverly J. Irby and Rafael Lara-Alecio

Two little houses,
Closed up tight. *(Close fists.)*
Let's open the windows,
And let in some light. *(Open fists.)*

Dos casitas

por Beverly J. Irby y Rafael Lara-Alecio

Dos casitas bien cerradas éstan. *(Cierra los puños de tus manos.)*
Abramos las ventanas,
que parecen dos hermanas,
y dejemos entrar algo de luz *(Abre ligeramente los puños de tus manos.)*
para contemplar el autobus.

Arrullo/Lullaby

Arrullo

Tradicional

Duérmete mi niña,
duérmete mi sol,
duérmete pedazo
de mi corazón.

Lullaby

adapted by Rafael Lara-Alecio y Beverly J. Irby

Sleep, my child,
Sleep, my sun,
Sleep, little piece
Of my heart.

Los ayudantes del abuelo/ Grandfather's Helpers

Los ayudantes del abuelo

por Rafael Lara-Alecio y Beverly J. Irby

Tres niños juguetones y traviesos
se suben a la carreta del abuelo Gustavo.
Cantando van rumbo a la labor
que su abuelo ha sembrado con amor.
El maíz y el trigo ya han crecido,
Se han puesto rojo y amarillo.
La hora de cosechar ha llegado,
y todos ya están preparados.
Brincando, cantando y trabajando
el día se pasa volando.
Cuando el sol en el campo se va metiendo,
las cosas en la carreta las van poniendo.
Un burro cansado tira la carreta,
mientras el soldado toca la corneta.
Llegada ya la noche en casa,
los tres niños y el abuelo en la mesa,
comparten pan, cariño y esperanza.

Grandfather's Helpers

by Pam Schiller

Three mischievous children play
In their grandfather's wheelbarrow carefully.
Then, singing, they roll the wheelbarrow to the
    field
That Grandpa has planted so neatly.
The corn and wheat have already grown
And now are turning red and gold.
It's time to harvest the crops
Before the weather turns chilly and cold.
Jumping and singing and working hard,
The day is over before too long.
The sun starts to set, and the wheelbarrow is full.
The workers head home singing a song.
A tired old donkey pulls the heavy wheelbarrow
    along.
He must pulls with all his might.
Now safe at home, the children and
    Grandpa rest—
Tired from working a hard day in the field.
The weary group share bread, love, and hope,
And say a prayer of thanks for the
    bountiful yield.

Una rosa para mamá/A Rose for Mother

Una rosa para mamá

por Rafael Lara-Alecio

Hoy corté una rosa,
pero una espina traidora me hizo mal,
pero no importa, porque es por ella,
mi única estrella, mi único amor.

A Rose for Mother

by Beverly J. Irby

Today I cut a rose.
It stuck me and it hurt.
I cried but no one knows.
I didn't mind the hurt
'Cause the rose that I chose,
Will be my mother's rose.
A rose for my mother
'Cause I love her like no other.

Knock, Knock/Ton toron ton

Knock, Knock

by Beverly J. Irby and Rafael Lara-Alecio

Knock, knock
Someone's knocking at the door.
Knock, knock… knock, knock.
Rapping, tapping, 1, 2, 3, 4.
Is it friend or is it foe?
Who's that knock, knock, knocking?
Is it someone I know?
If not… I won't be unlocking.

Ton toron ton

por Beverly J. Irby y Rafael Lara-Alecio

Ton toron ton
Alguien llama a la puerta.
El ton toron ton siempre es así.
Ton toron ton, alguien llama a la puerta.
¿Quién llama a la puerta?
¿Es alguien que yo conozco?
¿Es alguien que yo conozco?
¿Qué tal si no?

Póema del abuelo/Grandfather's Lullaby

Póema del abuelo

por Rafael Lara-Alecio y Beverly J. Irby

Chiquita, cosita, te hicieron las cejas
Con una brochita.
Y las orejitas con un caracol de mar te
　　las pintaron.
¿Quién más Linda? ¡Blanca luna!
¿Quién más dulce? ¡Blanca flor!
Duerme, duérmete, mi estrella, Blanca Luna,
　　Blanca Flor.
Primor, primor, duérmete, niña;
Que ya se ocultó el sol.

Grandfather's Lullaby

by Rafael Lara-Alecio and Beverly J. Irby

Little child, little one, sweet one,
They painted your eyebrows with a brush
　　so slight,
And made your ears from seashells white.
Who's the brightest? Moon so bright!
Who's the sweetest? Flower so white!
Sleep, sleep, my little star, my bright moonlight,
　　my little flower.
Darling, darling, sleep and rest.
The sun has set far in the west.

Mamás y sus bebés/Mamas and Their Babies

Mamás y sus bebés

por Rafael Lara-Alecio y Beverly J. Irby

Mamá gata tiene un gatito.
¿Es el gatito negrito?
Mamá perra tiene un cachorrito.
¿Está el cachorrito leyendo su librito?
Mamá vaca tiene un ternero.
¿Está el ternero corriendo al potrero?
Mamá gallina tiene un pollito.
¿Es el pollito coloradito?
Mamá yegua tiene un potrillo.
¿Está el potrillo bebiendo agua en el río?
Mamá osa tiene un cachorrito.
¿Está el cachorrito jugando con el chorrito?

Mamas and Their Babies

by Beverly J. Irby and Rafael Lara-Alecio

Mama cat had a kitten.
Is that the kitten's mitten?
Mama dog had a puppy.
Was this puppy chubby?
Mama cow had a calf.
Did you hear the calf laugh?
Mama hen had a chick.
Was the chick sick?
Mama horse had a colt.
Did the colt bolt?
Mama bear had a cub.
Did the cub rub?

Family Fun/Diversión familiar

Family Fun

by Pam Schiller

Mommy and I dance and sing.
Daddy and I laugh and play.
Mommy, Daddy, and I
Dance and sing,
Laugh and play,
Kiss and hug,
A zillion times a day!

Diversión familiar

por Pam Schiller y Rafael Lara-Alecio

Mamá y yo bailamos y cantamos.
Papá y yo reímos y jugamos.
La familia mía
bailamos y cantamos,
reímos y jugamos,
nos besamos y abrazamos.
¡Muchas veces al día!

Gabrielle's Wonderful, Terrific, Super, Great Day!/El supermaravilloso y extraordinario día de Gabrielle

(Listening Story)

Gabrielle's Wonderful, Terrific, Super, Great Day!

by Pam Schiller

Let me tell you about my wonderful, terrific, super, great day! But first, I'll introduce you to my family. I'll start with my mom and dad. I also have two brothers, Ben and Derek. Ben is the oldest. I have a sister too. Her name is Lorna. Oh, I almost forgot—Gabrielle—that's me. I'm four—almost five! I'm the youngest. Together we're the Markle family, and you'll never guess what happened to me on my wonderful, terrific, super, great day!

Yesterday our family went to the park. When everyone was all ready to go, Ben, Derek, and Lorna hurried downstairs and ran out the door. They were already getting into the van by the time I was at the door. "Wait for me!" I yelled as I ran. Last, again! I am always last, I thought. Just once I would like to be first! Being the youngest and the littlest is hard. I try so hard to keep up with them. It's always the same old thing . . . I'm the last one Mom wakes up for school, the last one to get into the bathroom to brush my teeth, the last to get my food at the dinner table, and always, always the last to get in line for anything!

I went to bed that night wishing I could be first, first to do *something*—anything—just once! The very next morning, Mom came to wake me up. I took my time getting downstairs, but when I got to the kitchen, guess what? I was the first one Mom had gotten out of bed! "Happy Birthday, Gabrielle!" said Dad, smiling.

Wow! I forgot that today was my birthday! Ben, Derek, and Lorna came into the kitchen with big smiles and a birthday greeting. Mom had breakfast ready, and she set a big plate of pancakes down right in front of me *first*! After breakfast, I was the first one to brush my teeth, too. My whole day was like that—I got to do everything first! Wow! What a wonderful, terrific, super, great day!

Gabrielle's Wonderful, Terrific, Super, Great Day!/El supermaravilloso y extraordinario día de Gabrielle
(Listening Story)

El supermaravilloso y extraordinario día de Gabrielle

por Pam Schiller y Rafael Lara-Alecio

Les voy a presentar a mi familia. Primero, están mi mamá y mi papá. Luego están mis hermanos, Benjamín y Darío. Benjamín es el mayor. También tengo una hermana que se llama Lorena. ¡Ay!, casi me olvido... y yo, Gabrielle. Tengo cinco años y medio y soy la menor. Somos la familia Martínez y nunca adivinarán lo que me pasó en un supermaravilloso y extraordinario día.

Ayer, mamá y papá nos llevaron al parque. Cuando todos estábamos listos para salir, Benjamín, Darío, y Lorena bajaron las escaleras con rapidéz. Todos estaban ya en la camioneta cuando yo apenas bajaba los escalones. Les hacía señas con la mano y gritaba —¡Espérenme! — mientras corría.

—Última, siempre soy la última —pensé. Alguna vez me gustaría ser la primera. Siempre ocurre lo mismo. No es fácil ser la menor de la familia. Soy la última que mamá despierta para ir a la escuela, la última para entrar en el baño y cepillarme los dientes, la última a quien sirven la comida y la última, siempre la última en hacer la cola para todo.

Me fui a dormir esa noche pensando que yo podía ser la primera en algo, en cualquier cosa, aunque fuera por una sola vez. Al día siguiente, mi maná vino a despertarme y yo bajé lentamente, como siempre. Pero cuando entré en la cocina, ¿Saben lo que pasó? Yo fui la primera que mamá despertó esa mañana.

—¡Feliz cumpleaños, Gabrielle! —dijo mi papá sonriendo.

—¡Uy! ¡Me había olvidado de que hoy es mi cumpleaños!—

Benjamín, Darío, y Lorena llegaron a la cocina contentos y saludándome también. Mamá tenía el desayuno listo y puso un gran plato de panqueques galletas frente a mí. ¡PRIMERO! Después del desayuno, yo fui la primera en cepillarme los dientes. Todo el día fue así, ¡Hice todo primero que los demás! ¡Qué día más supermaravilloso y extraordinario!

The Lion's Haircut/El corte de pelo del león
(Puppet Story)

The Lion's Haircut

by Pam Schiller

Directions: Draw a lion's face on a 10" Styrofoam plate. Punch small holes all around the edges of the plate. Cut several 8-inch pieces of yarn. Tie a knot in one end of the yarn. Use a crochet hook to pull the other end of the yarn through the plate, leaving only an inch of yarn exposed on the face side of the puppet. Glue on felt or construction paper ears. Glue or tape the plate to a tongue depressor if desired. You will pull the yarn through the plate during the story. You will need to reset the yarn each time you use the puppet.

Leo was a lively baby lion. He loved to frolic and graze in the green grass. He loved to chase butterflies. He loved to splash in the water of the nearby pond. But most of all, he loved to look at his reflection in the pond and see how big he was growing.

Leo wanted to be just like his dad. He would look at his paws and then search for his dad's paw prints close by to compare to his own. He would look at his nose and ears and try to remember how much bigger his dad's looked when they were wrestling in the grass. He would look at his mane and simply sigh in sadness as he could tell without any measuring or remembering that it was nothing like his dad's. Leo would say to his mom, "When will my mane grow?" His mom would give him a lick and simply say, "In its own good time."

All through the spring, Leo watched his mane. It didn't grow an inch. All through the summer, Leo watched his mane. It grew only a little. *(Pull mane through plate a little.)* All through the fall, Leo watched his mane. It grew only a little more. *(Pull mane through plate a little more.)* All through the winter, Leo watched his mane. It grew only a little more. *(Pull mane through plate a little more.)*

Then when spring came again, something happened. Leo's mane began to grow. *(Pull mane.)* And it grew, and it grew, and it grew until he had a full mane just like his dad's. *(Pull until the mane is very long.)* Leo was so happy he felt like a million dollars, or in lion talk, a million butterflies.

Leo frolicked in the green grass. He chased butterflies. He splashed in the pond. He stopped to take a look at his lovely, long mane, but when the water had calmed down and he could see himself, he shrieked. His mane was a tangled and matted mess.

He ran home in tears to his mom. His mom gave him a lick and simply said, "It's time for a haircut." She took out a pair of scissors and began to snip. *(Cut mane to approximately two inches.)* When she was through, the tangles were gone and Leo still had a beautiful mane. It was just the right size for a lively little lion.

The Lion's Haircut/El corte de pelo del león
(Puppet Story)

El corte de pelo del león

por Pam Schiller y Rafael Lara-Alecio

Instrucciones: Usando un plato de cartón, trace una cara de león de unas 10 pulgadas de diámetro. Haga agujeros pequeños alrededor de los bordes de la cara. Corte varias piezas de hilo de 8 pulgadas de longitud. Haga un nudo al final de cada agujero. Usando una aguja de crochet, pase el hilo a través de los agujeros de la cara de león. Haga orejas y péguelas con goma. Haga una lengua también y péguela en igual forma. Durante la lectura del cuento, usted jalará los hilos de la cara. Cada vez que use la cara con las orejas y lengua, usted deberá de preparar los hilos de nuevo.

Leo era un leoncito muy vivaz. Le encantaba retozar una y otra vez en el pasto verde. Le encantaba perseguir mariposas. Le encantaba chapotear en el agua del estanque cercano. Pero más que todo le encantaba mirar su reflejo en el estanque y ver cómo crecía. Leo quería ser igual que su papá. Leo se miraba sus garras y luego buscaba las huellas de las garras de su papá para compararlas con las suyas. Se miraba la nariz y las orejas y trataba de recordar lo grande que se veían la nariz y las orejas de su papá cuando los dos luchaban en el pasto. Se veía su melena y suspiraba con tristeza porque se daba cuenta que no crecía aún sin medirla. Su melena no era nada comparada con la de su papá. Leo le decía a su mamá ¿Cuándo va a crecer mi melena? Su mamá lo lamía y le decía simplemente —A su debido tiempo.

Durante toda la primavera, Leo se observó la melena. Ésta no creció ni una pulgada. Durante todo el verano, Leo se observó la melena. Ésta sólo creció un poquito. Durante todo el otoño, Leo se observó la melena. Ésta creció un poquito más. Luego cuando llegó la primavera, algo ocurrió. La melena de Leo comenzó a crecer. Y creció y siguió creciendo hasta que Leo tuvo una melena igual que la de su papá. Leo estaba tan feliz que se sentía en el séptimo cielo. Leo siguió retozando en el pasto verde. Siguió persiguiendo mariposas. Siguió chapoteando en el estanque. Un día se detuvo para mirarse su larga y hermosa melena y cuando el agua del estanque se aclaró y Leo pudo verse, él lanzó un chillido. Su melena era un revoltijo enmarañado y apelotonado. Corrió llorando a casa a ver a su mamá. Su mamá lo lamió y le dijo simplemente —Es hora de que te cortes el pelo. Tomó un par de tijeras y comenzó a recortar. Cuando terminó, ya no había maraña y la melena de Leo seguía hermosa como siempre. Leo había aprendido la importancia de cortarse su pelo para verse bien presentado.

My Father Picks Oranges/
Mi Papá cosecha naranjas
(Listening Story)

My Father Picks Oranges

by Pam Schiller

Every day my father wakes very early. He dresses, eats his breakfast, kisses me good-bye while I am still tucked snugly in my bed, and walks out to the road to wait for the big truck to come and pick him up.

The truck takes him to the orange grove where he will pick oranges all day. He puts on his gloves, gathers a basket and a short ladder, and off he goes to the field of oranges.

My father picks each orange carefully. He examines it to be sure it is ripe enough and to be sure that no bugs have found the orange first. Then, my father places the orange carefully in a basket.

The hot sun makes sweat trickle down my father's back, but still he carefully picks the oranges. His legs grow weary from standing on the ladder, but still he carefully picks the oranges.

At lunchtime, my father sits in the shade of a large tree and eats the lunch that my mother made for him. He laughs and jokes with the other orange pickers for a while, and then he returns to the grove to pick more oranges. At the end of the day, the man who owns the orange grove will count the baskets my father has picked, and he will say, "Very good, Miguel." My father will smile because he is happy to know that his oranges will soon go to the big store where people will buy them and take them home to their families.

When my father comes home, I jump into his arms. He smells of the sweet juice of the orange. He takes a gift from his pocket and hands it to me. It is an orange from the orange grove. My father says it is the juiciest orange he saw all day. When I eat the orange, I think of my father. I am happy to know that my father helps bring delicious oranges to people all over the country.

My Father Picks Oranges/
Mi Papá cosecha naranjas
(Listening Story)

Mi papá cosecha naranjas

por Pam Schiller y Rafael Lara-Alecio

Cada día mi papá despierta muy temprano. Se viste, toma su desayuno, y se despide con un beso mientras yo estoy todavía cómodamente acurrucado en mi cama. Mi papá camina a la carretera a esperar el camión que vendrá a recogerlo.

El camión lo lleva a los naranjales donde él cosechará naranjas todo el día. Mi papá se pone sus guantes, toma una canasta y una escalera pequeña y se marcha a la plantación de naranjas. Mi papá recoge cada naranja cuidadosamente. La revisa para estar seguro que está madura y además que no tenga plagas. Entonces mi papá la coloca cuidadosamente en la canasta.

A la hora del almuerzo, mi papá se sienta bajo la sombra de un inmenso árbol y toma su almuerzo que mi mamá cariñosamente le ha preparado.

Por un rato, él se ríe y bromea con sus otros compañeros de trabajo y luego regresa a los naranjales a cosechar más naranjas. Al final del día, el dueño de los naranjales contará las canastas que mi papá ha cosechado y dirá —¡Muy bien Miguel! Mi papá sonreirá porque él está contento de saber que sus naranjas irán muy pronto a los grandes supermercados donde la gente las comprará y las llevará a sus familias.

Cuando mi papá regresa a casa, yo salto en sus brazos. Él tiene un olor fuerte a jugo de naranja dulce. Toma un regalo de su bolsillo y me lo da. És una naranja de los naranjales. Mi papá dice, ésta es la naranja más dulce que he visto en el día de hoy. Cuando como la naranja, pienso en mi papá. Yo estoy muy contento de saber que mi papá ayuda a traer deliciosas naranjas a la gente de todo nuestro país.

Silly Millie/Anita, la distraída
(Listening Story)

Silly Millie

by Pam Schiller

Silly Millie lives in Kalamazoo, Michigan, with her mother
    and her father. She is so silly. She makes everyone
    laugh. Her daddy says, "Where'd I get this daughter?"

She combs her teeth and brushes her brows.

She uses washcloths instead of towels.

She is so very silly.

She walks her goldfish, lets her cat swim in the bowl, and
    eats her hot rolls only after they are cold.

Silly Millie is so very surprisingly silly.

She puts on her socks after her shoes, and plays a drum
    while she sings the blues.

Silly Millie is so very surprisingly ridiculously silly.

She walks on her hands wherever she goes, and wears
    bright red bows on each of her toes.

Silly Millie is so very surprisingly ridiculously
    outlandishly silly.

She wears diving gear when she takes a bath.

I bet Silly Millie can make you laugh!

She is so very surprisingly ridiculously outlandishly
    foolishly silly.

Silly Millie/Anita, la distraída
(Listening Story)

Anita, la distraída

por Pam Schiller y Rafael Lara-Alecio

Anita, la distraída vive en Kalamazoo, Michigan, con su mamá y su papá. Anita es muy distraída.

A todo el mundo lo hace reír. Su papá dice —¿De dónde me salió esta hija?

Ella se peina los dientes y se cepilla las cejas.

Usa estropajos en lugar de toallas.

¡Es muy distraída!

Saca a caminar a su pececillo dorado y hace que su gato nade en la pecera. Se come los bollos solamente hasta que éstos se hayan enfriado.

Anita, la distraída es tan sorprendentemente distraída que nadie sabe lo que va a pasar con ella.

Después que se pone los zapatos, se pone los calcetines. ¡Sí, señor!

Canta canciones tristes mientras toca el tambor.

Anita, la distraída es tan sorprendente y ridículamente distraída.

Dondequiera que vaya camina con las manos, y como tú ves

lleva cintas de rojo brillante en cada dedo de sus dos pies.

Anita, la distraída es tan sorprendente, ridícula y extravagantemente distraída.

Se pone el traje de baño para una fiesta de cumpleaños.

Apuesto a que Anita, la distraída con ganas te hará reír.

¡Es tan sorprendente, ridícula, extravagante y simplemente distraída!

Additional selections that support the theme of My Home and My Family/Mi casa y mi familia:
My Grandmother's Garden/El jardín de mi abuela (page 426)
This Is the House That Jack Built/Esta es la casa que Juan construyó (page 295)

Friends/Amigos

¡Hola, Amigo!/Hello, Friend!

Tono: Brilla, brilla estrellita/Twinkle, Twinkle Little Star

¡Hola, Amigo!

por Beverly J. Irby y Rafael Lara-Alecio

¡Hola, amigo! ¿Cómo estás? Vamos todos
  a jugar.
¡Hola, amigo! ¿Cómo estás? Vamos todos
  a cantar.
¡Hola, amigo! ¿Cómo estás? Vamos todos
  a descansar.

Hello, Friend

by Beverly J. Irby and Rafael Lara-Alecio

Hello, friend, how are you? Let's go play, choo,
  choo, choo.
Hello, friend, how are you? Let's go sing, turu,
  luru, lu.
Hello, friend, how are you? Let's go to sleep, shh,
  shh, shh.

Make New Friends/Amigos

Make New Friends

Traditional

Make new friends, but keep the old.
One is silver; the other gold.
(Repeat in rounds.)

Amigos

adaptado por Rafael Lara-Alecio y Beverly J. Irby

Haz nuevos amigos, pero conserva los viejos.
Nuevos son como el sol, y los otros son como
  los luceros.

Friends/Amigos

Tune: A Tisket, a Tasket

Friends

by Beverly J. Irby and Rafael Lara-Alecio

(Substitute names of children in the classroom.)
George came from New York.
Cindy came from Houston.
José came from Mexico.
They are friends to you and me.

Amigos

por Beverly J. Irby y Rafael Lara-Alecio

(Sustituya los nombres de los niños por los nombres de sus estudiantes.)
Jorge viene de Nueva York.
Cindi viene de Houston.
José viene de México.
Ellos son mis amigos—¿Y tú, de dónde vienes?

Amigos, amigos, amigos/Friends, Friends, Friends

Tono: Tres ratones blancos

Amigos, amigos, amigos

por Beverly J. Irby y Rafael Lara-Alecio

Amigos, amigos, amigos,
amigos, amigos, amigos,
¡Miren cómo juegan!
¡Miren cómo juegan!
Yo quiero a mis amigos, y mis amigos me
    quieren a mí.
Uno, dos, tres, y Bruno, ¡Como mis amigos no
    hay ninguno!
Amigos, amigos, amigos,
amigos, amigos, amigos.

Friends, Friends, Friends

by Beverly J. Irby and Rafael Lara-Alecio

Friends, friends, friends,
Friends, friends, friends.
See how we play,
See how we play.
I love my friends, and they love me.
We love each other; it is fun to see.
We're friends, and we are a family.
Friends, friends, friends,
Friends, friends, friends.

The More We Get Together/ Mientras más estemos juntos

The More We Get Together

Traditional

The more we get together,
Together, together.
The more we get together,
The happier we'll be.
For your friends are my friends,
And my friends are your friends.
The more we get together,
The happier we'll be.

Mientras más estemos juntos

adaptado por Rafael Lara-Alecio y Beverly J. Irby

Mientras más estemos juntos, juntos, juntos,
mientras más estemos juntos
más felices seremos.
Tus amigos son los míos,
y los míos son los tuyos.
Mientras más estemos juntos,
¡Más felices seremos!

Welcome, Friends/Bienvenidos Amigos

Tune: Looby-Lou

Welcome, Friends

by Rafael Lara-Alecio and Beverly J. Irby

We meet in the morning to work and play.
Teacher teaches us something new each day.
"Welcome to you and you," teacher sings.
Listen to the lessons this day brings.
Books in the corner for us to read,
Pots to grow our little seed,
Dressed as kings, do we curtsey and bow?
Our minds are learning, we're learning now.

Bienvenidos Amigos

por Rafael Lara-Alecio y Beverly J. Irby

Nos juntamos en la mañana para trabajar y
    para jugar.
Aprendemos a restar así como a sumar.
Bienvenidos amigos y amigas a esta sesión,
es la hora de aprender la lección.
Pongan los libros sobre la mesa para leer,
los libros sobre la mesa para escoger.
¡No importa que libro tengas para leer
porque siempre vas a crecer!

My Bonnie Lies Over the Ocean/ Mi amor está al otro lado del océano

My Bonnie Lies Over the Ocean

Traditional

My bonnie lies over the ocean.
My bonnie lies over the sea.
My bonnie lies over the ocean.
Oh, bring back my bonnie to me.
Bring back, bring back,
Oh, bring back my bonnie to me, to me.
Bring back, bring back,
Oh, bring back my bonnie to me.
(Invite the children to sway in time with the
beat of the music. Have them stand up
and sit down every time they hear the
word "bonnie.")

Mi amor está al otro lado del océano

adaptado por Rafael Lara-Alecio y Beverly J. Irby

Mi amor está al otro lado del océano.
Mi amor está al otro lado del mar.
Mi amor está al otro lado del océano.
¡Oh, haz que mi amor regrese a mí,
a mí, a mí!
¡Oh, haz que mi amor regrese a mí, a mí,
a mí a mí!
¡Oh, haz que mi amor regrese a mí!
(Invite a sus niños a balancearse en tiempo con
el ritmo de la música. Permítales permanecer
de pie cada vez cada vez que ellos escuchen la
palabra "océano.")

This Is Quinn/Él es Iván

Tune: Here We Go 'Round the Mulberry Bush

This Is Quinn

Traditional

(Substitute names and characteristics for the
children in your classroom.)
This is Quinn over here.
He has on a bright blue shirt.
This is Quinn, our new friend.
We're so glad that he's here.

Él es Iván

por Beverly J. Irby y Rafael Lara-Alecio

(Sustituya nombres y características para los
niños de su clase.)
Él es Iván que está aquí.
Iván tiene una camisa azul.
Iván es nuestro nuevo amigo,
estamos contentos que Iván esté aquí.

Will You Be a Friend of Mine?/ ¿Quieres ser mi compañero?

Tune: London Bridge Is Falling Down

Will You Be a Friend of Mine?

by Beverly J. Irby and Rafael Lara-Alecio

Will you be a friend of mine?
Friend of mine? Friend of mine?
Will you be a friend of mine
And play with me today?

Yes, I'll be a friend of yours,
Friend of yours, friend of yours.
Yes, I'll be a friend of yours,
And I'll come and play.

Quieres ser mi compañero

por Beverly J. Irby y Rafael Lara-Alecio

¿Quieres ser mi compañero, compañero,
    compañero?
¿Quieres ser mi compañero
y estudiar conmigo?
Sí, quiero ser tu amigo, tu amigo, tu amigo,
sí, quiero ser tu amigo
y estudiar contigo.

Sí, seré un amigo de ustedes,
amigo de ustedes, amigo de ustedes.
Sí, seré un amigo de ustedes
¡Y vendré siempre a jugar!

Cinco amiguitos/The Little Friends

Cinco amiguitos

Tradicional

Estos son cinco amiguitos. *(Mueve los deditos.)*

El más chiquito compró un huevito. *(Señala con el dedo meñique.)*

Éste lo cocinó. *(Señala con el dedo anular.)*

Éste lo peló. *(Señala con el dedo de en medio.)*

Éste le puso sal. *(Señala con el dedo índice.)*

Y este pícaro gordito ¡Se lo comió! *(Señala con el dedo pulgar.)*

The Little Friends

adapted by Beverly J. Irby and Rafael Lara-Alecio

There were five little friends. *(Wiggle all your fingers.)*

This one bought an egg. *(Wiggle little finger.)*

This one boiled it. *(Wiggle ring finger.)*

This one peeled it. *(Wiggle middle finger.)*

This one sprinkled salt on it. *(Wiggle pointer.)*

And this little chubby one ate it! *(Wiggle thumb.)*

Cinco amiguitos/Five Little Friends

Cinco amiguitos

por Rafael Lara-Alecio y Beverly J. Irby

Cinco amiguitos están sentados en un portón

El primero dijo: *(Apunte al dedo pequeño.)*

—Se está haciendo tarde, vamos al salón.

El segundo dijo: *(Apunte al segundo dedo.)*

—No olvidemos la lección.

El tercero dijo: *(Apunte al tercer dedo.)*

—Mejor pensemos en nuestra refacción.

El cuarto dijo: *(Apunte al cuarto dedo.)*

—A mí me gustaría un helado de sandía

El quinto dijo: *(Apunte al pulgar.)*

—Mejor vamos a ver a mi tía.

Que de seguro ella tiene una sandia fría.

Ahora los cinco amiguitos *(Aplauden recio.)*

disfrutando su helado de sandia están.

Creo que sólo les falta, jalea con pan. *(Pretende que le pones jalea al pan.)*

Five Little Friends

adapted by Beverly J. Irby and Rafael Lara-Alecio

Five little friends sitting on a gate.

The first one said, *(Point to the little finger.)*

"My, it's getting late!"

The second one said, *(Point to the ring finger.)*

"Let's go fishin'."

The third one said, *(Point to the middle finger.)*

"Really, I am wishin'."

The fourth one said, *(Point to the pointer finger.)*

"For a watermelon?"

The fifth one said, *(Point to the thumb.)*

"Does <u>Sue</u> sell 'um?" *(Change name.)*

Now the five little friends *(Hold up five fingers.)*

Buyin' a watermelon and

Havin' lots of fun. *(Clap your hands.)*

Five Friends Dancing in a Line/
Cinco amiguitos en una fila bailando están

Five Friends Dancing in a Line

by Pam Schiller

Five friends dancing in a line. *(Hold up five fingers.)*
They look great! They look fine! *(Hands out to side.)*
One is turning around and around. *(Hold up one finger and turn around.)*
One is jumping off the ground. *(Hold up two fingers and jump.)*
One is spinning across the floor. *(Hold up three fingers and spin.)*
One is twisting out the door. *(Hold up four fingers and twist.)*
And one is saying, "Let's dance some more!" *(Hold up five fingers and dance them on the floor.)*

Cinco amiguitos en una fila bailando están

por Pam Schiller y Rafael Lara-Alecio

Cinco amiguitos en una fila bailando están. *(Mantengan los deditos paraditos.)*
¡Qué bien se miran! ¡Qué bien se miran! *(Muestren las manitas.)*
Uno da vueltas y más vueltas, *(Enseña uno y da vuelta.)*
por que quiere ir a ver las huertas. *(Enseña un dedito y da vuelta con él.)*
Otro salta y salta ya. *(Muestra dos deditos y salta con ellos.)*
Uno por todo el piso corriendo va. *(Muestra tres deditos y da vueltas con ellos.)*
Uno abriendo la puerta está, *(Muestra cuatro deditos y haz como que das vuelta.)*
mientras otro dice ¡descansemos ya! *(Muestren los cinco deditos y bailen con ellos en el piso.)*

My Friend/Mi Amigo José

My Friend

by Rafael Lara-Alecio and Beverly J. Irby

Here's a ball for my friend, big and soft and round.
Here is my friend's hammer, see how he can pound.
Here's my friend's music, clapping, clapping so.
Here's my friend's soldiers, standing in a row.
Here's the big umbrella to keep my friend dry.
And here is a hand to shake and say, "Goodbye."

Mi Amigo José

by Rafael Lara-Alecio y Beverly J. Irby

Aquí está una pelota para mi amigo José.
Aquí está un guante de color café.
Aquí está Eduardo el payaso feliz,
quien muestra a José su gran nariz.
Aquí está José con la sombrílla,
para que la lleves a tu tía.

The Lion and the Mouse/
El león y el ratón agradecido
(Listening Story)

The Lion and the Mouse

Aesop's fable adapted by Rafael Lara-Alecio

A lion was awakened by a mouse running over his face. Rising up angrily, he caught the mouse by his tail and was about to kill him, when the mouse very pitifully said, "If you would only spare my life, I would surely repay your kindness someday."

The lion roared with laughter. "How could a little creature like you ever repay a mighty lion?" The lion roared another laugh and let the mouse go. He settled back down to finish his nap.

"Thank you, mighty lion. You won't be sorry," said the mouse.

Shortly thereafter, the mighty lion was trapped by hunters. The hunters caught him in a net made of ropes. The lion roared in anguish. The little mouse was not far away. He recognized the lion's roar, and he came quickly and gnawed the ropes away to free the lion. The lion was very grateful and quite surprised to see the mouse, and even more surprised that such a small creature was able to save his life.

The mouse said, "You ridiculed the idea that I might ever be able to repay you for your kindness. I hope you know now that it is possible for even a small mouse to help a mighty lion." The lion and the mouse were friends from that moment on.

El león y el ratón agradecido

Fabulá de Esopo adaptada por Rafael Lara-Alecio

En medio de una gran selva dormía plácidamente un enorme león. De pronto, un pequeño ratón que por allí jugaba se resbala de lo alto de un árbol y cae sobre el enorme león. Éste se despierta malhumorado y atrapa al pequeño ratón. A punto de comérselo está cuando el ratón le suplica, que por piedad no se lo coma. Le pide que lo deje en libertad y que algún día el favor le retornará. El enorme león al ver al pobre ratón implorándo compasión se rié y decide dejarlo en libertad. Sucedió que tiempo después el enorme león estaba muy desesperado. El ratón que oyó sus lamentos, acudió al sitio donde estaba el león. El ratón se acercó rápidamente al león y royó la enorme cuerda. Tiempo más tarde el enorme león estaba en libertad.

—Antes te reías de mí —le dijo —el noble ratón —porque no esperabas por mi parte te fuera algún día a salvar tu vida. Ahora has aprendido que entre los ratones también existe gratitud.

The Great Big Pumpkin/La calabaza gigante
(Listening Story)

The Great Big Pumpkin

by Pam Schiller

One day Little Bear was out looking for honey. She was very hungry. But she couldn't find a single thing to eat. Just as she was about to give up, she spied a very funny something. It was big, very big, and round, very round, and orange, very orange. Little Bear had never seen anything quite like it. She went to get a closer look.

"I'm going to take you home to my mama," she said. Little Bear tried to roll the big, round, orange thing. It didn't move. She tried again. It didn't move.

Just then Skunk came along. "Hey, what's that?"

"I don't know," said Little Bear. "I want to take it home to my mama, but I can't move it."

"Let me help," said Skunk.

Little Bear and Skunk pushed and pushed. The big, round, orange thing didn't move.

Just then Squirrel came along. "Hey, what's that?"

"We don't know," said Little Bear. "I want to take it home to my mama, but we can't move it."

"Let me help," said Squirrel.

Little Bear and Skunk and Squirrel pushed and pushed and pushed. The big, round, orange thing didn't move.

Just then Mouse came along. "Hey, what's that?"

"I don't know," said Little Bear. "I want to take it home to my mama, but we can't move it."

"Let me help," said Mouse. Little Bear and Skunk and Squirrel and Mouse pushed and pushed and pushed and pushed.

Slowly, the big, round, orange thing started to move. Then it started to roll. It rolled and rolled and rolled... all the way to Little Bear's den. Little Bear's mama came out to see what was going on. "Where did you find this lovely, big, round, orange pumpkin?" she asked.

The four friends looked at each other and said, "PUMPKIN?"

Little Bear's mama used the big pumpkin to make a great, big pumpkin pie, and it was delicious! Yum!

The Great Big Pumpkin/La calabaza gigante
(Listening Story)

La calabaza gigante

adaptada por Rafael Lara-Alecio

Un día, Osita buscaba miel en el bosque. Ella tenía mucha hambre, pero no encontraba nada para comer. Cuando se encontraba a punto de darse por vencida, atisbó algo muy extraño. Esto era muy, muy grande y muy, muy redondo y muy, muy anaranjado. Osita no había visto nunca nada parecido. Se acercó más para mirar.

—Voy a llevarte a casa para mostrarte a mi mamá —dijo Osita. Osita intentó hacer rodar esa cosa grande, redonda y anaranjada. Pero ésta no se movía. Intentó de nuevo. Y la cosa no se movía.

Y en ese momento apareció Zorrillo.—¡Oye! ¿Qué es eso?

—No sé —dijo Osita. Quiero llevarla a casa para mostrársela a mi mamá, pero no la puedo mover.

—Déjame ayudarte —dijo Zorrillo.

Osita y Zorrillo empujaron y empujaron. Pero la cosa grande, redonda y anaranjada no se movió.

Y en ese momento apareció Ardilla —¡Oigan! ¿Qué es eso?

—No sabemos —dijo Osita. Quiero llevarla a casa para mostrársela a mi mamá, pero no la podemos mover.

—Déjenme ayudarlos —dijo Ardilla.

Osita, Zorrillo y Ardilla empujaron y empujaron y empujaron. Pero la cosa grande, redonda y anaranjada no se movió.

Y en ese momento apareció Ratita. —¡Oigan! ¿Qué es eso?

—No sabemos—dijo Osita. Quiero llevarla a casa para mostrársela a mi mamá, pero no la podemos mover.

—Déjenme ayudarlos —dijo Ratita.

Osita, Zorrillo, Ardilla y Ratita empujaron y empujaron y empujaron y empujaron.

Lentamente, la cosa grande, redonda y anaranjada comenzó a moverse.

Luego empezó a rodar. Y rodó y rodó y rodó... hasta llegar a la guarida de Osita. La mamá de Osita salió a ver lo que pasaba. —¿Dónde encontraron esta encantadora calabaza tan grande, redonda y anaranjada? — preguntó.

Los cuatro amigos se miraron y dijeron al mismo tiempo —¿CALABAZA?

La mamá de Osita usó la calabaza para hacer un delicioso pastel. ¡Qué rico estaba!

Mr. Wiggle and Mr. Waggle/
Señor Wiggle and Señor Waggle
(Action Story)

Mr. Wiggle and Mr. Waggle

Traditional

This is Mr. Wiggle *(Hold up right hand, make a fist but keep the thumb pointing up—wiggle thumb.)* and this is Mr. Waggle *(Hold up left hand, make a fist but keep the thumb pointing up—wiggle thumb.)*. Mr. Wiggle and Mr. Waggle live in houses on top of different hills and three hills apart. *(Put thumbs inside fists.)*

One day, Mr. Wiggle decided to visit Mr. Waggle. He opened his door *(Open right fist.)*, pop, stepped outside *(Raise thumb.)*, pop, and closed his door *(Close fist.)*, pop. Then he went down the hill and up the hill, and down the hill and up the hill, and down the hill and up the hill. *(Move right hand up and down as if going up and down hills.)*

When Mr. Wiggle reached Mr. Waggle's house, he knocked on the door—knock, knock, knock. *(Tap right thumb against left fist.)* No one answered. So Mr. Wiggle went down the hill and up the hill, and down the hill and up the hill, and down the hill and up the hill to his house. *(Move hand up and down to follow text.)*

When he reached his house, Mr. Wiggle opened the door *(Open right fist.)*, pop, went inside *(Place thumb in palm.)*, pop, and closed the door *(Close fist.)*, pop.

The next day Mr. Waggle decided to visit Mr. Wiggle. He opened his door *(Open left fist.)*, pop, stepped outside *(Raise thumb.)*, pop, and closed his door *(Close fist.)*, pop. Then he went down the hill and up the hill, and down the hill and up the hill, and down the hill and up the hill. *(Move left hand up and down to follow text.)*

When he reached Mr. Wiggle's house he knocked on the door—knock, knock, knock. *(Tap left thumb against right fist.)* No one answered. So Mr. Waggle went down the hill and up the hill, and down the hill and up the hill, and down the hill and up the hill to his house. *(Move hand up and down to follow text.)* When he reached his house, Mr. Waggle opened the door *(Open left fist.)*, pop, went inside *(Place thumb in palm.)*, pop, and closed the door *(Close fist.)*, pop.

The next day Mr. Wiggle *(Shake right fist.)* decided to visit Mr. Waggle, and Mr. Waggle *(Shake left fist.)* decided to visit Mr. Wiggle. So they opened their doors *(Open both fists.)*, pop, stepped outside *(Raise thumbs.)*, and closed their doors *(Close fists.)*, pop. They each went down the hill and up the hill, and down the hill and up the hill *(Move hands up and down to follow text.)*, and they met on top of the hill.

Mr. Wiggle and Mr. Waggle/ Señor Wiggle and Señor Waggle
(Action Story)

Señor Wiggle and Señor Waggle

adaptado por Rafael Lara-Alecio

Éste es el señor Wiggle *(Muestre en alto la mano derecha, haga un puño con ella, luego ponga el dedo pulgar dentro del puño.)* y éste es el señor Waggle *(Sostenga la mano izquierda y haga un puño con ella. Luego ponga el dedo pulgar izquierdo dentro de ella.).* El señor Wiggle y el señor Waggle viven en unas casas sobre diferentes colinas a tres colinas de distancia *(Ponga los dedos pulgares de ambas manos dentro de los puños.).*

Un día, el señor Wiggle decidió visitar al señor Waggle. Él abrió su puerta *(Abra el puño derecho.)*, pop, salió *(Levante el puño.)*, pop, y cerró su puerta *(Cierre el puño.)*, pop. Luego, bajó por la colina y subió por la colina, y bajó por la colina y subió por la colina, y bajó por la colina y bajó por la colina *(Mueva su mano derecha de abajo hacia arriba en forma de ola.).*

Cuando él llegó a la casa del señor Wiggle tocó la puerta—tun, tun, tun *(Cubra el pulgar izquierdo contra el puño derecho.)* Nadie respondió. Así que el señor Waggle bajó por la colina y subió por la colina, y bajó por la colina y subió por la colina, y bajó por la colina y subió por la colina *(Use movimiento de olas para seguir el texto.).* Cuando llegó a su casa, el señor Waggle abrió su puerta *(Abra el puño izquierdo.)*, por donde el señor Wiggle entró *(Coloque el dedo pulgar dentro de la palma.)* y cerró la puerta *(Cierre el puño.)*, pop.

Al día siguiente, el señor Wiggle *(Mueva el puño derecho.)* decidió visitar al señor Waggle y el señor Waggle *(Mueva el puño izquierdo.)* decidió visitar al señor Wiggle. Así que abrieron sus puertas *(Abran ambos puños.)*, ambos, salieron *(Levanten sus pulgares.)*, y cerraron sus puertas *(Cierren sus puños.).* Los dos bajaron por la colina y subieron por la colina, y bajaron por la colina y subieron por la colina *(Haga un movimiento de ola para seguir el texto.)*, hasta que finalmente se encontraron en la cima de la colina donde fuertemente se dieron un abrazo.

Pam and Sam/Pam y Sam
(Listening Story)

Pam and Sam

by Pam Schiller

Pam and Sam are best friends. They are very much alike. Pam and Sam both love to be outdoors. Pam and Sam both like peanut butter and jelly sandwiches better than any other food. They both love to swim and dance. They love to watch movies, and they love to blow bubbles. They hate rainy days. They love puppy dogs, ice cream, sunshine, baseball, trips to Mexico, bicycle riding, and nature hikes. There is even something about their names that is the same. Do you know what it is?

As much as Sam and Pam are alike, they are also very different. In many ways they are opposites. Sam is tall, but Pam is short. Sam has short hair, but Pam's hair is long. Sam has brown eyes, but Pam's eyes are blue. Sam hates to work puzzles, but Pam enjoys working puzzles. Sam likes to ride his bike fast, but Pam prefers to ride slowly. Sam likes the weather when it is hot, but Pam likes the weather better when it is cold.

Now it is easy to see that, as much as Pam and Sam are alike, they are still very different. There is something else different about Pam and Sam. Do you know what it is?

(If necessary, give the children hints to help them determine that Sam is a boy and Pam is a girl.)

Pam and Sam/Pam y Sam
(Listening Story)

Pam y Sam

adaptado por Rafael Lara-Alecio

Pam y Sam son muy buenos amigos. Ellos son muy parecidos. Pam y Sam, ambos, les gustan las actividades al aire libre. Pam y Sam les gusta la mantequilla de cacahuate y los emparedados con mermelada más que cualquier otra clase de comidas. Ambos les gusta nadar y bailar. Pam y Sam les gusta ver películas y hacer burbújas de jabón. Ellos odian los días de lluvia. Ellos les gustan los cachorritos, el helado, días de sol, béisbol, viajes a México, montar en bicicleta, y caminatas naturales. Allí hay algo en común con sus nombres, ¿Saben qué es?

Así como Pam y Sam son parecidos, ellos son muy diferentes. En muchas formas, ellos son opuestos. Sam es alto, Pam es baja. Pam tiene pelo largo. El pelo de Sam es corto. Pam tiene ojos azules, Sam tiene ojos cafés. A Pam le gusta jugar con rompecabezas. A Sam no le gustan los rompecabezas. A Sam le gusta montar su bicicleta e ir rápido. Pam prefiere ir despacio. A Sam le gusta el tiempo caliente. A Pam le gusta el tiempo frío.

Así como podemos ver, Pam y Sam tienen muchas cosas en común, pero al mismo tiempo tienen muchas diferencias. Hay algo más en que los hace diferentes.

¿Sabes qué es?

(Dele a los niños alguna pista a modo de que ellos puedan determinar que Sam es un niño y Pam es una niña.)

Additional selections that support the theme of Friends/Amigos:

Smart Cookie's Best Friend, Gabby Graham/Gabby Graham, la mejor amiga de Smart Cookie (page 33)

The Traveling Musicians/Los músicos viajeros (page 164)

The Little Red Hen/La gallotina rojo (page 359)

Henny Penny/Gallinita-Nita (page 356)

The Great Big Turnip/El nabo gigante (page 136)

Summer Is Coming/Ya viene el verano

Tune: Are You Sleeping?

Summer Is Coming

by Pam Schiller

Summer is coming; summer is coming.
Yes, it is! Yes, it is!
Fun is in the air.
Sunshine here and there.
Summer's here.
Summer's here.

Ya viene el verano

por Pam Schiller, Rafael Lara-Alecio y
Beverly J. Irby

Ya viene el verano.
Ya viene el verano.
¡Claro que sí!
¡Claro que sí!
¡La alegría está en el aire!
Brilla el sol aquí y allí.
¡El verano ya está aquí!
¡El verano ya está aquí!

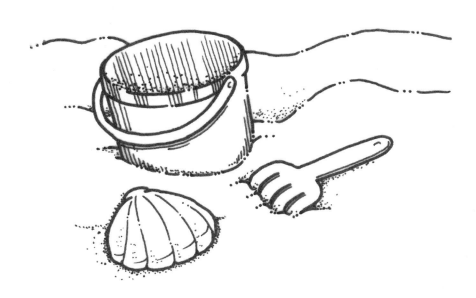

Autumn Leaves Are Falling Down/Las hojas se caerán

Tune: London Bridge Is Falling Down

Autumn Leaves Are Falling Down

by Pam Schiller

Autumn leaves are falling down,
Falling down, falling down. *(Wiggle fingers in downward motion.)*
Autumn leaves are falling down
Gently to the ground. *(Wiggle fingers in downward motion until you touch the ground.)*

Las hojas se caerán

por Pam Schiller, Rafael Lara-Alecio y Beverly J. Irby

Las hojas se caerán *(Meneen los deditos en movimiento hacia abajo.)*
caerán, caerán.
Las hojas se caerán
y pronto en el suelo estarán. *(Meneen los deditos en movimiento hacia abajo hasta tocar el suelo.)*

This Is the Way We Dress for Fall/Así nos vestimos en el otoño

Tune: Here We Go 'Round the Mulberry Bush

This Is the Way We Dress for Fall

by Pam Schiller

This is the way we dress for fall,
Dress for fall, dress for fall,
This is the way we dress for fall,
In the month of September.

Additional verses:
We wear our long-sleeved shirts today... in the month of September.
We wear our sweaters to keep us warm... in the month of September.
We wear our shoes that cover our toes... in the month of September.

Así nos vestimos en el otoño

por Pam Schiller, Rafael Lara-Alecio y Beverly J. Irby

Así nos vestimos en el otoño,
en el otoño, en el otoño.
Así nos vestimos en el otoño
en el mes de septiembre.

Versos adicionales:
Usamos camisas de mangas largas...cuando llega septiembre.
Usamos suéter para abrigarnos... cuando llega septiembre.
Usamos zapatos para cubrir nuestros pies.. cuando llega septiembre.

Spring Is Here!/La primavera está aquí!

Tune: Here We Go 'Round the Mulberry Bush

Spring Is Here!

by Pam Schiller

All the grass is turning green,
Turning green, turning green,
All the grass is turning green,
Spring is here!

Additional verses:
All the flowers are growing tall...
All the birds are building nests...
All the trees are budding now...

La primavera está aquí

*por Pam Schiller, Rafael Lara-Alecio y
Beverly J. Irby*

Toda la grama se vuelve verde,
se vuelve verde, se vuelve verde,
toda la grama se vuelve verde,
la primavera está aquí.

Versos adicionales:
Todas las flores crecen altas…
Todas las aves construyen nidos…
Todos los árboles están retoñando…

This Is the Way We Dress for Spring/Así nos vestimos en primavera

Tune: Here We Go 'Round the Mulberry Bush

This Is the Way We Dress for Spring

by Pam Schiller

This is the way we dress for spring,
Dress for spring, dress for spring.
This is the way we dress for spring,
When the flowers begin to bloom.

Additional verses:
We'll wear a raincoat in case it rains... when the
    flowers begin to bloom.
We'll wear rain boots to splash in puddles...
    when the flowers begin to bloom.
We'll bring our kites to fly in the wind... when
    the flowers begin to bloom.

Así nos vestimos en primavera

*por Pam Schiller, Rafael Lara-Alecio y Beverly J.
Irby*

Así nos vestimos en primavera,
primavera, primavera.
Así nos vestimos en primavera,
cuando todo florece dondequiera.

Versos adicionales:
Gabardinas usaremos si lloviera…cuando todo
    florece dondequiera.
Unas botas llevaría si saliera…cuando todo
    florece dondequiera.
Un cometa volaría ¡Si lo vieras!…cuando todo
    florece dondequiera.

This Is the Way We Dress for Summer/ Ésta es la forma que vestimos para el verano

Tune: Here We Go 'Round the Mulberry Bush

This Is the Way We Dress for Summer

by Pam Schiller

This is the way we dress for summer,
Dress for summer, dress for summer.
This is the way we dress for summer,
When we go out to play.

Additional verses:

This is the way we put on our shorts... when we
   go out to play.
This is the way we put on our sunscreen... when
   we go out to play.
This is the way we put on our sandals... when
   we go out to play.
This is the way we wear sunglasses... when we
   go out to play.

Ésta es la forma que vestimos en el verano

por Pam Schiller, Rafael Lara-Alecio y Beverly J. Irby

Ésta es la forma que vestimos en el verano,
vestimos en el verano, vestimos en el verano.
Ésta es la forma que vestimos en el verano,
cuando vamos a jugar.

Versos adicionales:

Ésta es la forma en que nos ponemos
   pantalones… cuando vamos a jugar.
Ésta es la forma en que nos ponemos crema
   para el sol… cuando vamos a jugar.
Ésta es la forma en que nos ponemos las
   sandalias… cuando vamos a jugar.
Ésta es la forma en que usamos lentes de sol…
   cuando vamos a jugar.

This Is the Way We Dress for Winter/ Así nos vestimos en el invierno

Tune: Here We Go 'Round the Mulberry Bush

This Is the Way We Dress for Winter

by Pam Schiller

This is the way we dress for winter,
Dress for winter, dress for winter.
This is the way we dress for winter,
Because it's cold outside.

Additional verses:
We'll wear snow pants and jackets today...
    because it's cold outside.
We'll warm socks and boots today... because it's
    cold outside.
We'll wear our scarves and mittens today...
    because it's cold outside.

Así nos vestimos en el invierno

por Pam Schiller, Rafael Lara-Alecio y Beverly J. Irby

Así nos vestimos en el invierno,
en el invierno, en el invierno.
Así nos vestimos en el invierno,
para del frío protegernos.

Versos adicionales:
Pantalones y chaquetas vestiremos...para del
    frío protegernos.
Calcetas o calcetines y botas llevaremos...para
    del frío protegernos.
Bufandas y mitones usaremos...para del
    frío protegernos.

This Is the Way We Rake the Leaves/
Ésta es la forma que recogemos las hojas

Tune: Here We Go 'Round the Mulberry Bush

This Is the Way We Rake the Leaves

by Pam Schiller

This is the way we rake the leaves,
Rake the leaves, rake the leaves.
This is the way we rake the leaves,
Day after day in the fall.
This is the way we bag the leaves,
Bag the leaves, bag the leaves.
This is the way we bag the leaves,
Day after day in the fall.

Additional verses:

This is the way we toss the leaves... day after
day in the fall.
This is the way we play in the leaves... day after
day in the fall.

Ésta es la forma que recogemos las hojas

por Pam Schiller, Rafael Lara-Alecio y Beverly J. Irby

Ésta es la forma que recogemos las hojas,
recogemos las hojas, recogemos las hojas.
Ésta es la forma como recogemos las hojas,
cada día en el otoño.
Ésta es la forma como guardamos las hojas
guardamos las hojas, guardamos las hojas.
Ésta es la forma como guardamos las hojas,
cada día en el otoño.

Versos adicionales:

Ésta es la forma que echamos las hojas… cada
día en el otoño.
Ésta es la forma que jugamos en las hojas…
cada día en el otoño.

Winter Is Coming/Ya viene el invierno

Tune: Do You Know the Muffin Man?

Winter Is Coming

by Pam Schiller

Can you feel the wind blow cold?
The wind blow cold, the wind blow cold?
Can you feel the wind blow cold?
Winter's coming soon.

Additional verses:
Can you see the darker skies?
Can you hear the cold wind blow?
Can you see the trees all bare?
Can you button up your coat?
Can you put your mittens on?

Ya viene el invierno

por Pam Schiller, Rafael Lara-Alecio y Beverly J. Irby

¿Puedes sentir el viento frío?
¿El viento frío?
¿El viento frío?
¿Puedes sentir el viento frío?
Ya viene el invierno.

Versos adicionales:
¿Puedes ver el cielo oscurecido?
¿Puedes ver los árboles sin hojas?
¿Puedes abotonarte el abrigo?
¿Puedes ponerte tus mitones?

Falling Leaves/Las hojitas se están cayendo

Falling Leaves

by Beverly J. Irby and Rafael Lara-Alecio

Little leaves are falling down, *(Wiggle fingers downward.)*

Red and yellow, orange and brown. *(Count on fingers.)*

Whirling, twirling 'round and 'round, *(Twirl fingers.)*

Falling softly to the ground. *(Wiggle fingers downward to the ground.)*

Las hojitas se están cayendo

por Beverly J. Irby y Rafael Lara-Alecio

Las hojitas se están cayendo *(Menea los dedos en posición hacia el suelo.)*

rojas y amarillas, naranjas y cafés. *(Cuenta con los deditos.)*

Remolineándose, girando, dando vueltas alrededor, *(Da vueltas a los deditos.)*

hasta que suavemente caen al suelo. *(Mueve los deditos en posición hacia el suelo.)*

Five Little Snowmen/Habían cinco muñecos de nieve

Five Little Snowmen

by Beverly J. Irby and Rafael Lara-Alecio

There were five little snowmen, happy at play. *(Hold up five fingers and move one for each snowman.)*

The first one said, "What a pretty day!"

The second one said, "Let's have some fun."

The third one said, "Look, there's the sun."

The fourth one said, "It must be Spring."

The fifth one said, "I think we're all melting!" *(Hold hands out as if saying "all gone.")*

Habían cinco muñecos de nieve

por Rafael Lara-Alecio y Beverly J. Irby

Habían cinco muñecos de nieve, felices y contentos. *(Muestra los cinco dedos.)*

El primero dijo —¡Qué día tan lindo!

El segundo dijo —No debemos llorar.

El tercero dijo —Por siempre hay que durar.

El cuarto dijo —Y en mayo, ¿qué sucede?

El quinto dijo —¡Miren, nos derretimos en la nieve!

Five Waiting Pumpkins/
Cinco calabazas en un viñedo están

Five Waiting Pumpkins

by Rafael Lara-Alecio and Beverly J. Irby

(Suit actions to the words.)

Five little pumpkins growing on a vine,
First one said, "I feel fine!"
Second one said, "I love the fall."
Third one said, "I'm round as a ball."
Fourth one said, "I smell pumpkin pie."
Fifth one said, "Let's say good-bye."
"Good-bye," said one!
"Adios," said two!
"Au revoir," said three!
"Ciao," said four!
"Aloha," said five!
The five little pumpkins growing on the vine
Were picked and put under the "For Sale" sign.

Cinco calabazas en un viñedo están

por Rafael Lara-Alecio y Beverly J. Irby

(Haga lo que las palabras sugieren.)

Cinco calabazas en un viñedo están,
Una dijo: —Es hora de brillar—.
La segunda dijo: —Me gusta girar—.
La tercera dijo: —Y como la pelota rodar—.
La cuarta dijo: —Un pastel quiero dar—.
Y la quinta dijo: —mejor vamos a la mar—.
—¡Adiós!— dijo la primera—.
—¡Good-bye!— dijo la segunda—.
—¡Au revoir!— dijo la tercera—.
—¡Ciao!— dijo la cuarta—.
—¡Aloha! —dijo la quinta—.
Las cinco calabazas en un viñedo están,
esperando ser cortadas por Luz y Juan.

Las hojas/The Leaves

Las hojas

por Rafael Lara-Alecio y Beverly J. Irby

Las hojas se ven mecer, (*Mueve tu mano para arriba y para abajo.*)
rojas, cafés, anaranjadas, y amarillas, (*Cuenta los colores.*)
girando, volando se ven caer, (*Gira tus dedos hacia delante y hacia atrás.*)
cayendo suavemente sobre mis sillas. (*Mueve tus dedos hacia una silla.*)

The Leaves

by Rafael Lara-Alecio and Beverly J. Irby

The leaves moving to and fro, (*Move your hands back and forth.*)
Red, brown, orange, and yellow (*Count your fingers.*)
Swaying gently then they fall (*flutter your fingers moving hands downward.*)
Soon they will fall—all of them—all. (*Put hands on the floor.*)

Adivinanzas/Riddles

by Rafael Lara-Alecio y Beverly J. Irby

¿Qué cosa es?
¿Sin tener alas, vuela, y
sin tener pies, corre?
(El tiempo)

No soy estación en la ciudad de Nueva York,
Ni soy estación de autobuses,
Pero soy una estación donde todo vuelve
    a nacer.
¿Quién soy?
(La primavera)

What flies without having wings
And runs without having feet?
(Time)

I am not a season chilly and cold.
I am not a season hot and sticky.
I am a season when everything is born again.
Do you know who I am?
(Spring)

Falling Leaves/Las hojas que caen

Falling Leaves

by Pam Schiller

I saw a leaf fall from a tree
And to the earth below.
It was a lovely sight to see
As it danced to and fro.
Up and down and up it went
And then came tumbling down.
Feeling tired, the dancing leaf
Fell to the waiting ground.

Las hojas que caen

*por Pam Schiller, Rafael Lara-Alecio y
Beverly J. Irby*

Vi una hoja caer de un árbol,
y a la tierra llegar.
¡Qué sensación encantadora
fue verla rodar!
Para arriba y para abajo, subir y bajar,
hasta que sintiéndose cansada, la
    hojita bailarina
¡al suelo vino finalmente a descansar!

Autumn Leaves/Las hojas

Autumn Leaves

by Pam Schiller

Autumn leaves are falling, falling, falling. *(Move from standing position to squatting.)*

Autumn leaves are spinning, spinning, spinning. *(Stand and turn.)*

Autumn leaves are floating, floating, floating. *(Sway side to side.)*

Autumn leaves are turning, turning, turning. *(Turn slowly.)*

Autumn leaves are dancing, dancing, dancing. *(Stand on toes, sway forward and back.)*

Autumn leaves are blowing, blowing, blowing. *(Take several steps forward.)*

Autumn leaves are falling, falling, falling. *(Squat.)*

Autumn leaves are sleeping, sleeping, sleeping. *(Place hands together on side of face.)*

Las hojas

por Pam Schiller, Rafael Lara-Alecio y Beverly J. Irby

Las hojas del otoño se están cayendo, cayendo, cayendo. *(Mueve los deditos de una posición estática a una de movimiento.)*

Las hojas del otoño están girando, girando, girando. *(Mueve los deditos como dando vueltas.)*

Las hojas del otoño están flotando, flotando, flotando. *(Mueve los deditos en un vaivén de lado a lado.)*

Las hojas del otoño están dando vueltas y vueltas y más vueltas. *(Permanezca con los dedos de sus pies en un vaivén hacia delante y hacia atrás.)*

Las hojas del otoño están bailando, bailando, bailando. *(Da unos pasos hacia delante.)*

Las hojas del otoño están volando, volando, volando.

Las hojas del otoño están cayendo, cayendo, cayendo. *(Da vuelta a los deditos hacia abajo.)*

Las hojas del otoño se están durmiendo, durmiendo, durmiendo. *(Deja que la cabecita descanse sobre las manitas juntas.)*

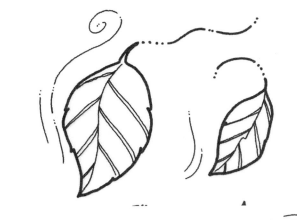

Fall/El otoño

Fall

by Beverly J. Irby and Rafael Lara-Alecio

Fall is here.
Frost is in the air.
Chill is on my cheeks,
Static in my hair.

Colorful leaves fall like rain.
Sun and clouds play hide and seek.
The wind blows across the grass.
Apples are ripe and at their peak.

I help at home to rake the leaves.
We put them in a sack.
We sweep the roof and clean the eaves.
Before we finish... the leaves are back.

Fall is in the air,
Static in my hair.
Leaves on the lawn,
And Jack Frost at dawn.

El otoño

por Rafael Lara-Alecio y Beverly J. Irby

El otoño está en el aire.
Corramos a ver al fraile.
El frío se siente en mis mejillas
es tiempo de asistir a la sinfonía.

Las hojas coloridas caen como la lluvia.
El sol y las nubes juegan con la rubia.
El viento sopla atravesando el césped,
mientras las manzanas buscan un huésped.

Ayudo en casa a rastrillar las hojas,
luego las ponemos en las bolsas rojas.
Quitamos las hojas del techo y limpiamos
    el alero.
¡Yo quisiera que las hojas fueran de acero!

El otoño está en el aire.
Corramos a ver al fraile.
Las hojas cubren el césped.
¡Recibamos calurosamente a nuestro huésped!

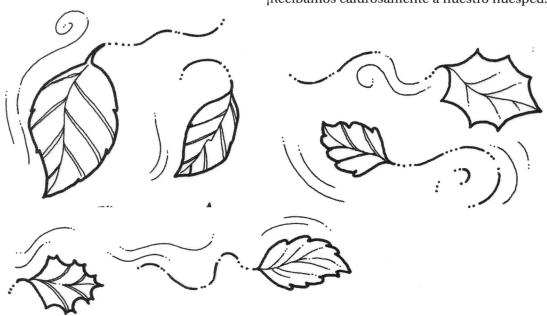

Fall Leaves Drifting Down/Las hojas de otoño suavemente se caen

Fall Leaves Drifting Down

by Pam Schiller

Leaves are drifting softly down,
They make a carpet on the ground.
Then, swish! The wind comes whistling by
And sends them dancing in the sky!

Las hojas de otoño suavemente se caen

por Pam Schiller, Rafael Lara-Alecio y Beverly J. Irby

Las hojas de otoño suavemente se caen,
formando una alfombra en el piso.
Hasta que el viento que llega silbando,
¡Las envía de nuevo al cielo bailando!

Invierno/The Winter

Invierno

por Rafael Lara-Alecio y Beverly J. Irby

¡Que frío, que frío!
¿Qué pasa, qué pasa?
Los pájaros no cantan,
los árboles sin hojas,
el sol se ve muy poco,
y todo nos anuncia
¡que el invierno ha llegado!

The Winter

by Rafael Lara-Alecio and Beverly J. Irby

It's cold! It's cold!
What happened? What happened?
The birds no longer sing.
The trees have no leaves.
I can barely see the sun.
Nature is announcing
That winter has come.

The Fall of the Last Leaf/ La caída de la última hoja
(Action Story)

The Fall of the Last Leaf

by Pam Schiller

The howling November wind woke me from my sleep. I went to the window and watched the leaves blowing across the yard. The wind had blown all night, and I saw immediately that this was the end of fall, and winter would soon arrive. Every tree was bare except for one, and it held only one last leaf. Just as I was wondering how the one leaf had survived, it let loose its grip and began to fall. I watched it as it fell to the ground.
(Children pretend to be the leaf.)

It rocked. *(Rock at normal speed.)*
It twisted. *(Twist at normal speed.)*
It turned around and around in the hands of the wind. *(Turn around at normal speed.)*
Then the wind grew still, and the little leaf floated softly and silently. *(Get very still and slowly float.)*

It rocked. *(Slowly rock.)*
It turned. *(Slowly turn.)*
It danced on the wind. *(Dance slowly.)*
Suddenly, the wind regained its strength.
The little leaf shook. *(Shake.)*
It zoomed high into the air. *(Swoosh arms overhead.)*

It rocked. *(Rock fast.)*
It twisted. *(Twist fast.)*
It danced in the wind. *(Dance fast.)*
Then, again, suddenly the wind slowed and released the leaf.
The little leaf twirled. *(Twirl around.)*
It glided. *(Glide.)*
It rocked. *(Rock slowly.)*
And it finally landed on top of a pile of other fallen leaves. *(Sit down.)*
I wonder if she was happy to see her friends again.

La caída de la última hoja

por Pam Schiller y Rafael Lara-Alecio

Dormía profundamente cuando el inmenso viento de noviembre me despertó súbitamente. Vine a la ventana y miraba como las hojas de los árboles eran arrastradas por todo el patio. El viento soplaba y soplaba toda la noche. El viento había azotado toda la noche. ¿Qué miraba esa noche? Era el final del otoño y que el invierno vendría muy pronto. Miraba como todos los árboles, habían botado sus hojas, excepto una. Este árbol tan solo tenía una hoja en lo alto de una de sus ramas. Irónicamente, pensando cómo este árbol tenía tan sólo una hoja, ésta de pronto se desprendió de su rama y haciendo movimientos ondulatorios cayó lentamente al suelo. Yo miraba asombrado como esta última hoja había sobrevivido el fuerte viento.

(Use verbos de acción para las siguientes palabras.)

(Niños, representen las hojas.)

Se mecía. *(Mecerse a velocidad normal.)*
Se retorcía. *(Retorcerse a velocidad normal.)*
Giraba y giraba en las manos del viento. *(Dar vuelta a velocidad normal.)*
Entonces, el viento se calmó y la hojita flotaba suave y silenciosamente en el aire. *(Permanecer quieto y luego flotar suavemente.)*

Se mecía. *(Mecerse a velocidad normal.)*
Se retorcía. *(Retorcerse a velocidad normal.)*
Ésta daba vueltas y vueltas en las manos del viento. *(Dar vuelta alrededor en velocidad normal.)*
Entonces el viento se hacía más y más fuerte y la pequeña hoja flotaba suave y silenciosamente.
    (Permanecer quieto y luego flotar suavemente.)

Se mecía. *(Mecerse a velocidad normal.)*
Se retorcía. *(Retorcerse a velocidad normal.)*
Ésta bailaba con el viento. *(Bailar lentamente.)*
De pronto el viento se hizo más y más fuerte.
La pequeña hojita se movía. *(Moverse.)*
Ésta se fue volando en el aire. *(Pasar los brazos sobre la cabeza.)*

Se mecía. *(Mecerse rápido.)*
Se retorcía. *(Retorcerse rápido.)*
Ésta bailaba con el viento. *(Bailar rápido.)*
Entonces y de pronto, el viento bajó su fuerza y soltó a la hojita.
La hojita daba vueltas y vueltas. *(Dar vueltas alrededor.)*
La hojita lentamente caía. *(Caer lentamente.)*
Se mecía. *(Mecerse a velocidad normal.)*
Y finalmente ésta aterrizó junto a otros cientos de hojitas caídas que la esperaban. *(Sentarse.)*
¿Me preguntaba si la hojita estaba feliz de reunirse de nuevo con sus otros amiguitos?

Summer at the Beach/Verano en la playa
(Listening Story Rhyme)

Summer at the Beach

by Pam Schiller

In summertime it's very nice
To vacation at the seashore.
I walk along the sandy beach
And watch the seagulls soar.
I make castles in the sand
And give each one a moat.
Into the moat I pour some water
And sail my toy sailboat.
I like to try to jump the waves
That come rushing to the sand.
Some waves rush to shore so fast
That I can hardly stand.
The sea spray is salty on my tongue
And feels cool on my hot face.
I chase my dog along the beach,
But she usually wins the race.
I'd like to stay forever and play
In the waves and in the sand,
But friends are waiting for me at home,
So I leave happy, rested, and tanned.

Verano en la playa

por Pam Schiller y Rafael Lara-Alecio

En el verano es muy bonito
ir de vacaciones a la mar.
Caminar por la playa arenosa,
y ver a las gaviotas una y otra vez pasar.
Me gusta hacer castillos en la arena,
y en cada uno de ellos un agujero excavar.
Me gusta que las olas del mar llenen con sus
    aguas el agujero,
para poner a navegar mi velero.
Me gusta las olas saltar,
que llegan rápidamente a la arena.
Algunas llegan a la orilla tan rápido
que casi no puedo brincar.
Me gusta sentir la brisa del mar salado en
    mi boca
y frío en mi cara caliente.
Me gusta correr con mi perro por toda la playa,
aunque el siempre gana la carrera felizmente.
Me gustaría quedarme para siempre y jugar
en las olas y en la arena.
Sé que en la casa me esperan mis amigos,
¡Así que me voy feliz, con las fotos de
    mis castillos!

Additional selections that support the theme of Seasons/Las estaciones del año:
Tiny Seeds/La Semillita (page 424)
Five Little Pumpkins/Cinco calabazas (page175)
The Wind and the Sun/El viento y el sol (page 318)
Weather/Tiempo (page 316)

My Favorite Foods/ Mis comidas favoritas

I Like Peanut Butter and Jelly/ Me gusta la mantequilla y jalea

Tune: London Bridge Is Falling Down

I Like Peanut Butter and Jelly

by Pam Schiller

I like jelly on my bread, on my bread, on
my bread.
I like jelly on my bread. Bread and jelly!

I like ice cream with my cake, with my cake,
with my cake.
I like ice cream with my cake. Cake and
ice cream!

I like ketchup with my fries, with my fries, with
my fries.
I like ketchup with my fries. Fries and ketchup!

Me gusta la mantequilla y jalea

por Pam Schiller, Rafael Lara-Alecio y Beverly J. Irby

Me gusta la mantequilla y jalea, la mantequilla
y jalea, la mantequilla y jalea.
Me gusta la mantequilla y jalea en pan blanco.

Me gusta helado y postre, helado y postre,
helado y postre.
Me gusta helado y postre para mi cumpleaños.

Me gusta hamburguesas y papas fritas,
hamburguesas y papas fritas,
hamburguesas y papas fritas.
Me gusta hamburguesas y papas fritas en
cualquier momento.

Arroz con leche/Rice With Milk

Arroz con leche

Tradicional

Arroz con leche me quiero casar con una
   damita de la capital.
Que sepa leer, que sepa escribir, que sepa
   también los postres servir.
Que sepa coser, que sepa bordar,
que ponga la mesa en su perfecto lugar.
Yo soy la damita, la hija del Rey.
Me quiero casar y no hallo con quién.
¿Contigo?, sí, ¿Contigo?, no.
Contigo, mi vida, me casaré yo.

Rice With Milk

adapted by Beverly J. Irby and Rafael Lara-Alecio

Rice with milk; I want to marry
A sweet little girl from the capital city,
Who is able to sew, who is able to embroider,
And set a fine table with all in order.
I am the pretty little girl,
And the daughter of the king.
I wish to marry, but I don't know with whom.
With you? Yes. With you? No.
With you, my love, I will marry you.

The Donut Song/La canción de la rosca

Tune: Turkey in the Straw

The Donut Song

Traditional

Oh, I ran around the corner,
And I ran around the block.
I ran right into the bakery shop.
I grabbed me a donut
Right out of the grease.
And I handed the lady
A five-cent piece.
She looked at the nickel,
And she looked at me.
She said, "This nickel
Is no good to me.
There's a hole in the nickel
And it goes right through."
Said I, "There's a hole in your donut, too!
"Thanks for the donut. Good-bye!"

La canción de la rosca

adaptado por Rafael Lara-Alecio y Beverly J. Irby

Oh, yo corrí por la esquina
y vuelta le di a la manzana.
Entré en la pastelería
y una rosca me comía.
Me la comí enseguida.
Le pagué a la señorita
cinco centavos por la rosquita.
Ella miró mis monedas
y me miró a mí
y me dijo: —Estas monedas
no son aceptadas—.
Un hueco tienen en el centro.
¡Qué pena! ¡Lo lamento!
Yo contesté: —Sus roscas también
un hueco tienen. Adiós, que la pase bien—.

Have You Been to Candy Land?/ ¿Has visitado la ciudad de dulce?

Tune: Do You Know the Muffin Man?

Have You Been to Candy Land?

by Pam Schiller

Have you been to candy land, candy land,
    candy land?
Have you been to candy land?
We'll swing on licorice ropes. *(Pretend to swing.)*

Have you been to candy land, candy land,
    candy land?
Have you been to candy land?
We'll swim in lemonade. *(Pretend to swim.)*

Have you been to candy land, candy land,
    candy land?
Have you been to candy land?
We'll slide on chocolate pies. *(Pretend to slide.)*

¿Has visitado la ciudad de dulce?

por Pam Schiller, Rafael Lara-Alecio y Beverly J. Irby

¿Has visitado la ciudad de dulce, ciudad de
    dulce, ciudad de dulce?
¿Has visitado la ciudad de dulce?
Vamos a volar. *(Pretende que estás volando.)*

¿Has visitado la ciudad de dulce, ciudad de
    dulce, ciudad de dulce?
¿Has visitado la ciudad de dulce?
Nademos en limonada. *(Pretende que
    estás nadando.)*

¿Has visitado la ciudad de dulce, ciudad de
    dulce, ciudad de dulce?
¿Has visitado la ciudad de dulce?
Resbalémonos en chocolate. *(Pretende que estás
    resbalándote.)*

Peanut Butter/Mantequilla de maní

Peanut Butter

Traditional

Chorus:
Peanut, peanut butter—jelly!
Peanut, peanut butter—jelly!

First you take the peanuts and *(Pretend to dig peanuts.)*
You dig 'em, you dig 'em.
Dig 'em, dig 'em, dig 'em.
Then you smash 'em, you smash 'em. *(Pretend to smash peanuts.)*
Smash 'em, smash 'em, smash 'em.
Then you spread 'em, you spread 'em. *(Pretend to spread the peanuts.)*
Spread 'em, spread 'em, spread 'em.
Chorus

Then you take the berries and *(Pretend to pick berries.)*
You pick 'em, you pick 'em.
Pick 'em, pick 'em, pick 'em.
Then you smash 'em, you smash 'em. *(Pretend to smash berries.)*
Smash 'em, smash 'em, smash 'em.
Then you spread 'em, you spread 'em. *(Pretend to spread berries.)*
Spread 'em, spread 'em, spread 'em.
Chorus

Then you take the sandwich and
You bite it, you bite it. *(Pretend to bite a sandwich.)*
Bite it, bite it, bite it.
Then you chew it, you chew it. *(Pretend to chew a sandwich.)*
Chew it, chew it, chew it.
Then you swallow it, you swallow it. *(Pretend to swallow peanut butter sandwich.)*
Swallow it, swallow it, swallow it.
Hum chorus

Peanut Butter/Mantequilla de maní

Mantequilla de maní

adaptado por Rafael Lara-Alecio y Beverly J. Irby

¡Maní, mantequilla de maní—jalea!

¡Maní, mantequilla de maní—jalea!

Primero recoges los maníes y (*Pretende que recoges los maníes.*)

los sacas, los sacas.

Sácalos, sácalos, sácalos.

Segundo, los trituras, los trituras. (*Pretende que trituras los maníes.*)

Tritúralos, tritúralos, tritúralos.

Tercero, los untas, los untas. (*Pretende que lo untas en el pan.*)

Úntalos, úntalos, úntalos.

Cuarto, recoges las bayas y (*Pretende que recoges las bayas.*)

las recoges, las recoges.

Recógelas, recógelas, recógelas.

Quinto, las trituras, las trituras. (*Pretende que trituras las bayas.*)

Tritúralas, tritúralas, tritúralas

sexto, las untas, las untas. (*Pretende que las untas en el pan.*)

Úntalas, úntalas, úntalas.

Séptimo,haces un emparedado y (*Pretende que haces un emparedado.*)

lo comes, lo comes.

Cómelo, cómelo, cómelo.

Octavo,lo masticas, lo masticas. (*Pretende que lo masticas.*)

Mastícalo, mastícalo, mastícalo.

Luego lo tragas, lo tragas. (*Pretende que lo tragas.*)

Noveno, trágalo, trágalo.

¡Y así disfrutas tu emparedado de (*Pretende que lo disfrutas.*)

mantequilla de maní!

Vamos a la mar/Let's Go to the Sea

Vamos a la mar

Tradicional

Vamos a la mar, tum, tum,
a comer pescado, tum, tum,
de boca colorada, tum, tum,
fritito y asado, tum, tum.

Vamos a la mar, tum, tum,
a comer pescado, tum, tum,
fritito y asado, tum, tum,
en sartén de palo, tum, tum.

Let's Go to the Sea

adapted by Beverly J. Irby and Rafael Lara-Alecio

Let's go to the sea, tum, tum,
To eat fish, tum, tum,
Bright-colored mouths, tum, tum,
Fried and roasted, tum, tum.
Let's go to the sea, tum, tum,
To eat fish, tum, tum,
Fried and roasted, tum, tum,
In a wooden frying pan, tum, tum.

When I'm Chilly/Cuando tengo frío

Tune: Mary Had a Little Lamb

When I'm Chilly

by Beverly J. Irby and Rafael Lara-Alecio

When I'm chilly through and through,
Through and through, through and through,
When I'm chilly through and through,
Give me soup or stew.

While I'm looking forward to May,
Forward to May, forward to May,
While I'm looking forward to May,
Serve hot choc-o-late.

Cuando tengo frío

por Beverly J. Irby y Rafael Lara-Alecio

Cuando tengo frío por todas partes,
por todas partes, por todas partes,
cuando tengo frío por todas partes,
dame una sopa o un sancocho.

Mientras espero el mes de mayo,
el mes de mayo, el mes de mayo,
mientras espero el mes de mayo,
dame chocolate caliente que me desmayo.

The Apple Tree/El árbol de manzana

The Apple Tree

by Beverly J. Irby and Rafael Lara-Alecio

One little apple looking at me *(Look down.)*
From the very top of the apple tree. *(Point up.)*
I climbed the tree as high as I could *(Pretend to climb.)*
To pick one little apple. *(Pretend to pick an apple.)*
Mmmm, it was good! *(Rub your tummy.)*

El árbol de manzana

por Beverly J. Irby y Rafael Lara-Alecio

Una manzanita mirándome está *(Señala con tu dedo lo alto del árbol de manzana.)*
en lo alto del árbol allá.
Me subí tan alto para alcanzarla *(Haz como que te subes al árbol.)*
y así poder disfrutarla. *(Haz como que la tienes en tu mano.)*
¡MMM, está deliciosa! *(Tócate tu estómago.)*

I Like Strawberries/Me gustan las fresas

I Like Strawberries

by Beverly J. Irby and Rafael Lara-Alecio

I like strawberries, do you like them too?
Let's eat them all until we're through!
    (Pretend to eat.)
Oh, my tummy is full. *(Place hands on tummy.)*
Hey, there's a big swimming pool! *(Point.)*
Let's go and play. *(Motion as if saying, "Let's go.")*
Leave the strawberries for another day.

Me gustan las fresas

por Beverly J. Irby y Rafael Lara-Alecio

Me gustan las fresas, ¿te gustan a ti?
Comámoslas todas hasta decir allí. *(Hagamos un movimiento de comer fresas.)*
¡Oh! Ahora mi estómago está feliz. *(Pon las manos sobre tu estómago.)*
Porque todas ellas las huelo con mi nariz. *(Tócate la nariz.)*
Pero dejémosle el resto de fresas a Beatriz.

Little Red Apple/Manzanita

Little Red Apple

Traditional

A little red apple hung high in a tree, *(Point up.)*
I looked up at it. *(Look up.)*
It looked down on me. *(Look down.)*
"Come down please," I said. *(Use hand to
    motion downward.)*
And that little red apple fell right on my head.
    (Tap the top of your head.)

Manzanita

adaptado por Rafael Lara-Alecio y Beverly J. Irby

Manzanita en lo alto del árbol está. *(Señala con
    el dedo hacia arriba.)*
Colgando allí que bonita te ves *(Mueve la mano
    como colgando.)*
ven conmigo, manzanita roja. *(Mueve la mano
    desde afuera hacia ti.)*
¡Oh! Me caíste sobre mi cabeza otra ves. *(Tócate
    la cabeza.)*

My Red Apple/Mi manzana roja

My Red Apple

by Beverly J. Irby and Rafael Lara-Alecio

See my apple all nice and red. *(Make a fist with
    one hand and place it on the palm of the
    other hand.)*
It fell and hit me on top of my head. *(Touch the
    top of your head.)*
Mama cut that apple in two— *(Pretend to cut
    your fist with the other hand.)*
Half for me and half for you. *(Now make a fist
    with the other hand and hold out both fists.)*

Mi manzana roja

por Beverly J. Irby y Rafael Lara-Alecio

Mira mi manzana que bonita y roja es. *(Cierra
    la mano y ponla en la palma de la otra
    mano.)*
Me ha caído en mi cabeza otra vez. *(Tócate la
    cabeza.)*
Mi mamá la ha cortado *(Pretende que cortas la
    manzana.)*
y ahora dos pedazos han rodado. *(Cierra las dos
    manos.)*
Una mitad es para ti,
y la otra mitad para mí. *(Mantiene tus manos
    cerradas y extendidas.)*

Tortillitas/Little Tortillas

Tortillitas

Tradicional

Tortillitas para Mamá. (*Junta las palmas de las manos como aplaudiendo hasta el final.*)
Tortillitas para Papá. (*Junta las palmas de las manos como aplaudiendo hasta el final.*)
Las doraditas para Mamá.
Las bonitas para Papá. (*Al revés.*)

Little Tortillas

adapted by Beverly J. Irby and Rafael Lara-Alecio

Little tortillas for Mommy. (*Put your hands together as if applauding.*)
Little tortillas for Daddy. (*Repeat.*)
The brown ones for Mommy.
The pretty ones for Daddy. (*Or reverse.*)

Way Up High in the Apple Tree/ Arriba en el árbol de manzano

Way Up High in the Apple Tree

by Beverly J. Irby and Rafael Lara-Alecio

Way up high in the apple tree, (*Point up.*)
Five little apples smiled down at me. (*Hold up five fingers.*)
I shook that tree as hard as I could, (*Pretend to shake a tree.*)
And down came the apples, and mmmm, were they good! (*Rub stomach.*)

Arriba en el árbol de manzano

por Rafael Lara- Alecio y Beverly J. Irby

Arriba en el árbol de manzano,
cinco manzanitas sonreían con agrado. (*Señala con el dedo hacia lo alto.*)
Lo estremecí tanto como pude, (*Pretende como que mueves fuertemente un árbol.*)
y cayeron las manzanas y mmm, ¡qué gusto de comerlas tuve! (*Pretende que te tocas el estómago con los dos manos.*)

Going on a Picnic/
Vamos a un día de campo

Going on a Picnic

by Beverly J. Irby and Rafael Lara-Alecio

(Say each line, and then the children echo it.)
Going on a picnic.
(Going on a picnic.)
What do we need?
(What do we need?)
We need a lunch.
(We need a lunch.)
What do you want?
(What do you want?)
I want chicken.
(I want chicken.)

Variation: John wants chicken.
(Allow children to substitute different food and add their own name to the chant.)

Vamos a un día de campo

por Beverly J. Irby y Rafael Lara-Alecio

(Diga cada línea y permita a sus estudiantes hacer eco de ésta.)
Vamos a un día de campo.
(Vamos a un día de campo.)
¿Qué necesitamos?
(¿Qué necesitamos?)
Necesitamos comida.
(Necesitamos comida.)
¿Qué es lo que quieres?
(¿Qué es lo que quieres?)
Yo quiero pollo.
(Yo quiero pollo.)

Variación: Juan quiere pollo.
(Permita a los niños a sustituir diferentes alimentos y poner sus propios nombres en el canto.)

Ice Cream Chant/La canción del helado

Ice Cream Chant

Traditional—adapted by Pam Schiller, Beverly J. Irby, and Rafael Lara-Alecio

I scream, you scream,
We all scream for ice cream!
Ice cream in a cup, ice cream on a cone,
Ice cream with syrup, ice cream all alone.

La canción del helado

adaptado por Pam Schiller, Beverly J. Irby y Rafael Lara-Alecio

Yo lo pido, tú lo pides,
el helado todos piden.
En vasito o en barquilla, todos piden el helado.
Con jarabe o con crema, todos comen
    mantecado.

Peas and Honey/Miel y guisantes

Peas and Honey

Traditional

I eat my peas with honey,
I've done it all my life.
It makes the peas taste funny,
But it keeps them on my knife.

Miel y guisantes

adaptado por Rafael Lara-Alecio y Beverly J. Irby

Como con miel mis guisantes,
aunque tienen extraño sabor.
Es más fácil comer guisantes,
pegados al tenedor.

Pease Porridge Hot/Gachas calientes

Pease Porridge Hot

Traditional

(Make up a partner clap.)
Pease porridge hot,
Pease porridge cold,
Pease porridge in the pot,
Nine days old.
Some like it hot.
Some like it cold.
Some like in the pot,
Nine days old!

Gachas calientes

adaptado por Rafael Lara-Alecio y Beverly J. Irby

*(Tome un compañero para que aplauda cada
    vez que lees una línea.)*
Gachas calientes,
gachas frías,
gachas en la olla,
están desde hace nueve días.
A algunos les gustan calientes,
a algunos les gustan frías.
A algunos les gustan en la olla
desde hace nueve días.

¿Qué va junto?/What Goes Together?

¿Qué va junto?

por Rafael Lara-Alecio y Beverly J. Irby

¿Qué va junto?
Un botón y un abrigo.
¿Qué va junto?
Queso y un taco.
¿Qué va junto?
Un comal y la masa.
¿Qué va junto?
Pan y melaza.

What Goes Together?

by Pam Schiller

What goes together?
Toast and jam.
What goes together?
Eggs and ham.
What goes together?
Veggies and dips.
What goes together?
Salsa and chips.

Rima de chocolate/Chocolate Rhyme

Rima de chocolate

Tradicional

Uno, dos, tres, cho— *(Cuenta con tus dedos.)*
Uno, dos, tres, co—
Uno, dos, tres, la—
Uno, dos, tres, te!
Bate, bate, chocolate. *(Pretende que
 bates chocolate.)*

Chocolate Rhyme

Traditional

One, two, three, cho— *(Count with fingers.)*
One, two, three, co—
One, two, three, late!
Stir, stir the chocolate. *(Pretend to stir.)*

One Potato, Two Potato/Una papa, dos papas

One Potato, Two Potato

Traditional

*(Make two fists; alternate tapping one on top of
 the other.)*
One potato, two potato, three potato, four,
Five potato, six potato, seven potato, more.
Eight potato, nine potato, now we count to ten.
Let's say the rhyme all over again.

Una papa, dos papas

adaptado por Rafael Lara-Alecio y Beverly J. Irby

*(Haga dos puños. Colóquelos uno sobre
 otro alternativamente.)*
Una papa, dos papas, tres papas, cuatro.
Cinco papas, seis papas, siete papas. ¡Más!
Ocho papas, nueve papas, ya llegamos hasta
 el diez.
Vamos a decir la rima otra vez.

Candy Land Journey/ Un viaje a la ciudad de dulce
(Action Story)

Candy Land Journey

by Pam Schiller

(Suit actions to the words.)

Let's go on a trip. Who wants to go to Candy Land? *(Raise hands.)* OK! Let's go! *(Sweep arm in forward motion.)*

It's just a short trip from here. First, we walk. *(Walk in place about 10 steps.)* Now we need to get on a plane and fly. *(Put arms out to fly for a few seconds.)* Look! We're here! *(Put arms down and take a few steps.)*

Wow! Here is a sidewalk made of peppermint disks. Let's hop on them and see where they go. *(Jump from disk to disk about five times.)* Be careful not to fall off.

What do we have here? It looks like a river made of caramel. Let's try to walk across. *(Walk as if stepping in something gooey.)*

That was fun! Who likes caramel? *(Raise hands.)* Let's taste some. *(Stoop and scoop up some caramel and pretend to taste it.)* Ummm!

Hey, look at the lemon-drop tree. *(Point.)* Let's pick some lemon drops. *(Pretend to pick lemon drops.)* Let's taste one. *(Pretend to chew/crunch.)*

Let's go over there into the forest. *(Take a few steps.)* Here are some licorice laces. Let's play jump rope. *(Pretend to jump rope.)*

It's time to go now. Let's head back to the plane. We have to cross the caramel river again. *(Cross river.)* Now let's hop across the peppermint disks. *(Jump from disk to disk.)*

Oh! Look at those great suckers growing like flowers in a garden. Let's pick one to take home. *(Pick a sucker.)*

OK. Let's fly. *(Fly.)*

Now let's walk back to our classroom. *(Walk.)*

We're home! Who had a good time? *(Raise hands.)* Me, too. I love Candy Land!

Candy Land Journey/
Un viaje a la ciudad de dulce
(Action Story)

Un viaje a la ciudad de dulce

por Pam Schiller, Rafael Lara-Alecio y Beverly J. Irby

(Haga lo que las palabras sugieren.)

Vamos hacer un viaje. ¿Quién quiere ir a la ciudad de dulce? *(Levanta sus manos.)* ¡Está bién!

¡Vamos! *(Hagan una señal can su brazo.)* Éste es un viaje corto desde aquí. Primero, vamos a caminar. *(Camina en el mismo lugar.)* ¡Miren! ¡Estamos aquí! *(Ahora tomemos el avión y volemos.)*

¡Oh! Aquí hay una acera hecha de disco de pimienta y menta. Saltemos sobre de ellos y miremos donde ellos van. *(Salten de disco a disco cinco veces.)* ¡Cuidado con caerse!

¿Qué tenemos aquí? Esto se ve como un río hecho de caramelo. Probemos atravesarlo. *(Hagan como que camina en algo engomado.)*

¡Esto es divertido! ¿A quién le gustan los caramelos? *(Levanta sus manos.)* Probémoslos. *(Hagamos como que probamos algo en nuestras bocas.)* ¡Ummm!

¡Oh! miren al árbol que gotea dulces de limón. *(Señale el árbol.)* Tomemos un poco. Probemos un poco. *(Pretende que lo prueban.)*

Ahora vayamos al bosque. *(Camina unos pasos.)* Aquí hay algunos chocolates. Juguemos a la cuerda. Es tiempo de irnos ahora. Regresamos al aeroplano. Tenemos que cruzar el río de Caramelo. *(Pretende que cruzan el rió.)* Ahora salten sobre los discos de pimienta y menta. *(Salta de disco a disco.)*

¡Oh! Miren esos grandes chupetes que crecen como flores en el jardín. Llevemos uno a casa. *(Pretende que toman un chupete.)* Está bien, volemos. *(Pretende que volamos.)*

Ahora regresemos al salón de clases. *(Pretende que caminamos.)*

¡Estamos en casa! ¿Quiénes se divirtieron? *(Levanta sus manos.)* Yo también, ¡Me gustó mucho la ciudad de dulce!

The Great Big Turnip/El nabo gigante
(Listening Story)

The Great Big Turnip

Traditional

One day Little Bear was out looking for honey. She was very hungry. But she couldn't find a single thing to eat. Just as she was about to give up, she spied a very funny something. It was big, very big, and leafy, very leafy, and the part that was just peeking out of the dirt was purple. Little Bear had never seen anything quite like it. She went to get a closer look.

"I'm going to take you home to my mama," she said. Little Bear tried to pull the big, leafy, purple thing. It didn't move. She tried again. It didn't move.

Just then Skunk came along. "Hey, what's that?"

"I don't know," said Little Bear. "I want to take it home to my mama, but I can't move it."

"Let me help," said Skunk.

Little Bear and Skunk pushed and pushed. The big, leafy, purple thing didn't move.

Just then Squirrel came along. "Hey, what's that?"

"We don't know," said Little Bear. "I want to take it home to my mama, but we can't move it."

"Let me help," said Squirrel.

Little Bear and Skunk and Squirrel pulled and pulled and pulled. The big, leafy, purple thing didn't move.

Just then Mouse came along. "Hey, what's that?"

"I don't know," said Little Bear. "I want to take it home to my mama, but we can't move it."

"Let me help," said Mouse.

Little Bear and Skunk and Squirrel and Mouse pulled and pulled and pulled and pulled.

Slowly, the big, leafy, purple thing started to move. Then it came right out of the ground. The four friends started to roll the big something. They rolled it and rolled it and rolled it... all the way to Little Bear's den. Little Bear's mama came out to see what was going on. "Where did you find this lovely, big, leafy, purple turnip?" she asked.

The four friends looked at each other and said, "TURNIP?!"

Little Bear's mama made a big pot of vegetable soup and used up the big turnip. It was a tasty turnip soup! Yum!

The Great Big Turnip/El nabo gigante
(Listening Story)

El nabo gigante

adaptado por Rafael Lara-Alecio y Beverly J. Irby

Un día, Osita buscaba miel porque tenía mucha hambre. Pero osita no encontraba nada para comer. Y cuando se encontraba a punto de darse por vencida, atisbó algo muy extraño. Esto era muy, muy grande y muy, muy hojosa y la parte que apenas sobresalía de la tierra era morada. Osita no había visto nunca nada parecido. Se acercó más para mirar.

—Voy a llevarte a casa para mostrarte a mi mamá —dijo Osita—. Osita intentó hacer rodar esa cosa grande, hojosa y morada. Pero ésta no se movía. Intentó de nuevo. Y la cosa no se movía.

Y en ese momento apareció Zorrillo. —¡Oye! ¿Qué es eso?

—No sé —dijo Osita—. Quiero llevarla a casa para mostrársela a mi mamá, pero no la puedo mover.

—Déjame ayudarte —dijo Zorrillo—.

Osita y Zorrillo empujaron y empujaron. Pero la cosa grande, hojosa y morada no se movió.

Y en ese momento apareció Ardilla. —¡Oigan! ¿Qué es eso?

—No sabemos —dijo Osita—. Quiero llevarla a casa para mostrársela a mi mamá, pero no la podemos mover.

—Déjenme ayudarlos —dijo Ardilla—.

Osita, Zorrillo y Ardilla empujaron y empujaron y empujaron. Pero la cosa grande, hojosa y morada no se movió.

Y en ese momento apareció Ratita. —¡Oigan! ¿Qué es eso?

—No sabemos —dijo Osita—. Quiero llevarla a casa para mostrársela a mi mamá, pero no la podemos mover.

—Déjenme ayudarlos —dijo Ratita—.

Osita, Zorrillo, Ardilla y Ratita empujaron y empujaron y empujaron y empujaron.

Lentamente, la cosa grande, hojosa y morada comenzó a moverse. Luego apareció completamente sobre la tierra. Los cuatro amigos empezaron a hacer rodar la cosa grande. La hicieron rodar y rodar y rodar... hasta llegar a la guarida de Osita. La mamá de Osita salió a ver lo que pasaba. —¿Dónde encontraron este encantador nabo tan grande, hojoso y morado? –preguntó—.

Los cuatro amigos se miraron y dijeron al mismo tiempo, —¿NABO?

La mamá de Osita usó la calabaza para hacer una sabrosa sopa de nabo. ¡Qué deliciosa estaba!

Let's Pretend to Bake a Cake/Pretendamos como que horneamos un pastel
(Action Story)

Let's Pretend to Bake a Cake

by Pam Schiller

Who wants to bake a cake? I need all the bakers to come sit by me. Let's see. We need a mixer, two bowls, measuring cups and spoons, and a cake pan. *(Pretend to take items out of shelves and drawers.)* Now I think we are ready.

First, we put our butter and sugar in our bowl. *(Pretend to place both in a bowl.)* Now we need the mixer. *(Run it over the bowl as you make a humming noise.)* That looks nice and smooth. Let's add the eggs. *(Count and crack four eggs into bowl.)* Let's mix again. *(Run mixer and hum.)* This looks good.

Now we need to add the flour. *(Measure two cups and dump into bowl.)* Just one more ingredient—a teaspoon of vanilla. *(Measure in a teaspoon of vanilla.)* A final mix, *(Mix.)* and we are ready to pour our batter into our cake pan. *(Pour.)* Now it's time to put our cake in the oven. *(Open oven door as you make a squeaking sound, slide the cake in, and close the door.)*

Now our cake is baking. *(Tap fingers as if you are waiting.)* I can't wait! Who can smell it cooking? *(Sniff.)* That smells good! OK! Let's take our cake out of the oven. *(Take the cake out and smell it.)* Who wants some cake?

Let's Pretend to Bake a Cake/Pretendamos como que horneamos un pastel
(Action Story)

Pretendamos hornear un pastel

por Pam Schiller y Rafael Lara-Alecio

¿Quién quiere hacer un pastel?

Necesito a todos los pasteleros venir y sentarse junto a mí.

Veamos. Necesito un mezclador, dos tazas, una taza con medidas y cucharas, y un molde para el pastel. *(Pretenda tomar utensilios de los anaqueles.)*

¡Ahora pienso que estamos listos!

Primero, ponemos la mantequilla y el azúcar dentro de uno de los tazones grandes. *(Pretenda colocarlos en un tazón.)*

Segundo, necesitamos el mezclador. *(Pretenda que giras el mezclador dentro del tazón.)*

Tenemos que batir hasta que sea vea bonito y suave.

Tercero, agreguemos los huevos y mezclemos todo de nuevo. *(Pretenda que cuenta y agrega cuatro huevos en el tazón.)*

¡Esto mira muy bien!

Cuarto, necesitamos agregar la harina. *(Pretenda como que agrega harina.)*

Quinto, necesitamos un ingrediente más, una cucharadita de vainilla.

Sexto, mezclamos todo de nuevo y estamos listos para poner toda la mezcla dentro del molde de pastel. *(Pretenda como que mezcla.)*

Séptimo, es tiempo de poner nuestro pastel dentro del horno.

Ahora nuestro pastel se está horneando

¡No puedo esperar!

¿Quién puede oler como el pastel se cocina?

¡El aroma es excelente!

Octavo, tomemos el pastel fuera del horno. *(Pretenda como que abre el horno y saca el pastel.)*

¿Quién quiere un pedazo de pastel?

Pretendamos que estamos haciendo tortillas/Let's Pretend to Make Tortillas
(Action Story)

Pretendamos que estamos haciendo tortillas

by Beverly J. Irby y Rafael Lara-Alecio

(Actúe en el relato haciendo que los niños copien sus acciones.)

¿Quién quiere hacer tortillas? Necesito que todos los trabajadores se sienten conmigo. Vamos a ver. Necesitamos una vasija, una taza medidora, una tortillera, un papel de plástico y agua. *(Pretenda que toman todos los utensiliios del gabinete de cocina.)* Ahora creo que estamos listos.

Primero, ponemos la harina en la vasija. *(Coloque la harina en el tazón.)* Le agregamos el agua con la taza medidora. *(Agregue agua al tazón.)* Ahora empezaremos a amasar la harina con las manos. *(Pretenda que mezcla.)*

Ahora ya se está viendo muy bien esta masa. Se ve muy lisita y brillante.

El siguiente paso es hacer unas bolitas para ponerlas en la tortillera. *(Pretenda que hace bolitas de masa.)*

Que bonitas y redonditas quedaron las bolitas. Ahora pondremos de una en una en la tortillera. Abran la tortillera *(Pretenda que abre la tortillera.)* y póngan el papel de plástico adentro.

Coloquen una bolita sobre el plástico. *(Coloca una bolita de masa en la tortillera.)* Ahora cierre la tortillera y presiónenla con el mango. No le hagas muy recio. *(Cierrea y presione la manija.)*

Abra la tortillera y el plástico, desprenda la tortilla con cuidado. *(Pretenda que desprende la tortilla cuidadosamente.)*

Estamos listos para cocerla. Pónganla en el comal caliente. Con cuidado no se vaya a quemar. *(Colócala en la parrilla caliente.)* Mmmm, que rico huelen las tortillas. *(Pretenda que respira algo delicioso.)*

Dales una vuelta para que se cuezan bien. *(Dele vuelta a la tortilla.)* Están listas para comerse. ¿Quién quiere comerse la primera tortilla?

Pretendamos que estamos haciendo tortillas/Let's Pretend to Make Tortillas
(Action Story)

Let's Pretend to Make Tortillas

by Beverly J. Irby and Rafael Lara-Alecio

(Act out the story, encouraging the children to copy your actions.)

Who wants to make tortillas? I need all of the workers to sit with me. Let's see. We need a mixing bowl, a measuring cup, a tortilla press, a piece of plastic, and water. *(Pretend to take items out of shelves and drawers.)* Now I think we are ready.

First, we put the flour in the mixing bowl. *(Place into bowl.)* We add the water from the measuring cup. *(Pour water into bowl.)* Now we will begin to knead the flour with our hands. *(Pretend to mix.)*

Now the dough is starting to look good. It looks smooth and bright.

Next, we need to make little balls of dough to put in the tortilla press. *(Pretend to roll the dough into balls.)*

How nice and round the dough balls are. Now we will place them in the tortilla press one by one. Open the tortilla press *(Pretend to open the tortilla press.)* and put the sheet of plastic inside.

Place a dough ball on top of the plastic. *(Place a ball into tortilla press.)* Now close the tortilla press and press it with the handle of the press. Don't press it too hard. *(Close and press the handle down.)*

Open the tortilla press and the plastic, and carefully remove the tortilla. *(Pretend to peel the tortilla carefully.)*

Now we are ready to cook, so I'll place it carefully on the hot skillet. *(Place it on the hot skillet.)* Mmmm, the tortillas smell good. *(Sniff the air.)* Flip the tortilla to make sure it is firm. *(Flip it.)* It is ready to eat. Who would like to eat the tortilla?

A Special Surprise/Una sorpresa especial
(Chalk and Prop Story)

A Special Surprise

Traditional

Directions: You will need chalk and a chalkboard or a pen and a flip chart, a bag of apples, and a knife.

Once there was a little old lady, named Annie, who lived in the mountains in a little house right here. *(Draw the stem and the top right part of the apple.)* One day Annie decided to go down the mountain to town, so she left her house and started down the road like this. *(Draw one half of the left side of an apple.)*

On the way she met Abraham, and he asked, "Where are you going on such a fine day?"

"I'm going down to town," replied Annie.

"What are you going to get?" asked Abraham.

"You'll just have to wait and see," said Annie.

On she walked *(Draw more of the left side of the apple.)* until she met Ashley and the other boys and girls. They all asked her, "Where are you going on such a fine day?"

"I'm going down to town," she replied.

"What are you going to get?" they asked.

"You'll just have to wait and see," Annie told them.

Annie finally reached town. *(Continue drawing the left side of the apple; stop at the center of the bottom of the apple.)* She went in the store and she came out with a big bag. *(Hold up the paper bag.)*

She started back up the mountain like this. *(Begin drawing the right side of apple from the bottom to the midpoint.)* All the boys and girls came running up to her. "What did you get? What's in your bag?" they all begged.

"I've got some stars," Annie answered. "Walk home with me, and I'll give you each one."

So the little old lady and all the boys and girls continued up the mountain like this. *(Complete the drawing of the apple.)* They finally reached Annie's house.

Annie sat down and opened her bag. She pulled out an apple. *(Take an apple from the bag.)*

"But where are the stars?" asked the children.

Then Annie smiled and took out her knife. She cut the apple in half and showed the children a beautiful star inside the apple. *(Cut the apple in half horizontally and show the children the star.)* Then she cut all the apples in half and gave all the children a star of their very own.

A Special Surprise/Una sorpresa especial
(Chalk and Prop Story)

Una sorpresa especial

adaptado por Rafael Lara-Alecio y Beverly J. Irby

Había una vez una anciana llamada Anita, quien vivía en una casita cerca de las montañas. *(Trace la base de la parte superior derecha de la manzana.)* Un día Anita decidió bajar desde la montaña hasta el pueblo. Salió de su casa y comenzó a bajar por el camino así. *(Trace la mitad del lado izquierdo de una manzana.)*

Por el camino se encontró a Abraham y él le preguntó: —¿Adónde vas en un día tan bonito?—
Y Anita le contestó: —Voy al pueblo.

—¿Qué vas a buscar? —preguntó Abraham—.

—Tienes que esperar para ver —dijo Anita—.

Ella caminó *(Siga trazando mas del lado izquierdo de la manzana.)* hasta encontrarse con Ashley y con los otros niños y niñas. Todos le preguntaron: —¿Adónde vas en un día tan bonito?

—Voy al pueblo —contestó ella—.

—¿Qué vas a buscar? —preguntaron ellos—.

—Tienen que esperar para ver —les dijo Anita—.

Anita finalmente llegó al pueblo. *(Continúe trazando la parte izquierda de la manzana hasta llegar a su base.)* Ella fue a la tienda y salió con una bolsa grande. *(Sostenga una bolsa de papel.)*

Luego empezó a subir la montaña así. *(Principie a trazar el lado derecho de la manzana partiendo de la base hasta el centro.)* Todos los niños y niñas corrieron hacia ella. —¿Qué compraste? ¿Qué tienes en la bolsa? —preguntaron suplicando—.

—Compré unas estrellas —contestó Anita—.

—Caminen conmigo a casa y les daré una a cada uno.

Entonces la anciana y todos los niños y niñas siguieron subiendo la montaña así. *(Complete el trazado de la manzana.)* Finalmente llegaron a la casa de Anita.

Anita se sentó y abrió su bolsa. Sacó una manzana. *(Tome una manzana de la bolsa.)*

—Pero, ¿Dónde están las estrellas? —preguntaron los niños—.

Entonces Anita sonrió y sacó su cuchillo. Cortó la manzana por la mitad y les mostró la bella estrella adentro de la manzana. *(Corte la manzana a la mitad horizontalmente y muéstreles a los niños la estrella.).* Luego cortó todas las manzanas por la mitad y le dió a cada niño su propia estrella.

Additional selections that support the My Favorite Foods/Mis comidas favoritas theme:
Johnny Appleseed/Juan Semillita (page 428)
Naranja dulce/Sweet Oranges (page 249)

This Is the Way We Beat Our Drums/ Así tocamos nuestros tambores

Tune: Here We Go 'Round the Mulberry Bush

This Is the Way We Beat Our Drums

by Pam Schiller

This is the way we beat our drums,
Beat our drums, beat our drums.
This is the way we beat our drums
So early in the morning.

Additional verses:
This is the way we play our fiddles…
This is the way we toot our horns…
This is the way we dance and sway…
This is the way we sing our song…

Así tocamos nuestros tambores

por Rafael Lara-Alecio y Beverly J. Irby

Así tocamos nuestros tambores,
nuestros tambores, nuestros tambores.
Así tocamos nuestros tambores
temprano por la mañana.

Versos adicionales:
Así tocamos nuestros violines…
Así tocamos nuestros trombones…
Así bailamos y nos meneamos…
Así cantamos nuestras canciónes…

Old MacDonald Has a Band/El viejo Pancho

Tune: Old MacDonald Had a Farm

Old MacDonald Has a Band

Traditional

Old MacDonald has a band,
Mi, mi, re, re, do.
And in his band he has some drums,
Mi, mi, re, re, do.
With a rum-tum here,
And a rum-tum there.
Here a rum,
There a tum,
Everywhere a rum-tum.
Old MacDonald has a band.
The best band in the land.

Additional verses:
…he has some flutes…With a toot-toot…
…he has some fiddles…With a zing-zing…

El viejo Pancho tiene una banda

adaptado por Rafael Lara-Alecio y Beverly J. Irby

El viejo Pancho tiene una banda,
do, re, mi, fa, sol.
Y en la banda tambores siempre hay,
do, re, mi, fa, sol.
Con un rum-tum allí,
y un rum-tum allá.
Un rum aquí,
un tum allá.
Un rum-tum aquí y allá.
El viejo Pancho tiene una banda,
do, re, mi, fa, sol.
Es la mejor banda de toda el área
do, re, mi, fa, sol.

Verso adicional:
… él tiene unas flautas…Con un ta-ta…

This Old Man Is Rockin' On/Un señor

Tune: This Old Man

This Old Man Is Rockin' On

by Pam Schiller

This old man, he played drums
With his fingers and his thumbs.

Chorus:
With a knick-knack paddy-whack, give a dog a bone,
This old man is rockin' on.

This old man, he played flute,
Made it hum and made it toot.
Chorus

This old man, he played strings,
Twangs and twops and zips and zings.
Chorus

This old man, he played bass
With a big grin on his face.
Chorus

This old man, he played a gong
At the end of every song.
Chorus

This old man, he could dance.
He could strut and he could prance.
Chorus

This old man was a band,
Very best band in the land.
Chorus

This Old Man Is Rockin' On/Un señor

Tune: This Old Man

Un señor

adaptado por Rafael Lara-Alecio

Un señor, su tambor
toca y toca con vigor.

Coro:
Con un pam pam pam y
un pom porom pom pom.
¡Qué bien toca ese señor!

Un señor, su flautín
toca como un cornetín.

Coro:
Con un flim, flim, flim y
un flam, flam flam, flem, flim
¡Qué bien suena ese flautín!

Un señor, su violín
toca y toca hasta el fin.

Coro:
Con un vim, vim, vim y
un vam, vam, vam, vem, vim.
¡Qué bien suena ese violín!

Un señor, toca el bajo
con muchísimo trabajo.

Coro:
Con un bong, bong, bong y
un bung, bung, bung, bang, bong.
¡Qué bien toca ese señor!

Un señor, toca un gong
al final de una canción.

Coro:
Con un whoosh, whoosh, whoosh y
un whash, whash, whash, whoosh, whoosh.
¡Qué bien toca ese señor!

Un señor, bailarín
danza como un arlequín.

Coro:
Con un pim, pim, pim y
un pom, pom, pom, pam, pim.
¡Qué bien baila ese señor!

Un señor, toca todo y lo
hace de cualquier modo.

Coro:
Con un flim, vim, gong,
whoosh, bong, pam, pim.
¡Ese señor es el mejor!

Dance, Thumbkin, Dance/Dancemos

Dance, Thumbkin, Dance

Traditional

Dance, Thumbkin, dance. *(Dance thumb
around, moving and bending.)*
Dance, ye merrymen, everyone. *(Dance
all fingers.)*
For Thumbkin, he can dance alone,
Thumbkin he can dance alone.
Dance, Foreman, dance. *(Dance index finger
around, moving and bending.)*
Dance, ye merrymen, everyone. *(Dance
all fingers.)*
For Foreman, he can dance alone,
Foreman, he can dance alone.
Dance, Longman, dance. *(Dance middle finger
around, moving and bending.)*
Dance, ye merrymen, everyone. *(Dance
all fingers.)*
For Longman, he can dance alone,
Longman, he can dance alone.
Dance, Ringman, dance. *(Dance ring finger
around—it won't bend alone.)*
Dance, ye merrymen, everyone. *(Dance
all fingers.)*
For Ringman, he cannot dance alone,
Ringman, he cannot dance alone.
Dance, Littleman, dance. *(Dance little finger
around, moving and bending.)*
Dance, ye merrymen, everyone. *(Dance
all fingers.)*
For Littleman, he can dance alone,
Littleman, he can dance alone.

Dancemos

adaptado por Rafael Lara-Alecio

Dancemos, dancemos con el dedito pulgar.
Dancemos, dancemos con el dedito pulgar.
*(Dancen, dancemos alrededor con el dedito
pulgar moviéndolo y doblándolo.)*
Dancemos, dancemos, yeah, yeah, *(Dancen con
todos los deditos.)*
Pulgarcito el dedito puede él solo danzar,
pulgarcito puede danzar solo.
Danza jefe, danza jefe. *(Dancen alrededor con el
dedito índice moviéndolo y doblándolo.)*
Dancemos, yeah, joven casado, todos
dancemos. *(Dancen con todos los deditos.)*
Nuestro jefe puede danzar solo,
nuestro jefe puede danzar solo.
Dancemos, el dedito medio, dancemos.
*(Dancen alrededor con el dedito medio
moviéndolo y doblándolo.)*
Dancemos, yeah, joven casado, todos
dancemos. *(Dancen con todos los deditos.)*
El dedito medio puede danzar solo,
el dedito medio puede danzar solo.
Dancemos dedito anular, dancemos. *(Dancen
con el dedito anular—no se doblará solo.)*
Dancemos dedito anular, dancemos. *(Dancen.)*
Nuestro dedito anular no puede danzar solo.
Nuestro dedito anular no puede danzar solo.
Dancemos dedito, dancemos. *(Dancen
alrededor con el dedito anular moviéndolo
y doblándolo.)*
Dancemos, yeah, joven casado, todos
dancemos. *(Dancen con todos los deditos.)*
El dedito puede bailar solo,
el dedito puede bailar solo.

Jack-in-the-Box/Juanito en la caja

Jack-in-the-Box

Traditional

Jack-in-the-box, *(Tuck thumb into fist.)*
Oh, so still.
Won't you come out? *(Raise hand slightly.)*
Yes, I will. *(Pop thumb out of fist.)*

Juanito en la caja

adaptado por Rafael Lara-Alecio y Beverly J. Irby

Juanito en la caja, *(Pon el dedo pulgar dentro del puño.)*
¡Oh! Todavía allí está.
¿No vendrás afuera? *(Abre tu manita poquito a poco.)*
¡Sí, Sí, ya viene! *(Saca el dedito pulgar dentro del puño.)*

Wake Up, Jack-in-the-Box/
Despierta, Juan en la caja de sorpresas

Wake Up, Jack-in-the-Box

Traditional

(Suit actions to the words.)
Jack-in-the-box, jack-in-the-box,
Wake up, wake up, somebody knocks.
One time, two times, three times, four.
Jack pops out his little round door.

Despierta, Juan en la caja de sorpresas

adaptado por Pam Schiller y Rafael Lara-Alecio

(Haga lo que las palabras sugieren.)
Juan en la caja de sorpresas, Juan en la caja de sorpresas,
despierta, despierta, alguien llama a la puerta varias veces.
Una vez, dos veces, tres veces, cuatro.
Juan salta de su pequeña puerta redonda para caer al teatro.

Thelma Thumb/Thelma Pulgarcito

Thelma Thumb

Traditional

(Move thumb as directed.)

Thelma Thumb is up, and Thelma Thumb
   is down.

Thelma Thumb is dancing all around the town.

Dance her on your shoulders; dance her on
   your head.

Dance her on your knees and tuck her into bed.

*(Name other fingers; Phillip Pointer, Terry Tall,
   Richie Ring, Baby Finger, and Finger Family
   and dance them on other body parts.)*

Thelma Pulgarcito

adaptado por Pam Schiller y Rafael Lara-Alecio

(Mueve el dedito pulgar como se te indique.)

Thelma Pulgarcito está arriba, Thelma
   Pulgarcito está abajo.

Thelma Pulgarcito está bailando alrededor de
   la ciudad.

Baila sobre los hombros, baila con ella sobre
   la cara.

Baila con ella en las rodillas y ahora acuéstala
   en su camilla.

*(Nombre otros dedos; Felipe Índice, Terry
   Medular, Sonia Anular, Juanito el Meñique, y
   la familia de deditos y todos ellos danzan en
   todas las partes del cuerpo.)*

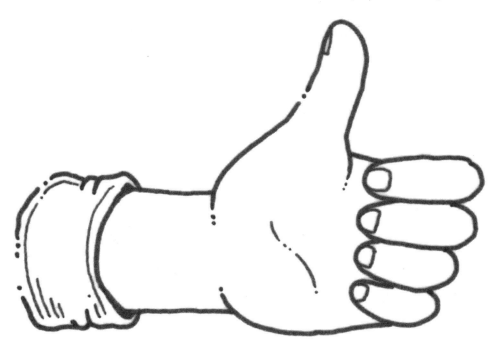

The Big Bass Drum/La Gran Batería

The Big Bass Drum

Traditional

Oh! We can play on the big bass drum,
And this is the way we do it.
Rub-a-dub, boom, goes the big bass drum,
And this is the way we do it.

Oh! We can play on the violin,
And this is the way we do it.
Zum, zum, zin, says the violin,
Rub-a-dub, boom goes the big bass drum,
And this is the way we do it.

Oh! We can play on the little flute,
And this is the way we do it;
Tootle, toot, toot, says the little flute,
Zum, zum, zin, goes the violin,
Rub-a-dub, boom goes the big bass drum.
And this is the way we do it.

La Gran Batería

adaptado por Pam Schiller y Rafael Lara-Alecio

¡Oh! Podemos tocar la gran batería,
y ésta es la forma en que lo hacemos.
Rab-a-dab, bum, tocamos la gran batería,
y ésta es la forma en que lo hacemos.

¡Oh! Podemos tocar el gran violín,
y ésta es la forma en que lo hacemos.
Zam, zam, zin, dice el violín,
rab-a-dab, bum, tocamos la gran batería,
y ésta es la forma en que lo hacemos.

¡Oh! Podemos tocar la pequeña flauta,
y esta es la forma en que lo hacemos.
Tut, tut, tut, dice la pequeña flauta,
zam, zam, zin, dice el violín,
rab-a-dab, bum, tocamos la gran batería,
y ésta es la forma en que lo hacemos.

Bouncing Ball/La pelota rebotante

Bouncing Ball

by Pam Schiller

(Suit actions to the words.)
I'm bouncing, bouncing, everywhere.
I bounce and bounce into the air.
I'm bouncing, bouncing like a ball.
I bounce and bounce until I fall. *(Drop to floor.)*

La pelota rebotante

por Rafael Lara-Alecio

(Déles acción a las palabras como que si éstas rebotaran.)
Reboto, reboto en todas partes.
Reboto y reboto por los aires.
Reboto, reboto como una pelota.
Reboto y reboto hasta caer. *(Déjala caer al suelo.)*

I Clap My Hands/Aplaudo con mis manos

I Clap My Hands

by Pam Schiller

(Suit actions to the words.)
I clap my hands to make a sound—
Clap, clap, clap!
I tap my toe to make a sound—
Tap, tap, tap!

I open my mouth to say a word—
Talk, talk, talk!
I pick up my foot to take a step—
Walk, walk, walk!

Aplaudo con mis manos

por Rafael Lara-Alecio

(Haga lo que las palabras sugieren.)
Aplaudo con mis manos para hacer un sonido...
¡Clap, clap, clap!
Doy golpecitos con mi pie para hacer un sonido...
¡Tap, tap, tap!
Abro mi boca para decir una palabra...
¡Hablo, hablo, hablo!
Muevo mi pie para dar un paso...
¡Camino, camino, camino!

It's a Simple Dance to Do/ Es un baile simple de hacer

It's a Simple Dance to Do

Traditional

Come on and do a dance with me.
It's just a little step or two.
I'll teach you how.
We'll start right now.
It's a simple dance to do.

First you clap your hands. *(Clap three times.)*
Then stomp your feet. *(Stomp three times.)*
It's a simple dance to do.

Wait! I forgot to tell you
There's another little step or two:
Turn around, *(Turn around.)*
And touch your toes. *(Touch your toes.)*
It's a simple dance to do.

Clap your hands, *(Clap three times.)*
Stomp your feet, *(Stomp three times.)*
Turn around, *(Turn around.)*
And touch your toes. *(Touch your toes.)*
It's a simple dance to do.

Wait! I forgot to tell you
There's another little step or two:
Pull your ears, *(Pull your ears.)*
And flap your arms. *(Flap your arms.)*
It's a simple dance to do.

Clap your hands,
Stomp your feet,
Turn around,
And touch your toes.
Pull your ears,
And flap your arms.
It's a simple dance to do.

Wait! I forgot to tell you
There's another step and then we're through.
Stretch up high, *(Stretch up high.)*
All fall down. *(Fall down.)*
It's a simple dance to do.

Clap your hands,
Stomp your feet,
Turn around,
And touch your toes.
Pull your ears,
And flap your arms.
Now stretch up high,
All fall down.
It's a simple dance to do.

It's a Simple Dance to Do/ Es un baile simple de hacer

Es un baile simple de hacer

adaptado por Pam Schiller y Rafael Lara-Alecio

Vamos, ven a bailar conmigo
pues es sólo un pasito o dos.
Te enseñaré cómo.
Comencemos ya,
es un baile simple de hacer.

Primero, aplaudes con las manos. *(Aplaudan
    tres veces.)*
Luego, pisas fuerte con las pies. *(Den tres golpes
    fuertes con sus pies.)*
Es un baile simple de hacer.

¡Espera! Olvidé decirte algo
hay que hacer otro pasito o dos,
y giras, *(Den una vuelta.)*
y tocas tus pies. *(Toquen los dedos de sus pies.)*
Es un baile simple de hacer.

Aplaudes con las manos. *(Aplaudan tres veces.)*
Pisas fuerte con los pies, *(Den tres golpes fuertes
    con sus pies.)*
y giras. *(Den una vuelta.)*
Tocas tus pies. *(Toquen los dedos de sus pies.)*
Es un baile simple de hacer.

¡Espera! Olvidé decirte algo,
hay que hacer otro pasito o dos,
tira de las orejas, *(Tóquense sus orejas.)*
y agita los brazos. *(Agiten sus brazos.)*
Es un baile simple de hacer.

Aplaudes con las manos. *(Aplaudan tres veces.)*
Pisas fuerte con los pies *(Den tres golpes fuertes
    con sus pies.)*
y giras. *(Den una vuelta.)*
Tocas los pies. *(Toquen los dedos de sus pies.)*
Tira de las orejas *(Tóquense sus orejas.)*
y agita los brazos. *(Agiten sus brazos.)*
Es un baile simple de hacer.

¡Espera! Olvidé decirte algo,
hay que hacer otro paso y terminamos.
Estírate alto y tan alto como puedas.
    (Estírense alto.)
Es un baile simple de hacer.

Aplaude con las manos. *(Aplaudan tres veces.)*
Pisas fuerte con los pies *(Den tres golpes fuertes
    con sus pies.)*
y giras. *(Den una vuelta.)*
Tocas los pies. *(Toquen los dedos de sus pies.)*
Tira de las orejas *(Tóquense sus orejas.)*
y agita los brazos. *(Agiten sus brazos.)*

Ahora estírate alto, *(Estírense alto.)*
tan alto como puedas.
¡Es un baile simple de hacer!

Jack, Jack/Juan, Juan

Jack, Jack

Traditional

Jack, Jack, down you go, *(Crouch down low.)*
Down in your box, down so low.
Jack, Jack, there goes the top. *(Pop up.)*
Quickly now, up you pop.

Jack, Jack, down you go, *(Crouch down low.)*
Down in your box, down so low.
Jack, Jack, there goes the top. *(Pop up.)*
Quickly now, up you pop.

Juan, Juan

adaptado por Pam Schiller y Rafael Lara-Alecio

Juan, Juan, por ahí bajas, *(Acuclíllense.)*
bajas en tu caja, bajas, bajas tan bajo.
Juan, Juan, hasta la cima vas. *(Salten para alcanzar la cima.)*
Rápidamente arriba estarás.

Juan, Juan, por ahí bajas,
bajas en tu caja, bajas, bajas tan bajo.
Juan, Juan, hasta la cima llegarás. *(Salten para alcanzar la cima.)*
¡Rápido, ahora salten para alcanzar la cima!

Movement Rhyme/Rima de movimiento

Movement Rhyme

by Pam Schiller

(Suit actions to the words.)
I clap my hands; I touch my feet,
I jump up from the ground.
I clap my hands; I touch my feet,
And turn myself around.

Rima de movimiento

por Pam Schiller y Rafael Lara-Alecio

(Haga lo que las palabras sugieren.)
Aplaudo con las manos, toco los pies,
brinco desde el suelo.
Aplaudo con las manos, toco los pies,
y giro todo a mi alrededor.

Puppet Clown/Mi títere, el payaso

Puppet Clown

adapted by Pam Schiller

Puppet clown, puppet clown,
Moving up and down and 'round.
Puppet clown, puppet clown,
You do make such silly sounds.
Puppet clown, puppet clown,
How you shake and dance
    and wiggle.
Puppet clown, puppet
    clown,
How you make me
    laugh and giggle.

Mi títere, el payaso

por Pam Schiller y Rafael Lara-Alecio

Mi títere, el payaso, mi títere, el payaso,
sube, baja y da vueltas.
Mi títere, el payaso, mi títere, el payaso,
hace sonidos tan simples.
    Mi títere, el payaso, mi títere, el payaso,
        cómo se sacude, baila y se menea.
    Mi títere, el payaso, mi títere, el
    payaso,
        cómo me hace reír y reír.

Here We Go/Aquí vamos

Here We Go

by Pam Schiller

Here we go—up, up, up. *(Stand up on toes.)*
Here we go—down, down, down.
    (Crouch down.)
Here we go—moving forward. *(Take a
    step forward.)*
Here we go—moving backward *(Take a
    step backward.)*
Here we go 'round and 'round and 'round.
    (Spin.)

Aquí vamos

por Pam Schiller y Rafael Lara-Alecio

Aquí vamos...hacia arriba, arriba, arriba.
    (Párense en puntas de pie.)
Aquí vamos...hacia abajo, abajo, abajo. *(Ponerse
    en cuclillas.)*
Aquí vamos...moviéndonos hacia adelante.
    (Den un paso hacia delante.)
Aquí vamos...moviéndonos hacia atrás. *(Den un
    paso hacia atrás.)*
Aquí vamos...dando vueltas, vueltas y vueltas.
    (Giren a su alrededor.)

El gato y los ratones/The Cat and the Mice
(Listening Story)

El gato y los ratones

adaptado por Rafael Lara-Alecio

El alimento día a día escaseaba en la pequeña ciudad. De allí que el gato Ramón había decidido mudarse a otra ciudad. Caminó y caminó por varios días hasta que finalmente llegó a la ciudad deseada por él. La voz no se hizo esperar por todo el vecindario porque todos los ratones ya habían avisado que un enorme gato había llegado a la ciudad.

—Miau, miau, miauuu... —maullaba el gato—.

Los ratones le respondían —Sabemos que estas ahí gato sin misericordia, y jamás vamos a salir de nuestras casas. Las horas y los días pasaron, miau, miau, miauuu... continuaba maullando el gato y los ratones le respondían, sabemos que sigues ahí gato sin misericordia, y jamás vamos a salir de nuestras casas.

Tiempo más tarde los ratones escucharon el ladrar de un perro —Guau, guau, rrr-guau, guau, guau, rr-guau. Los ratones inmediatamente pensaron que el gato se había marchado debido a la presencia del perro.

—Ya podemos salir —se dijeron entre sí—. En efecto salieron, pero cual va siendo su sorpresa cuando ven que el mismo gato que antes maullaba ahora con ladridos de perro los había a todos atrapado.

Uno de ellos temerosamente le pregunta al gato —¿Qué pasó con los ladridos que habíamos escuchado? ¡Pensamos que era un perro y que el perro te había asustado y tú te habías marchado! ¿Acaso fuiste tú?

El gato con tremenda satisfacción le responde —En efecto fui yo. ¡La vida nos enseña día a día que en estos tiempos el que habla, por lo menos, dos idiomas tiene más oportunidades para triunfar en la vida!

Tiempo más tarde, el gato Ramón los dejó libres. Los ratones habían aprendido una nueva lección, "El que habla dos idiomas, vale por dos."

El gato y los ratones/The Cat and the Mice
(Listening Story)

The Cat and the Mice

Traditional

Food was becoming scarce in the small village, so Ramón, the village cat, decided to go to another village. He walked and walked for several days until, finally, he arrived in a little town that looked good to him.

All the mice in that town cried, "A big cat has just arrived in the village!"

"Meow, Meow, Meoooww," said the cat, and the mice responded, "We know that you are out there waiting to eat us, but we are never going to come out of our houses."

Hours and days passed, and the same conversation continued.

"Meow, Meow, Meoooww," said the cat, and the mice responded, "We know that you are out there waiting to eat us, but we are never going to come out of our houses."

After some time had passed, the mice heard the barking of a dog, "Bow wow, Bow wow." The mice immediately thought the cat had been chased away by the dog.

"Now we can go out of our houses," they said to each other. They stepped outside, but to their surprise, they did not see a dog. Instead, they saw the very same cat that had been meowing earlier, only now it was barking like a dog. The cat had tricked the mice! In a very frightened voice, one of them asked the cat, "What happened to the barking that we heard? We believed that there was a dog outside our houses and thought that it had scared you away. Were you making the sound of a dog?"

With great satisfaction, the cat responded, "Indeed it was I who made the sound of the barking dog. I have learned that those who speak at least two languages have many opportunities to succeed in life." With that lesson learned, the cat did not eat the mice that day. He let them go back home. However, the mice also learned a new lesson, that knowing two languages has twice the value.

Tortoise Wins a Race/
La tortuga gana la carrera
(Listening Story From Brazil)

Tortoise Wins a Race

adapted by Pam Schiller

A tortoise named Jabotí lived in the Amazon jungle. He played a flute. All the other animals wanted his instrument, but he never gave it to anybody. One day, Jabotí was walking and playing his flute. He saw Suasú, the deer.

"Hello, Jabotí," said the deer. "Where are you going?"

"Good morning," said Jabotí. "I'm going to visit my cousin."

"Where did you get that flute?" asked the deer.

"I killed a jaguar and made the flute from his bone."

"You killed a jaguar? I don't believe it!" said the deer. "You couldn't kill a fly. Everyone in the jungle knows that."

"You think that I am weak, but you are wrong," said Jabotí. "Tell me something. What can you do best of all?"

"I can run," answered Suasú.

"All right. Then let's have a race!" said Jabotí.

Suasú laughed and laughed. "Do you really think you can race with me?" she asked.

"I can race with you," said Jabotí.

"Okay, let's begin right now," said the deer.

"I'm busy today," said Jabotí. "We can race tomorrow. You can run in this clearing. I know you can't run in the jungle. It is full of vines. I'll run near the edge of the jungle. When you want to know where I am, just call out and I'll answer you. Okay?"

"That is fair," answered the deer. "I have an idea, too. The winner of the race gets your flute."

Jabotí was scared. What if he lost his flute? But he couldn't say "no" now.

"Okay," said Jabotí. He sounded brave, but he was scared. That night, Jabotí asked his family and friends to come to a meeting.

"Friends and relatives, this is a very important meeting," said Jabotí. "Tomorrow I am running a race with Suasú, the deer. I must win this race."

"That's foolish!" shouted the tortoises. "Jabotí is crazy. He can't run a race with a deer! We must do something, or he will get all of us in trouble!"

Jabotí said, "Just a minute, everybody. Let me finish." He quietly told them his plan. They all listened. The next day, Suasú came to the clearing. She was surprised to hear Jabotí's voice in the jungle.

"Good morning, my friend Suasú. Here I am, ready to go. Are you ready?"

"Ready," answered the deer.

"One…two…three…go!" shouted the tortoise.

Suasú thought that she would win the race easily. She walked a little way. Then she looked back and called, "Jabotí!" The answer came from the jungle—ahead of her!

"Here I am. You must hurry, or I will win!"

The deer was very surprised. "How did he get ahead of me?" she asked herself. Suasú began to run. A little later, she called again. Again a voice answered from ahead of her: "Here I am, Suasú."

Suasú ran faster. But when she called again, she heard a voice in the jungle ahead of her: "Here I am, Suasú."

So the race continued. The deer ran as fast as she could. The tortoise's voice always came from the jungle ahead of her. Finally, Suasú couldn't run anymore. She was too tired. Jabotí found her lying on the ground. Her tongue was hanging out.

"Well," said Jabotí. "A tortoise *can* win a race against a deer! You thought that you could get my flute. But look at you! You are too tired to move."

Jabotí was very happy. His plan worked. His friends and family helped him. Each tortoise took a place in the jungle, near the clearing. When Suasú called Jabotí, the tortoise ahead of her answered. Jabotí took his flute and went away. He walked and played a happy song for everyone to hear.

Tortoise Wins a Race/ La tortuga gana la carrera
(Listening Story From Brazil)

La tortuga gana la carrera

adaptado por Rafael Lara-Alecio

Una tortuga llamada Jabotí vivía en la jungla del Amazonas. Ella tocaba su flauta todo el tiempo. Todos los otros animales querían su instrumento, pero ella nunca se lo prestaba a nadie. Un día Jabotí estaba caminando y tocando su flauta vió a Suasú el venado.

—Hola, Jabotí —dijo el venado, —¿A dónde vas?

—Buenos días —dijo Jabotí. —Voy a visitar a mi primo.

—¿Dónde conseguiste esa flauta? —preguntó el venado.

—Caminaba por un sendero, cuando de pronto ví un enorme hueso.

—¿Tú encontraste ese enorme hueso? ¡No, éso no lo creo! —dijo el venado—,Tú no podrías haber hallado ese hueso tan grande. Todos en la selva saben éso.

—Tú piensas que soy débil, pero estás equivocado —dijo Jabotí. Dime algo. ¿Qué es lo que tú sabes hacer mejor?

—Puedo correr —contestó Suasú.

—Muy bien!, Pues hagamos una carrera! —dijo Jabotí.

Suasú se rió y se rió. —¡De verdad piensas que puedes competir conmigo!— preguntó Suasú.

—¡Yo puedo correr contra ti! —dijo Jabotí.

—Muy bien, empecemos ahora mismo —dijo el venado.

—Hoy estoy muy ocupado —dijo Jabotí. Podríamos correr mañana. Tú podrías correr en este pequeño claro del bosque. Yo sé que tú no puedes correr en la jungla. Está llena de ramas. Yo correré cerca del borde de la jungla. Cuando quieras saber donde estoy, sólo tendrás que llamarme y yo te contestaré. ¿De acuerdo? Recuerda, el que gane la carrera, se queda con la flauta.

Jabotí tenía miedo. ¿Que tal si perdía su flauta? Pero ahora ya no podía decir que no.

—De acuerdo —dijo Jabotí—. El parecía muy valiente, pero tenía miedo. Esa noche Jabotí pidió a su familia y amigos venir a una reunión.

—Parientes y amigos, —les dijo— ésta es una reunión muy importante.

—Mañana voy a correr contra Suasú, el venado y debo ganar esta carrera.

—¡Eso es muy tonto! —gritaron las tortugas —, Jabotí está loco, ¡no puede competir con el venado! Debemos hacer algo o nos meterá a todos en problemas.

Jabotí dijo —Escúchenme todos, permítanme acabar.

Y con voz baja les explico su plan. Todos ellos escucharon.

El siguiente día, Suasú llegó al claro del bosque y se sorprendió de oír la voz de Jabotí en la jungla.

—Buenos días amigo Suasú. Aquí estoy listo para salir. ¿Tú estás listo?

—Listo —contestó el venado.

—Uno....dos....tres.... ¡vamos!— gritó la tortuga.

Suasú pensó que podía ganar muy fácilmente la carrera. Caminó un poco y grito—¡Jabotí!

La respuesta salió de la jungla adelante del venado. —¡Te debes de apurar o yo voy a ganar!

El venado estaba muy sorprendido. —¿Cómo es que ella está delante de mí?" —se preguntó Suasú—. Suasú empezó a correr.

Un poco después volvió a llamar de nuevo a la tortuga, quien respondió: —Aquí estoy Suasú.

Así continuó la carrera. El venado corrió tan rápido como pudo. La voz de la tortuga siempre venía de la jungla delante de él. Finalmente, Suasú no pudo correr más. Estaba demasiado cansado. Jabotí lo encontró acostado en la tierra con la lengua de fuera.

—Bueno —dijo Jabotí—. ¡Una tortuga le puede ganar la carrera a un venado! Tú creíste que podrías quedarte con mi flauta. Pero mírate, estás demasiado cansado para moverte.

Jabotí estaba feliz. Su plan funcionó. Sus amigos y su familia lo ayudaron. Cada tortuga tomó un lugar en la jungla, cerca del claro y cuando Suasú llamaba a Jabotí la tortuga que estaba adelante respondía.

Jabotí tomó su flauta y se fue caminando tocando una canción feliz para que todos la oyeran en la selva.

The Traveling Musicians/ Los músicos viajeros
(Listening Story)

The Traveling Musicians

adapted by Pam Schiller

Once upon a time, an old, gray donkey stood under a tree thinking, "The farmer has been good to me. I have plenty of food to eat. I have a nice, warm barn to sleep in. I don't have to work hard. I have a pretty good life as a pet, yet I'm tired of this life. I want to do something more exciting. I really want to be a singer and go to the city." So the donkey ran back to the barn, grabbed his tambourine and his sequined headband, and trotted off down the road to the city.

Soon he spied a big, red dog sitting on a fence playing her guitar. "Well, howdy, Dog!" the donkey said. "You play a mean guitar!"

The dog replied, "Thank you, kind sir. I do my best. Would you care to join me in singing a song?"

"Why, sure!" said the donkey. They found several songs that they both knew. Their favorite was "Old MacDonald Had a Farm," which they sang over and over.

As the donkey and the dog were singing "Old MacDonald" for the fourth time, they were joined by a cat with his keyboard and a duck with her saxophone. Because "Old MacDonald" was the only song they all knew, they kept singing and playing it throughout the day.

Around sunset, the animals were interrupted by a strange thumping sound. They looked all around until they saw a little, white rabbit dancing merrily on his drum. The rabbit suddenly realized the others were watching him and became embarrassed. He stopped dancing and began to run away.

"Wait!" called the duck, "Come back. We love your dancing. We're tired of being pets, so we're going to have a band and go to the city to play. Would you like to come with us?"

The rabbit peeked out from behind a bush. "Do you really like my dancing?"

"Of course we like it. You're wonderful. Can you do the moonwalk?" asked the duck.

"Just watch this," said the rabbit, as he hopped up on his drum and did the moonwalk. He even managed to add a twirl and a split. Everyone clapped and cheered, and soon they were all singing and dancing and playing as the sun set.

Now you're probably wondering, "Didn't those crazy animals ever get tired or hungry?" Well, sure they did. In fact, at about this time, their growling stomachs were louder than their singing and playing.

"I'm starving and tired and wish I were home," said the duck. "I'm starving and tired and wish I were home too," said the dog and the cat at the same time.

"We can't go home," said the donkey. "We've said that we want to do something more exciting. We can't quit. We have to go on."

So the animals decided to go on to the city and get something to eat and a place to sleep. They walked and walked and walked. Finally, they saw an old house at the top of a hill.

"There's a light on at that house," said the cat. "Let's see if we can find something to eat. Maybe the owner will let us sleep in the barn."

When the hungry, tired animals got to the house, the donkey, who was the tallest, trotted up to a window and peeked in.

"What do you see?" asked the dog.

The donkey answered, "I see a table covered with food, and around the table there are seven ugly robbers laughing and acting silly."

"Oh, I'm so hungry and tired," said the cat.

"Oh, I'm so hungry and tired," said the rabbit.

"This would be a good place for us to stay," said the duck, "if only we could think of a way to get ourselves in and the robbers out."

The animals thought and thought and finally came up with a plan. The donkey stood on his hind legs near the window and held his tambourine between his front legs. The dog grabbed her guitar and climbed onto the donkey's shoulders. The cat hung his keyboard around his neck and scrambled up the dog's back. The rabbit took his drum and hopped onto the cat's back, and the duck with her saxophone flew up and sat on the rabbit's head. Then all together, the animals began to play and sing "Old MacDonald." Suddenly, they lost their balance and crashed through the window into the room with the robbers. Terrified, the robbers ran screaming out of the house and down the road. Once the robbers were gone, the animals sat down at the table and ate as if they hadn't eaten in a month. Then, they turned out the lights and went to sleep.

After a while, the robbers stopped running and realized that they weren't so frightened anymore. In fact, they decided that they had been silly to leave in such a great hurry. They returned to the house and, when it was dark, one robber sneaked in. As he tiptoed around the kitchen, the robber accidentally stepped on the cat's tail. The angry cat leaped up, scratching the robber. This, of course, frightened the robber so much that he tripped over the dog. The dog bit him in the leg. The screeching and hollering awakened the other animals, who began attacking the robber, and the robber ran screaming from the house.

Exhausted, the animals slumped to the floor. "You know," said the donkey, "life has been exciting since I left home, but I miss being a pet. I'm not very good at being a traveling musician, and I don't like fighting robbers. I like having food and a place to sleep at the farm."

"I miss being a pet and swimming in my pond," said the duck.

The cat began to cry, "I miss my little boy, and I want to go home!"

"Let's go home," said the rabbit.

"I'll race you to the road," called the dog as she ran out of the house. So, the animals went home and lived happily ever after as pets. But if you listen carefully on a quiet night, you might hear the animals singing to each other.

The Traveling Musicians/
Los músicos viajeros
(Listening Story)

Los músicos viajeros

adaptado por Rafael Lara-Alecio

Había una vez, un viejo burro gris que estaba pensando bajo un árbol— El granjero se ha portado
muy bien conmigo. Tengo bastante comida. Tengo un establo bonito y calientito para dormir.
No tengo que trabajar fuerte. Para ser una mascota, tengo una vida bastante buena, pero estoy
cansado de esta vida. Quiero hacer algo más emocionante. En realidad quiero ser cantante e ir a
la ciudad. Entonces, el burro corrió al establo, agarró su pandereta y su cinta de lentejuelas para
la cabeza y bajó cabalgando por el camino hasta la ciudad.

Pronto divisó un perro grande y rojo, sentado en un corral, tocando guitarra.

—Bueno, ¿Cómo estás tú Perro? —dijo el burro—. Tocas muy bien la guitarra.

El perro contestó:

—Gracias, señor, trato de hacerlo lo mejor que puedo. ¿Le
gustaría cantar una canción conmigo?

—¡Por supuesto! —dijo el burro.

Encontraron varias canciones que ambos se sabían. Su
favorita era "El viejo MacDonald tenía una granja", la cual
cantaron una y otra vez.

Mientras el burro y el perro cantaban "El viejo MacDonald"
por cuarta vez, se les unió un gato con su piano y un pato
con su saxofón. Como "El viejo MacDonald" era la única
canción que todos se sabían, la siguieron cantando el
resto del día.

Más o menos a la hora de ponerse el sol, un sonido extraño
interrumpió a los animales. Miraron por todas partes
hasta que vieron un pequeño conejo bailando muy
contento en su tambor. El conejo de repente se dio cuenta
de que los otros lo estaban viendo y le dio pena. Dejó de
bailar y comenzó a correr.

—Espera, espera —exclamó el pato. Regresa. Nos encanta cómo bailas. Estamos cansados de ser mascotas, así que vamos a formar un grupo musical para ir a tocar a la ciudad. ¿Te gustaría venir con nosotros?

El conejo miró escondido detrás de un arbusto.

—¿De verdad les gusta cómo bailo?—

—Por supuesto que sí. Eres increíble. ¿Puedes hacer el paso lunar? —preguntó el pato.

—Miren nada más —dijo el conejo al saltar de su tambor y hacer el paso lunar. Incluso le agregó un giro y una extensión de patas. Todos aplaudieron y vitorearon y pronto todos se pusieron a cantar y a bailar hasta que se ocultó el sol.

Ahora quizá se pregunten —¿Esos animales locos nunca se cansaron ni les dio hambre?— Por supuesto que sí. Es más, en ese momento, aproximadamente, sus estómagos hacían más ruido que el canto y el baile.

—Tengo mucha hambre, quisiera estar en mi casa —dijo el pato.

—Yo también tengo hambre y me gustaría estar en mi casa —dijeron el perro y el gato al mismo tiempo.

—No podemos ir a casa —dijo el burro. Dijimos que queríamos hacer algo más emocionante. No podemos renunciar. Tenemos que seguir tratando.

Entonces los animales decidieron seguir a la ciudad y buscar algo para comer y un lugar para dormir. Caminaron y caminaron y caminaron. Finalmente vieron una vieja casa arriba en la montaña.

—Hay una luz encendida en la casa —dijo el gato. Vamos a ver si podemos encontrar algo para comer. Quizá el dueño nos deje dormir en el establo.

Cuando los animales cansados y hambrientos llegaron a la casa, el burro, que era el más alto, se aproximó a la ventana y miró adentro.

—¿Qué ves? —preguntó el perro y el burro contestó:

—Veo una mesa llena de comida y siete ladrones horribles a su alrededor, sentados, riéndose y actuando como tontos.

—Ay, tengo tanta hambre —dijo el gato.

—Ay, tengo tanta hambre y estoy tan cansado —dijo el conejo.

—Éste sería un buen lugar para quedarnos —dijo el pato—, si pudiéramos pensar en una forma en que nosotros entráramos y que los ladrones se salieran.

Los animales pensaron y pensaron y por último hicieron un plan. El burro se paró en sus patas traseras cerca de la ventana y sostuvo su pandereta entre las piernas delanteras. El perro agarró su guitarra y se encaramó en el lomo del burro. El gato se colgó su piano en el cuello y se encaramó en el lomo del perro. El conejo agarró su tambor y se subió al lomo del gato y el pato con su saxofón voló y se sentó en la cabeza del conejo. Luego, todos juntos, los animales comenzaron a tocar "El viejo MacDonald". De repente, perdieron el equilibrio y se estrellaron contra la ventana entrando en el salón con los ladrones. Aterrorizados, los ladrones corrieron gritando y se fueron de la casa. Una vez que se habían ido los ladrones, los animales se sentaron a la mesa y comieron como si no lo hubieran hecho en un mes. Luego apagaron las luces y se fueron a dormir.

Después de un rato, los ladrones dejaron de correr y se dieron cuenta de que ya no tenían tanto miedo. Incluso, decidieron que habían sido unos tontos en huir con tanta prisa. Regresaron a la casa y, cuando era de noche, uno de los ladrones entró. Al caminar en puntillas por la cocina, el ladrón pisó la cola del gato por accidente. El gato furioso saltó y arañó al ladrón. Esto, por supuesto, asustó al ladrón tanto que se tropezó con el perro. El perro lo mordió en la pierna. La gritería despertó a los otros animales, que comenzaron a atacar al ladrón y el ladrón salió corriendo de la casa.

Agotados, los animales se desplomaron en el piso.

—Saben una cosa —dijo el burro, la vida ha sido muy emocionante desde que me fui de mi casa, pero extraño ser una mascota. No hago un buen papel como músico viajero ni tampoco me gusta pelear contra los ladrones. Me gusta tener mi comida y un lugar donde dormir en la granja.

—Extraño ser una mascota y nadar en mi laguna —dijo el pato.

El gato comenzó a llorar: —¡Extraño a mi pequeño niño y quiero irme a casa!

—Vamos a casa —dijo el conejo.

—Vamos a ver quién llega primero al camino —dijo el perro mientras salía corriendo de la casa.

Entonces los animales regresaron a sus casas y, como mascotas, vivieron felices para siempre. Si ponen atención en las noches, quizá oigan a los animales cantar.

Additional selections support the Sound and Movement theme:
I Wiggle/Menearse (page 23)

Celebrations/Celebraciones

When I Was One/Cuando tenía un año

When I Was One

Traditional

When I was one, I was so small, *(Hold up one finger.)*
I could not speak a word at all. *(Shake head.)*
When I was two, I learned to talk. *(Hold up two fingers.)*
I learned to sing. I learned to walk. *(Point to mouth and feet.)*
When I was three, I grew and grew. *(Hold up two fingers.)*
Now I am four, and so are you! *(Hold up four fingers.)*

Cuando tenía un año

adaptado por Pam Schiller, Rafael Lara-Alecio y Beverly J. Irby

Cuando tenía un año, era chiquita. *(Muestra un dedito.)*
No podía decir ni una palabrita. *(Mueve la cabecita de un lado a otro.)*
Cuando tenía dos años, podía hablar. *(Muestra dos deditos.)*
Podía cantar y podía caminar. *(Señala la boquita y el pie derecho.)*
Cuando tenía tres años, crecí un montón. *(Muestra tres deditos.)*
Ahora tengo cuatro. ¡Cuatro añitos tengo yo! *(Muestra cuatro deditos.)*

Christmas Is Coming/ La navidad está llegando

Christmas Is Coming

Traditional

Christmas is coming.
The goose is getting fat.
Please put a penny
In the old man's hat.

If you haven't got a penny,
A half a pence will do.
If you haven't got a half a pence,
God bless you.

La navidad está llegando

adaptado por Rafael Lara-Alecio y Beverly J. Irby

La navidad está llegando.
El pavo engordando.
Pon un centavo
en mi sombrero.

Si no tienes un centavo,
La mitad está bien.
Si no tienes la mitad,
Dios te bendecirá.

Jolly Old Saint Nicholas/Querido San Nicolás

Jolly Old Saint Nicholas

Traditional

Jolly old Saint Nicholas
Lean your ear this way.
Don't you tell a single soul
What I'm going to say.
Christmas Eve is coming soon.
Now you dear old man,
Whisper what you'll bring to me.
Tell me if you can.

Querido San Nicolás

adaptado por Rafael Lara-Alecio y Beverly J. Irby

Querido San Nicolás
acércame tu oído.
No digas a nadie
lo que te voy a decir.
Navidad ya viene
ya viene Navidad.
Dime qué me traes
y dime si tú puedes.
¡Traerme algo más!

Jingle Bells/Cascabeles

Jingle Bells

Traditional

Jingle bells! Jingle bells!
Jingle all the way.
Oh, what fun it is to ride in a one-horse,
    open sleigh,
Hey!
Jingle bells! Jingle bells!
Jingle all the way.
Oh, what fun it is to ride in a one-horse,
    open sleigh.

Cascabeles (versión 1)

Tradicional

Cascabeles, cascabeles,
porque hoy es Navidad.
Es un día de alegría y felicidad.
Cascabeles, cascabeles,
porque hoy es Navidad.
Es un día de alegría y mucha felicidad.

Tilín, Tilín (versión 2)

por Rafael Lara-Alecio y Beverly J. Irby

Cabalgando por la nieve,
cabalgando por la nieve,
en un trineo blanco a la fiesta llegaré.
Sobre los campos con nieve,
sobre los campos con nieve.
Sonriendo en el camino yo muy pronto llegaré.
Campanas por aquí, campanas por allá.
Campanas en el cielo, campanas en el mar.
Campanas en la tierra. Campanas por doquier.
Es todo lo que pido en la fiesta compartir.

Coro:
Tilín, tilín
tilán, tilán
mi caballo campanea
que alegre ir en un trineo
cabalgando por la nieve

Frog Went a-Courtin'/El sapo fue a cortejar

Frog Went a-Courtin'

Traditional

Frog went a-courtin' and he did ride.
Uh-huh, uh-huh.
Frog went a-courtin' and he did ride
With a sword and scabbard by his side.
Uh-huh, uh-huh.

He rode up to Miss Mousie's den.
Uh-huh, uh-huh.
He rode up to Miss Mousie's den,
Said, "Please, Miss Mousie, won't you let me
  in?"
Uh-huh, uh-huh.

"First, I must ask my Uncle Rat.
Uh-huh, uh-huh.
"First I must ask my Uncle Rat
And see what he will say to that."
Uh-huh, uh-huh.

"Miss Mousie, won't you marry me?"
Uh-huh, uh-huh.
"Miss Mousie, won't you marry me
Way down under the apple tree?"
Uh-huh, uh-huh.

"Where will the wedding supper be?"
Uh-huh, uh-huh.
"Where will the wedding supper be?"
"Under the same old apple tree."
Uh-huh, uh-huh.

"What will the wedding supper be?"
Uh-huh, uh-huh.
"What will the wedding supper be?"
"Hominy grits and black-eyed peas."
Uh-huh, uh-huh.

The first to come in was a bumblebee.
Uh-huh, uh-huh.
The first to come in was a bumblebee
With a big bass fiddle on his knee.
Uh-huh, uh-huh.

The last to come in was a mockingbird.
Uh-huh, uh-huh.
The last to come in was a mockingbird
Who said, "This marriage is absurd."
Uh-huh, uh-huh.

El sapo fue a cortejar

adaptado por Rafael Lara-Alecio y Beverly J. Irby

El sapo quería cortejar y saltando fue.
Tras, tras, tras, tras.
El sapo quería cortejar y saltando fue.
Con su funda como un rey.
Tras, tras, tras, tras.

Él fue a ver a ratoncita.
Tras, tras, tras, tras.
Él fue a ver a ratoncita
y dijo: —Ábreme tu puertecita.
Tras, tras, tras, tras.

—Primero debo preguntar a mi tío Ratón.
Tras, tras, tras, tras.
—Primero debo preguntar a mi tío Ratón,
a ver si aprueba la gestión.
Tras, tras, tras, tras.

—¿Por qué no te casas conmigo, Ratoncita?
Tras, tras, tras, tras.
—¿Por qué no te casas conmigo, Ratoncita
allá debajo del árbol de manzanita?
Tras, tras, tras, tras.

—¿Dónde se casará la Ratoncita?
Tras, tras, tras, tras.
—¿Dónde se casará la Ratoncita?
—Debajo del mismo árbol de manzanita.
Tras, tras, tras, tras.

—¿Cómo será la boda de Ratoncita?
Tras, tras, tras, tras.
—¿Cómo será la boda de Ratoncita?
—¡Por seguro será acarameladita!
Tras, tras, tras, tras.

La primera en llegar fue una abejita.
Tras, tras, tras, tras.
La primera en llegar fue una abejita.
Con un contrabajo en su rodillita.
Tras, tras, tras, tras.

El último en llegar fue una ardilla.
Tras, tras, tras, tras.
El último en llegar fue una ardilla
Que dijo: —¡Este matrimonio será
    una pesadilla!
Tras, tras, tras, tras.

Piñata/Piñata

Tune: Row, Row, Row Your Boat

Piñata

por Beverly J. Irby y Rafael Lara-Alecio

Piñata, piñata, vamos a quebrar
llenas de dulces y sorpresas
la piñata siempre está.

Piñata, piñata, vamos a quebrar
llenas de dulces y sorpresas
nos van a deleitar.

Piñata, piñata vamos a crear
con papel de mil colores
la queremos pintar.

Piñata, piñata en lo alto colgaremos.
Al pegarle uno a uno
La vamos a tirar.

Piñata, piñata vamos a recoger
todos los dulces y golosinas
Que vamos a comer.

Piñata

by Beverly J. Irby and Rafael Lara-Alecio

Piñata, piñata,
We are going to break you.
Full of candy and surprises,
Piñata made like a shoe.

Piñata, Piñata,
We'll use a stick and try
To get the candy and surprise.
Piñata made like a tie.

Piñata, Piñata
We are going to see
The many papers and colors
Piñata made like a tree.

Piñata, Piñata
We see you way up high.
We hit and hit and then we miss,
Piñata made like a pie.

Piñata, Piñata,
We broke you right in half.
We got the candy and surprises,
Piñata made like a calf.

La Piñata/The Piñata

Tono: Naranja Dulce

La Piñata

por Rafael Lara-Alecio, Beverly J. Irby y
Pam Schiller

Vamos amigo, no te demores con la canasta
    de los cacahuates.
Vamos amigo, sal del rincón y tráeme
    esa canción.
No quiero oro, ni quiero plata,
yo lo que quiero es romper la piñata.
Dale, dale, dale, no pierdas el tino.
Mide la distancia que hay en el camino.
Dale, dale, dale, no pierdas el tino,
porque si lo pierdes, pierdes el camino.

The Piñata

adapted by Pam Schiller

Bring the piñata without delay.
We want to party; we want to play.
Come on, my friend, please don't be tardy.
Bring us the candy and start the party.
I don't want silver. I don't want gold.
I want the candy the piñata holds.
Hit, hit, hit the piñata; let's start the game.
Measure well the distance, and take your aim.
Hit, hit, hit the piñata; make it swing and sway.
Hit, hit, hit the piñata; come join in the play.

La Piñata/The Piñata

Tono: La Piñata

La Piñata

adaptado por Rafael Lara-Alecio y Beverly J. Irby

(Esta es tradicionalmente cantada al
    momento de quebrar la piñata en una fiesta
    de cumpleaños.)
Dale, dale, dale
no pierdas el tino.
¡Mide la distancia
que hay en el camino!

Dale, dale, dale
que pronto muchos dulces caerán.
¡Y si tienes suerte
Un palo no te dan!

The Piñata

Traditional

(Traditionally sung during the breaking of the
    piñata at a birthday party.)
Go, go, go!
Swing the stick.
Take good aim.
Hit it once again.

Go, go, go!
Out will fall candies sweet.
If you are lucky
They'll land by your feet.

Skidamarinka/Skidamarinka

Skidamarinka

Traditional

Skidamarinka dinka dink.
Skidamarinka doo.
I love you.
Skidamarinka dinka dink.
Skidamarinka doo.
I love you.
I love you in the morning and in the afternoon.
I love you in the evening and underneath
    the moon.
Skidamarinka dinka dink.
Skidamarinka doo.
I love you.

Skidamarinka

adaptado por Rafael Lara-Alecio y Beverly J. Irby

Skidamarinka dinka dink.
Skidamerinka do.
Te quiero.
Skidamarinka dinka dink.
Skidamerinka do.
Te quiero.
Te quiero a la mañana y a la tarde.
Te quiero en el atardecer y en la puesta de
    la luna.
Skidamarinka dinka dink.
Skidamerinka do.
Te quiero.

Today Is a Birthday!/ Hoy es día de cumpleaños!

Tune: On Top of Old Smokey

Today Is a Birthday

Traditional

Today is a birthday.
I wonder for whom.
We know it's somebody
Who's right in this room.
So look all around you
For somebody who
Is laughing and smiling.
My goodness—it's you!
Happy Birthday, _____.

Hoy es día de cumpleaños

adaptado por Rafael Lara-Alecio y Beverly J. Irby

Hoy es día de cumpleaños.
Me pregunto el de quien.
Sabemos que es de alguien
que está en esta clase.
Así que busca a tu alrededor
alguien que
ría y sonría
¡Qué alegría, eres tú!
Feliz cumpleaños,_____.

Five Little Pumpkins/Cinco calabazas

Five Little Pumpkins

Traditional

Five little pumpkins sitting on a gate. *(Hold up five fingers.)*

First one said, "It's getting late." *(Wiggle first finger.)*

Second one said, "There are bats in the air." *(Wiggle second finger.)*

Third one said, "We don't care." *(Wiggle third finger.)*

Fourth one said, "Let's run, let's run!" *(Wiggle fourth finger.)*

Fifth one said, "Oh, it's just Halloween fun." *(Wiggle fifth finger.)*

But "whooo" went the wind, and out went the light. *(Hold hands to sides of your mouth and blow.)*

And five little pumpkins rolled out of sight. *(Roll hand over hand.)*

Cinco calabazas

adaptado por Rafael Lara-Alecio y Beverly J. Irby

Cinco calabazas sentadas en la puerta. *(Muestra todos los dedos.)*

Una dijo: —Tarde es. *(Mueve el dedo pulgar.)*

La segunda dijo: —Hay vampiros por allá. *(Mueve el dedo índice.)*

La tercera dijo: —No nos importa. *(Mueve el dedo corazón.)*

La cuarta dijo: —A correr, a correr. *(Mueve el dedo anular.)*

La quinta dijo: —Es el día de las calabazas. *(Mueve el dedo meñique.)*

Pero —uuuu— hizo el viento y las luces se apagaron *(Lleva los manos a la boca y sopla fuertemente.)*

y cinco calabazas rodaron, rodaron. *(Rueda las manos varias veces.)*

Five Special Valentines/ Cinco valentines especiales

Five Special Valentines

by Pam Schiller

Five special valentines from the card store.
   (Count off the valentines on your fingers.)
The red one went to *(Insert a child's name.);*
   now there are four.
Four special valentines, pretty ones to see.
The pink one went to *(Insert a child's name.);*
   now there are three.
Three special valentines, purple, white,
   and blue.
(Insert a child's name.) got the white one; now
   there are two.
Two special valentines having lots of fun.
I gave one to *(Insert a child's name.);* now there
   is one.
One purple valentine, my story is almost done.
I gave it to you, and now there are none.

Cinco valentines especiales

por Pam Schiller, Rafael Lara-Alecio y Beverly J. Irby

Cinco valentines especiales vienen de la tienda
El rojo vino a *(Ponga el nombre de un niño.).*
   Ahora hay cuatro.
Cuatro valentines especiales, a mirar.
El rosado vino a *(Ponga el nombre de un niño.).*
   Ahora hay tres.
Tres valentines especiales, rosado, blanco
   y azul.
(Ponga el nombre de un niño.) tomó el blanco,
   ahora hay dos.
Dos valentines especiales, se divierten mucho.
Le di a uno *(Ponga el nombre de un niño.).*
   Ahora solo hay uno.
Un valentin morado con esta historia, el cuento
   se ha terminado.

Birthday Candles/Candelas de cumpleaños

Birthday Candles

Traditional

Birthday candles, one, two, three. *(Hold up
   fingers on the count.)*
Birthday candles just for me! *(Point to self.)*
Last year two; next year four. *(Hold up two
   fingers on your left hand and four fingers on
   your right hand.)*
Birthday candles, I want more! *(Hold up
   10 fingers.)*

Candelas de cumpleaños

adaptado por Rafael Lara-Alecio y Beverly J. Irby

Candelas, candelas, uno, dos, tres. *(Prepara los
   dedos para contar.)*
Candelas de cumpleaños, para Andrés.
   (Señala a Andrés.)
Mañana domingo tendrás un montón, *(Levanta
   dos dedos de la mano izquierda y cuatro de la
   mano derecha.)*
el próximo año será de melón.

Five Fat Turkeys Are We/
Somos los cinco pavos gordos

Five Fat Turkeys Are We

by Beverly J. Irby and Rafael Lara-Alecio

Five fat turkeys are we.
We stayed all night in a tree.
When Grandma came around,
We didn't make a sound,
And that's why we're still here you see—
gobble, gobble!

Oh, five fat turkeys are we.
We stayed all night in a tree.
It's a sure thing
On Thanksgiving
To make not a peep, you see!—gobble, gobble!

Somos los cinco pavos gordos

por Rafael Lara-Alecio y Beverly J. Irby

Somos los cinco pavos gordos,
pasamos la noche en un árbol frondoso.
Cuando es tiempo de cocinar,
nunca nos pueden encontrar,
y por eso nos ven aquí jocosos—guru, guru.

Somos los cinco pavos gordos,
pasamos la noche en un árbol frondoso.
Seguro que tiene su magia
en el Día de Acción de Gracias,
dormir en un árbol frondoso—guru, guru.

Jack-o-lantern/La linterna de calabaza

Jack-o-lantern

by Beverly J. Irby and Rafael Lara-Alecio

Sometimes big and sometimes small
But always orange and round.
Children make me grin.
Sometimes they make me frown!

La linterna de calabaza

por Rafael Lara-Alecio y Beverly J. Irby

Algunas veces grande y
algunas veces pequeño,
pero siempre redondo y anaranjado soy.
¡Todo el que me visita sale asustado!

Easter Bunny, Easter Bunny/ Conejo de Pascua, Conejo de Pascua

Easter Bunny, Easter Bunny

Traditional

Easter Bunny, Easter Bunny,
Turn around.
Easter Bunny, Easter Bunny,
Touch the ground.
Easter Bunny, Easter Bunny,
Shine your shoes.
Easter Bunny, Easter Bunny,
Do your homework too!
Easter Bunny, Easter Bunny,
Go upstairs.
Easter Bunny, Easter Bunny,
Say your prayers.
Easter Bunny, Easter Bunny,
Turn out the light.
Easter Bunny, Easter Bunny,
Say good night.

Conejo de Pascua, Conejo de Pascua

adaptado por Rafael Lara-Alecio y Beverly J. Irby

Conejo de Pascua, Conejo de Pascua,
lee el pentagrama.
Conejo de Pascua, Conejo de Pascua,
toca la grama.
Conejo de Pascua, Conejo de Pascua,
brilla tus zapatos.
Conejo de Pascua, Conejo de Pascua,
limpia tus platos.
Conejo de Pascua, Conejo de Pascua,
camina agachado.
Conejo de Pascua, Conejo de Pascua,
¡cómo has engordado!
Conejo de Pascua, Conejo de Pascua,
cuida los coches.
Conejo de Pascua, Conejo de Pascua,
¡dí buenas noches!

Gobble Gobble/El glugluteo del pavo

Gobble Gobble

Traditional

The turkey is a silly bird.
His head goes wibble wobble.
He can say just one word,
Gobble, gobble, gobble.

El glugluteo del pavo

by Beverly J. Irby y Rafael Lara-Alecio

El pavo es un ave divertida.
Solo sabe una palabra.
Al tiempo que bambolea,
Gluglutea, gluglutea, gluglutea.

Mighty Fine Turkey/El poderoso y fino pavo

Mighty Fine Turkey

Traditional

I'm a mighty fine turkey, and I sing a
    fine song—gobble, gobble, gobble-
    gobble-gobble.
I strut around the barnyard all day long—
    bobble, bobble, bobble-bobble-bobble.
Thanksgiving Day, I run away—waddle, waddle,
    waddle-waddle-waddle.
So on the next day, my head will still stay—
    bobble, bobble, bobble-bobble-bobble.

El poderoso y fino pavo

adaptado por Rafael Lara-Alecio y Beverly J. Irby

Soy un poderoso y fino pavo, y canto una fina
    canción—gubl, gubl, gubl, gubl.
Camino por el granero todo el día—bubl, bubl,
    bubl, bubl.
Y el día de acción de gracias, me escapo—wadl,
    wadl, wadl, wadl.
Así que al día siguiente permanezco quietecito
    y en silencio—bubl, bubl, bubl, bubl.

A mi papacito/For My Daddy

A mi papacito

por Rafael Lara-Alecio y Beverly J. Irby

(Un poema a mi papacito)
Papacito, papacito querido,
en este día muy especial,
vengo a ofrecerte mi corazón.
Hoy a los padres todos festejan
con gran cariño, con gran amor y admiración.
Poder quisiera darte mil cosas y mi inspiración,
pero no puedo, chiquitita soy;
pero mil besos y mil abrazos,
papacito querido, por seguro te doy.

For My Daddy

*by Pam Schiller, Beverly J. Irby, and
Rafael Lara-Alecio*

(A Father's Day poem)
Daddy, today I celebrate you.
I want to thank you for all you do.
I give you my love and my heart.
This seems the best place to start.

I want to give you a thousand things.
So here is my gift and all that it brings…
Five hundred hugs, three hundred kisses,
All topped off with two hundred wishes.

A mi mamacita/For My Mother

A mi mamacita

por Rafael Lara-Alecio y Beverly J. Irby

(Un poema a mi mamacita)
Mamacita, mamacita.
Hoy te vengo a celebrar.
Con estas rosas y mil besos
que te quiero dar.
Siempre en mi pensamiento estás.
Y nada duede apartarme de ti
por siempre y para siempre
en mi alma y corazón estás.
mi vida y mi corazón.

For My Mother

by Rafael Lara-Alecio and Beverly J. Irby

(A Mother's Day poem)
Mother, Mother, today I celebrate your day
With red roses and a thousand kisses on
    their way.
Nothing can keep us apart.
Forever you are in my heart.

Los tres fantasmitas/Three Pretty Ghosties

Los tres fantasmitas

por Rafael Lara-Alecio y Beverly J. Irby

Tres fantasmitas
están sentadas en sus puertitas,
comiendo mantequilla con jaleíta.
Engrasándose las manitas
hasta sus muñequitas
¡Qué fantasmitas!
¡Qué pesadillas para hacer fiestitas!

Three Pretty Ghosties

adapted by Beverly J. Irby and Rafael Lara-Alecio

Three pretty ghosties
Sitting high on posties,
Eating toasties and jellies,
Filling up their bellies,
Eating toasties and jellies.
Three pretty ghosties,
Eating all their toasties!

Miguel's Birthday/El cumpleaños de Miguel
(Listening Story)

Miguel's Birthday

by Pam Schiller

"Miguel," Mom asked, "would you like to help me put the candles on your birthday cake?" With a great, big smile, Miguel nodded yes. "Well, let's figure out how many candles we need to put on your cake."

Mom got out a box of blue-and-white candles from the cupboard. She took one candle out of the box and held it in her hand as she looked at Miguel. "When you were one, we put just one candle on your cake." Mom handed the candle to Miguel. He looked at the beautiful cake and carefully placed the candle on it.

"One!" exclaimed Miguel.

"Then, when you were two, we put two candles on your birthday cake," said Mom. She handed one more candle to Miguel. He slowly placed it on the cake.

"One, two. Now there are two candles on the cake."

"Now, you're three, and we need to add one more candle to your cake," said Mom. Miguel put the last candle on the cake.

"One, two, three!" counted Miguel as he pointed to the candles. "I am three years old."

"That's right, Miguel," said Mom as she used icing to write the number three on the birthday cake. "You're three years old today, Miguel. Happy birthday!"

Miguel's Birthday/El cumpleaños de Miguel
(Listening Story)

El cumpleaños de Miguel

por Pam Schiller y Rafael Lara-Alecio

—Miguel, ¿Puedes poner las velitas en tu pastel de cumpleaños?—pregunta la mamá.

Con una gran sonrisa, Miguel le dice que sí.—Bueno, veamos cuántas velitas debemos poner en tu pastel.

Mamá saca de la alacena una caja de velitas azules y blancas. Coge una y mirando a Miguel le dice—Cuando cumpliste un año, pusimos una velita en el pastel. Le da la velita a Miguel. Él mira el bonito pastel y con mucho cuidado le pone la velita.

—¡Uno! —exclama Miguel.

—Después, cuando cumpliste dos años, pusimos dos velitas en tu pastel de cumpleaños—dice la mamá—. Le da otra velita a Miguel. Él la coloca despacio en el pastel.—Uno, dos, ahora hay dos velitas en el pastel.

—Ahora, cumples tres años y necesitamos poner otra velita más en el pastel—dice la mamá—.

Miguel la coloca en el pastel.—Uno, dos, ¡tres!—cuenta Miguel mientras señala las velitas.—Tengo tres años.

—Sí, Miguel—dice la mamá haciendo girar el número tres en el pastel.

—Miguel, hoy cumples tres años. ¡Feliz cumpleaños hijo mío!

Silly Nellie: The Story of One Funny Turkey/Clotilde Bobilde: La historia de una pavita muy divertida
(Listening Story)

Silly Nellie: The Story of One Funny Turkey

by Pam Schiller

Nellie is one of the silliest turkeys you have ever seen. She has two very large turkey feet, a neck longer than a goose's neck, and an assortment of feathers that make her look like she belongs in a parade. Nellie has a mommy who thinks she is truly the most beautiful turkey in the world and a daddy who thinks she hung the moon.

Nellie also has more friends than anyone I know. Her friends like her, not because she has big feet or a long neck, or even because she has strangely colored feathers. They like her because she has a big heart. She is always ready to help her friends.

The squirrels are thankful for her long neck because she can reach high up in the trees to pick an acorn that is growing on the end of a branch too fragile for the squirrels to climb.

The rabbits like her because with her big feet she can run faster than they can hop. When the old barnyard dogs are chasing the rabbits, Nellie puts the rabbits on her back and carries them to safety.

All the animals enjoy Nellie's brightly colored feathers. They are so unusual. None of the animals have ever seen polka-dotted feathers. As a matter of fact, they have never seen striped feathers, hot pink feathers, or rainbow feathers. Just looking at Nellie's colorful feathers makes them feel happy.

There is a secret funny thing about Nellie that only her mommy and daddy, her animal friends, and, now you, know. That funny thing is that when Nellie is really happy, like when she is helping her friends, she gets a very silly, very funny grin on her turkey face.

Silly Nellie: The Story of One Funny Turkey/Clotilde Bobilde: La historia de una pavita muy divertida
(Listening Story)

Clotilde Bobilde: El cuento de una pavita muy divertida

por Pam Schiller y Rafael Lara-Alecio

Clotilde es una de las pavitas más curiosas que jamás hayas visto y escuchado. Tiene dos pies de pavo muy grandes. Tiene un cuello más largo que un cuello de cisne. Tiene un surtido de plumas que la hacen ver como si debiera estar en un desfile. Clotilde tiene una mamá que piensa que su hija es la pava más hermosa del mundo. Clotilde tiene un papá que piensa que su hija colgó la luna en el cielo.

Clotilde tiene también más amigos que nadie que yo conozca. A sus amigos les agrada mucho Clotilde. Ésto es porque ella tiene pies grandes, o porque su cuello es largo, o incluso, porque tiene plumas de extraños colores. Además Clotilde tiene un gran corazón. Siempre está dispuesta a ayudar a sus amigos.

Las ardillas le están muy agradecidas por su cuello largo. Ella puede llegar a lo alto de los árboles para tomar una bellota que crece al final de una rama que se podría romper si las ardillas trepan por ella.

Les cae bien a los conejos porque con sus pies grandes puede correr más rápido que lo que ellos pueden brincar. Cuando los perros del granjero persiguen a los conejos, Clotilde coloca los conejos en su espalda y los lleva a un lugar seguro.

Todos los animales gozan de las plumas coloridas de Clotilde. Son tan insólitas. Por ejemplo, ninguno de los animales habían tenido jamás plumas con lunares. En realidad, nunca habían visto plumas a rayas, plumas de un rosado intenso, o plumas con los colores del arco iris. Se ponen tan felices con sólo mirar las plumas multicolores de Clotilde.

Pero hay algo secreto y divertido acerca de Clotilde que sólo su mamá, su papá, sus amigos animales y ahora tú, saben. Cuando Clotilde está verdaderamente contenta, como cuando se encuentra ayudando a sus amigos, le aparece en la cara una sonrisa muy boba y divertida.

Cierra los ojos unos minutos y le pediré a Clotilde que te muestre su sonrisa.

Muy bien, puedes mirar ahora. ¡Aquí está Clotilde!

Valencia Valentine/Valencia Valentin
(Listening Story)

Valencia Valentine

by Pam Schiller

It was almost Valentine's Day. Valencia couldn't wait. She had been looking forward to finally being old enough to be a store valentine. Her brothers, Victor and Vance, had left home last year, and now it was her turn. She wanted to look vibrant. She put on her Victorian lace trim. She thought it was her very best outfit.

She found a good spot on the shelf at Valerie's Card Shop. She put on her best smile and waited. The first day came and went, and no one bought Valencia. She was very sad. She didn't want to be vain, but she really thought that she looked better than any other card. Valencia decided to put on her black hat with the lace veil. That should do it.

The next day was the same. People came and went and never even picked her up. When the school van came loaded with children and no one even noticed her, she was devastated.

That night Valencia gathered a honeysuckle vine and wrapped it around her middle. Then she picked a vacant spot on the shelf where she would be right in view of the door. "Surely this will work," she thought.

But the next day was the same. When the store closed, Valencia started to cry. She was too sad to even think of another idea. Suddenly, she heard a voice beside her. It was Valentino, the Beanie Baby Bear. He said he knew a secret that would be just the right thing to make Valencia the most special Valentine on the shelf. He whispered it into her ear. Do you know what it was?

It was a special verse. Valencia wrote it right across her face with a violet crayon. It said:

"Roses are red,

Violets are blue,

Sugar is sweet

And so are you!"

And at last, Valencia was victorious. She was the first valentine to be bought the next morning.

Valencia Valentine/Valencia Valentín
(Listening Story)

Valencia Valentín

por Pam Schiller y Rafael Lara-Alecio

Era casí el día de San Valentín. Valencia no podía esperar más. Se preguntaba y preguntaba entre sus sueños de que cuando fuera grande le encantaría ser una tarjeta de Valentín. Sus hermanos Víctor y Vance, se habían marchado ya de su casa, y ahora era su turno. Ella quería mirar vibrante, atraída. Fue así que lo primero que vino a su mente fue ponerse su bello vestido de encajes de bellos colores. Ella creía que ésto sería lo que mejor fijaría su anhelado sueño.

En efecto así lo hizo, Valencia encontró un buen punto en el almacén de tarjetas. Ella puso lo mejor de sus sonrisas y esperó y esperó. El primer día vino y así se fue. Nadie compró la tarjeta de Valencia. Ella estaba muy triste. Ella realmente pensó que ella se vío mejor que cualquier otra tarjeta de San Valentín. De pronto tuvo otra idea, Valencia decidió ponerse su sombrero negro que combinado con su bonito vestido de encajes de bellos colores por seguro que sería la mejor tarjeta de Valentín. El próximo día fue lo mismo. La gente vino y se fue y nadie tomó ninguna de sus tarjetas. Para colmo, cuando el bus escolar marchaba con los niños a la escuela nadie de ellos ni siquiera notó de ella, Valencia estaba devastada y desilucionada.

Sin embargo, ella no se dió por vencida. Esa noche, Valencia juntó un ramillete de delicadas y olorosas flores y las envolvió. Luego buscó un lugar apropiado donde ella podría facilmente ser vista. Seguro esto trabajará—decía para sí—. Pero el próximo día fue lo mismo. Cuando el almacén cerró, Valencia empezó a llorar. Ella estaba tan triste que ni siquiera podía pensar en otra idea. De pronto escuchó una voz detrás de ella. Éste fue Valentino, Beanie Baby Bear. Él le dijo a Valencia que él sabía un secreto el cual haría de ella justamente la Valentina más especial de la vitrina. Lentamente, el Beanie Baby Bear se acercó a su oído. ¿Sábes qué le dijo al oído? Éste fue un verso muy especial. Valencia lo escribió exactamente a lo largo de su frente con un crayón de color violeta. Este verso decía:

—Las rosas son rojas,
Las violetas son azules
El azúcar es dulce
¡Tan dulce como tú!—

En esta forma, Valencia fue victoriosa. Ella fue la primer valentina a ser traída la mañana siguiente.

What's in the Box?/¡Que hay en la caya?
(Listening Story)

What's in the Box?

by Pam Schiller

Look at this wonderful box. It's all wrapped up. It has pretty paper and a pretty bow. It's a present. I wonder what's inside. Do you wonder what's inside?

What do you think is in the box? Maybe it's a ball. Maybe it's a doll. Maybe it's a puzzle. If we could pick up the box, we'd know if it was heavy or light. If we could shake the box, we might hear something inside. We'd know if the thing inside makes a hard sound or a soft sound. But we can't shake this box, so we'll just have to guess.

Maybe it's a book. Maybe it's a toy car. Maybe it's a box of candy. Let's find out.

First we take off the bow. We'll put it right here. It's so pretty. Maybe we can use it again. Now let's take off the paper. If we are gentle and don't tear it, we can use the paper again too.

OK! Are you ready to see what's inside? Look! It's a giraffe hand puppet!

¿Qué hay en la caja?

por Pam Schiller y Rafael Lara-Alecio

Mira esta maravillosa caja. Está completamente envuelta. Tiene un papel bonito y una cinta preciosa. Es un regalo. ¿Qué habrá en su interior? ¿Te preguntas lo que habrá dentro de ella?

¿Qué crees que haya en la caja? Tal vez una pelota. Quizás una muñeca. A lo mejor un rompecabezas. Si pudiéramos levantar la caja, sabríamos si es pesada o liviana. Si pudiéramos sacudir la caja, podríamos oír si hay algo en su interior. Sabríamos si lo que hay en su interior produce un sonido fuerte o uno suave. Pero como no podemos sacudir esta caja no nos queda más remedio que adivinar.

Quizás es un libro. Tal vez es un carrito de juguete. O una caja de caramelos. Averigüémoslo. Primero, sacamos la cinta. La pondremos aquí. Es una cinta muy bonita. A lo mejor podemos usarla nuevamente. Retiremos ahora el papel de regalo. Si lo hacemos con cuidado y no lo rompemos, podemos volver a usar el papel, también. ¡Muy bien! ¿Estás listo para ver lo que hay dentro? ¡Veamos! Es un títere jirafa!

Additional selections that support the Celebrations/Celebraciones theme:

The Great Big Pumpkin/La calabaza gigante (page 99)

The Tortoise Wins the Race/La tortuga gana la carrera (page 159)

Gabrielle's Wonderful, Terrific, Super, Great Day!/El supermaravilloso y extraordinario día de Gabrielle (page 83)

Rodeo Time/Tiempo del rodeo

Horsie/Caballo

Horsie

Traditional

Horsie, horsie, on your way
We've been together for many a day.
So let your tail go swish,
And your wheels go round.
Giddy-up, we're rodeo bound.

I like to take a horse and buggy.
I like to ride all over town.
I like to hear old Trigger go clip-clop.
I like to see those wheels go round.

Caballo

adaptado por Beverly J. Irby y Rafael Lara-Alecio

Caballo, caballo, en tu camino
hemos estado juntos por muchos días.
Deja tu cola chasquear,
y tus patas galopar.
Vamos al rodeo a galopar.

Me gusta ir en un carruaje,
y me gusta ir a todas partes.
Me gusta oír el viejo clip, clop,
y me gusta ver tus ruedas rodar.

Buffalo Gals/Niñas búfalo

Buffalo Gals

Traditional

As I was walking down the street,
Down the street, down the street,
A pretty gal I chanced to meet
Under the silvery moon.

Buffalo gals, won't you come out tonight,
Come out tonight, come out tonight.
Buffalo gals, won't you come out tonight,
And dance by the light of the moon.

Niñas búfalo

adaptado por Rafael Lara-Alecio y Beverly J. Irby

Cuando caminaba por la calle,
por la calle, por la calle,
en una noche plateada
una niña conocí.

Niñas búfalo, vengan ya,
vengan ya, vengan ya.
Niñas búfalo, vengan ya,
vengan a bailar.

Dusty/Guapo

Tune: Bingo

Dusty

by Pam Schiller

There was a cowboy
Rode a horse,
And Dusty was his name-o.
D-U-S-T-Y,
D-U-S-T-Y,
D-U-S-T-Y,
And Dusty was his name-o.

Guapo

por Rafael Lara-Alecio y Beverly J. Irby

Había un vaquero
con su caballo,
y Guapo fue su nombre.
G-U-A-P-O
G-U-A-P-O
G-U-A-P-O
y Guapo fue su nombre.

Home on the Range/
Hogar, hogar en el campo

Home on the Range

Traditional

Oh, give me a home where the buffalo roam,
And the deer and the antelope play,
Where seldom is heard a discouraging word,
And the sky is not cloudy all day.

Chorus:
Home, home on the range!
Where the deer and the antelope play,
Where seldom is heard a discouraging word,
And the sky is not cloudy all day.

I love the bright flowers in this frontier of ours,
And I thrill to the eagle's shrill scream.
Blood red are the rocks, brown the antelope
    flocks
That browse on the prairie so green.
Chorus

How often at night when the heavens are bright
With the light of the unclouded stars,
Have I stood here amazed and asked as I gazed,
If their glory exceeds that of ours.
Chorus

Hogar, hogar en el campo

adaptado por Rafael Lara-Alecio y Beverly J. Irby

¡Oh! Dame un hogar, donde el búfalo trotar,
y el venado y el alce saltar.
Donde nunca pueda oír, la palabra disentir,
y el cielo siempre claro está.

Coro:
¡Hogar, hogar en el campo!
Donde el venado y el alce jugar,
donde nunca pueda oír, la palabra disentir,
y el cielo siempre claro está.

El rancho grande/The Big Ranch

El rancho grande

Tradicional

Allá en el rancho grande, allá donde vivía,

había una rancherita, que alegre me decía, que
    alegre me decía:

te voy hacer tus calzones, como los que usa
    el ranchero,

te los comienzo de lana, te los acabo de cuero.

The Big Ranch

adapted by Beverly J. Irby and Rafael Lara-Alecio

There was a big ranch where I used to live.

There was a little cowgirl who said to me, who
    said to me,

"I'll make you some chaps, like a real rancher
    wears.

I'll start 'em out as wool, and end 'em up
    as leather."

Trigger/Elegante

Tune: My Dog Rags

Trigger

by Pam Schiller

My little horsie's name is Trigger.

He ate so much he got bigger and bigger.

His mouth chomp chomps,

And his tail goes swish,

And when he trots, he clip-clap-clops!

Chomp, chomp,

Swish, clip,

Clap, clop!

Elegante

por Rafael Lara-Alecio y Beverly J. Irby

El nombre de mi caballito es Elegante.

El comió mucho y se hizo grande, muy grande.

Su boca hace chomp, chomp,

y su cola chasquea,

y cuando trota el clip-clap-clops!

!Chomp, chomp,

chasquea,

clip, clap, clop!

The Rodeo/El rodeo

The Rodeo

by Pam Schiller

A gaily dressed clown, *(Put hands up to highlight your face.)*
People all around, *(Sweep hands out to side.)*
Popcorn, drinks, and candy, *(Pretend to eat.)*
Cowpokes looking dandy. *(Pretend to adjust hat.)*
Little calves and bucking bulls *(Put index finger and thumb together for "little" and wave hand in "bucking" motion.)*
Laughing children from local schools. *(Point to smiling face.)*
To the rodeo we go, *(Pretend to take off hat and wave it in the air.)*
Yipi, yipi, yipi, ki-yo!

El rodeo

por Rafael Lara-Alecio y Beverly J. Irby

Un payaso está vestido de muchos colores. *(Levanta tus manos para resaltar tu cara.)*
Gente paseando por todas partes. *(Mueve las manos.)*
Palomitas de maíz, refrescos de muchos sabores. *(Pretende que comes.)*
Becerros y toros corcoveantes. *(Pon los dedos indices y pulgares juntos mostrando movimiento.)*
Vaqueros audaces. *(Pretende que te acomodas el sombrero.)*
Niños sonrientes de escuelas cercanas. *(Muestra una cara felice y contenta.)*
Vamos al rodeo
Yipi, yipi, yipi, ki-yo!

Adivinanza/Riddle

Adivinanza

por Rafael Lara-Alecio y Beverly J. Irby

Con unos zapatos muy grandes
y la cara muy pintada
soy el que hace reír.
a chicos y grandes
a carcajadas.
(El payaso)

Riddle

by Rafael Lara-Alecio and Beverly J. Irby

With very long shoes
And a well-painted face,
I can make you laugh
When I pretend I'm in a race.
(A clown)

Going on a Trail Ride/
Vamos a un paseo por el camino

Going on a Trail Ride

by Pam Schiller

*(Teacher leads and children echo after each line.
    Suit actions to the words.)*
We're going on a trail ride.
Want to come along?
Well, then, come on.
Let's get ready!

Got to rope and brand the cattle.
Let's rope.
Stick on the brand.
Got to load up the chuck wagon.
Get the blankets and the food.
Don't forget the water.
Got to water our horses.
Slurp, slurp.
Ready to go.
Now jump on your horse.
Let's go.
*(Children hold horse reins and clip clop between
    all verses.)*
Look! There's a river.
Can't go over it.
Can't go under it.
Can't go around it.
We'll have to go through it. *(Hold the reins and
    make a sloshing sound.)*
Look! There's a cactus.
Can't go under it.
Can't go over it.
Can't go through it.
We'll have to go around it. *(Lean left and clip
    clop.)*

Look! There's a mountain.
Can't go through it.
Can't go under it.
Can't go around it.
We'll have to go over it. *(Lean back.)*
Look! There's a wagon train.
Can't go through it.
Can't go under it.
Can't go over it.
We'll have to go around it.
*(Optional: Stop here and sing some songs with
    the people on the wagon train.)*
Look! There's the town!
Just what we are looking for!
Let's hurry! Get along, little doggies! *(Ride fast.)*
We're almost there. *(Continue to ride fast.)*
Civilization at last!

Going on a Trail Ride/
Vamos a un paseo por el camino

Vamos a un paseo por el camino

por Pam Schiller, Rafael Lara-Alecio y Beverly J. Irby

*(Profesor, lea en voz alta a sus estudiantes y
permita que ellos hagan eco de cada línea.
Haga lo que las palabras sugieren.)*

Vamos a ir a un paseo a caballo.

¿Quiéren venir?

Bien, entonces vamos.

¡Preparémonos!

Traigan el lazo y atrapen al ternero.

Enlacémoslo,

pongámosle un número.

Vayan al carro con provisiones

traigan las sábanas y la comida

no olviden el agua.

Denle agua a los caballos.

Que beban, que beban

¿Listo? Nos vamos.

Ahora monten sus caballos.

¡Vamonos! *(Niños, sostengan las riendas de sus
caballos y hagan al mismo tiempo tacatán,
tacatún, tacatán, tacatún.)*

¡Miren, un río!

No podemos ir encima.

No podemos ir debajo.

No podemos ir alrededor.

Tenemos que pasar.

¡Miren! Un cacto.

No podemos ir debajo.

No podemos ir encima.

No podemos pasar.

Tenemos que ir alrededor.

¡Miren! Una montaña.

No podemos pasar.

No podemos ir debajo.

No podemos ir alrededor.

Tenemos que ir por encima.

¡Miren! Un tren de carga.

No podemos ir encima.

No podemos ir debajo.

No podemos ir a un lado.

Tenemos que ir alrededor.

*(Sí así lo desean, puede parar aquí y cantar
algunas canciones con la gente en el tren de
provisiones.)*

¡Miren! Una ciudad

¡Justo lo que queríamos ver!

Apurémonos, caminen pronto, vaquitas.
    (Cabalgue rápido.)

Casi estamos allí. *(Continue cabalgando rápido.)*

¡Por fin, la civilización!

El ratón vaquero visita el rodeo en San Antonio/The Cowboy Mouse Visits the San Antonio Rodeo

(Listening Story)

El ratón vaquero visita el rodeo en San Antonio

por Beverly J. Irby y Rafael Lara-Alecio

Éste había sido un viaje muy largo a través del desierto, desde El Paso, Tejas hasta San Antonio, Tejas. Lucas conocido en el Oeste de Tejas como el Ratón Vaquero, estaba sediento; como también lo estaba su fiel compañero Conejín. Conejín no era un caballo. Él era una liebre y además era muy rápido. El Ratón Vaquero hizo el viaje desde El Paso tan rápido que, a decir por los vaqueros expertos de aquellos pueblos, ningún caballo pudo haberlo hecho más rápido que Conejín. Cuando Lucas bajaba de Conejín su caballo fiel, y se preparaba a caminar por la polvorienta calle justamente enfrente del hotel "La Maravilla", Lucas vio una señal en la pared. Este decía en letras rojas muy grandes, Hoy hay Rodeo, ¡No se lo pierda!

Lucas pensaba al tiempo que amarraba a Conejin y le daba agua fresca de que ésto era precisamente lo que tanto deseaba ver. Se decía, —¡Yo siempre quise asistir a un rodeo y ésta es mi oportunidad!—. El caminó a través de la polvorienta calle. Llegó a la esquina principal del pueblo. Paró, vió para todos lados y una vez que vió que la calle estaba libre, cruzó a la otra esquina que lo llevaría al rodeo. Recordó inmediatamente la lección que había aprendido cuando la Oficial Felícita le había dado una infracción por no obedecer las reglas de la ciudad. · Recordó el día en que atravesó la calle principal sin parar, ni ver para ambos lados, como todo niño debe hacer al llegar a cualquier calle—cerciorarse de que la calle está lista para pasar. Pues bien, Lucas pasó la histórica calle del Alamo en su camino al Rodeo. En su camino al Rodeo, Lucas recordaba todo lo que había escuchado de los vaqueros y vaqueras del Oeste de Tejas y de sus elegantes vestuarios. El aprendió de sus amigos decir —que cuando vas afuera, debes vestir de lo mejor.— Pero cuando vas a un rodeo, debes ponerte lo mejor que tengas. Entonces, Lucas dió media vuelta y regresó al Hotel Maravilla donde se había hospedado por aquel día tan especial. Sacó de su morral, su sombrero tejano, sus botas vaqueras, su elegante camisa y pantalón de color negro. Una vez más, se percató de que todo estuviera impecablemente limpio y planchado. ¡Realmente miraba todo un Ratón Vaquero!

Su blanca camisa lucía limpia y planchada. Ésta jugaba muy bien con su bonito par de pantalones negros y botas rojas. Todo junto le daban un aire de elegancia a su bello traje de vaquero. ¡Realmente era todo un Ratón Vaquero!

Ahora Lucas estaba listo para ir al rodeo. Cuando Lucas pasó por la puerta principal, él no podía creer lo que sus ojos miraban. Él vio vaqueros y vaqueras montando toros salvajes. Vió como otros vaqueros corrían al auxilio de un vaquero que había sido lanzado por los aires unos momentos antes. Además veía intrépidas vaqueras cabalgando bellos caballos y dando vueltas mágicas alrededor de barriles de madera. Lucas inmediatamente reconoció algunos intrépidos vaqueros y vaqueras que habían llegado desde Cheyenne, Laramie, Tucson, Tulsa y desde otros pueblos conocidos por Lucas como Juárez, Puebla y Cuernavaca en México.

A Lucas le gustaron especialmente los payasos del rodeo. Realmente eran unos valientes vaqueros. Lo que más le gustaba a Lucas era su ingenuidad para ignorar la venida de un intrépido toro y sus risas cuando eran lanzados por el aire. Le gustaba ver como los payasos en el rodeo a la venida del toro, corrían rápido a meterse dentro de un barril de madera. Miraba perplejo cómo ellos eran lanzados al aire y como si nada se reían de las embestidas del toro. ¡Realmente una tarde de rodeo en Tejas era muy divertido!

Se me olvidaba decirles que Lucas al mismo tiempo que veía a los payasos hacer muchas cosas divertidas en el rodeo, escuchaba a los mariachis tocar sus canciones preferidas.

Niños: canten con Lucas la siguiente canción
(Cielito Lindo)
Ese lunar que tienes, cielito lindo, junto a la boca
No se lo des a nadie, cielito lindo, que a mi me toca.
(Niños, todos canten en coro)
¡Ay, ay, ay, ay! Canta y no llores
Porque cantando se alegran cielito lindo los corazones
¡Ay, ay, ay, ay! Canta y no llores
Porque cantando se alegran cielito lindo los corazones.
(Niños, todos canten en coro)
Si tú vas al rodeo, cielito lindo, tráeme un recuerdo.
Puede ser una espuela, cielito lindo, de Valenzuela.
Si tú vas al rodeo, cielito lindo, tráeme un recuerdo.
Puede ser un sombrero, cielito lindo, de un torero.
(Niños, todos canten en coro)
¡Ay, ay, ay, ay! Canta y no llores
Porque cantando se alegran cielito lindo los payasitos
¡Ay, ay, ay, ay! Canta y no llores
Porque cantando se alegran, cielito lindo, los muchachitos.

Cuando todo ya casi había terminado, Lucas dejaba el Rodeo de San Antonio. Él pensaba de cuan importante los payasos fueron en el rodeo. ¡A cuántos niños, niñas y adultos habían hecho reír a carcajadas! Recordaba la valentía de los vaqueros y vaqueras y cómo todos ellos habían divertido a tanta gente en el coliseo. Él recordaba una vez más como los payasos habían protegido a los vaqueros y vaqueras de una embestida de toro. Para él, los payasos habían realmente sido sus héroes del rodeo y la mayor atracción. Lucas ya casi estaba a punto de regresar al Hotel Maravilla cuando pensó que había aprendido otra importante lección acerca de cómo nosotros podemos protegernos unos a los otros de muchas maneras. Él dijo finalmente —¡Voy a recordar a los payasos del rodeo cuando yo vea a alguien que necesita mi ayuda, porque allí estaré para ayudarle!— ¡Y me monto en un potro para que me cuenten otro!

El ratón vaquero visita el rodeo en San Antonio/The Cowboy Mouse Visits the San Antonio Rodeo

(Listening Story)

The Cowboy Mouse Visits the San Antonio Rodeo

by Beverly J. Irby and Rafael Lara-Alecio

It had been a long trip through the desert from Old El Paso to San Antonio. Lucas, known in the west as the cowboy mouse, was thirsty. So was his trusty "horse," Conejín. Conejín is not an ordinary horse. He's a jackrabbit and he is fast. He made the trip from Old El Paso quicker than any horse could have made it.

As Lucas climbed down off Conejín and stepped onto the dusty street beside the Menger Hotel, he saw a sign on the wall. The sign said in big red letters—Rodeo Today!

Lucas thought to himself as he tethered Conejín and poured him some cool water, "I've always wanted to go to the rodeo and here is my chance. "He crossed the busy street, but not before looking both ways. He remembered the lesson he learned in Old El Paso when he absent-mindedly crossed a street and ended up in trouble with Felicity, the town sheriff.

As Lucas walked past the Alamo on his way to the rodeo, he was thinking about what he had heard about cowboy and cowgirl etiquette—When you go out wear your best, but when you go to the rodeo, wear your very best. He quickly turned around, headed back to the hotel, got his bag, checked in, and cleaned himself up to go to the rodeo.

He put on a clean, crisp white shirt and some nice black pants. He shined his red boots until they sparkled, and he dusted off his black cowboy hat to reveal the velvet black color that always reminded Lucas of the darkest night. Now he was ready for the rodeo. When Lucas entered the gates of the rodeo he couldn't believe his eyes. He saw cowboys and cowgirls on bucking broncos, cowboys riding big snorting bulls, and cowgirls running their horses around the wooden barrels. Lucas recognized cowboys and cowgirls from Cheyenne, Laramie, Tucson, Tulsa, and from his native country of Mexico—Juarez, Puebla, and Cuernavaca.

Lucas especially liked the rodeo clowns. Their faces were painted, their clothes were crazy, and they were doing the silliest things he had ever seen. They were also doing the scariest things Lucas had seen in a long time. They jumped between the bulls and the cowboys. They jumped in and out of their clown lounges (big barrels) as big bulls ran right toward them. Sometimes the clowns barely made it to safety. Lucas thought the clowns were as athletic as they were funny. He was glad they were so skilled. He was thankful that the clowns were able to protect the cowboys, who came from all over the United States and Mexico.

As Lucas left the San Antonio rodeo, he thought about how important the clowns were to the rodeo. He thought about how they protected the cowboys and decided there was a lesson there for all of us. "We can help protect one another in many ways," he thought. "I am going to remember the clowns when I see a friend who needs my help."

El ratón vaquero recibe sus espuelas/ The Cowboy Mouse Earns His Spurs

(Listening Story)

El ratón vaquero recibe sus espuelas

por Beverly J. Irby y Rafael Lara-Alecio

Lucas había tenido un tiempo muy difícil tratando de dormirse. Sólo podía pensar que iría al Rodeo en Cheyenne. Además, le preocupaba tan sólo pensar que participaría con los vaqueros más famosos del Oeste. Pensaba en uno de sus eventos favoritos al cual participaría: las carreras de barriles. Éstas son competencias que vaqueros y vaqueras realizan. El vaquero y la vaquera que hace el menor tiempo es el triunfador de la competencia.

Lucas se había levantado muy de madrugada. El había tenido un super desayuno. Así mismo había proveído de suficiente comida a su inseparable compañero Conejín.

Lucas y Conejín eran dos intrépidos amigos. Conejín no era un caballo. Conejín era una liebre. Lucas siempre decía: —No hay caballo más veloz en el pueblo que pueda correr mas rápido que Conejín—. Diciendo ésto aprovechaba para darle dos suaves palmadas en el lomo de Conejín.

Y así fue, ambos partieron hacia el rodeo en Cheyenne. Horas más tarde llegaron a tan ansiado lugar. Lucas caminó por la puerta principal y para su asombro, toda la muchedumbre los miraba como algo antes nunca visto. Naturalmente, Lucas miraba como un vaquero de verdad. Vestía una elegante camisa de color blanco, acompañada por un pantalón de vaquero de color negro. Olvidaba decirles del color de sus botas. Estas eran charoladas y de un rojo encendido que con los rayos del sol, hacían despedir muchos colores. Inmediatamente los amigos de Lucas se acercaron para saludarlo muy cariñosamente. ¿Hola Lucas?, ¿Cómo estás Lucas? ¡Te ves muy bien Lucas! ¡Hacía mucho tiempo que no te veíamos por aquí Lucas! Conforme el tiempo pasaba, Lucas recibía más y más saludos de amigos y extraños quienes venían a saludar y a conocer tan significante vaquero. Lucas era muy sencillo y siempre le agradaba devolver los saludos. Siempre decía que era un gran gusto para el estar de nuevo por esas tierras saludando y conociendo nuevos amigos. ¡Lucas siempre reía!

El tiempo de las carreras de barriles fue anunciado. Lucas y Conejín entraron directamente a la arena del coliseo de Cheyenne. Para sorpresa de todos, el turno de Lucas fue anunciado y la señal de partida fue dada por los árbitros. Lucas y Conejín iban y venían a lo largo de la pista donde los barriles habían sido instalados. Todo el público en el coliseo no podían contener tanta emoción de ver a Lucas y a Conejín realmente jugar con los barriles y haciendo tiempos nunca antes reportados. Ellos no tocaron ningún barril y recibieron los puntajes más altos de la competencia. Cuando ellos finalizaron su participación, toda la concurrencia aplaudía y agitaban sus sombreros. Les gritaban desde los graderíos —¡Bravo, bravo! Realmente toda una novedad nos han presentado. ¡Bravo, bravo bravo!—. Y los aplausos nunca cesaban.

Llegó el momento de la premiación. Como una gran sorpresa, Miguelito el payaso vaquero, traía una gran cinta de color azul la cual se le es dada sólo a los campeones. Además, Miguelito entregó a Lucas un paquete. La concurrencia entre aplauso y aplauso, le pedían a Lucas que lo abriera y Lucas sonriendo accedió abrirlo. ¿Pueden adivinar qué había dentro del paquete?

(Haga una pausa y permita que los niños traten de adivinar que había en el paquete.)

Lo que Lucas encontró en el paquete fue un bonito par de espuelas de oro. Lucas saludaba y saludaba a toda la concurrencia. Les mostraba las espuelas de oro que había recibido. Nunca antes se había imaginado todas las memorias que él y Conejín habían logrado esa bonita tarde en el rodeo. Gracias amigos, gracias, muchas gracias, tanta era su emoción que Lucas decía: — Thank you, thank you my friends, thank you, thank you my friends —en inglés—. Lucas era un Ratón Vaquero bilingüe. En frente de su público, pusó las bonitas espuelas a sus botas brillantes charoladas de color rojo.¡Lucas se miraba más y más a un auténtico vaquero del Oeste de Tejas!

Lucas realmente ganó el galardón azul y las espuelas porque había realmente impresionado a toda la concurrencia con sus habilidades en su velocidad y habilidades al dar vuelta rápidas en cada barril sin tan ni siquiera tocarlos, mucho menos botarlos. ¡Realmente Lucas y Conejín eran dos magos en la arena!

En los Rodeos todos los vaqueros y vaqueras son premiados con espuelas de oro cuando ellos realmente alcanzan metas no antes logradas por otros. Lucas estuvo realmente complacido con las espuelas pero más porque ellas fueron un regalo auténtico de sus amigos. Y ¡colorín colorado, este leyenda de Lucas y Conejín se ha terminado! Y de nuevo me monto en un potro, para que alguno de ustedes me cuente otro.

El ratón vaquero recibe sus espuelas/
The Cowboy Mouse Earns His Spurs
(Listening Story)

The Cowboy Mouse Earns His Spurs

by Beverly J. Irby and Rafael Lara-Alecio

Lucas had a difficult time sleeping because he was so excited about riding in the Cheyenne rodeo. He was entering one of his favorite events—the barrel races.

Lucas was up bright and early. He ate a hearty breakfast. He fed his "horse," Conejín. Lucas and Conejín had been long-time sidekicks. Conejín is not an ordinary horse. He's a jackrabbit. Lucas always says, "There is not a horse in the county who could get me where I'm going any faster than Conejín."

After breakfast, Lucas and Conejín headed for the Cheyenne rodeo. When Lucas walked through the rodeo gates, everyone stopped and stared. He looked stunning—like a grand cowboy. He had on his starched white shirt, velvet black hat and pants, and his shiny red boots. Lucas' friends yelled across the arena, "Hi, Lucas!! Hola, Lucas!!" Lucas returned the greeting with a big smile.

When it was time for the barrel races Lucas mounted Conejín and began riding around the arena. When it was his turn to run the barrels, Lucas and Conejín glided easily in and out and around the barrels. The audience watched in amazement at the skill and grace with which Lucas and Conejín rode. They did not tip any of the barrels over. They never even hit a barrel. And they rode the barrel run in record time. When the ride was over, everyone clapped and yelled, "Great ride; buena cabalgata!"

When all the contestants had had a turn, the judges began to review the scores. Lucas and Conejín won—hands down. Little Bit, the head rodeo clown, came into the arena carrying the First Place blue ribbon. He was also carrying something else. He gave Lucas the blue ribbon and the small package. Lucas opened the gift. Can you guess what was inside?

A beautiful, new pair of sparkling gold spurs. Lucas waved to his friends and said, "Gracias, amigos!" He quickly belted the spurs to his shiny red boots. They made a chinka, chinka, chinka, sound as he and Conejín walked out of the arena. Lucas earned the spurs because his riding performance was outstanding. All the cowboys and cowgirls are rewarded with golden spurs when they have performed an outstanding ride. Lucas was especially pleased with the spurs because they were a gift from his friends.

Little Buckaroo/El pequeño domador
(Listening Story)

Little Buckaroo

by Pam Schiller

Mama says that I'm her "little buckaroo." I love to watch western movies and to read western books. I love to dress in western clothes. I always wear my boots. I wish I could sleep in them.

My teacher asked us to write a story about what we want to be when we grow up. This is what my story says:

"I will be a rodeo rider. I will ride bucking bulls. I will be the best bull rider in all of Texas. I will be a great roper. I will be able to rope a steer a hundred feet away. I will wave my big, black hat when the crowd begins to cheer. I will have some fancy boots with silver spurs and a special saddle for my horse. My horse's name will be Dusty. Do you know why? He will always be covered in rodeo dust, just like me! When I grow up, I will be famous. I will never get married. If I did get married, my wife would be too lonely, because I would be riding bulls everywhere, every day, all of the time. The end!"

El pequeño domador

adaptado por Pam Schiller y Rafael Lara-Alecio

Mi mamá dice que yo soy su "pequeño domador". Me encanta ver películas de vaqueros y leer libros de vaqueros. Me encanta vestirme como vaquero. Siempre uso mis botas y desearía poder dormir con ellas.

Mi maestra nos pidió que escribiéramos una historia sobre lo que queríamos hacer cuando creciéramos. Ésto es lo que dice mi historia:

—Yo seré un vaquero de rodeo. Montaré toros salvajes. Seré el mejor vaquero de todo Tejas. Seré muy bueno con el lazo. Seré capaz de enlazar un novillo a cien pies de distancia. Ondearé mi sombrero negro grande cuando la multitud me aplauda. Tendré unas botas extravagantes con unas espuelas plateadas y una silla de montar especial para mi caballo. El nombre de mi caballo será Polvoriento. ¿Sabes por qué? ¡Él siempre estará cubierto de polvo del rodeo al igual que yo! Cuando crezca seré famoso. Nunca me casaré. Mi esposa estaría demasiada sola porque me la pasaría montando toros por todas partes, todos los días, a cada rato. ¡Fin!

¿Mamá, qué es un rodeo?/ Mama, What's a Rodeo?

(Listening Story)

¿Mamá, qué es un rodeo?

por Beverly J. Irby y Rafael Lara-Alecio

Mi mamá me dijo un buen día: —Joaquín, vamos al rodeo.

—¿Qué es un rodeo mamá? —le pregunté.

—Un rodeo es como un circo. Es un circo del Oeste. La gente se sienta en asientos muy arriba en el estadio y ven a las vaqueras y a los vaqueros enlazar novillos, montarse en potros salvajes y montarse en sus caballos para competir en carreras. Además, algunos vaqueros montan toros salvajes. También hay payasos. Los payasos ayudan a los vaqueros que son lanzados al aire por los toros salvajes. Los payasos, distraen a los toros mientras los vaqueros se levantan y salen de la pista—.

—¿Qué ropa me pongo para ir al rodeo mamá? —le pregunté de nuevo.

—Tengo un vestuario muy especial de vaquero para que te lo pongas. Llevarás un sombrero de vaquero, un chaleco y unas botas. ¡Te vas a ver como un vaquero de verdad!—

—¿Mamá, Por qué los vaqueros usan ropa especial?

—Su ropa los protege mientras trabajan. Usan sombreros grandes para proteger sus cabezas y rostros del sol. Sus botas protegen sus pies de la arena caliente y las rocas de la pradera. Sus botas también los protegen en caso de que pisen una serpiente por accidente. Hay muchas serpientes que viven en las praderas. —-¿Por qué los vaqueros montan a caballo? —le pregunté de nuevo.

—Los vaqueros montan a caballo porque trabajan con ganado. Los caballos se pueden mover fácilmente entre la manada. Un carro asustaría el ganado y haría que se escapara. Además, un carro jamás llegaría a lugares que sólo los caballos pueden llegar.

—¿Qué hacen los vaqueros con el ganado?

—Los vaqueros cuidan del ganado. Se aseguran de que el ganado tenga comida y agua. A veces tienen que mover la manada de ganado a otro sitio donde haya pasto fresco y agua. Usan sus caballos y perros para guiar el ganado hacia el nuevo lugar. Si se escapa una vaca, usan una cuerda llamada *lazo*, para atraparla y guiarla de nuevo hacia la manada.

—¡Quiero ser un vaquero! —le dije. —Me encantaría llevar un sombrero y unas botas y montar a caballo.

Mi mamá dijo: —Entonces vístete, vaquero. ¡Es hora de irnos al rodeo!

¿Mamá, qué es un rodeo?/
Mama, What's a Rodeo?
(Listening Story)

Mama, What's a Rodeo?

by Beverly J. Irby and Rafael Lara-Alecio

My mama said, "We are going to the rodeo."

"What's a rodeo?" I asked.

"A rodeo is a little bit like a circus. It's a western circus. The people sit in chairs high up above an arena and watch the cowboys and cowgirls rope cattle, ride bucking broncos, and ride their horses in barrel races. There are clowns, too. The clowns help the riders who get thrown from the bucking bulls. They distract the bulls as the riders get away."

"What do I wear to the rodeo?"

"I have a special cowboy outfit for you to wear. You'll have a cowboy hat, a vest, and some boots. You are going to look like a real cowboy."

"Why do cowboys wear special clothes?"

"Their clothes protect them while they work. They wear big hats to protect their heads and faces from the sun. Their boots protect their feet from the hot sand and rocks on the prairie. Their boots also protect them in case they accidentally step on a snake. There are a lot of snakes that live out on the prairie."

"Why do cowboys ride horses?" I asked.

"Cowboys ride horses because they work with cattle. The horses can easily move in and out of the herd of cattle. A car would scare the cattle and make them stampede."

"What do the cowboys do with the cattle?"

"Cowboys take care of the cattle. They make sure the cows have food to eat and water to drink. Sometimes they have to move the herd of cattle to new places to find fresh grass and water. When the cowboys move the cattle, it is called a cattle drive. They use their horses and dogs to help push and guide the cattle to a new place. If a cow gets away, they use a rope, called a *lasso*, to catch it and guide it back to the herd."

"I want to be a cowboy!" I said. "I would love to wear a hat and boots and ride a horse."

Mama said, "Then get dressed, cowboy. It's time to go."

Additional selections that support the Rodeo Time/Tiempo del rodeo theme:
Sammy the Rodeo Seahorse/Omar, el caballito de mar (page 368)
Payasos/Clowns (page 331)

Workers/Trabajadores

Johnny Works With One Hammer/Juan trabaja con un martillo

Johnny Works With One Hammer

Traditional

Johnny works with one hammer,
One hammer, one hammer. *(Make hammering motion with right hand.)*
Johnny works with one hammer,
Then he works with two.

Additional verses:
Johnny works with two hammers… *(Motion with left and right hands.)*
Johnny works with three hammers… *(Motion with both hands and right foot.)*
Johnny works with four hammers… *(Motion with both hands and both feet.)*
Johnny works with five hammers… *(Motion with both hands and feet and with head.)*
Then he goes to bed.

Juan trabaja con un martillo

adaptado por Rafael Lara-Alecio y Beverly J. Irby

Juan trabaja con un martillo, *(Haga el movimiento de un martillo con la mano derecha.)*
un martillo, un martillo.
Juan trabaja con un martillo,
luego trabaja con dos.

Versos adicionales:
Juan trabaja con dos martillos… *(Haga el movimiento de un martillo con la mano derecha e izquierda.)*
Juan trabaja con tres martillos… *(Haga el movimiento con ambas manos y el pie derecho.)*
Juan trabaja con cuatro martillos… *(Haga el movimiento con ambas manos y con ambos pies.)*
Juan trabaja con cinco martillos… *(Haga el movimiento con ambas manos, ambos pies y con la cabeza.)*
Luego se va a dormir.

My Mother Is a Baker/
Mi mamá es una pastelera

Tune: Johnny One Hammer or Tiny Tim

My Mother Is a Baker

Traditional

My mother is a baker, a baker, a baker.

My mother is a baker; she always goes like this:

YUM YUM.

My father is a trashman, a trashman, a trashman,

My father is a trashman; he always goes like this:

YUM YUM, PEA YOO.

My sister is a singer, a singer, a singer.

My sister is a singer; she always goes like this:

YUM YUM, PEA YOO, LA DEE DEE DA AND A TOODILY DO.

My brother is a cowboy, a cowboy, a cowboy.

My brother is a cowboy; he always goes like this:

YUM, YUM, PEA YOO, LA DEE DEE DA AND A TOODILY DO, YA HOO!

My doggy is a licker, a licker, a licker.

My doggy is a licker; he always goes like this:

YUM YUM, PEA YOO, LA DEE DEE DA AND A TOODILY DO, YA HOO, SLURP SLURP.

My kitty is a scratcher, a scratcher, a scratcher.

My kitty is a scratcher; she always goes like this:

YUM, YUM, PEA YOO, LA DEE DEE DA AND A TOODILY DO, YA HOO, SLURP SLURP,
    SCRAAAATCH.

My baby is a whiner, a whiner, a whiner.

My baby is a whiner; he always goes like this:

YUM YUM, PEA YOO, LA DEE DEE DA AND A TOODILY DO, YA HOO, SLURP SLURP,
    SCRAAAATCH, WHAAAA!

My grandpa is an engineer, an engineer, an engineer.

My grandpa is an engineer; he always goes like this:

YUM YUM, PEA YOO, LA DEE DEE DA AND A TOODILY DO, YA HOO, SLURP, SLURP,
    SCRAAAATCH, WHAAA, TOO TOO.

My grandma is a tickler, a tickler, a tickler.

My grandma is a tickler; she always goes like this:

YUM YUM, PEA YOO, LA DEE DEE DA AND A TOODILY DO, YA HOO, SLURP SLURP,
    SCRAAAATCH, WHAAA, TOO TOO, TICKLE TICKLE TICKLE TICKLE!

My Mother Is a Baker/
Mi mamá es una pastelera

Tune: Johnny One Hammer or Tiny Tim

Mi mamá es una pastelera

adaptado por Pam Schiller y Rafael Lara-Alecio

Mi mamá es una pastelera, una pastelera, una pastelera.

Mi mamá es una pastelera, ella siempre hace así—

UM UM.

Mi papá es un carpintero, un carpintero, un carpintero.

Mi papá es un carpintero, él siempre hace así—

RAS, RAS, ZAG, ZAG.

Mi hermana es una cantante, una cantante, una cantante.

Mi hermana es una cantante, ella siempre canta así—

UM UM, RAS, RAS, ZAG, ZAG, LA DEE DEE DA Y TOODI LY DU.

Mi hermano es un vaquero, un vaquero, un vaquero.

Mi hermano es un vaquero, él siempre hace así—

UM UM, RAS, RAS, ZAG, ZAG, LA DEE DEE DA Y TOODI LY DU, YA HOO.

Mi perro es un saltarín, un saltarín, un saltarín.

Mi perro es un saltarín, él siempre hace así—

UM UM, RAS, RAS, ZAG, ZAG, LA DEE DEE DA Y TOODI LY DU, YA HOO PIN, PON, PIN PON.

Mi gatita es muy mimosa, muy mimosa, muy mimosa.

Mi gatita es muy mimosa, ella siempre hace así—

UM UM, RAS, RAS, ZAG, ZAG, LA DEE DEE DA Y TOODI LY DU, YA HOO PIN, PON, PIN PON,
    GURRRR, GURRRR.

Mi bebé llora mucho, llora mucho, llora mucho.

Mi bebé llora mucho, él siempre hace así—

UM UM, RAS, RAS, ZAG, ZAG, LA DEE DEE DA Y TOODI LY DU, YA HOO

PIN, PON, PIN PON, GURRRR, GURRRR, MUAAA, MUAAA.

Mi abuelo es un ingeniero, un ingeniero, un ingeniero.

Mi abuelo es un ingeniero, él siempre hace así—

UM UM, RAS, RAS, ZAG, ZAG, LA DEE DEE DA Y TOODI LY DU, YA HOO

PIN, PON, PIN PON, GURRRR, GURRRR, MUAAA, MUAAA, TOO, TOO.

A mi abuela le gusta hacer cosquillas, hacer cosquillas.

A mi abuela le gusta hacer cosquillas, ella siempre hace así—

UM UM, RAS, RAS, ZAG, ZAG, LA DEE DEE DA Y TOODI LY DU, YA HOO

PIN, PON, PIN PON, GURRRR, GURRRR, MUAAA, MUAAA, TOO, TOO, CHIQUI, CHIQUI,
    CHIQUI, CHIQUI.

Baker's Truck/Carro del panadero

Baker's Truck

Traditional

The baker's truck comes down the street,
Filled with everything good to eat.
Two doors the baker opens wide. *(Stretch arms apart.)*
Let's look at the shelves inside. *(Cup hands around eyes to look.)*
What do you see? What do you see?
Three big cookies for you and me. *(Show three fingers.)*
(Adapt the number in the fingerplay to reinforce any number that you are teaching)

Carro del panadero

adaptado por Pam Schiller y Rafael Lara-Alecio

Por la calle viene el carro del panadero,
lleno de pan para comer placentero.
De extremo a extremo abre dos puertas. *(Estira bien los brazos.)*
¿Qué nos puede dar de muestra?
¿Qué vemos, qué vemos, qué vemos? *(Lleva las manos alrededor de los ojos para ver.)*
¡Tres galletas que compartiremos! *(Enseña tres deditos.)*
(Adapte el numero en el juego de dedos para reforzar cada número que está enseñando.)

Ten Little Firemen/Diez bomberitos

Ten Little Firemen

by Beverly J. Irby and Rafael Lara-Alecio

(Suit actions to the words.)
Ten little firemen standing in a row,
The fire bell rings,
Down the pole they go.
Ten little firemen riding on the truck,
The siren squeals,
The traffic is all stuck.
Ten little firemen putting out the fire,
The water rushes,
The ladder must go higher.
Ten little firemen turning all about,
The engine roars,
All the fire is out.

Diez bomberitos

por Rafael Lara-Alecio y Beverly J. Irby

(Haga lo que las palabras sugieren.)
Diez bomberitos parados están.
Las sirenas suenan y ellos se van.
Diez bomberitos ahora en camión van.
Las sirenas suenan y ellos se van.
Diez bomberitos apagan el fuego,
guardan las mangueras y luego
regresan a la estación.

The Little Postal Worker/
El pequeño cartero

The Little Postal Worker

by Rafael Lara-Alecio and Beverly J. Irby

(Use fingers of one hand and suit the actions to the words.)

The little postal worker:

… is short, wiggle, wiggle. *(Wiggle thumb.)*

… works hard, point, point. *(Point forefinger.)*

… is strong, curve, curve. *(Crook middle finger.)*

… sings songs, sway, sway. *(Sway ring finger.)*

… is small, hop, hop. *(Hop pinky.)*

… brings letters, wave, wave. *(Wave the whole hand.)*

El pequeño cartero

por Beverly J. Irby y Rafael Lara-Alecio

(Con verbos de acción usa los dedos de la mano.)

El pequeño cartero:

…es chiquitito, se menea, se menea. *(Usa el dedo pulgar.)*

…trabaja duro y señala, señala, señala. *(Usa el dedo índice.)*

…es fuerte, dobla, dobla. *(Usa el dedo de en medio.)*

…canta canciones, se ladea, se ladea, se ladea. *(Usa el dedo del anillo.)*

…es pequeño, salta, salta. *(Usa el dedo meñique.)*

…trae letras, para saludar, para saludar. *(Usa la mano.)*

The Barber/El barbero

The Barber

by Beverly J. Irby and Rafael Lara-Alecio

The barber cut my hair today.
Snip, snip, snip.
He cut it nearly all away!
Snip, snip, snip.

El barbero

por Rafael Lara-Alecio y Beverly J. Irby

El barbero me corta mi pelo.
Zig, zig, zig.
¡Oh!, ha terminado y ahora está bonito.
Zig, zig, zig.

Firefighters/Los bomberos

Firefighters

by Beverly J. Irby and Rafael Lara-Alecio

Up onto their loud, loud truck
The firefighters climb.
They're in an awful hurry;
They move in quick, quick time.
They're going to put out a fire,
Help is on the way.
They'll get there with their water hose
And spray and spray and spray.

Los bomberos

por Rafael Lara-Alecio y Beverly J. Irby

Arriba de su fuerte camión cisterna,
los bomberos suben.
Están terriblemente apurados,
se mueven rápidamente.
Van a apagar un incendio,
la ayuda va en camino.
Llegaran allí con sus mangueras,
y rociaran agua una y otra vez.

The Soldiers/Los soldados

The Soldiers

by Beverly J. Irby and Rafael Lara-Alecio

Seven smart soldiers standing very still.
Six stood straight and the other one will.

Los soldados

por Rafael Lara-Alecio y Beverly J. Irby

Siete soldados sentados están.
Seis saben saltar y un último pone atención.

The Postal Worker/La señorita de las cartas

The Postal Worker

by Beverly J. Irby and Rafael Lara-Alecio

I'm waiting for the postal worker.
What will she bring?
A letter or a big brown box
Tied up with yellow string?
She carries lots of letters.
Is one just for me?
I'm glad that I have met her.
She knows me now, you see?

La señorita de las cartas

por Rafael Lara-Alecio y Beverly J. Irby

Espero a la señorita de las cartas.
¿Qué me traerá?
¿Una carta, o una gran sorpresa?
Espero que sea una cosa chistosa.
Ella lleva muchas cartas.
¿Hay una sólo para mí?
Me alegra que la conozca.
Me agrada mucho, ¿No es así?

Rub-a-Dub-Dub/Rab-a-Dab-Dab

Rub-a-Dub-Dub

Traditional

Rub-a-dub-dub,
Three men in a tub.
And who do you think they be?
The butcher, the baker, the candlestick maker.
Turn them out, knaves all three!

Rab-a-Dab-Dab

adaptado por Rafael Lara-Alecio y Beverly J. Irby

Rab-a-dab-dab,
Tres hombres en una bañera.
¿Y quienes piensan que son?
El carnicero, el panadero, el candelero.
¡Háganlos girar, tres hombres de la villa son!

The Carpenter/El carpintero

The Carpenter

by Beverly J. Irby and Rafael Lara-Alecio

The carpenter's building me a house.
His hammer goes bam, bam, bam.
His saw goes saw, saw, saw.
His paintbrush goes swish, swish, swish.

El carpintero

por Rafael Lara-Alecio y Beverly J. Irby

El carpintero construye mi hogar.
Su martillo hace pam, pam, pam.
Su serrucho hace, rrr, rrr, rrr.
Su brocha hace, sh, sh, sh.

Mail Carrier/La cartera

Mail Carrier

Traditional

Here's your letter!
Here's your mail!
Here's your package
Without fail!
Here's your magazine!
Here's your card!
The mail carrier's here.
She's coming in the yard.
Yes, the mail carrier's here
In her blue and white van.
She's got your mail.
Say, "Thank you, ma'am!"

La cartera

adaptado por Pam Schiller y Rafael Lara-Alecio

¡Aquí está tu correo!
¡Aquí tienes tu carta!
Y éste es tu paquete,
que llega sin falta.
Llegó tu tarjeta,
y también tu revista.
Está aquí la cartera,
Está a la vista.
Su camioneta azul y blanca,
está delante de tu casa.
Ella tiene tu correo.
Dile ¡muchas gracias!

Helpful Friends/Amigos útiles

Helpful Friends

Traditional

Police officer stands so tall and straight. *(Stand up straight.)*

Holds up her hand for cars to wait. *(Hold up right hand.)*

Blows her whistle, "Tweet! Tweet!" *(Pretend to blow a whistle.)*

Until I'm safely across the street.

Mail carrier carries a full pack *(Hold both hands over one shoulder.)*

Of cards and letters on her back.

Step! Step! Step! Now, Ring! Ring! Ring! *(Step in place and pretend to ring bell.)*

What glad surprises will she bring?

Mechanic works on our car *(Pretend to work on car.)*

So that we can drive it far. *(Make driving motion.)*

Fills the tires, lifts the hood, *(Pretend to put air in the tires and lift hood.)*

Checks the oil—his work is good. *(Pretend to check oil.)*

Grocer fills his shelves so neat. *(Pretend to place food on shelves.)*

From him we buy vegetables and meat. *(Pretend to be buying food.)*

His store also has fresh milk to drink. *(Pretend to drink milk.)*

These are helpful friends, I think.

Amigos útiles

adaptado por Rafael Lara-Alecio

Nuestro amigo, el policía, de pie y elegante está. *(Permanezca de pie.)*

Les señala a los carros que paren. *(Mantenga en alto la mano derecha.)*

Y sonando su silbato dice: ¡Adelante! *(Pretenda que suena un silbato.)*

El cartero lleva sobre sus espaldas

una bolsa llena de cartas. *(Con las dos manos, haga como que lleva una bolsa encima de su espalda.)*

Camina y camina y a la puerta llama. *(Haga como que para en una casa y toque a la puerta.)*

¿Qué sorpresas traerá esta mañana?

El mecánico trabaja y repara nuestro auto. *(Pretenda que repara un carro.)*

Así podemos manejarlo y no sonará como un trasto viejo.

Aire pone en las llantas y el capó levanta. *(Pretenda poner aire en las llantas.)*

Revisa el aceite, ¡Su trabajo lo apreciamos mucho! *(Pretenda que revise el aceite.)*

El señor de la tienda acomoda bien los estantes. *(Pretenda que coloca alimentos en los estantes.)*

Le compramos vegetales y los artículos restantes. *(Pretenda que compra vegetales.)*

Leche fresca tiene para beber. *(Pretenda beber leche.)*

¡Éstos son buenos amigos a mi parecer!

Max's Surprise/La sorpresa de Max
(Listening Story)

Max's Surprise

by Pam Schiller

Ever since Max was a very little boy, he has wanted to be a baker... just like Grandpa Louie! Max loves to help Grandpa bake breads, cakes, cookies, and other things. But Max's favorite thing to make is donuts. Grandpa lets him mix the dough and then put it into the donut maker. Wow! It seems like magic as the donuts spill out the other end. Then Max puts them on a tray for people to buy. But this morning was different, very different!

Max had already mixed the dough for the donuts and put it into the donut machine just like he always did. Then he went into the storage room to gather some baking pans. But he heard a funny noise coming from the corner of the baking room where the donut machine sat. "What could *that* be?" Max thought. Slowly, he peeked around the corner. He could hardly believe his eyes! Sitting on top of the donut machine was a happy, little elf pouring a little pail of honey-colored liquid into the donut machine. As Max watched, the donut machine suddenly began to spill out the craziest-looking donuts he had ever seen. There were donuts shaped like candy canes, giant *S*s, twisted shapes, and squares. There were even little round donut holes! Just as Max was about to thank the little elf for the delightful surprise, the little elf disappeared!

Max was so excited with the different shapes and sizes of the donuts that he began laying them on the table, making different patterns with them. He laid them end-to-end, side-by-side, and every which way. Max brought the donuts to the front of the store on a tray. People were so thrilled with the exciting new patterns that they bought more donuts than ever before! Grandpa was very pleased.

Max's Surprise/La sorpresa de Max
(Listening Story)

La sorpresa de Max

por Pam Schiller y Rafael Lara-Alecio

Desde que era muy pequeñito, Max quería ser panadero... como su abuelo Lucas. A Max le encanta ayudar a su abuelo a hornear pan, pasteles, galletas y otras cosas. Pero lo que más le gusta a Max es hornear rosquillas. El abuelo le permite mezclar la masa y ponerla en la máquina de hacer rosquillas. ¡Ah! Como por arte de magia, rosquillas de todas formas y tamaños aparecen por el otro lado de la máquina. Luego, las pone en bandejas para que la gente las compre. Pero esta mañana fue diferente, ¡muy diferente!

Max se levantó temprano, como siempre, bajó y preparó todo para hacer las rosquillas. Pero escuchó ruidos extraños que venían de un rincón del cuarto donde estaba la máquina de hornear.

—¿Qué será ese ruido?— se preguntó Max. Despacito, fue averiguar. Y...¡no podía creer lo que veía! Sentado encima de la máquina de hacer rosquillas había un duendecito feliz poniendo un líquido del color de miel a muchas galletas en la máquina. La máquina estaba funcionando y de ella salían las más extrañas figuras que hubiera visto Max. Había rosquillas en forma de letras gigantes, de bastones, cuadradas y de otras formas geométricas. También salían algunas con agujeros en el medio.

Max estaba muy entusiasmado con las diferentes figuras de rosquillas y comenzó a ponerlas sobre la mesa y hacer diseños con ellas. Las ponía lado a lado y de todas formas. Las usó en bandejas y las llevó al frente de la tienda. La gente estaba tan maravillada con las nuevas rosquillas que compraban y compraban más que nunca. ¡El abuelo estaba muy contento y orgulloso de tener a Max en su panadería!

Additional selections that support the Workers/Trabajadores theme:
The Traveling Musicians/Los músicos viajeros (page 162)

Row, Row, Row Your Boat/
Rema, rema, tu canoa

Row, Row, Row Your Boat

Traditional (can be sung in rounds)

Row, row, row your boat *(Pretend to row.)*
Gently down the stream.
Merrily, merrily, merrily, merrily,
Life is but a dream.

Rema, rema, tu canoa

adaptado por Rafael Lara-Alecio y Beverly J. Irby

Rema, rema, tu canoa *(Mueva los brazos y las
    manos pretendiendo que está remando.)*
suavemente en el río.
Alegre, alegre, alegre, alegre,
voy remando con mi tío.

Versos adicionales:
Cruza, cruza tu velero
en el lago azul.
Alegre, alegre, alegre, alegre,
viajando con Raúl.

Guía, guía submarino
bajo del océano.
Alegre, alegre, alegre, alegre,
bajando con Armando.

El barquito/The Little Boat

El barquito

Tradicional

Era una vez un barco chiquitito,
era una vez un barco chiquitito,
era una vez un barco chiquitito
que no podía, que no podía, que no
    podía navegar.
Pasaron una, dos, tres, cuatro, cinco, seis,
    siete, semanas,
pasaron una, dos, tres, cuatro, cinco, seis,
    siete, semanas,
pasaron una, dos, tres, cuatro, cinco, seis,
    siete, semanas,
y los víveres y los víveres empezaron a escasear.
Los tripulantes de este barquito,
los tripulantes de este barquito,
los tripulantes de este barquito,
se pusieron, se pusieron, se pusieron a pescar.
Pescaron peces grandes, chicos y medianos,
pescaron peces grandes, chicos y medianos,
pescaron peces grandes, chicos y medianos,
y se pusieron, y se pusieron, y se pusieron a
    comer.

The Little Boat

adapted by Rafael Lara-Alecio and Beverly J. Irby

Once upon a time there was a little boat,
Once upon a time there was a little boat,
Once upon a time there was a little boat
That could not go, that could not go.
One week, two, three, four, five, six, seven
    weeks passed.
One week, two, three, four, five, six, seven
    weeks passed.
One week, two, three, four, five, six, seven
    weeks passed.
And the food began to be scarce.
The crew members of that little boat,
The crew members of that little boat,
The crew members of that little boat,
Started fishing, fishing, started fishing.
They fished big, medium, and small fishes,
They fished big, medium, and small fishes,
They fished big, medium, and small fishes,
And began eating and began eating.
And if this story does not seem long to you,
And if this story does not seem long to you,
And if this story does not seem long to you,
We will start it over, we will start it over, we will
    start it over.

Submarino/Submarine

Tune: Are You Sleeping?

Submarino

por Rafael Lara-Alecio y Beverly J. Irby

Submarino, submarino,
ya me voy, ya me voy.
Toca la campana, toca la campana,
ya me voy, ya me voy.

Submarine

by Pam Schiller

Submarine, submarine
Close the hatches.
Start the motor.
Down we go.
Down we go.
Gurgle, gurgle, gurgle.
Glug, glug, glug.

The Wheels on the Bus/Las ruedas del bus

The Wheels on the Bus

Traditional

The wheels on the bus go 'round and 'round,
'Round and 'round, 'round and 'round.
The wheels on the bus go 'round and 'round,
All around the town.

*Continue the song, substituting the following
    verses:*

The wipers on the bus go swish, swish, swish...
The baby on the bus goes, "wah, wah, wah"...
People on the bus go up and down...
The horn on the bus goes beep, beep, beep...
The money on the bus goes clink, clink, clink...
The driver on the bus says, "Move on back"...

Las ruedas del bus

*adaptado por Pam Schiller, Rafael Lara-Alecio y
Beverly J. Irby*

Las ruedas del bus la vuelta dan,
la vuelta dan, la vuelta dan.
Las ruedas del bus la vuelta dan,
por toda la ciudad.

*Continúe la canción por sustituir los siguientes
    versos:*

Los limpiaparabrisas hacen chui, chui, chui...
El bebé en el bus dice: —Bua, bua, bua—...
La gente del bus sube y baja, sube y baja, sube
    y baja...
La corneta del bus hace pi, pi, pi...
El dinero del bus hace plin, plin, plin...
El chofer del bus dice: —Váyanse para atrás—...

This Is the Way We Pack for Travel/Así nos preparamos a viajar

Tune: The Wheels on the Bus

This Is the Way We Pack for Travel

by Pam Schiller

This is the way we pack for travel,
Pack for travel, pack for travel.
This is the way we pack for travel
When it's time to go away.

Additional verses:
We put our clothes in nice and neat...
We get our toothbrush and some soap...
We pack our brush and our comb...
We sneak our favorite toy inside...

Así nos preparamos a viajar

por Pam Schiller, Rafael Lara-Alecio y Beverly J. Irby

Así nos preparamos a viajar,
a viajar, a viajar.
Así nos preparamos a viajar.
¿Cuando es la época de ir a pasear?

Versos adicionales:
Ordenamos nuestra ropa muy bien...
Tomamos nuestro cepillo de dientes y jabón...
Guardamos los cepillos y los peines...
Empacamos nuestros juguetes favoritos...

Walk, Walk, Walk Your Feet/ Camina, camina, con tus pies

Tune: Row, Row, Row Your Boat

Walk, Walk, Walk Your Feet

by Pam Schiller

Walk, walk, walk your feet
Everywhere you go.
Walk 'em fast, walk 'em slow,
Walk them heel to toe.

Walk, walk, walk, my friends,
Everywhere you go.
Walk there fast, walk there slow,
The journey never ends.

Camina, camina, con tus pies

por Pam Schiller, Rafael Lara-Alecio y Beverly J. Irby

Camina, camina, con tus pies,
donde quieras tu ir.
Camina rápido, camina despacio,
no dejes de insistir.

My Bike/Mi bicicleta

My Bike

by Pam Schiller

One wheel, two wheels *(Make circles with
thumb and index finger for wheels.)*
On the ground,
My feet make the pedals *(Move hands like
bike pedals.)*
Go round and round.
The handlebars help me *(Pretend to steer.)*
Steer so straight,
Down the sidewalk *(Shade eyes as if looking at
something in the distance.)*
And through the gate.

Mi bicicleta

por Rafael Lara-Alecio y Beverly J. Irby

Una rueda, dos ruedas *(Haga círculos con sus
dedos pulgar e índice que representen las
llantas de bicicletas.)*
en el suelo van.
Dan vueltas y vueltas y pedalean. *(Levanta tus
manos y pretende como que pedaleas.)*
Los manubrios me ayudan *(Pretenda manejar
la bicicleta por los timones.)*
a ir muy derecho,
y a entrar por la puerta
al jardín de Berta. *(Lleva tu mano derecha a los
ojos como que si estuvieras viendo algo a
distancia.)*

Slowly, Slowly/Despacio, despacio

Slowly, Slowly

*by Pam Schiller, Rafael Lara-Alecio, and Beverly J.
Irby*

Slowly, slowly, very slowly, *(Walk finger up
arm slowly.)*
Moves the garden snail.
Slimy, slimy, very slimy,
He leaves a shiny trail.

Quickly, quickly, very quickly, *(Run fingers up
arm quickly.)*
Scampers the little mouse.
Quickly, quickly, very quickly,
Right into my house.

Despacio, despacio

*por Rafael Lara-Alecio, Beverly J. Irby y Pam
Schiller*

Despacio, despacio, muy despacio
*(Caminen los dedos a lo largo del brazo
izquierdo despacio.)*
gatea el caracol.
Despacio, despacio, muy despacio
abajo del sol.

Rápido, rápido, muy rápido *(Caminen los dedos
a lo largo del brazo izquierdo con rápidez.)*
corre un ratoncito.
Rápido, rápido, muy rápido
a lo largo del barranquito.

The Airplane/El avión

The Airplane

by Pam Schiller

The airplane has great big wings. *(Extend arms to sides.)*
Its propeller spins around and sings,
"Vvvvvvv!" *(Make one arm go around.)*
The airplane goes up. *(Extend arms upward.)*
The airplane goes down. *(Lower arms.)*
The airplane flies high
Over our town! *(Extend arms, turn body around.)*

El avión

por Pam Schiller, Rafael Lara-Alecio y Beverly J. Irby

El avión tiene grandes alas. *(Extiendan los brazos a ambos lados.)*
Las hélices dan vuela y zumban. *(Muevan los brazos en círculo.)*
El avión va para arriba. *(Levanten los brazos.)*
El avión va para abajo. *(Bajen los brazos.)*
El avión vuela alto *(Extiendan los brazos a ambos lados.)*
sobre nuestra ciudad de asfalto. *(Den una vuelta alrededor del salón de clases.)*

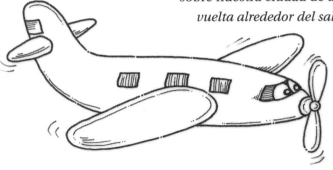

Clickety, Clickety, Clack/ Cliqueti, Cliqueti, Clak

Clickety, Clickety, Clack

Traditional

Clickety, clickety, clack.
Clickety, clickety, clack.
Clickety, clickety, clickety, clickety,
Clickety, clickety clack.
(Make a train. Add more children at the end of each verse.)

Cliqueti, cliqueti, clak

adaptado por Pam Schiller, Rafael Lara-Alecio y Beverly J. Irby

Cliqueti, cliqueti, clak.
Cliqueti, cliqueti, clak.
Cliqueti, cliqueti, cliqueti, cliqueti,
cliqueti, cliqueti, clak.
(Haz un tren y agrega más niños al final de cada verso.)

Feet/Los pies

Feet

Traditional

There are things feet know that hands
   never will.
The exciting pounding feel of running down
   a hill,
The soft, cool prickliness when feet are bare,
Walking in the summer grass to most anywhere,
Or squishing water through the toes.
(Nicer than through fingers, though why no one
   really knows.)
"Toes, tell my fingers," I said to them one day,
"Why it's such fun to wiggle and play."
But toes just looked at me solemn and still.
Oh, there are things feet know that hands
   never will.

Los pies

*adaptado por Rafael Lara-Alecio, Beverly J. Irby y
Pam Schiller*

En tan fácil como 1, 2, 3.
Hay cosas que hacen las manos
y cosas que hacen los pies.
Las manos agarran lápices y tenedores,
vasos de agua y ramos de flores.
Los pies no agarran muy bien,
aunque una vez mi amigo Andrés
hizo un dibujo con los pies.
Los pies son muy útiles,
te voy a explicar:
Sin pies no nos podríamos parar,
ni podríamos caminar.
Pero aún más importante;
gracias a los pies podemos pisar,
y saber en un instante
lo bueno que es andar descalzo
por el césped y la arena,
lo mismo pasa con el barro del peñazco
y por el agua con avena.

Motor Boat/Bote de motor

Motor Boat

Traditional

Motor boat, motor boat, go so slow.
Motor boat, motor boat, go so fast.
Motor boat, motor boat, step on the gas!

Bote de motor

adaptado por Rafael Lara-Alecio y Beverly J. Irby

Bote de motor, bote de motor, navega despacio.
Bote de motor, bote de motor, navega rápido.
Bote de motor, bote de motor,
ponle gas y verás como te vas.

I Saw a Ship A-Sailing/
Yo vi un barco navegando

I Saw a Ship A-Sailing

Traditional

I saw a ship a-sailing, a-sailing on the sea.

And, oh, it was all laden with pretty things
for thee!

There were comfits in the cabin, and apples in
the hold.

The sails were made of silk, and the masts were
made of gold.

The four-and-twenty sailors that stood between
the decks

Were four-and-twenty white mice with chains
around about their necks.

The captain was a duck with a packet on
her back;

And when the ship began to move, the captain
said, "Quack! Quack!"

Yo vi un barco navegando

adaptado por Rafael Lara-Alecio y Beverly J. Irby

Yo vi un barco navegando, navegando en
el mar.

Iba cargado de hermosas cosas, para admirar.

Con confites en la cabina y manzanas
como tesoro.

Los barcos eran de plata y los mástiles de oro.

Los cuatro-y-veinte marineros que estaban
en cubierta,

eran cuatro-y-veinte ratones blancos con
cadenas en sus cuellos.

El capitán era un pato con una mochila en
la espalda.

Cuando el barco se movía, el capitán hacía —
¡cua, cua!—

Maxie and the Taxi/Maxi y el taxi

Maxie and the Taxi

by Pam Schiller

Maxie drove a taxi with a beep, beep, beep!
And he picked up all the people in a heap,
    heap, heap.
He took them to the farm to see the sheep,
    sheep, sheep.
Then Maxie and the taxi went to sleep,
    sleep, sleep.

Maxi y el taxi

*por Pam Schiller, Rafael Lara-Alecio y
Beverly J. Irby*

Maxi manejaba un taxi con un *o, o, o*.
Y recogió a todos en un montón, montón,
    montón.
A la granja a todos llevó, llevó, llevó.
Y luego Maxi y el taxi se fueron, fueron, fueron.

¿Qué miras tú?/What Do You See?

¿Qué miras tú?

*por Beverly J. Irby, Rafael Lara-Alecio y
Linda Rodriguez*

Avión, Avión—¿Qué miras tú?
Yo veo un carro, mirándome a mí.
Avión, Avión—¿Qué miras tú?
Yo veo un barco, mirándome a mí.
Avión, Avión—¿Qué miras tú?
Yo veo un tren, mirándome a mí.
Avión, Avión—¿Qué miras tú?
Yo veo una canoa, mirándome a mí.
Avión, Avión—¿Qué miras tú?
Yo veo un helicóptero, mirándome a mí.
Avión, Avión—¿Qué miras tú?
Yo veo a niños, mirándome a mí.
Niño, niño—¿Qué miras tú?
Yo veo un avion—mirándome a mí.

What Do You See?

by Beverly J. Irby and Rafael Lara-Alecio

Jet, jet, jet—what do you see?
I see a car looking at me.
Jet, jet, jet—what do you see?
I see a boat looking at me.
Jet, jet, jet—what do you see?
I see a train looking at me.
Jet, jet, jet—what do you see?
I see a canoe looking at me.
Jet, jet, jet—what do you see?
I see a helicopter looking at me.
Jet, jet, jet—what do you see?
I see some children looking at me.
Little child, little child—what do you see?
I see a jet looking at me.

Engine 99/La máquina 99

(Listening Story)

Engine 99

by Pam Schiller

(Invite the children to say "Toot, toot!" when they hear the words "Engine 99.")

Even before the first coat of the shiny black paint on his smokestack was dry, little Engine 99 knew what kind of a train he wanted to be. He didn't want to pull tank cars full of chemicals. He didn't want to pull cars full of passengers. He didn't want to pull heavy equipment. He wanted to be a circus train. He wanted to pull cars full of elephants, giraffes, bears, and lions. He loved animals. He had been dreaming of being a circus train ever since the mechanics tightened the first bolts on his wheels.

Now it was his moment. Soon someone would start his engine, and he would begin to work just like the other trains in the station. He was so excited he wanted to toot his horn, but he stood quiet and still, hoping that someone would declare him ready for work.

He stood still all day and all night and all day again. Would anyone ever come for him? He saw a big brown engine coming toward him. He spoke as the engine drew near, "Hey, do you know when they will put me to work?" "When they are ready," huffed the brown engine. So little Engine 99 continued to wait.

Just when he was sure he could wait no longer, a man in striped overalls came aboard. The man started the engine, and little Engine 99 was overwhelmed with joy. He began to move slowly. Then he picked up speed. Then he was breezing along the tracks. Wow! He loved the way the wind felt on his face.

After a while, the man pulled back on the controls and stopped the engine. He got out and switched the tracks. When the man returned, he started the engine again. This time, little Engine 99 felt himself being pulled forward, then backward, then forward, and then backward, until he heard CLINK! He was attached to some cars behind him. Little Engine 99 looked back, and sure enough, there were the elephants, the lions, the giraffe, and the bears he had dreamed of hauling. Now little Engine 99 is a working engine—exactly the kind of engine he'd dreamed that he would be.

Engine 99/La máquina 99
(Listening Story)

La máquina 99

por Pam Schiller y Rafael Lara-Alecio

(Invite a los niños decir, "Tuut, tuut" cuando oigan las palabras, "La Maquina 99.")

Mucho antes de que se secara la primera capa de pintura negra de su tubo de escape, la pequeña máquina noventa y nueve ya sabía qué tipo de tren quería ser. No quería jalar vagones que fueran tanques llenos de químicos. No quería jalar vagones llenos de pasajeros. Tampoco quería jalar maquinarias pesadas. La maquina 99 quería ser un tren de circo. Élla quería jalar vagones llenos de elefantes, jirafas, osos y leones. La máquina 99 amaba a los animales. Siempre había soñado con ser un tren de circo desde que los mecánicos apretaron los primeros tornillos de sus ruedas.

Ahora era su oportunidad. Muy pronto, alguien prendería su máquina y comenzaría a trabajar en la estación al igual que los demás trenes. Estaba tan emocionada, que quería tocar su corneta, pero se quedó tranquila y callada esperando que alguien le dijera que estaba lista para trabajar.

Se quedó tranquila todo el día y toda la noche y todo el siguiente día otra vez. ¡Nadie preguntaba por ella! De pronto vio una máquina marrón grande que se le acercaba. Ya cuando estaba lo suficientemente cerca, la maquinita 99 le preguntó a la máquina marrón, —Oye, ¿no sabes cuándo me pondrán a trabajar?—

—Cuando estén listos— dijo la máquina marrón. La maquinita 99 seguía esperando y esperando.

Justo al momento que sentía que no podía esperar más, se subió un hombre con bragas y rayas. El hombre encendió el motor y la pequeña máquina noventa y nueve estaba llena de alegría. Entonces aceleró un poco. Empezaba a caminar por los rieles. ¡Ah! A la maquinita 99 le gustaba cómo se sentía el viento en su cara.

Tiempo más tarde, el hombre tomó el control y detuvo la máquina. Se bajó y cambió los rieles. Cuando el hombre regresó encendió la máquina otra vez. Esta vez, la pequeña máquina noventa y nueve sentía como si la jalaran hacia delante, luego hacia atrás, luego hacia delante y luego hacia atrás hasta que oyó un ¡clic! Le habían pegado unos vagones detrás de ella. La pequeña máquina noventa y nueve miró hacia atrás y ciertamente, allí estaban los elefantes, los leones, las jirafas y los osos con los que había soñado jalar algún día. Ahora la pequeña máquina noventa y nueve era una máquina en funcionamiento, ¡Exactamente el tipo de máquina con la que había soñado siempre ser!

The Little Spaceman/
El pequeño hombre del espacio
(Action Story)

The Little Spaceman

by Pam Schiller, Rafael Lara-Alecio, and Beverly J. Irby

(Invite the children to follow your actions.)

A flying saucer came whirling from the sky and landed right in my backyard. I couldn't believe my eyes. I watched as the hatch door to the flying saucer slowly opened. Out hopped a little purple man.

He stretched. *(Reach hands overhead to stretch.)*

He bent down and touched the ground. *(Bend down to touch toes.)*

He twisted to the left, stretching his back. *(Twist to left.)*

And then he twisted to the right and stretched his back again. *(Twist to right.)*

He pulled up two antennae—one on the left side of his head and one on the right side of his head. *(Pretend to pull up antennae.)*

He took an oxygen tank off his back. *(Pretend to take off tank.)*

He took in a deep breath from his nostrils and then let it out through his mouth. *(Breathe in through the nose and out through the mouth.)*

He jumped up and down several times. *(Jump up and down several times.)*

I moved a little closer.

He saw me. He jumped back into his ship, pulled the hatch door closed, and off he sailed. *(Pretend to jump into ship and pull down hatch.)*

I've told everyone what I saw. But no one believes me. I wish the little purple man would come back.

The Little Spaceman/
El pequeño hombre del espacio
(Action Story)

El pequeño hombre del espacio

por Pam Schiller, Rafael Lara-Alecio y Beverly J. Irby

(Invite a los niños seguir sus acciones.)

Un ovni vino girando del cielo y aterrizó en el patio de mi casa.

¡Yo no podía creerlo!

Yo miraba como la puerta del ovni se abría lentamente.

De la nave saltó un pequeño hombre de color morado.

Él se estiró. *(Extiende tus brazos hacia los lados.)*

Él dobló su cuerpo y tocó el suelo con sus manos. *(Dobla y tócate los pies.)*

Él giró su cuerpo a la izquierda, estirando la espalda. *(Dobla la espalda a la izquierda.)*

Y entonces él giró su cuerpo al lado derecho y estiró la espalda de nuevo. *(Dobla la espalda a la derecha.)*

Él jaló dos antenas una del lado izquierdo de la cabeza y una del lado derecho de la cabeza. *(Pretende que jalas desde la cabeza, dos antenas.)*

Él se quitó el tanque de oxígeno de la espalda. *(Pretende que te quitas algo de la espalda.)*

Él ovni tomó una respiración profunda de la nariz y entonces la dejó ir a través de la boca. *(Toma una respiración profunda por la nariz y déjala salir por la boca.)*

Él saltó hacia arriba y hacia abajo varias veces. *(Pretende que saltas varias veces.)*

Yo me moví un poquito más cerca.

Él me vió. Él saltó de regreso a su nave, jaló la puerta de entrada y la cerró con el seguro.

Yo he dicho a todos que yo lo ví. Pero ninguno me cree.

¡Yo deseo que el pequeño hombre de color morado pueda regresar algún día!!

El viaje de la pulguita Coqui/ The Traveling Flea

(Listening Story)

El viaje de la pulguita Coqui

por Beverly J. Irby y Rafael Lara-Alecio

Una familia de pulgas vivían muy felices en el lomo de un gran perro blanco. Mamá y Papá pulga dijeron un día a Coqui, su niño pequeño, no saltes mucho, porque sí saltas muy alto puede ser que caigas sobre el lomo de otro perro. Si ésto pasa, nunca más volveremos a verte. Un día Coqui estaba jugando sobre el lomo del gran perro blanco. Saltaba, saltaba y saltaba. De pronto Coqui perdió el equilibrio y cayó al suelo. Coqui tenía mucho miedo. Al momento que empezaba a llorar, vió a un enorme perro blanco caminar por allí. —¡Ay que suerte! Yo puedo saltar sobre su lomo y estar con mi familia de nuevo—.

Pero cuando Coqui saltó sobre el lomo del enorme animal, Coqui no encontró a su familia. Coqui caminó con el enorme perro blanco quien saltó a la parte trasera de un camión blanco. Este camión se dirigía a tomar el transbordador para cruzar el río. Una vez el perro y Coqui atravesaron el río, el perro saltó del camión y luego vino dentro de un globo aéreo. Este globo aéreo llevó al perro y a Coqui por muchos lugares y finalmente aterrizaron en una enorme pastura. Ellos vieron muchos animales allí. Ellos vieron gatos, vacas, caballos y en medio de todo, ellos vieron otro perro blanco. El perro blanco que estaba dentro del globo saltó y vino a saludar a los otros animales que estaban con la muchedumbre. Coqui tomó aviada y saltó al otro perro grande de color blanco. Aquí Coqui encontró a su verdadera familia justo al momento de servir la cena. Ya al anochecer, mamá pulga le preguntó a Coqui, —¿Coqui, dónde has estado?—

Pero Coqui estaba tan cansado que todo lo que él podía hacer era seguir soñando acerca de todos los lugares que había visto.

El viaje de la pulguita Coqui/
The Traveling Flea
(Listening Story)

The Traveling Flea

by Beverly J. Irby and Rafael Lara-Alecio

A family of fleas was living happily on the back of a big white dog. Mama and Papa Flea told Little Flea not to hop away, because if he hopped onto another dog they might never see him again. One day Little Flea was playing on the back of the big white dog. He was seeing how high he could jump when, all of a sudden, he lost his balance and fell to the ground.

Little Flea was scared. He tried to jump back up on the big white dog, but the dog ran away. Little Flea started to cry, but then he saw a big white dog he thought was his big white dog, so he ran and jumped on the dog's back. "Oh good! I can be back with my family," thought Little Flea. He looked around, but he did not find his family. "This is the wrong dog," thought Little Flea. But he was too late.

The big white dog jumped on the back of a red truck that was traveling down the road. Then the truck got on a ferry that was crossing the river. Little Flea began to cry. He knew he would never see his family again.

The big white dog jumped off the truck and into a hot-air balloon. The hot-air balloon began to rise into the air. It carried the dog back across the river. Little Flea was so scared that he closed his eyes. When he finally opened his eyes again, the hot-air balloon was landing in a big green pasture.

Little Flea saw lots of people and lots of animals. He had landed at the fair. Little flea saw a white dog, and he was sure it was his white dog. He jumped as hard and as high as he could and he landed on the dog's back... right in the middle of his family and just in time for supper. Later that night, Mama asked Little Flea, "Where have you been?" Little Flea was so tired that all he could do was fall asleep and dream about all the places he had seen.

La Gran Carrera/The Big Race
(Listening Story)

La Gran Carrera

por Beverly J. Irby y Rafael Lara-Alecio

Hace mucho tiempo en un día muy bonito pero muy frío en Alaska, los indios de la tribu Shageluk se preparaban para un evento muy especial. Ésta es la historia de este evento. Akiak y Kalak , hijo e hija del cacique de la tribu Shageluk estaban siempre argumentando acerca de quién era el más rápido en el manejo del trineo. Para aclarar este asunto, el cacique llamó a toda su gente para hacer un anuncio. Él dijo, —Mi gente, hoy vamos a aclarar el argumento de mis hijos mediante una carrera. Ésta no será una carrera corta. Ésta será una carrera muy larga que va desde Knik a Nome. Esta carrera va a todo a lo largo de nuestra Alaska. Ésta será de mil millas. Hijos, ustedes saben que ésta es una carrera muy larga. Ésto significa que estarán solos en la nieve y en el hielo. ¿Éstan los dos dispuestos a tomar este reto?—

—Sí padre, sí padre —ambos hijos respondieron con emoción.

—Entonces, prepárense para empezar la carrera.—

Akiak y Kalak examinaron detenidamente cada uno de sus perros favoritos que jalarían el trineo en la carrera. Ellos sabían que los perros serían la clave para ganar. Los perros deseaban hacer lo mejor para Akiak y Kalak y al final cada uno tuvo un bonito equipo de perros para jalar sus trineos. Durante esta parte del año, los días son muy largos y ésto permitiría a Akiak y Kalak a conducir sus trineos tan lejos como los perros podrían correr hasta que ellos tuvieran un descanso. Finalmente, el día de la carrera vino. El cacique, padre de los muchachos, dió la bendición y les dió a ellos el reto final. Ellos además deberían de regresar con un nombre para la carrera. Ésto no fue un reto individual, antes, ellos debieron de trabajar juntos para nombrar la carrera y tener el nombre antes de que ellos retornaran a Knik.

—¡A la una, a las dos y a las tres¡ —dijo su padre y los dos muchachos partieron con sus trineos bajo el algarabío y aplausos de su gente. Akiak y Kalak corrieron con sus perros y trineos todo el día. Ambos se miraban el uno al otro. La competencia continuó por tres meses hasta que finalmente llegaron a la meta Nome. Y ¿adivinen qué pasó? Ambos Akiak y Kalak cruzaron la meta juntos, al mismo tiempo. Ambos equipos de perros habían probado ser rápidos y fuertes corredores. Ningúno estuvo antes ni después del otro; pero juntos ellos fueron lo mejor.

—Ahora para nuestro reto, Kalak —dijo Kalk —debemos pensar en un nombre para la carrera—.

Durante su regreso a Knik, su hogar, ellos estuvieron hablando acerca del nombre para la carrera. Ellos no podían decidir hasta que un día viniendo por las montañas de Alaska ellos vieron un pequeño riachuelo de agua que caía en frente de ellos. Ambos se miraron el uno al otro e inmediatamente dijeron —¡Iditarod!— lo cual significa en lenguaje Shageluk "agua clara." Ellos inmediatamente pensaron que éste sería un buen nombre para la carrera porque ésta había sido tan clara como el agua para ellos y que su padre pensaría en la misma forma también. Una vez que llegaron a sus hogares, toda su gente les dió la bienvenida con una gran fiesta. Juntos, Akiak y Kalak dijeron —Hemos corrido una gran carrera, ambos hemos ganado El Iditarod—.

A la fecha, *El Iditarod* es recorrida en la misma forma como lo hiciera Akiak y Kalak con trineos jalados por perros bien preparados para atravesar la nieve y el hielo.

Hoy día la carrera es de 1049 millas de largo en vez de 1000 millas en honor a Alaska cuando se transformó este en el estado número 49 de los Estados Unidos.

La Gran Carrera/The Big Race
(Listening Story)

The Big Race

by Beverly J. Irby and Rafael Lara-Alecio

One very cold, sunny day in Alaska, a long time ago, the Shageluk Indians were preparing for a special event. Akiak, the chief's son, and Kalak, the chief's daughter, were arguing about which of them could drive the sled dogs faster. To settle the issue, the chief called all the people together to make an announcement. He said, "My people, we are going to settle this argument by having a race. This will not be a short race. It will be a very long race from Knik to Nome, across 1,000 miles of Alaska. Children, you know that this is a very long race, and it means being alone in the snow and ice. Are you willing to accept the challenge?"

"Yes, Father!" both of his children yelled with glee.

"Then, let us make ready for the race," he announced.

Akiak and Kalak trained their favorite sled dogs to prepare for the race, for the sled pulled by the fastest dog team would win the race. By the end of their training, Akiak and Kalak each had a grand and beautiful dog team to pull their sleds. Because the sun shines all day and most of the night during the summer in Alaska, Akiak and Kalak would be able to race their sleds in daylight until their dogs had to rest.

Finally, the day of the race came. The chief wished his children good luck. Before he started the race, however, he issued them an extra challenge. He told them that they had to work together to name the race before they returned.

"One, two, three, go!" called out the chief. Akiak and Kalak charged off with all the people cheering them on. Every day, they raced within sight of one another. This continued for three months, until they came to the finish line in Nome. Both crossed the finish line together at the very same time. Both had proven their speed and endurance as racers. Together, they were the best.

"Now, for the final challenge, Akiak," said Kalak, "We must think of a name for this race." All the way back to their home in Knik, they talked about a name for the race. They could not think of one until the day they discovered a beautiful stream of water trickling along the foot of a mountain. They both looked at each other and said at the same time, "Iditarod!" which means "clear water" in the Shageluk language.

It was the perfect name for their race, because it was as clear as water to them that both were excellent dog-sled racers. They were sure that their father would think so, too.

Soon they reached their home, and all the people welcomed them with a great party. Akiak and Kalak announced, "We have run a good race. We both won the Iditarod."

Since that time, the Iditarod course was made 49 miles longer in honor of Alaska's becoming the 49th state to join our country, and it is famous throughout the world for the grueling demands it places on those who dare to enter it.

Additional selections that support the Travel/El viaje theme

Roll On, Roll On/Rueda, rueda (page 31)

The Runaway Cookie Parade/El desfile de la galleta fugitiva (page 240)

The Zebra on the Zyder Zee/Una aventura en alta mar (page 246)

Make Believe/Pretende que...

Before I Go to Sleep/Antes de domir

Before I Go to Sleep

Traditional

Before I jump into my bed, *(Jump.)*
Before I dim the light, *(Pretend to turn out
the light)*
I put my shoes together, *(Put hands together.)*
So they can talk at night.
I'm sure they would be lonesome,
If I tossed one here and there, *(Toss one hand
to right—one to left.)*
So I put them close together, *(Bring hands
back together.)*
'Cause they're a friendly pair. *(Nod.)*

Antes de domir

adaptado por Beverly J. Irby y Rafael Lara-Alecio

Antes de irme a dormir *(Pon tus manos juntas y
descansa tu cabeza sobre ellas.)*
y apagar las luces, *(Pretende que apagas la luz.)*
pongo juntos mis zapatos *(Pon tus manos
juntas.)*
para que puedan hablar.
De lo contrario se encontrarían muy solos
*(Lleva una mano a la derecha—y la otra a
la izquierda.)*
así que se quedan juntos *(Pon de vuelta tus
manos juntas.)*
como si fueran hermanos. *(Lleva una mano
sobre la otra.)*

Catalina Magnalina/Catalina Magnalina

Catalina Magnalina

Traditional

She had a peculiar name, but she wasn't
   to blame.
She got it from her mother, who's the same,
   same, same.

Chorus:
Catalina Magnalina Hootensteiner Bogentwiner
Hogan Logan Bogan was her name.

She had two peculiar teeth in her mouth;
One pointed north, and the other
   pointed south.
Chorus

She had two peculiar eyes in her head;
One was purple and the other was red.
Chorus

Catalina Magnalina

Ella tenía un nombre peculiar, pero su culpa
   no fue.
Lo heredó de su mamá, quien el mismo
   nombre tenía.

Coro:
Catalina Magnalina Hernández Fernández
Hermes Luis Burgos su nombre fue.

En su boca tenía dos dientes peculiares;
uno al norte y otro al sur que apuntaban
   singulares.
Coro

En su cabeza tenía dos ojos particulares;
uno morado y otro rojo. ¡Sus ojos eran
   inolvidables!
Coro

Duendes en el aire/Fairies in the Air

Tune: The Wheels on the Bus

Duendes en el aire

por Beverly J. Irby y Rafael Lara Alecío

(Haga lo que las palabras sugieren.)
Duendes en el aire vuelan alrededor, alrededor,
   alrededor.
Duendes en el aire vuelan alrededor,
alrededor de la ciudad.
Duendes en el aire cantan una canción, una
   canción, una canción.
Duendes en el aire cantan una canción.
¡Alrededor de la ciudad!

Fairies in the Air

by Pam Schiller

(Suit actions to the words.)
Fairies in the air are flying around, flying
   around, flying around.
Fairies in the air are flying around
All around the town.
Fairies in the air are singing a song, singing a
   song, singing a song.
Fairies in the air are singing a song
All around the town.

The Iguana in Lavender Socks/
La Iguana de la roca

Tune: On Top of Old Smokey

The Iguana in Lavender Socks

by Pam Schiller

On top of a hillside,
All covered with rocks,
There lives an iguana
With lavender socks.

She bathes in the sunshine
And cools in the lake.
She dines on tamales
And fly-covered cake.

When she is happy
She plays her guitar.
And all the iguanas
Think she's a rock star.

They dance on the hillside
And over the rocks.
They dance with the iguana
In lavender socks.

I love that iguana,
She's totally cool.
I wish that iguana
Would dance to my school.

La Iguana de la roca

por Rafael Lara-Alecio y Beverly J. Irby

En la cima de la montaña
toda cubierta de rocas,
allí vive una iguana
que mira siempre a las focas.

Ella toma baños de sol
y fríos en el océano.
A ella le gusta atole
y saludar a Ponciano.

Cuando ella está féliz
ella toca su guitarra.
Y todas sus amigas
piensan que va a cantar con cigarra.

Todas bailan en la cima
y sobre todas las rocas.
Ellas bailan con la iguana
que mira siempre a las focas.

Yo quiero esa iguana
que siempre está muy bonita.
¡Cuánto quisiera tenerla
es mi iguana favorita!

Five Huge Dinosaurs/
Cinco enormes dinosaurios

Five Huge Dinosaurs

by Pam Schiller

Five huge dinosaurs dancing a jig, *(Hold up five fingers and wiggle them.)*
They rumble and grumble and stumble
Because they are so big. *(Spread hands apart.)*

Five huge dinosaurs singing a song, *(Hold up five fingers and put hands beside mouth.)*
They bellow and holler and ramble
Because they sing it wrong. *(Shake head no.)*

Five huge dinosaurs taking a bow, *(Hold up five fingers and bow.)*
They bobble and hobble and tumble
Because they don't know how. *(Hold hands out to side.)*

Five huge dinosaurs making me laugh, *(Hold up five fingers and then hold tummy.)*
They stumble when they dance. *(Dance fingers on arm.)*
The ramble when they sing. *(Place hands beside mouth.)*
They tumble when they bow. *(Bow.)*
But they can make me laugh! *(Hold tummy and shake head yes.)*

Cinco enormes dinosaurios

por Rafael Lara-Alecio y Beverly J. Irby

Cinco enormes dinosaurios *(Muestra tus dedos y menéalos.)*
bailando con gran estruendo,
retumban, resuenan y retiemblan.
¡Uno es muy grande y tremendo! *(Extiende tus manos.)*

Cinco enormes dinosaurios cantan una canción, *(Muestra tus cinco dedos y pon las manos a un lado de la boca.)*
refunfuñan, reniegan y rezongan
porque cantan con distracción. *(Mueve la cabeza de un lado a otro.)*

Cinco enormes dinosaurios *(Muestra tus cinco dedos y el codo.)*
haciendo una reverencia
se topan, se tambalean y se tropiezan
porque no tienen paciencia. *(Manten las manos a los lados.)*

Cinco enormes dinosaurios me hacen cantar. *(Muestra tus cinco dedos y luego toca tu estómago con ellos.)*
Ellos se retuercen al navegar, *(Baila tus dedos sobre los brazos.)*
refunfuñan al cantar, *(Coloca tus manos a un lado de la boca.)*
se tropiezan al saludar. *(Usa tus codos.)*
Ellos en verdad me hacen bailar. *(Lleva tus dedos al estómago y mueve tu cabeza diciendo sí.)*

This Little Elf/Este duendecillo

This Little Elf

by Pam Schiller

This little elf likes to hammer. *(Tap with thumb.)*

This little elf likes to saw. *(Saw with index finger.)*

This little elf likes to fingerpaint. *(Pretend to fingerpaint with middle finger.)*

This little elf likes to draw. *(Pretend to draw with ring finger.)*

And this little elf likes best of all— *(Wiggle little finger.)*

To play all day with a bouncy ball.

Este duendecillo

por Rafael Lara-Alecio y Beverly J. Irby

A este duendecillo le gusta martillar. *(Pretende que golpeas con el dedo pulgar.)*

A este duendecillo le gusta serruchar. *(Pretende que cortas con el dedo índice.)*

A este duendecillo le gusta pintar. *(Pretende que pintas con el dedo medio.)*

A este duendecillo le gusta dibujar. *(Pretende que dibujas con el dedo anular.)*

A este duendecillo lo que más le gusta es saltar y brincar. *(Pretende que saltas con el dedo meñique.)*

This Little Fairy/A éste pequeño duende

This Little Fairy

by Pam Schiller

This little fairy likes to waltz. *(Hold up index finger. Make it dance.)*

This little fairy sleeps in moss. *(Hold up middle finger. Rest head on hands.)*

This little fairy bathes in dew, *(Hold up ring finger. Pretend to splash water.)*

This little fairy watches you. *(Hold up little finger. Point to children.)*

A este pequeño duende

por Rafael Lara-Alecio y Beverly J. Irby

A este pequeño duende le gusta bailar el tango. *(Levanta el dedo índice. Pretende como que bailes.)*

A este pequeño duende le gusta comer mango. *(Levanta el dedo del en medio. Pon la cabeza sobre tus manos.)*

A este pequeño duende le gusta bañarse con el rocío. *(Levanta el dedo anular. Pretende como que chapotee el agua.)*

A este pequeño duende le gusta ir con su tío. *(Levanta el dedo meñique. Señala a los niños.)*

I Wish I Had a Dinosaur/
Ojalá tuviera un dinosaurio

I Wish I Had a Dinosaur

by Pam Schiller

I wish I had a dinosaur
That I could call my own.
I'd take him with me everywhere.
He'd never be alone.

A football field would be his bed,
A swimming pool his tub.
I'd need a ladder to reach his head,
A blanket for a rub.

I'd need bushels of leafy food,
A tree for playing fetch.
Bundles of cloth to make his clothes,
And a basketball for catch.

I'd call him Dino De Dandee.
He'd be my best friend.
When you saw him, you'd see me;
That's how close we would be.

I wish I had a dinosaur
To call my very own.
I'd take him with me everywhere.
I'd never be alone.

Ojalá tuviera un dinosaurio

por Rafael Lara-Alecio y Beverly J. Irby

Ojalá tuviera un dinosaurio
que fuese solamente mío.
Lo llevaría conmigo a todas partes
y nunca estaríamos aparte.

En un campo de fútbol dormiría
y en una piscina se bañaría.
Para alcanzar su cabeza en una escalera
   me subiría,
y con una gran frazada lo cubriría.

Muchas canastas de comida sabrosa le traería,
un tronco de árbol para jugar a la caza
   le pondría.
Muchas pilas de paños para hacer su ropa
   le compraría,
más un gran balón de baloncesto para jugar
   con él le traería .

Lo llamaría Dino De Dante,
y sería mi mejor amigo.
Si tú me vieras, siempre estaría elegante,
porque siempre estaría conmigo.

¡Ojalá tuviera un dinosaurio
que fuese solamente mío!
Lo llevaría conmigo a todas partes
y nunca, nunca, nunca estaríamos aparte!

El diminuto dragón/The Smallest Dragon

El diminuto dragón

por Beverly J. Irby y Rafael Lara-Alecio

(Haga lo que las palabras sugieren.)

El más diminuto dragón que nunca antes había visto *(Pon tus manos sobre tus ojos.)*

puede doblar sus rodillas, *(Dobla tus rodillas.)*

puede aletear sus alas, *(Aletea con tus brazos.)*

puede realmente cantar, *(Canta una canción.)*

puede correr en un lugar, *(Corre en un lugar.)*

puede estirar sus dedos, *(Estira los dedos.)*

puede dar un gran salto, *(Dá un salto.)*

puede hacer una cara tonta y *(Haz una cara de tonto.)*

puede hacer una pirueta. *(Haz una pirueta.)*

The Smallest Dragon

by Beverly J. Irby and Rafael Lara-Alecio

(Suit actions to the words.)

The smallest dragon I ever did see *(Put hands over eyes as if looking.)*

Can bend his knee, *(Bend knees.)*

Can flap his wings, *(Flap arms.)*

Can really sing, *(Place hands by mouth like yodeling.)*

Can stretch on his toes, *(Stand on tiptoes and stretch.)*

Can rub his nose, *(Rub nose lightly.)*

Can make a silly face, *(Make silly faces.)*

Can run in place, *(Run in place.)*

Can make a big leap, *(Make a big leap.)*

Can go to sleep. *(Lie down on the floor and pretend to sleep.)*

If I Were/Si yo fuera

If I Were

Traditional

If I were very small,
I'd use a teacup for a boat,
And when I went out sailing,
In the bathtub I would float.
If I were very tall,
I'd wear a barrel for a hat,
Eat twenty hams for lunch,
And keep a tiger for a cat.

Si yo fuera

adaptado por Beverly J. Irby y Rafael Lara-Alecio

Si yo fuera diminuto,
mi bote sería una taza,
navegaría un minuto
en la tina de mi casa.
Si yo fuera altísimo,
mi gorra sería un barril,
tendría un tigre ferocísimo
y comería mangos de mil en mil.

The Runaway Cookie Parade/El desfile de la galleta fugitiva

The Runaway Cookie Parade

by Pam Schiller

One day Ginny decided to bake some fancy cookies. She was in the mood to be creative. She mixed up her batter and rolled it out on the table. Then she got out her favorite cookie cutters. She cut out a duck, a rabbit, a dog, a cat, a bear, and a pony.

She baked the cookies until they were nice and brown. When the cookies were cool, Ginny was ready for the fun part—the decorating.

She made some icing, and then she looked at each cookie with a creative eye.

She decided to make the duck purple with yellow dots. She thought the rabbit would look nice with a plaid pattern, and she gave the pony little spiral designs. When she had iced and decorated every cookie, she stood back and sighed, "These are the prettiest cookies in town."

Ginny placed the cookies in the cookie jar. She thought they were too pretty to eat. What Ginny didn't know was that the cookie jar was magic. When the cookies were placed inside, they came to life. As soon as Ginny left the room, the cookies pushed off the cookie jar lid and danced right out of the jar.

They danced in a long line, just like a parade. They danced onto the table, onto the chairs, onto the floor, and right out the door. Those beautiful cookies must be dancing still, because they never returned to the cookie jar.

El desfile de la galleta fugitiva

por Pam Schiller y Rafael Lara-Alecio

Un día, Gina decidió preparar unas galletas finas. Tenía ganas de hacer algo creativo. Hizo la mezcla y la extendió en la mesa. Luego tomó sus moldes de galletas preferidos. Cortó galletas en forma de pato, de conejo, de perro, de gato, de oso y de caballito. Horneó las galletas hasta que estaban doraditas. Cuando las galletas se habían enfriado, Gina estaba lista para la mejor parte: la decoración.

Preparó un glaseado y observó cada galleta con ojos creativos. Decidió decorar el pato de color morado con puntos amarillos. Pensó que el conejo se vería muy bien con un diseño de cuadros y que el caballito se vería estupendo con pequeños diseños espirales. Cuando terminó de poner el nevado y decorar todas las galletas, las miró y suspiró: —Éstas son las galletas más lindas del pueblo.

Gina puso las galletas en el galletero. Pensó que eran demasiado bonitas para comérselas. Lo que Gina no sabía era que el galletero era mágico. Cuando se ponían las galletas adentro, éstas cobraban vida. Apenas Gina se fue, las galletas empujaron la tapa del galletero y se escaparon y empezaron a bailar.

Bailaron en línea como si estuvieran en un desfile. Bailaron en la mesa, en las sillas, en el suelo y se fueron por la puerta. ¡Las bellas galletas todavía deben estar bailando porque nunca regresaron al galletero!

Strange Visitor/Extraña compañía

Strange Visitor

Traditional

(Collect the props mentioned in the story and put them all in a paper grocery bag. Take each one out as it is mentioned in the story. If you are concerned that the end of the story might frighten young children, change the last line to "to keep you company, to keep you company.")

A little old woman lived all alone in a little old house in the woods.
One Halloween she sat in the chimney corner, and as she sat, she spun.
Still she sat and
Still she spun and
Still she wished for company.
Then she saw her door open a little way, and in came
A pair of broad, broad feet (*Take out a pair of big shoes.*)
And sat down by the fireside.
"That is strange," thought the little old woman, but—
Still she sat and
Still she spun and
Still she wished for company.
Then in came
A pair of long, long legs (*Take out a pair of tights or pants.*)
And sat down on the broad, broad feet;
"Now this is strange," thought the little old woman, but—
Still she sat and
Still she spun and
Still she wished for company.
Then in came
A wee, wee waist (*Take out a pair of shorts.*)
And sat down on the long, long legs.
"Now this is strange," thought the little old woman, but—
Still she sat and
Still she spun and
Still she wished for company.
Then in came
A pair of broad, broad shoulders (*Take out a shirt.*)
And sat down on the wee, wee, waist.

"Now this is strange," thought the little old woman, but—
Still she sat and
Still she spun and
Still she wished for company.
Then in through the door came
A pair of long, long arms *(Take out a sweater.)*
And sat down on the broad, broad shoulders.
"Now this is strange," thought the little old woman, but—
Still she sat and
Still she spun and
Still she wished for company.
Then in came
A pair of fat, fat hands *(Take out a pair of gloves.)*
And sat down on the long, long arms.
"Now this is strange," thought the little old woman, but—
Still she sat and
Still she spun and
Still she wished for company.
Then in came
A round, round head *(Take out a jack-o'-lantern.)*
And sat down on top of all
That sat by the fireside.
The little old woman stopped her spinning and asked,
"Where did you get such big, big feet?"
"By much tramping, by much tramping," said Somebody.
"Where did you get such long, long legs?"
"By much running, by much running," said Somebody.
"Where did you get such a wee, wee waist?"
"Nobody knows, nobody knows," said Somebody.
"Where did you get such long, long arms?"
"Swinging the scythe, swinging the scythe," said Somebody.
"Where did you get such fat, fat hands?"
"From threshing, from threshing," said Somebody.
"How did you get such a huge, huge head?"
"Of a pumpkin I made it," said Somebody.
Then said the little old woman, "What did you come for?"
"YOU!" (or "To keep you company!")

Strange Visitor/Extraña compañía

Extraña compañía

adaptado por Rafael Lara-Alecio

Una pequeña viejecita vivía sola en una pequeña casa en el bosque.

Una noche del mes de octubre ella estaba sentada en la esquina de su chimenea y como ella se
sentaba, ella hilaba e hilaba.

(Repita el siguiente verso:)

todavía ella se sentaba y todavía ella hilaba e hilaba y todavía ella deseaba tener un invitado.

En este momento ella vió su puerta abrirse un poquito

y desde adentro vino un par de pies anchos y se sentaron

a un lado de la chimenea.

—Ésto es extraño— pensó la viejecita, pero,

todavía ella se sentaba y todavía ella hilaba e hilaba y todavía ella deseaba tener un invitado.

De pronto viene desde adentro

un par de piernas largas y flacas

y se sentaron en los pies anchos.

—Ésto es muy extraño— pensó la viejecita, pero,

todavía ella se sentaba y todavía ella hilaba e hilaba y todavía ella deseaba tener un invitado.

De pronto viene desde adentro

una cintura pequeñita, pequeñita y

se sentaron en las piernas largas y flacas.

—Ésto es muy extraño— pensó la viejecita, pero,

todavía ella se sentaba y todavía ella hilaba e hilaba y todavía ella deseaba tener un invitado.

De pronto viene desde adentro

un par de hombros muy anchos

y se sentaron en la cintura pequeñita

y se sentaron sobre las largas y flacas piernas

—Ahora esto es extraño— pensó la viejecita, pero,

todavía ella se sentaba y todavía ella hilaba e hilaba y todavía ella deseaba tener un invitado.

De pronto a través de la puerta vino

un par de hombros anchos muy anchos

y se sentaron sobre la cintura pequeñita, pequeñita.

—Ahora esto es extraño— pensó la viejecita, pero,

todavía ella se sentaba y todavía ella hilaba e hilaba y todavía ella deseaba tener un invitado.

De pronto a través de la puerta vino,

un par de brazos muy largos y flacos,

y se sentaron sobre los hombros anchos.

—Ésto es muy extraño— pensó la viejecita, pero,

todavía ella se sentaba y todavía ella hilaba e hilaba y todavía ella deseaba tener un invitado.

De pronto vino desde adentro,

un par de manos gordas, gordas

y se sentaron sobre los brazos largos y flacos.

—Ésto es extraño— pensó la viejecita, pero,

todavía ella se sentaba y todavía ella hilaba e hilaba y todavía ella deseaba tener un invitado.

De pronto vino desde adentro una cabeza rodando, rodando, rodando

y se sentó sobre el tope de todos

que se sentó cerca de la chimenea.

La viejecita paró de hilar y preguntó,

—¿Qué hiciste para tener esos grandes pies?

—Por mucho andar y andar— respondió alguien.

—¿Qué hiciste para tener esas piernas largas y flacas?

—Por mucho correr, y correr— dijo alguien.

—¿Qué hiciste para tener esa cintura tan pequeñita, pequeñita?

—Nadie sabe, nadie sabe— dijo alguien.

—¿Qué hiciste para tener esos brazos tan largos, y flacos?

—Por trabajar con la guadaña, por trabajar con la guadaña— dijo alguien.

—¿Qué hiciste para tener esas manos tan gordas y gordas?

—Por trillar y trillar— dijo alguien.

—¿Qué hiciste para tener esa cabeza tan grande, grande?

—De una gran calabaza que la hice— dijo alguien.

Entonces la viejecita preguntó,

—¿A qué venirte?

—¡Por ti!— respondió ese alguien.

(Si se preocupaporque el final de este cuento, pueda conmover y asustar a los niños, cambie el contenido de algunos pasajes por algo diferente. Por ejemplo, añada—Para hacerte compañía, para hacerte compañía al final—.)

The Zebra on the Zyder Zee/
Una aventura en alta mar
(Listening Story)

The Zebra on the Zyder Zee

by Pam Schiller

The Zebra on the Zyder Zee
Wanted to sail across the sea,
He called to his friends 1, 2, 3,
"Come along and sail with me."

The Zebra on the Zyder Zee
Said, "I'm lonesome, don't you see?
I want to sail across the sea,
But I simply must have company."

The first to come on the Zyder Zee
Was the Zebra's friend Sir Ronnee Ree.
He said, "I'll be your company.
I'm dying to sail across the sea."

The next to come to the Zyder Zee
Was Elizabeth Holleque de Dundee.
She brought her little urchins three,
And said, "Let's sail across the sea."

The Zebra on the Zyder Zee
Was just as happy as can be.
He was going to sail across the sea,
And the Zyder Zee had company.

He hoisted the sail 1, 2, 3,
And the friends were off to see the sea.
Day and night and day times three,
The jolly mates sailed across the sea.

The little ship rocked on the sea.
The jolly mates ate bread and brie.
The little ones sipped cinnamon tea,
And the Zebra sailed the Zyder Zee.

At last, the journey across the sea
Came to an end at half past three.
The Zebra and his company
Had finally sailed across the sea.

The little ones and Ms. Dundee
Took the hand of Ronnee Ree,
And left the deck of the Zyder Zee,
Saying good-bye to the deep blue sea.

The Zebra on the Zyder Zee/
Una aventura en alta mar
(Listening Story)

Una aventura en alta mar

por Rafael Lara-Alecio

Cebra, cebra, cebra.
Agita, agita tu pañuelo, el barco se prepara
    a partir.
Cebra, cebra, cebra.
Agita, agita tu pañuelo, vengan conmigo
    mis compañeros.

Oso, oso, oso.
Como siempre bien vestido.
Monocular y bastón caramelado,
a todo el que entra lo tiene asombrado.

Leona, leona, leona.
Coqueta la leona, con sus cachorros ha entrado.
Con su bonito paraguas, a sus amigos
    ha saludado.

Pasajeros, pasajeros, pasajeros.
Todos los pasajeros a bordo.
Dice sonriendo la cebra a sus amigos:
—¡Bienvenidos pasajeros a mi barco!—

Todos están dentro del barco.
Todos están en alta mar.
Los cachorros jugando en el piso.
Allá están en alta mar.

Disfrutando sus manjares los
tripulantes están.
Manjares incluyendo el queso y pan.

Mientras la cebra navega a todo
vapor y los cachorros toman té
con sabor.

Todos están dentro del barco.
Todos están en alta mar.
Los cachorros jugando en el piso,
allá están en alta mar.

El cielo está lleno de estrellas.
La leona canta a sus pequeños.
Más el oso canta con ella,
las canciones de sus sueños.

El siguiente día
cuando el oso miró el reloj,
ya el barco había anclado en la orilla.
Todos los tripulantes estaban llenos de alegría.

La cebra desde la cubierta
a sus amigos con sus patas agita.
Del barco los pasajeros se alejan,
se saludan y se abrazan.

Cebra, cebra, cebra.
Brilla, brilla, brilla con tus
patas guarda la vela.

Cebra, cebra, cebra.
Soñando con regresar al mar
al otro día.

Additional selections that support the Make Believe/Pretende que…
theme.

Mary Had a Little Lamb/
Mary tenía una corderita

Mary Had a Little Lamb

Traditional

Mary had a little lamb,
Little lamb, little lamb.
Mary had a little lamb.
Its fleece was white as snow.

Everywhere that Mary went,
Mary went, Mary went,
Everywhere that Mary went,
The lamb was sure to go.

María tenía una corderita

adaptado por Rafael Lara-Alecio

María tenía una corderita,
una corderita, una corderita.
María tenía una corderita.
Su pelo es color de nieve.

A donde María iba
María iba, María iba.
A donde María iba
la corderita iba también.

Cielito lindo/Pretty One

Cielito Lindo

Tradicional

De la sierra morena, cielito lindo,
  vienen bajando
un par de ojitos negros, cielito lindo,
  de contrabando.
De la sierra morena, cielito lindo, vienen
  bajando
un par de ojitos negros, cielito lindo,
  de contrabando.
Ay, ay, ay, ay, canta y no llores
porque cantando se alegran, cielito lindo,
  los corazones.
Ay, ay, ay, ay, canta y no llores
porque cantando se alegran, cielito lindo,
  los corazones.

Pretty One

*adapted by Pam Schiller, Rafael Lara-Alecio, and
Beverly J. Irby*

From up high, a pretty girl (cute boy) comes a-
  walking down the mountain.
Her (His) black eyes are hidden like tiny drops
  in a fountain,
Ay, ay, ay, ay, sing and don't cry.
Because if you are singing, pretty girl (cute boy),
  all will be happy,
Ay, ay, ay, ay, sing and don't cry.
Because if you are singing, pretty girl (cute boy),
  all people will be happy.

Naranja dulce/Sweet Oranges

Naranja dulce

*Tradicional, adaptado por Rafael Lara-Alecio y
Beverly J. Irby*

Naranja dulce, limón partido
dame un abrazo que yo te pido.
(Repite.)
Mañana el lunes, pasado martes
y luego miércoles y ya me voy.
(Repite.)
Vayamos todos a nuestras clases
que muchas cosas, vamos hacer.
(Repite.)
Naranja dulce, limón partido
dame un abrazo que yo te pido.
(Repite.)

Sweet Oranges

adapted by Pam Schiller

I like sweet oranges and sour lemons.
Give me a hug, give me a hug.
I like sweet oranges and sour lemons.
Give me a hug, give me a hug.
I like purple and yellow ribbons.
Give me a hug, give me a hug.
Play the march; play the march;
Goodbye, my friend, give me a hug.

De colores/De colores

De colores

Tradicional

De colores, de colores se visten los campos en
    la primavera;
de colores, de colores son los pajarillos que
    vienen de afuera;
de colores, de colores es el arco iris que
    vemos lucir
y por éso los grandes amores, de muchos
    colores, me gustan a mí,
y por éso los grandes amores, de muchos
    colores, me gustan a mí.
Canta el gallo, canta el gallo con el kirikiri
    kirikirikiri
los polluelos, los polluelos con el pío pío pío
    pío pío
la gallina, la gallina con el caracara caracaracara
y por eso los grandes amores, de muchos
    colores, me gustan a mí.
Y por eso los grandes amores, de muchos
    colores, me gustan a mí.

De colores

Traditional

De colores,
Bright with colors the mountains and valleys,
Dress up in the springtime.
De colores,
Bright with colors, all the little birds fill the skies
    in the daytime.
De colores,
Bright with colors the rainbow brings joy with
    the glory of spring.

Chorus:
And a bright love with colors has found us
With peace all around us
That makes our hearts sing.

Here the rooster singing kiri, kiri, kiri, kiri, kiri,
In the morning,
In the morning the hen sings her cara, cara,
    cara, cara,
All day singing,
Baby chicks all day sing pio, pio, pio, pio, pi.
Chorus

Nursery Rhyme Rap/El rap infantil

Tune: Ninety Nine Bottles of Pop on the Wall

Nursery Rhyme Rap

Traditional

Jack and Jill went up the hill
To get a pail of water.
Jack fell down and broke his crown,
And Jill came tumbling after.
Chorus:
Oh, A B C D E F G... H I J K L... M N O P...
   Q R S... T U V W X Y Z!

Humpty Dumpty sat on a wall.
Humpty Dumpty had a great fall.
All the king's horses and all the king's men,
Couldn't put Humpty together again.
Chorus

Little Miss Muffet sat on her tuffet
Eating her curds and whey.
Along came a spider and sat down beside her
And frightened Miss Muffet away!
Chorus

Hey diddle diddle, the cat and the fiddle,
The cow jumped over the moon.
The little dog laughed to see such sport,
And the dish ran away with the spoon!
Chorus

Little Boy Blue, come blow your horn.
The sheep's in the meadow, the cows' in the
   corn.
Where is the boy who looks after the sheep?
He's under the haystack fast asleep!
Chorus

Hickory Dickory Dock!
The mouse ran up the clock!
The clock struck one, the mouse ran down!
Hickory Dickory Dock!
Chorus

El rap infantil

adaptado por Rafael Lara-Alecio

Para traer una tinaja de agua,
Juan y Juanita subieron la colinita.
Juan se resbaló y rompió la tinajita.
¿Cómo Juan y Juanita piensan decírselo a doña
   Anita
que Juan rompió su tinajita?
Coro:
Oh, ¡A B C D E F G...H I J K L...M N Ñ O P...
   Q R S... T U V W X Y Z!

Humpty Dumpty se sentó en la pared.
Humpty Dumpty se cayó sin merced.
Ni los caballos ni los caballeros del rey
pudieron armar a Humpty Dumpty otra vez.
Coro

La señorita Mufete regresó al taburete y miró la
   criatura fijamente.
—Ve usted, arañota, la señorita Mufete
   es combatiente.
Ahora usted se despedirá rápidamente.
Coro

Mira al gato Felix tocar el violín,
la vaca saltó a la Luna.
El perro se ríe al ver la locura,
y el plato corrió con la cuchara al ver tal locura.
Coro

El pequeño niño azul su cuerno sopló.
La oveja está en la pradera y las vacas en el
   corral.
¿Dónde está el niño que buscaba la oveja?
¡Estaba durmiendo en el pajar para que nadie lo
   vea!
Coro

¡Ésa, ése, éso! ¿El ratón se comió el queso?
El reloj marcó las cuatro, ahora el ratón ya no
   da un brinco.
¡Ésa, ése, éso! ¡Dame un pedazo de queso!
Coro

Five Gingerbread Men/ Cinco hombres de jengibre

Five Gingerbread Men

by Pam Schiller

(Suit actions to the words.)
Five gingerbread men on a cookie sheet,
Still steaming hot from the oven heat.
Beth grabbed one, leaving only four.
Four gingerbread men by the oven door.
Mackenzie snatched one, leaving only three.
Three little men now cooling through and
    through.
Ryan took one, leaving only two.
Two gingerbread men ready to run.
Corinne grabbed one, leaving only one.
One little man opening his eyes.
Look out! Out the door he flies!

Cinco hombres de jengibre

*por Pam Schiller, Rafael Lara-Alecio y Beverly J.
Irby*

(Haga lo que las palabras sugieren.)
Cinco hombres de jengibre en una bandeja de
    hornear están.
Todavía humeantes del calor del horno.
Gustavo tomó uno y dejó sólamente cuatro.
Cuatro hombres de jengibre al lado de la puerta
    del horno.
Humberto tomó uno y dejó sólamente tres.
Tres hombrecitos poniéndose más y más
    fresquitos están.
Edgar arrebató uno y dejó sólamente dos.
Dos hombres de jengibre, listos para correr
    están.
Oscar tomó uno y dejó sólamente uno.
Un hombrecito está abriendo los ojos.
¡Cuidado! Por la puerta de atrás sale volando.

¿Cuántos cuentos?/How Many Tales?

¿Cuántos cuentos?

Tradicional

Cuando cuentes cuentos,
cuenta cuántos cuentas,
porque cuando cuentas cuentos,
nunca sabes cuántos cuentos cuentas.

How Many Tales?

adapted by Beverly J. Irby

When you tell tales,
How many tales do you tell?
Because when you tell tales,
You never know how many tales you tell.

Giant's Stomp/El gigante pataleón

Giant's Stomp

Traditional

*(Use with the story "Jack and the
   Beanstalk/Jaime y los frijoles mágicos.")*
"Fee, fi, fo, fum," said the giant.
"Fee, fi, fo, fum," said the giant.
"Fee, fi, fo, fum," said the giant.
"Fee, fi, fo, fum, *(Stomp, stomp.)*
I smell the feet of an Englishman!" *(Repeat
   two times.)*
Said the big, tall giant. *(Sniff, sniff.)*
Be he here or be he there, *(Shrug
   shoulders.)(Repeat two times.)*
I'll find him anywhere! *(Stomp, stomp.)*

El gigante pataleón

adaptado por Rafael Lara-Alecio y Beverly J. Irby

—Fi, fay, fo, fum— dijo el gigante.
—Fi, fay, fo, fum— dijo el gigante.
—Fi, fay, fo, fum— dijo el gigante.
Pataleón, pataleón, pataleón. *(Pisotea, pisotea.)*
Huelo los pies de un chiquillo.
(Repita dos veces.)
Dijo el gigante grande y alto. *(Husmea, husmea)*
Aquí allá lo encontraré, *(Encoge los hombros.)*
(Repita dos veces.)
dondequiera que esté. *(Pisotea, pisotea.)*

Goldilocks, Goldilocks/Ricitos de oro

Goldilocks, Goldilocks

by Pam Schiller

Directions: Use in conjunction with the story of "Goldilocks and the Three Bears/Ricitos de oro y tres osos." Invite children to say this chant with you as they walk across a "nursery-rhyme path." Cut a piece of butcher paper 15 feet long. Draw the following items on the paper in this sequence: a pair of feet (trace shoes), a spiral arrow, a pair of walking feet, grass, a pair of walking feet, a door, a pair of walking feet, a bowl, a pair of walking feet, a chair, a pair of walking feet, a bed, a pair of walking feet, and a pair of walking feet going off the end of the paper. Laminate this paper.

Goldilocks, Goldilocks, turn around. *(Turn around.)*

Goldilocks, Goldilocks, touch the ground. *(Touch the ground.)*

Goldilocks, Goldilocks, knock on the door. *(Knock with hand.)*

Goldilocks, Goldilocks, eat some porridge. *(Pretend to eat porridge.)*

Goldilocks, Goldilocks, have a seat. *(Squat.)*

Goldilocks, Goldilocks, go to sleep. *(Put head on folded hands.)*

Goldilocks, Goldilocks, run, run, run. *(Run off paper and back to beginning.)*

Ricitos de oro

por Rafael Lara-Alecio

Dirección: Use el siguiente material en combinación con los cuentos "Ricitos de Oro y los tres osos". Invite a los niños a decir este canto con usted al tiempo que ellos caminan a lo largo del jardín de rimas. Corte una pieza de papel celofán de aproximadamente 15 pies de largo. Trace los siguientes elementos en el papel y en la siguiente secuencia: Un par de pies (trace zapatos), una flecha en espiral, un par de pies caminando, zacate, un par de pies caminando, una puerta, un par de pies caminando, un plato hondo, un par de pies caminando, una silla, un par de pies caminando, una cama, y un par de pies caminando y desapareciendo al final del papel. Luego laminée éste papel.

Ricitos de oro, dá una vuelta. *(Da una vuelta alrededor.)*

Ricitos de oro, toca la tierra. *(Toca la tierra.)*

Ricitos de oro, toca la puerta. *(Toca la puerta con la mano.)*

Ricitos de oro, come tu avena. *(Pretende que comes avena.)*

Ricitos de oro, toma tu silla. *(Pretende que te sientas.)*

Ricitos de oro, ve a dormir. *(Pretende que duermes.)*

Ricitos de oro, corre, corre, corre. *(Corre afuera del papel y regresa de nuevo.)*

Hey, Diddle, Diddle/¡Eh, chin, chin!

Hey, Diddle, Diddle

Traditional

Hey, diddle, diddle,
The cat and the fiddle.
The cow jumped over the moon.
The little dog laughed to see such sport,
And the dish ran away with the spoon.

¡Eh, chin, chin!

adaptado por Rafael Lara-Alecio

¡Eh, chin, chin!
El gato toca su violín.
La vaca saltó sobre la luna.
El perrito rió al ver tortuga cantar
y el pato se escapó con Renato.

Humpty Dumpty Sat on a Wall/Humpty Dumpty se sentó en la pared

Humpty Dumpty Sat on a Wall

Traditional

Humpty Dumpty sat on a wall.
Humpty Dumpty had a great fall.
All the king's horses and all the king's men
Couldn't put Humpty Dumpty together again.

Humpty Dumpty se sentó en la pared

adaptado por Rafael Lara-Alecio

Humpty Dumpty se sentó en la pared.
Humpty Dumpty se cayó sin merced.
Ni los caballos ni los caballeros del rey
pudieron armar a Humpty Dumpty otra vez.

Jack and Jill/Juan y Juanita

Jack and Jill

Traditional

Jack and Jill went up the hill
To fetch a pail of water.
Jack fell down
And broke his crown,
And Jill came tumbling after.

Juan y Juanita

adaptado por Rafael Lara-Alecio

Juan y Juanita
para traer una tinaja de agua,
Juan y Juanita subieron la colinita.
Juan se resbaló y rompió la tinajita.
¿Cómo ellos piensan decírselo a doña Anita
que Juan rompió su tinajita?

Little Bo Peep/La pequeña Bo Pip

Little Bo Peep

Traditional

Little Bo Peep
Has lost her sheep
And doesn't know where to find them.
Leave them alone,
And they will come home,
Wagging their tails behind them.

La pequeña Bo Pip

adaptado por Rafael Lara-Alecio

La pequeña Bo Pip
ha perdido sus ovejitas.
No sabe dónde buscarlas.
Déjalas, déjalas, ya regresarán
y saludando con sus colitas estarán
ya lo verán—dijo el buen pastor.

Little Boy Blue/Niño Azul

Little Boy Blue

Traditional

Little Boy Blue, come blow your horn,
The sheep are in the meadow, the cow is in the
  corn.
But where is the boy who looks after the sheep?
He's under a haystack, fast asleep.

Niño Azul

adaptado por Rafael Lara-Alecio

Niño Azul, el rebaño de ovejas
y vacas se han extraviado,
Ilámalas con el silbato azul,
para que vengan pronto.
¿Por qué no suena el silbato azul?
Es que el Niño Azul ha olvidado su silbato
que le regaló Renato.

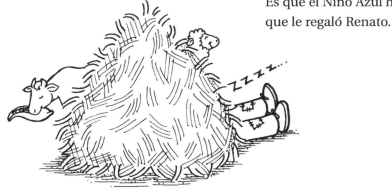

Little Miss Muffet/La señorita mufete

Little Miss Muffet

*Traditional, adaptation (second verse) by Pam
Schiller*

Little Miss Muffet sat on her tuffet,
Eating her curds and whey.
Along came a spider that sat down beside her
And frightened Miss Muffet away.

Little Miss Muffet went back to her tuffet,
And looked the thing square in the eye.
"See here, you big spider, Miss Muffet's a fighter.
Now you're the one saying 'bye-bye'."

La señorita mufete

adaptado por Rafael Lara-Alecio

La señorita mufete se sentó debajo de un árbol
a comer su merienda.
Una araña se le acercó y cuando a su lado
se sentó, asustada la señorita mufete corrió.

La señorita Mufete regresó debajo del árbol
y miró a la araña seriamente.
—Mira, arañota— dijo la señorita Mufete.
—Es tiempo de que te disculpes rápidamente.
—Lo siento, señorita Mufete— exclamó
  la araña.

Mañana Domingo/Tomorrow, on Sunday

Mañana Domingo

Tradicional

Mañana domingo
se casa Benito
con un pajarito
que canta bonito.
¿Quién es la madrina?
Doña Catalina.
¿Quién es el padrino?
Don Juan Serafino.

Tomorrow, on Sunday

adapted by Beverly J. Irby

Tomorrow, on Sunday
Ben's getting married
To a little birdie
That sings prettily indeed.

Who is the godmother?
Mrs. Robin
Who is the godfather?
Mr. Bobbin.

Old King Cole/El rey Camilo

Old King Cole

Traditional

Old King Cole was a merry old soul,
And a merry old soul was he.
He called for his pipe,
And he called for his bowl,
And he called for his fiddlers three.
Every fiddler had a fiddle,
And a very fine fiddle had he.
Twee tweedle dee, tweedle dee, went
   the fiddlers.
Oh, there's none so rare
As can compare
With King Cole and his fiddlers three.

El rey Camilo

adaptado por Rafael Lara-Alecio

El viejo rey Camilo tiene estilo.
¿Qué estilo tiene el rey Camilo?
Pues llama a sus gaiteros primero,
y llama a otros buenos artistas después,
llama a sus tres violinistas también.
Cada violinista toca su melodía
y qué hermosas melodías tocan.
Tocan de noche y tocan de
   día,
pero no hay ninguna
   melodía
que tenga tanta
   sinfonía
como la melodía del rey
   Camilo.

One, Two, Buckle My Shoe/
Uno, dos, ata los zapatos

One, Two, Buckle My Shoe

Traditional

One, two, buckle my shoe.
Three, four, shut the door.
Five, six, pick up sticks.
Seven, eight, lay them straight.
Nine, ten, a big fat hen.

Uno, dos, ata los zapatos

adaptado por Rafael Lara-Alecio

Uno, dos, ata los zapatos.
Tres, cuatro, cierra la puerta.
Cinco, seis, recoge los palitos.
Siete, ocho, ponlos derechitos.
Nueve, diez, léemelo otra vez.

Pablito clavó un clavito/Nelly Nailed a Nail

Pablito clavó un clavito

Tradicional

Pablito clavó un clavito.
Un clavito clavó Pablito.
¿Qué clavito clavó Pablito?

Nelly Nailed a Nail

adapted by Beverly J. Irby

Nelly nailed a nail.
A nail nailed Nelly.
How many nails did Nelly nail?

La pelota/The Ball

La pelota

por Rafael Lara-Alecio

(Una adivinanza)
No tengo pies ni brazos,
ni piernas, ni manos.
Sin embargo, salto, bailo, y ruedo.
¿Quiéres saber quién soy?
(Una pelota)

The Ball

by Rafael Lara-Alecio

(a riddle)
I have neither feet nor arms,
Neither legs nor hands.
But I jump, dance, and roll.
Do you want to know what I am?
(A ball)

Pimpón/Ivan

Pimpón

Tradicional

Pimpón es un muñeco,
muy guapo y de cartón.
Se lava su carita
con agua y con jabón.
Se desenreda el pelo
con peine de marfil
y aunque se dé tirones
no llora ni hace así.
Apenas las estrellas
comienzan a salir,
Pimpón se va a su cama
y empieza a dormir.

Ivan

adapted by Beverly J. Irby, Rafael Lara-Alecio, and Pam Schiller

Ivan is a little doll
Cleverly cut from cardboard.
He cleans his round, smiling face
With soap and an old washboard.
He combs his tangled hair,
With a comb made from ivory.
The tangles pull here and there,
But he doesn't cry. No sir-ree.
When the stars appear overhead,
And the crickets go peep, peep.
Ivan jumps into his bed
And falls fast asleep.

Pin uno/Pin One

Pin uno

Tradicional

Pin uno, pin dos, pin tres,
pin cuatro, pin cinco, pin seis,
pin siete, pin ocho, toca las ocho,
con un palo, re-te mo-cho.
Pin nueve, toca la nieve,
con un palo Re-te Re re-re.
Pin diez, toca las diez,
con un palo al revés,
Re-te Pez.
¡Si quieres empezamos otra vez!

Pin One

adapted by Beverly J. Irby

Pin one, pin two, pin three,
Pin four, pin five, pin six,
Pin seven, pin eight, touch a gate.
With a stick touch a gate, gate, gate.
Pin nine, touch a vine.
With a stick touch a vine, vine, vine.
Pin ten, touch a hen.
With stick touch a hen, hen, hen.
With a stick touch a gate, touch a vine, touch
   a hen.
Do you want to start again?

Sana, sana/Heal, Heal

Sana, sana

Tradicional

*(Estas rimas son dichas a un(a) niño(a)cuando
   se ha golpeado.)*
Sana, sana, colita de rana.
Si no sanas hoy, sanarás mañana.
Sana, sana, colita de rana.
Ten un besito para hoy y mañana.
Sana, sana, colita de gato.
Si no pasa ahora, pasará dentro de un rato.
Sana, sana, colita de pato.
Si no sanas hoy, sanarás en un rato.

Heal, Heal

adapted by Beverly J. Irby and Rafael Lara-Alecio

*(Use this poem when a child has a little "hurt" or
   "boo-boo." It is a fun rhyme for them to say.)*
Heal, heal little frog's tail.
If you don't heal today,
You will heal without fail.
Have a kiss for today,
And one for tomorrow,
And one from me, I say.
Heal, heal little cat's tail.
If you don't heal today,
You will heal without fail.

Teddy Bear, Teddy Bear/Osito, Osito

Teddy Bear, Teddy Bear

Traditional

(Suit actions to words.)
Teddy bear, teddy bear, turn around.
Teddy bear, teddy bear, touch the ground.
Teddy bear, teddy bear, touch your shoe.
Teddy bear, teddy bear, say howdy-do.
Teddy bear, teddy bear, go up the stairs.
Teddy bear, teddy bear, say your prayers.
Teddy bear, teddy bear, turn out the light.
Teddy bear, teddy bear, say good night.

Osito, Osito

adaptado por Rafael Lara-Alecio y Beverly J. Irby

(Haga lo que las palabras sugieren.)
Osito, osito, date vuelta.
Osito, osito, toca el suelo.
Osito, osito, toca tus zapatos.
Osito, osito, dí, buenos días.
Osito, osito, sube las escaleras.
Osito, osito, apaga las luces.
Osito, osito, vamos a dormir.

Three Little Kittens/Los tres gatitos

Three Little Kittens

Traditional

Three little kittens lost their mittens,
And they began to cry,
"Oh, mother dear, we very much fear
Our mittens we have lost."
"What! Lost your mittens, you naughty kittens!
Then you shall have no pie."
"Mee-ow, mee-ow, mee-ow, mee-ow."
"No, you shall have no pie."

The three little kittens they found their mittens;
And they began to cry,
"Oh, Mother dear, see here, see here!
Our mittens we have found."
"What! Found your mittens! You good
   little kittens,
Now you shall have some pie."
"Purr, purr, purr, purr,
Purr, purr, purr."

Los tres gatitos

adaptado por Rafael Lara-Alecio y Beverly J. Irby

Tres gatitos perdieron sus mitones
y comenzaron a llorar:
—¡Oh! querida mamá, tememos que
hemos perdido nuestros mitones—.
—¿Cómo? ¿Perdieron sus mitones, gatitos?
Entonces, no habrá pastel—.
—Miau, miau, miau, miau—.
—No, no habrá pastel—.

Los tres gatitos encontraron sus mitones
y comenzaron a reir:
—¡Oh!, querida mamá, ¡ves, ves que están aquí!
Encontramos los mitones allí—.
—¿Cómo? ¿Encontraron los mitones, gatitos?
Entonces, pastel comerán—.
—Purr, purr, purr, purr, purr—.

Wee Willie Winkie/Muchachito dormilón

Wee Willie Winkie

Traditional

Wee Willie Winkie runs through the town,
Upstairs and downstairs, in his nightgown;
Rapping at the window, crying through the lock,
"Are the children in their beds?
Now it's eight o'clock."

Muchachito dormilón

adaptado por Rafael Lara-Alecio y Beverly J. Irby

Un muchachito dormilón
toda la calle recorría
tan sólo en su camisón,
por arriba, por abajo, noche y día.
Tocando en las ventanas
gritaba en el condado;
—¿Están los chicos en sus camas?
¡Pues ya la ocho han dado!—

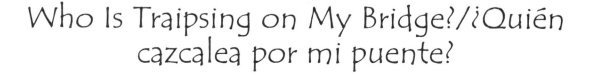

Who Is Traipsing on My Bridge?/¿Quién cazcalea por mi puente?

Who Is Traipsing on My Bridge?

by Pam Schiller

(Use with the story of "The Three Billy Goats Gruff/Los tres chivitos Gruff.")

Who is traipsing on my bridge?
Trip, trap, trip, trap! Get off my bridge!
No one should be traipsing there.
Get off! Get off! Don't you dare!

¿Quién cazcalea por mi puente?

por Pam Schiller, Rafael Lara-Alecio y Beverly J. Irby

¿Quién cazcalea por mi puente?
Trip, trap, trip, trap. ¡Fuera de mi puente!
Por allí no debe estar cazcaleando la gente.
¡Fuera, fuera! No seas un insolente!

Las amigas del maíz/The Corn Friends
(Listening Story)

Las amigas del maíz (Leyenda tradicional Maya)

adaptado por Rafael Lara-Alecio y Beverly J. Irby

Esta leyenda sucedió en Centroamérica, donde hace muchos pero muchos años vivió un grupo de gente conocida como los Mayas. Ellos siempre creyeron que el maíz fue un regalo de la naturaleza y por ello debían de cuidarlo bien. Los Mayas fueron conocidos como los "Hombres de Maíz."

La leyenda cuenta que en el palacio del rey vivían dos niñas. Una era muy rica y su nombre era Nicté. La otra niña, llamada Tala, trabajaba en el palacio. Con lo que ganaba, ayudaba a sus padres. Cada día, Tala preparaba el maíz para Nicté y para la familia. A Nicté le gustaba venir ayudar a Tala especialmente en la preparación del maíz. Ambos preparaban cada día el maíz. Ponían cinco libras de maíz dentro de una olla de barro. A ésta le agregaban suficiente agua. Antes de ponerla al fuego, le agregaban un puñado de cal.

El maíz era puesto a cocer por muchas horas. Una vez que éste estaba cocido, su cáscara podía facilmente removerse con los dedos. Cuando el maíz cocido estaba suave, éste era lavado varias veces con agua fresca hasta remover totalmente toda su cáscara. El producto final es conocido como nixtamal. Cuando el nixtamal estaba preparado, se llevaba a una piedra de moler la cual tenía un maso también de piedra. Nicté y Tala disfrutaban tomando turnos en la molición y elaboración de la masa. De la masa, Tala y Nicté preparaban muchas comidas y bebidas. Entre las comidas más apetecidas eran los tamales y las tortillas. Con la masa preparaban tamales de diferentes clases. Por ejemplo, si era un día muy especial, preparaban tamales con salsa de tomate acompañados con carne de pavo o de marrano y muchas verduras. Usaban las hojas de plátano para cubrirlas y hervirlas por varias horas. De la misma masa, hacían las ricas tortillas. Tala y Nicté preparaban la masa en la piedra de moler y luego hacían pequeña bolas y las llevaban a sus manos y poco a poco les iban dando forma circular. Éstas eran delgadas antes de ser puestas al comal. El comal en la cultura Maya fue hecho de barro. Su forma es redonda y en él se cuecen las tortillas. Las tortillas son flexibles cuando están cocinadas y pueden ser acompañadas con carne o vegetales, o pueden ser usadas para llevarla a la boca un poco de comida. Para mucha gente, las tortillas hacen el papel de una cuchara. Nicté y Tala se divertían juntas. ¡Las dos niñas fueron llamadas "Las Amigas del Maíz" sin importar que una fuera rica y la otra pobre!

Las amigas del maíz/The Corn Friends
(Listening Story)

The Corn Friends (Traditional Mayan Legend)

adapted by Rafael Lara-Alecio and Beverly J. Irby

In Central America, far, far away and long, long ago, lived a group of people called the Maya. They thought corn was nature's gift to them, so it was very important to take care of it. This is why the Maya called themselves "corn people." In the King's palace lived a rich little girl named Nicté, and working in the King's palace lived a poor little girl named Tala.

Each day Tala prepared corn (maize) for herself and for Nicté. Nicté wanted to help, so she and Tala put hard kernels of corn into boiling water with white lime to make hominy. Then they ground the mixture on the metate (or stone) and turned it into dough with which they used to make *tamales* or *tortillas* for themselves. Tamales are made from corn meal mixed with a little shortening or lard and sometimes other flavorings. Then this mixture is formed into large rolls, stuffed with little strips of meat, rolled up in banana leaves, and steamed. Tortillas are made of cornmeal dough and water, which is rolled into little balls and then flattened into circles by patting the dough in the palms of the hands. All Mayan people ate maize with their meals. Tortillas bend when cooked and can be rolled with meat or vegetables inside, or they can be used like a spoon or fork to scoop up food. The girls cooked the tortillas on a comal (round flat pan). Nicté and Tala had fun together. To these two girls, who called themselves "corn friends," it did not matter that one was rich and one was poor.

The Boy Who Cried Wolf (Aesop's Fable)/El niño y el lobo
(Listening Story)

The Boy Who Cried Wolf (Aesop's Fable)

adapted by Pam Schiller

Once upon a time, there was a little boy who liked to tell lies. He thought it was great fun to make people believe a thing was true when it wasn't. Of course, this made his family unhappy, and it made his friends unhappy, and it got the little boy into trouble.

To help his father, the little boy sometimes went to the fields to watch the sheep. It was his job as a shepherd to keep the wolf away from the sheep. If he saw a wolf, he was supposed to yell as loud as he could, "Wolf! Wolf!" Then anyone who could hear him would help him chase away the wolf.

One sunny afternoon, the little boy was bored, so he decided to have some fun. What do you think he did? He cried, "Wolf! Wolf!" as loud as he could. His father, his brothers and sisters, and the neighbors grabbed big sticks and went running to chase away the wolf. When they found the little boy and the sheep, the little boy was rolling around on the ground laughing. He thought it was so funny to see all those people leave their work and come running to help him. No one else thought it was funny.

The next afternoon, the little boy was bored again, so what do you think he did? He cried, "Wolf! Wolf!" as loud as he could. His father, his brothers and sisters, and the neighbors grabbed big sticks and went running to chase away the wolf. When they found the little boy and the sheep, the little boy was rolling on the ground laughing. This time, the people got very angry, and the boy's father told him, "Lying is not right. One day the wolf will come, and you will really need help, but no one will believe you because you've lied so many times." The little boy just laughed.

When the father, the brothers and sisters, and the neighbors were back at the farmer's house, they talked about the little boy and his lying. They decided to teach him a lesson before the wolf hurt him. What do you think they did?

A few days later, one of the brothers dressed up in a wolf suit. Then the boy's father, his brothers and sisters, and the neighbors sneaked out to the field where the boy was watching the sheep, and they hid behind some bushes. The brother in the wolf suit crept out from behind a bush and growled. The little boy looked around. His brother, the "wolf," growled again and began creeping slowly toward the little boy and his sheep. The little boy screamed, "Wolf! Wolf! Wolf!"

The wolf crept closer and closer. The little boy screamed again, "Wolf! Wolf!" He kept screaming, but no one came to help him. As the wolf got closer, the little boy became more frightened. He was sure the wolf would eat him and all his sheep.

The little boy ran back to his house as fast as he could, all the time telling himself, "I'll never tell a lie again. I'll never tell a lie again." And he didn't.

El niño y el lobo (Fábula de Esopo)

adaptado por Pam Schiller, Rafael Lara-Alecio y Beverly J. Irby

Había una vez un niño a quien le gustaba mucho mentir. Le divertía que los demás se creyeran algo que no era verdad. Por supuesto, ni a su familia ni a sus amigos les parecía bien, y las mentiras llevaron al niño en problemas.

El niño ayudaba a su padre en el campo cuidando las ovejas. Su trabajo era impedir que el lobo se acercara al rebaño. Si veía un lobo, tenía que gritar muy fuerte: —¡Él lobo! ¡Él lobo!— para que todos los demás lo oyeran y fueran corriendo hacia el animal y evitar de esta forma, que el lobo se llevara a una oveja.

Una tarde soleada, el niño estaba muy aburrido, así que decidió hacer algo para divertirse. ¿Qué creen que se le ocurrió?

Gritó: —¡Él lobo! ¡Él lobo!— lo más fuerte que pudo. Su padre, sus hermanos, sus hermanas y todos los vecinos tomaron sus garrotes y fueron corriendo a donde estaba el niño.

Cuando llegaron al lugar, encontraron al niño retorciéndose de risa en el suelo. Le parecía muy divertido que toda aquella gente dejara su trabajo y fuera corriendo a ayudarlo.

Al día siguiente, el niño estaba aburrido. ¿Qué creen que se le ocurrió hacer esta vez?

Gritó de nuevo: —¡Él lobo! ¡Él lobo!— tan fuerte como pudo. Su padre, sus hermanos, sus hermanas y los vecinos de nuevo tomaron sus garrotes y, una vez más, fueron corriendo donde el niño estaba.

Cuando llegaron de nuevo al sitio, lo encontraron retorciéndose de risa en el suelo. Esta vez, todos se enfadaron mucho. Su padre le dijo: —No se debe mentir. Algún día el lobo vendrá de verdad y cuando grites pidiendonos ayuda, nadie te hará caso porque pensaremos que es otra mentira.

El niño seguía riéndose.

El padre, los hermanos, las hermanas y los vecinos volvieron a sus casas. Realmente estaban muy enfadados con el niño y muy cansados de sus mentiras. Pensaron como darle una buena lección antes de que un día el temible lobo llegara y nadie viniera a su auxilio. ¿Qué creen que planearon?

Unos días más tarde, uno de los hermanos del niño se disfrazó con una piel de lobo. El padre, los hermanos, las hermanas y los vecinos fueron a donde estaba el niño cuidando las ovejas y se escondieron detrás de unos arbustos.

El hermano disfrazado con la piel de lobo se asomó detrás de un arbusto y gruñó ferozmente. El niño lo miró. Su hermano —el lobo— gruñó otra vez y empezó a caminar hacia donde estaban el niño con el rebaño. El niño gritó: —¡Él lobo! ¡Él lobo!

El lobo se acercó un poco más. El niño gritó de nuevo: —¡Él lobo! ¡Él lobo!— siguió gritando, pero nadie fue a ayudarlo. El lobo se acercaba poco a poco. El niño estaba muy asustado, pues pensaba que se lo iba a comer a él y a sus ovejas.

Como pudo, salió corriendo a casa mientras repetía una y otra vez: —¡Nunca volveré a mentir! ¡Nunca volveré a mentir!— Y así fue, ¡nunca más volvió a decir una sola mentira!

El carnero en el sembradío de chiles/
The Ram in the Chili Patch
(Traditional Tale From Mexico) (Listening Story)

El carnero en el sembradío de chiles (Cuenta tradicional de México)

adaptado por Rafael Lara-Alecio

Había una vez un niño que tenía un pequeño sembradío de chiles, el cual cuidaba con mucho esmero. Ese sembradío era su medio de subsistencia. Un día un pequeño carnero se metió en él. Entonces el niño empezó a decir —Carnerito, carnerito márchate de mi sembradío de chiles.

—Tú, niño mal educado, ¿qué crées que conmigo harás?— le dijo el carnero.

El niño le suplicaba al carnerito que saliera del sembradío. A cambio de acceder a su súplica, el carnero le dió un puntapie. Como pudo, el niño se fue llorando. Cuando iba de regreso a su casa, se encontró con una vaca. Ésta le preguntó —¿Qué te pasa, por qué lloras?

—¡Ay, ay, ay!— dijo el niño— El carnerito vino al sembradío de chiles, le pedí que saliera y me dió un puntapies.

—Espera aquí— le dijo la vaca. Yo lo sacaré de allí.

La vaca se fue al sembradío y dijo —Muu, muu, muu, carnerito, carnerito, sal de ese sembradío de chiles.

—Tú, vaca cornuda, ¿qué crées que conmigo harás? Vete de aquí o te doy un puntapié como lo hice con el niño—. La vaca trató de sacar al carnerito del sembradío pero éste más rápido le dió un puntapié.

Tiempo más tarde, llegó un perro y éste dijo —Yo lo puedo sacar del sembradío y empezó a ladrar. —Guau, guau, guau, guau. Carnerito, carnerito, sal de ese sembradío de chiles.

—Tú, perro desvergonzado, ¿qué crees que conmigo harás? Vete de aquí o te doy un puntapié como lo hice con el niño y la vaca. El perro insistió, pero el carnerito hizo lo mismo con él que hizo con la vaca y el niño.

Tiempo más tarde llegó un gallo. Éste una vez que supo lo que pasaba, comenzó a cacarear y dijo —Yo voy y sacaré al carnero de allí—. En efecto, el gallo se dirigió al sembradío de chile y dijo —Carnerito, carnerito, sal de ese sembradío de chiles.

—Tú, gallo creído, ¿qué crées que conmigo harás? Vete de aquí, o te doy un puntapié como lo hice con el niño, la vaca y el perro. El carnero no esperó más y corneó al gallo.

El carnero continuó comiéndose el pequeño sembradío de chiles y el niño estaba muy triste porque su sembradío de chiles iba desapareciendo poco a poco.

Un burro que pasaba por allí se acercó al niño y le dijo —No te preocupes muchacho, yo voy a sacar a ese carnero de tu sembradío. El burro comenzó a decir —Carnerito, carnerito, sal de ese sembradío de chiles.

—Tú burro orejudo, ¿qué crées que conmigo harás? Vete de aquí, o te doy un puntapié como lo hice con el niño, la vaca, el perro y el gallo. El carnero no esperó más y le dió una cornada al burro. El niño lloraba y lamentaba al ver como su sembradío desaparecía. Una hormiguita que escuchaba al niño llorar, se acercó a él y le dijo —¿Cómo puedo ayudarte?

El niño le dijo —hormiguita si logras sacar a ese carnero de mi sembradío de chiles, te regalaré un montón de maíz.

—¿Cuánto me darás?— preguntó la hormiga.

—Te daré una fanega.

—Eso es demasiado— dijo la hormiga.

—Entonces te daré media fanega.

—Eso es demasiado— dijo la hormiga.

—Te daré entonces un puñado.

—Muy bien— dijo la hormiga.

Entonces, mientras el niño molía el maíz, la hormiga empezó acercarse al carnero. Empezó a trepar poco a poco. Subió por una de las patitas del carnero y lo picó. El carnerito dió un salto y empezó a brincar gritando —¡Válgame Dios! ¡La hormiga me ha picado en la cola!

Y así fue como pudieron sacar al carnerito del sembradío de chiles. Ambos, la hormiguita se fue feliz con su puñado de maíz y el niño se quedó contento por haber sacado al carnero del sembradío de chile.

El carnero en el sembradío de chiles/ The Ram in the Chili Patch
(Traditional Tale From Mexico) (Listening Story)

The Ram in the Chili Patch (Traditional Tale From Mexico)

adapted by Rafael Lara-Alecio

There was a little boy who had a little patch of chili peppers. He tended it with the greatest care. That was what gave him his livelihood. But one day, a little ram got into it. So the boy began, "Little ram, little ram, get out of that chili patch."

"You unmannerly boy, why do you shout? Get out of here, or I'll kick you out."

Finally, he did try to get the little ram out, and the little ram, instead of leaving, gave him a kick and knocked the boy down. He struggled to his feet and went away crying.

He met a cow, and she asked him, "What's the matter, little boy?"

"Ay, ay, ay!" he said. "The little ram knocked me down."

"And why?"

"Because he's in my little chili patch," cried the boy.

"Just wait. I'll go get him out."

The cow went over and said, "Moo, moo, moo! Little ram, little ram, get out of that chili patch."

"You big-horned cow, why do you shout? Get out of here, or I'll kick you out."

Finally, she did try. She tried to hook him with her horns, but the little ram turned around and kicked out the cow.

Then along came a dog, and he said, "I can get him out for sure." And he began to bark. "Bow-wow-wow-wow! Little ram, little ram, get out of that chili patch."

"You shameless dog, why do you shout? Get out of here or I'll kick you out."

The dog kept insisting and he got closer and closer, so the little ram gored him and left him the same as the cow.

Then along came a cock. He began to crow and said, "Little ram, little ram, get out of that chili patch."

"You silly-looking cock, why do you shout? Get out of here or I'll kick you out."

Finally, the ram gored the cock and left him there with his legs in the air, and he went away.

The ram kept on eating the little chili patch, and the boy was very sad because his chili patch was being eaten. A burro came along, and he said, "Don't worry, little boy, I'll go get the ram out." The burro began, "Little ram, little ram, get out of that chili patch."

"You long-eared burro, why do you shout? Get out of here or I'll kick you out."

At last the ram came up close. He gored the burro and threw him out. The boy saw that his little chili patch was almost gone.

When a little ant came along, the boy said, "Little ant, little ant, if you would get the little ram out of my little chili patch for me, I would give you a lot of corn."

"How much will you give me?" asked the ant.

"I'll give you a bushel."

"That's too much," said the ant.

"I'll give you half a bushel."

"That's too much," said the ant.

"I'll give you a handful."

"All right, then," said the ant.

So while the boy started grinding the corn, the little ant started to climb, little by little, up one of the ram's little legs. She climbed and climbed until she got to the little ram's behind, and then she stung him. The little ram jumped and leaped and began to yell, "Oh, my dear! Oh, my dear! She has stung me on the rear! Oh, my dear! Oh, my dear! She has stung me on the rear!"

And that is how they were able to get the little ram out of the chili patch.

El conejo: una leyenda maya/ Rabbit: A Mayan Legend
(Listening Story)

El conejo: una leyenda tradicional maya

adaptado por Rafael Lara-Alecio

A comienzos de la creación, don Conejo tenía grandes cuernos. Sin embargo, don Ciervo no tenía ninguno. Estaba tan celoso de don Conejo y se sentía tan ofendido que decidió buscarse unos elegantes cuernos por sí mismo. Don Ciervo le dijo a don Conejo que se veía muy majestuoso con sus cuernos y le preguntó a don Conejo si podía pedírselos prestados sólo para probárselos y ver cómo se veían. Todo halagado, don Conejo aceptó siempre que fuera por un momento. Don Conejo los colocó sobre la cabeza de don Ciervo y de inmediato éste empezó a pavonearse y a saltar, caminando por todos lados preguntando cómo se veían los cuernos en su cabeza. Siguió caminando hasta que se perdió de vista. Don Conejo empezó a preocuparse, dándose cuenta finalmente de que don Ciervo no iba a devolverle sus cuernos. Don Conejo fue a quejarse furiosamente ante don Formador y don Creador pidiéndoles otro par de cuernos. Don Formador y don Creador le dijeron que lo que don Conejo había hecho con sus propias manos, ellos no podían anular. Don Conejo tenía que vivir sin sus cuernos. Entonces Don Conejo les pidió que lo hicieran más grande para así mostrar su importancia a los demás animales. Don Formador y don Creador se negaron, pero don Conejo rogó y gimoteó tanto que don Formador y don Creador se inclinaron hacia delante, agarraron las orejas de don Conejo y las jalaron, estirándolas bastante. Es así cómo don Conejo demuestra su importancia hasta este día, con sus largas orejas.

El conejo: una leyenda maya/
Rabbit: A Mayan Legend

(Listening Story)

Rabbit: A Traditional Mayan Legend

adapted by Rafael Lara-Alecio

At the beginning of creation, Rabbit had great antlers. Deer, though, had none. He was so jealous and so very offended that he planned to get his own magnificent antlers. Deer told Rabbit how wonderfully majestic he looked and asked Rabbit if he might borrow Rabbit's antlers just to try them on and see how they looked. Flattered, Rabbit agreed as long as it would be for just for a moment. Rabbit placed them on top of Deer's head and Deer immediately pranced and jumped, walking around asking how they looked on him. He walked farther away until he was out of sight. Rabbit grew worried, finally realizing that Deer was not going to return his antlers. Rabbit angrily complained to Shaper and Creator, asking for another pair of antlers. Shaper and Creator told him that what had been done by Rabbit's own hands could not be undone. Rabbit must live without his antlers. Rabbit then asked that his ears be made larger to show his importance to the other animals. Shaper and Creator refused, but Rabbit begged and whined so much, that Shaper and Creator leaned over, grabbed Rabbit's ears and pulled, stretching them out. That is how Rabbit shows his importance to this day, with his long ears.

The Gingerbread Man/ El hombrecito de jengibre
(Listening Story)

The Gingerbread Man

adapted by Pam Schiller

Once upon a time, a little old woman and a little old man lived in a little old house in a little old village. One day the little old woman decided to make a gingerbread man. She cut him out of dough and put him in the oven to bake. After a while, the little old woman said to herself, "That gingerbread man must be ready by now." She went to the oven door and opened it. Up jumped the gingerbread man, and away he ran. As he ran he shouted, "Run, run as fast as you can. You can't catch me. I'm the gingerbread man!"

The little old woman ran after the gingerbread man, but she couldn't catch him.

He ran past the little old man who was working in the garden. "Stop, stop!" called the little old man. But the gingerbread man just called back, "Run, run as fast as you can. You can't catch me. I'm the gingerbread man."

The little old man joined the little old woman and ran as fast as he could after the gingerbread man, but he couldn't catch him. The gingerbread man ran past a dog. "Stop, stop!" said the dog. But the gingerbread man just called back, "Run, run as fast as you can. You can't catch me. I'm the gingerbread man."

The dog joined the little old woman and the little old man and ran as fast as he could after the gingerbread man, but he couldn't catch him.

The gingerbread man ran past a cat. "Stop, stop!" said the cat. But the gingerbread man just called back, "Run, run as fast as you can. You can't catch me. I'm the gingerbread man."

The cat joined the little old woman and the little old man and the dog, but she couldn't catch the gingerbread man.

Soon the gingerbread man came to a fox laying by the side of a river, and he shouted, "Run, run, as fast as you can. You can't catch me. I'm the gingerbread man! I ran away from the little old woman, the little old man, the dog, and the cat, and I can run away from you, I can."

But the sly, old fox just laughed and said, "If you don't get across this river quickly, you will surely get caught. If you hop on my tail I will carry you across." The gingerbread man saw that he had no time to lose, so he quickly hopped onto the fox's tail.

"Oh!" said the fox. "The water is getting deeper. Climb on my back so you won't get wet." And the gingerbread man did.

"Oh!" said the fox. "The water is getting deeper. Climb on my head so you won't get wet." And the gingerbread man did.

"Oh!" said the fox. "The water is getting deeper. Climb on my nose so you won't get wet." And the gingerbread man did. Then the fox tossed the gingerbread man into his mouth. And that was the end of the gingerbread man!

El hombrecito de jengibre

adaptado por Rafael Lara-Alecio

Érase una vez una viejita pequeñita y un viejito pequeñito que vivían en una casita viejita en una aldeíta viejita. Un día, la viejita pequeñita decidió hacer un hombrecito de jengibre. Ella lo hizo con masa y lo puso a hornear en el horno. Al rato, la viejita pequeñita se dijo a sí misma: —Ese hombrecito de jengibre debe estar listo ya—. Ella se dirigió a la puerta del horno y la abrió. El hombrecito de jengibre saltó y huyó.

Mientras corría gritaba, —Corre, corre tan rápido como puedas. No me puedes atrapar. ¡Yo soy el hombrecito de jengibre!—

La viejita pequeñita corrió detrás del hombrecito de jengibre pero no lo pudo atrapar. Él pasó al lado del viejito pequeñito que trabajaba en el jardín.

—¡Detente, detente!— le dijo el viejito pequeñito.

Pero el hombrecito de jengibre le contestó —Corre, corre tan rápido como puedas. No me puedes atrapar. ¡Yo soy el hombrecito de jengibre!

El viejito pequeñito se unió a la viejita pequeñita y corrieron tan rápido como pudieron detrás del hombrecito de jengibre, pero no lo pudieron atrapar. El hombrecito de jengibre pasó al lado de un perro.

—¡Detente, detente!— le dijo el perro.

Pero el hombrecito de jengibre le contestó —Corre, corre tan rápido como puedas. No me puedes atrapar. ¡Yo soy el hombrecito de jengibre!—

El perro se unió a la viejita pequeñita y el viejito pequeñito y corrieron tan rápido como pudieron detrás del hombrecito de jengibre, pero no lo pudieron atrapar. El hombrecito de jengibre pasó al lado de un gato. —¡Detente, detente!— le dijo el gato.

Pero el hombrecito de jengibre le contestó —Corre, corre tan rápido como puedas. No me puedes atrapar. ¡Yo soy el hombrecito de jengibre!

El gato se unió a la viejita pequeñita, el viejito pequeñito y el perro, pero de nuevo, no pudieron atrapar al hombrecito de jengibre. En breve, el hombrecito de jengibre pasó al lado de un zorro que descansaba en la orilla de un río y le gritó —Corre, corre tan rápido como puedas. No me puedes atrapar. ¡Yo soy el hombrecito de jengibre! Huí de la viejita pequeñita, del viejito pequeñito, del perro y del gato, y puedo huír de ti, yo sé que puedo.

El viejo zorro solo se rió y dijo —Si no cruzas el río rápidamente, sin duda serás atrapado. Si te montas en mi cola yo te cruzaré—. El hombrecito de jengibre se dió cuenta de que no tenía tiempo que perder así que rápidamente se montó en la cola del zorro.

—¡Ay!— dijo el zorro. —El agua se está haciendo más profunda. Móntate en mi lomo para que no te mojes—. El hombrecito de jengibre así lo hizo.

—¡Ay!— dijo el zorro. —El agua se está haciendo más profunda. Móntate en mi cabeza para que no te mojes—. El hombrecito de jengibre así lo hizo.

—¡Ay!— dijo el zorro. —El agua se está haciendo más profunda. Móntate en mi nariz para que no te mojes—. El hombrecito de jengibre así lo hizo. Entonces el zorro agitó su cabeza y atrapó al hombrecito de jengibre en su boca. ¡Ese fue el fin del hombrecito de jengibre!

¿Sabes por qué la gente astuta es como los zorros?

Goldilocks and the Three Bears/ Ricitos de oro

(Listening Story)

Goldilocks and the Three Bears

adapted by Pam Schiller

Once upon a time there were three bears. There was a mama bear, a papa bear, and a little bear. They all lived in the forest. One day, the bears went out for a walk to visit a sick friend.

While they were gone, a little girl named Goldilocks was walking in the woods. Realizing that she had lost her way, she walked until she came to a small cottage. She knocked on the door, but no one was home. Upon entering the house, she saw three bowls of porridge sitting on a table. She was very hungry. She tasted the porridge in the large bowl. It was too hot. So she tried the porridge in the middle-sized bowl. It was too cold. She tried the porridge in the small bowl. It was just right, so Goldilocks ate it all up.

After eating, she went over to the three chairs sitting before a fireplace. She found the biggest chair to be too hard! The middle-sized chair was too soft! She sat in the third chair because it seemed just right! As she sat in the chair, it wobbled, rattled, and fell apart.

By now the little girl was very tired, so she went into the other room and found three beds. The first bed was very hard! The second bed was too soft! The third bed was just right, so she fell asleep right away.

Meanwhile, the bears came home from their walk. Finding an empty bowl on the table made Mama Bear and Papa Bear scratch their heads. At the same time, the little bear found his chair in pieces on the floor. He was very upset and started crying.

Hearing the noise, Goldilocks came down to find out what was wrong. When she saw the bears, she was very surprised and a little frightened! She explained that she was lost, and that she was sorry she ate up the porridge and broke the chair. The bears were kind bears. They told Goldilocks she was forgiven. Mama Bear packed Goldilocks a basket of cookies, and Papa Bear and Baby Bear helped her find her way to the path back home.

Goldilocks and the Three Bears/
Ricitos de oro
(Listening Story)

Ricitos de oro

adaptado por Rafael Lara-Alecio

La traviesa Ricitos de Oro se fue al bosque a pasear. Descubrió en el bosque la más simpática casita. Como la puerta estaba abierta, entró. En la sala habian tres sillones. En el comedor, tres sillas. En la mesa habían tres platos de sopa. Ricitos de Oro probo los tres sillones.

El más grande lo encontró muy alto. El mediano lo encontró muy bajo. ¿Y el más pequeño? Ella, al sentarse en él, éste, se rompió.

Luego probó los tres platos de sopa. La sopa del mayor estaba muy caliente, la del mediano muy fría. ¿Cómo crees que estaba la del menor? ¡La del plato menor se la tomó toda!

Ricitos de Oro subió al dormitorio. Probó la cama mayor y estaba muy dura.

Probó la cama mediana y estaba muy blanda. ¿Cómo creen que estaba la cama pequeña?

La cama menor estaba tan acogedora y tan suave que se durmió en ella.

Cuando los tres osos regresaron a su casita encontraron la puerta abierta.

El papa Oso dijo, rugiendo con voz de trueno:

—¡Alguien se ha sentado en mi sillón y alguien ha probado mi sopa!

Entonces la mama Osa, dijo enojada:

—¡Alguien se ha sentado en mi silla y alguien ha probado mi sopa!

Por último, el Osito dijo Ilorando:

—¡Alguien se ha sentado en mi sillita…y me la ha roto y alguien…se ha tomado toda mi sopa!

Los tres osos entonces subieron al dormitorio. El papá Oso rugió con voz de trueno:

—¡Alguien se ha acostado en mi cama!

La mama Osa dijo enojada:

—¡Alguien se ha acostado en mi cama!

El Osito dijo muy bajito:

—¡Shhh…que alguien se ha acostado en mi cama y está dormida en ella!—

En ese momento Ricitos de Oro se despertó. Al ver a los tres osos se dió un susto terrible.

Entonces se acordo que tenia varios caramelos en el bolsillo de su delantal.

Le convido uno a cada oso. Desde ese día se hicieron muy amigos y se visitaban frecuentemente.

The Hen and the Golden Eggs/
Josefina la Gallina y sus huevos de oro
(Listening Story)

The Hen and the Golden Eggs

adapted by Rafael Lara-Alecio and Beverly J. Irby

Once upon a time, there was a hen that laid the most beautiful eggs—golden eggs. Happily, she laid them for her owner every day. One day, the owner decided he wanted to have the gold all at once, so he told the hen, "Just give me all your golden eggs at once."

The hen said, "Sorry, sir, I cannot give all the gold at one time."

"Then, you will be put into a cage, and there you will stay," said the owner. She stayed there for many days until the owner came back and said to her, "Now, we will see you lay even more golden eggs." But the hen was so sad, that she could not lay more eggs, neither white nor golden. The owner was so angry with her that he sent her away into the woods.

Walking slowly deep into the forest, the hen thought, "Now, what have I done? I cannot lay white or golden eggs. I am so sad, and my owner was so disappointed." About that time, the hen happened upon a very small cottage with two children laughing and playing in the yard.

Their mother called, "Your father and I have your soup ready." The hen peered into the window. There in the cottage were four little homemade chairs and a homemade table. There were four cots of straw for sleeping that were lined up around the little fireplace where the soup pot steamed.

Looking toward the window, one of the children said, "Father, there is a little hen peeping in." Father turned to the window and gently motioned for the hen to come in.

Mother said, "Hen, you look so tired, lonely, and sad, won't you have a little soup with us?"

As they shared their meager supper, one of the children, asked, "Can the hen stay here?"

"Would you like that, Hen?" asked Mother.

"Oh, yes," said the hen in a most happy and contented voice.

"Then here is your bed." Mother shared some of her straw bed with the hen. The next evening by supper, the hen was surprised to see that she had laid four white eggs, just enough to share with her new family. Thanks and hugs were given to the little hen as each enjoyed an egg. Much to the little hen's surprise, early the next morning she awoke to find a golden egg in her straw bed. What do you think is the rest of the story?

Josefina la gallina y sus huevos de oro

adaptado por Rafael Lara-Alecio y Beverly J. Irby

Había una vez una gallina llamada Josefina que ponía huevos muy hermosos. Realmente eran huevos de oro. Muy orgullosa, ella los ponía cada día para su dueño. Un día, el dueño decidió que en vez de recoger un huevo de oro cada día, el quería tener todos los huevos de oro de una sola vez. Vino a ver a la gallina Josefina quien limpiaba su casa. Entonces, el dueño le dijo que quería tener todos sus huevos de oro de una sola vez. Inmediatamente la gallinita Josefina le dijo —Lo siento señor, pero yo no puedo darle todos los huevos de una sola vez.

Si así es— dijo el dueño muy enojado— te pondré en una jaula y allí permanecerás por mucho tiempo.

Josefina permaneció encerrada en la jaula día y noche por mucho tiempo. Pasó mucho tiempo, hasta que un día vino el dueño y le dijo —Ahora vengo a recoger todos los huevos de oro—. El dueño se puso muy enojado al ver que Josefina no había puesto un huevo más. ¡Ni huevos blancos ni mucho menos huevos de oro! El dueño estaba tan furioso que la sacó de su casa y la dejó perdida en el bosque. La gallina Josefina caminó a lo largo del bosque y se preguntaba que había hecho ella para merecer tal castigo. Ahora no puedo poner ni huevos blancos ni mucho menos huevos de oro se decía una y otra vez. Estoy muy triste y mi dueño me ha sacado de su casa. Diciendo eso iba por el camino cuando vió que unos niños jugaban y reían en el frente de su humilde casa. Josefina, escuchó cuando la mamá de los niños los llamaba y les anunciaba que la cena estaba lista. Josefina para entonces, se moría del hambre por todo lo que había caminado sin tener comida alguna. Ella no pudo más y saltó a la ventana que daba al interior de la casa de los niños. Desde allí vió cuatro pequeñas sillas y una mesa de madera hecha en casa. Además vió cuatro camitas una sobre otra enfrente de la chimenea, precisamente cerca de donde la sopa estaba servida. Mirando hacia la ventana uno de los niños dice, papá, papá mira a la ventana, allí hay una gallinita cacaraqueando. Papá vino muy despacio hacia la ventana y con mucho cuidado tomó a Josefina entre sus manos. —Ven conmigo amiguita le dijo, no te haremos daño. Al mismo tiempo dijo la mamá de los niños, —Gallinita, te ves muy cansada y débil, ¿no crees que un poco de sopa te haría sentir mejor?— Así fue. La gallinita Josefina comió de la sopa que la mamá de los niños había preparado para la cena. De pronto, dice uno de los niños, mamá, —¿Puede la gallinita quedarse a dormir conmigo esta noche?—

—¿Te gustaría quedarte con nosotros?— le dijo la mamá a la gallinita.

—Por supuesto— respondió la gallinita Josefina. Mucho me encantaría quedarme con ustedes.

—Entonces aquí está tu cama y aquí hay unas cobijas para que no sientas frío—. Al siguiente día, la gallinita Josefina se sorprendió cuando vió que había puesto cuatro hermosos huevos blancos suficientes para compartir con su nueva familia. La familia agradeció a Josefina por tan necesitado regalo. Además, muchos abrazos recibió la gallinita mientras como la familia disfrutó los deliciosos huevos de Josefina. La sorpresa más grande fue que al día siguiente, al amanecer, la gallinita Josefina había puesto un hermoso huevo de oro. ¿Cómo te imaginas el final del cuento de la gallina Josefina?

Jack and the Beanstalk/ Jaime y los frijoles mágicos

(Listening Story)

Jack and the Beanstalk

adapted by Pam Schiller

Long ago, there was a boy named Jack who lived with his mother, a poor widow. Jack's father had died of a broken heart when all of his money and his magic goose had been stolen one day. Times had been hard for Jack and his mother. They were very poor. The only thing left of any value was Daisy, their cow. Every morning she gave milk, which Jack took to market and sold. But one sad day Daisy gave no milk, and then things looked bad indeed.

"Never mind, mother," said Jack. "We must sell Daisy. Trust me to make a good bargain." And away he went to the market.

As Jack walked down the road toward the market, he met a butcher.

"Good morning," said the butcher. "Where are you going?"

"I am going to market to sell the cow."

"It's lucky I met you," said the butcher. "You may save yourself the trouble of going so far. I will buy your cow right here." With this, the butcher put his hand in his pocket and pulled out five curious-looking beans. "I will give you these magic beans in exchange for your cow. If you plant them overnight, they'll grow up and reach the sky by the next morning."

"Done!" cried Jack. He took the beans and ran all the way home to tell his mother how lucky he had been. His mother was horrified.

"We could have eaten many meals with the money that cow would have brought, but now all we have are some worthless beans!" she cried. She was so angry that she threw the beans out the window and sent poor Jack to bed.

When Jack woke up the next morning, he ran to the window to see if the beans had grown. There, beside his window, was a giant beanstalk. It stretched as far as Jack could see, into the clouds.

Jack jumped out the window and began to climb the beanstalk. When at last the stalk ended, Jack found himself in a new and beautiful country. A little way off there was a great castle.

Jack walked straight to the castle. It was tremendous, much too big for people his size. Jack was very curious. He slipped under the door and went inside. There he saw a great table. On the table were big bags of gold coins. Jack recognized the big bags of gold coins: They used to belong to his father!

Suddenly, the castle floor began to shake. Footsteps! Then Jack heard a deep, booming voice from down the hall: "Fee, fi, fo, fum, I smell the blood of an Englishman."

Jack was very frightened. He saw a mean, ugly giant coming down the hall. Trembling, he reached up on the table, grabbed one of the bags of gold, and ran as fast as he could. He slipped under the door, raced back to the beanstalk, and scurried back to his cottage lickety-split.

Jack and his mother were now quite rich. They had everything they needed and most of what they wanted. But Jack was not satisfied. He kept thinking about the rest of his father's bags of gold coins. So while his mother was away at market, he climbed up and up the beanstalk, until he was at the top again.

Jack ran to the castle and slipped under the door to grab another bag of gold coins. As he sneaked toward the room with the great table, he saw something that shocked him. The giant was sitting at the table talking to the magic goose that had belonged to Jack's father! "Lay!" said the giant, and the goose at once laid a beautiful golden egg. "Lay!" said the giant, and the goose laid another golden egg. "Lay!" said the giant, and the goose laid a third golden egg.

Then the giant stopped. He sniffed the air. He got a mean look on his face and bellowed: "Fee, fi, fo, fum, I smell the blood of an Englishman." With a fearful roar, the giant seized his oak-tree club and dashed after Jack. Jack ran under the table. When the giant brought down his mighty club, the table smashed to pieces and the goose fell to the floor. At once, Jack scooped up the goose and ran for the door.

The giant chased after Jack, but he was clumsy and tripped over his own big foot. Jack started down the beanstalk lickety-split. Before the giant could stand and run, Jack had reached the ground. Quickly, he took an axe and cut down the beanstalk. The giant could never chase him now.

Jack then skipped into the house to show his mother the magic goose that would lay golden eggs for them. And the three of them—Jack, his mother, and the goose—lived happily ever after.

Jaime y los frijoles mágicos

adaptado por Rafael Lara-Alecio

Hace mucho tiempo había un niño llamado Jaime quien vivía con su mamá, una pobre viuda. Su papá había muerto de un corazón roto cuando un día le robaron todo su dinero y su ganso mágico. Habían sido tiempos muy difíciles para Jaime y su mamá. Ambos eran muy pobres y habían vendido la mayor parte de sus muebles para comprar pan. Su pequeña vivienda estaba prácticamente vacía. La única cosa de valor que quedaba era su vaca Daisy. Todas las mañanas Jaime ordeñaba a su vaca Daisy y llevaba al mercado la leche que ella le daba. Un triste día, Daisy no dió más leche y entonces las cosas empeoraron. —No te preocupes mamá— decía Jaime. —Debemos vender a Daisy. Confía en que voy a hacer un buen negocio—. Jaime tomó a Daisy y se fueron al mercado.

Caminaban hacia el mercado cuando se encontraron con el carnicero. —Buenos días— dijo el carnicero. —¿A dónde vas?—

—Voy al mercado a vender la vaca—.

—Tengo suerte de encontrarte— le dijo el carnicero.

—Te voy a ahorrar el inconveniente de ir tan lejos. Te compraré la vaca aquí mismo.

Así, el carnicero se llevó su mano hacia el bolsillo y sacó cinco frijoles que se veían raros. —Te daré estos frijoles mágicos a cambio de la vaca—. Si los siembras durante la noche, ellos crecerán y llegarán al cielo a la mañana siguiente.

—¡Trato hecho!— dijo Jaime. Agarró los frijoles y corrió a su casa a decirle a su mamá lo afortunado que había sido. Su mamá estaba horrorizada al escuchar lo que Jaime le decía.

—Hubiéramos podido haber comido varias veces con el dinero que la vaca nos hubiera dejado pero ahora todo lo que tenemos son unos frijoles sin ningún valor!— dijo ella. Ella estaba tan enojada que arrojó los frijoles por la ventana y le dijo a Jaime que se fuera acostar a su cama.

Cuando Jaime se despertó al día siguiente, corrió hacia la ventana para ver si los frijoles habían crecido. Allí, al lado de su ventana, había un tallo de frijoles inmenso. El tallo se prolongaba tan alto hacia las nubes que Jaime no podía ver.

Jaime saltó por la ventana y comenzó a trepar el tallo de frijoles. Trepó y trepó hacia arriba hasta meterse en las nubes. Por fin, cuando se terminó el tallo, Jaime se encontraba en un país nuevo y hermoso. Un poco más allá había un gran castillo.

Jaime caminó hacia el castillo. Era enorme, demasiado grande para una persona de su tamaño. Jaime tenía curiosidad. Se metió por debajo de la puerta y entró. Había una mesa grande. Sobre la mesa había bolsas grandes con monedas de oro. Jaime reconoció las bolsas grandes con monedas de oro, ¡habían sido de su papá! De repente, el piso del castillo se comenzó a estremecer. ¡Pasos! Luego Jaime oyó una voz fuerte y que retumbaba en el pasillo: —Fee, fi, fo, fum, me huele a sangre de un caballero inglés —decía desde más adentro una fuerte voz.

Jaime tenía mucho miedo. De pronto, Jaime vio un enorme gigante que caminaba por el pasillo. Temblando, se subió a la mesa, agarró una de las bolsas de dinero y corrió tan rápido como pudo. Pasó por debajo de la puerta, corrió hacia el tallo de frijoles y huyó rápidamente hasta su vivienda.

Jaime y su mamá ahora eran ricos. Tenían todo lo que necesitaban y casi todo lo que querían. Jaime no estaba satisfecho. Él seguía pensando en el resto de las bolsas de monedas de oro de su papá. Así que mientras su mamá se había ido al mercado, trepó de nuevo por el tallo de frijoles, hasta que llegó al tope otra vez.

Jaime corrió hacia el castillo y se metió por debajo de la puerta para agarrar otra bolsa de monedas de oro. A medida que caminaba hacia el cuarto con la mesa grande vió algo que lo estremeció. El gigante estaba sentado en la mesa hablándole al ganso mágico que había pertenecido al papá de Jaime. —¡Pon!— dijo el gigante y el ganso puso un hermoso huevo dorado. —¡Pon!— le dijo el gigante y el ganso puso otro hermoso huevo dorado. —¡Pon!— dijo el gigante y el ganso puso un tercer huevo dorado.

Luego, el gigante paró. Olfateó y con una mirada y un grito dijo —Fee, fi, fo, fum, me huele a sangre de un caballero inglés—. Con un gruñido espantoso, el gigante agarró su palo de roble y corrió rápidamente detrás de Jaime. Jaime se metió debajo de la mesa. El gigante derribó la mesa con su palo y el ganso cayó al suelo. De inmediato, Jaime cogió el ganso y corrió hacia la puerta.

El gigante persiguió a Jaime pero como era muy grande, se tropezó con su mismo pie. Jaime bajó rápidamente por el tallo de frijoles. Antes de que el gigante se pudiera levantar y correr, Jaime ya había llegado a la tierra. Rápidamente cogió el hacha y cortó el tallo de frijoles. Ahora el gigante no lo podría perseguir más.

Luego, Jaime entró a su casa para mostrarle a su mamá el ganso mágico que pondría huevos de oro para ellos. Los tres, Jaime, su mamá y el ganso, vivieron muy felices para siempre. ¡Colorín colorado, este cuento de Jaime, su mamá y el ganso mágico ha terminado!

Little Red Riding Hood/Caperucita roja
(Listening Story)

Little Red Riding Hood

adapted by Pam Schiller

It was a beautiful, sunny day. The birds were singing, and the butterflies were darting here and there, collecting nectar from the flowers. Little Red Riding Hood skipped happily through the forest on her way to her grandmother's house. Suddenly, a huge, gray wolf appeared in her pathway.

"Where are you going?" asked the wolf.

"To my grandmother's house," said Little Red Riding Hood. "I am taking her a basket of goodies."

"Where does your grandmother live?" asked the wolf.

"Up the path beside the stream," answered Little Red Riding Hood.

"Be careful," whispered the wolf. "The forest is full of surprises." Then off he ran. The wolf was thinking that Little Red Riding Hood and her grandmother would make a very tasty dinner. He knew a shortcut through the forest. He was sure he could get to grandmother's cottage before Little Red Riding Hood did.

When the wolf arrived at the cottage, he knocked on the door. But no one answered. He knocked again. No answer. He opened the door and walked right in. No one was home.

The wolf grabbed grandmother's gown and hopped in her bed. He was hoping to fool Little Red Riding Hood. Soon there was a knock at the door. "Come in," said the wolf, pretending to be Little Red Riding Hood's grandmother.

Little Red Riding Hood walked into the cottage. It was dark inside. She walked all the way to her grandmother's bed before she realized how terrible her grandmother looked.

"Grandmother," she said, "you look terrible."

"I know dear. I've been ill," said the wolf.

"Grandmother, what big eyes you have," said Little Red Riding Hood.

"All the better to see you with, my dear," whispered the wolf.

"Grandmother, what a black nose you have," said Little Red Riding Hood.

"All the better to smell you with, my dear," answered the sneaky wolf.

"Grandmother, what big teeth you have," she said.

"All the better to eat you with," said the wolf as he jumped from the bed.

Little Red Riding Hood screamed and ran for the door. The wolf tried to chase after her, but he was all tangled up in Grandmother's gown. When Little Red Riding Hood opened the door, in ran Grandmother with a broom in her hand. She hit the wolf hard on the nose. He yelped. She smacked him again as he jumped across the floor trying to untangle himself. When he was free, he ran for the door. Grandmother whacked him on the backside and swept him right out the door. The wolf ran so far away he was never seen again.

Little Red Riding Hood hugged her grandmother. "Grandmother, I am so glad you came home. Where were you?"

"I was out in the barn sweeping the floor. I heard you scream."

Little Red Riding Hood told her grandmother about meeting the wolf in the forest on the way to her house. Grandmother hugged her granddaughter, whom she loved more than anything, and then she asked, "Did you learn anything today?"

"Yes," said Little Red Riding Hood. "I learned not to talk to strangers."

"Good job!" said her grandmother.

Little Red Riding Hood/Caperucita roja
(Listening Story)

Caperucita roja

adaptado por Rafael Lara-Alecio

Érase una vez una niña muy bonita y muy querida por su abuelita. Su abuelita vivía en una casita de madera de color café detrás de una montaña en el bosque. A su abuelita le agradaba darle muchos regalos a su única nietecita. Un regalo muy especial que le llevó mucho tiempo hacer fue una preciosa caperuza de lana y de color rojo. Tan preciosa era esta caperuza que todos los vecinos le llamaban Caperucita Roja. Una mañana después de tomar el desayuno, su mamá le dijo a Caperucita Roja que un vecino leñador le había informado que su abuelita estaba muy enferma y que sería bueno irla a visitar. Su mamá le dijo que le llevara unos taquitos, pan dulce, y café. Momentos antes de partir, su mamá le recomendó que no hablara con nadie en el camino, mucho menos que se detuviera, o aceptara alguna cosa. Caperucita Roja caminó y caminó. Todos los animales que encontraba en el camino le saludaban a su paso. De pronto escuchó la voz ronca de un enorme y feroz lobo que con una gran sonrisa le preguntaba —¿A dónde vas, Caperucita Roja, por estos lugares tan solitarios?

La inocente niña le responde —Voy a casa de mi abuelita. Ella se encuentra muy enferma y necesita de mí.

—Dime, ¿qué llevas allí?—

—Llevo unos taquitos, pan dulce, y café para mi abuelita.

—Qué noble corazón tienes—. Más interesado, el lobo le pregunta —¿Dónde vive tu abuelita?

—Ella vive detrás de la montaña en una casita de madera de color café.

—¡Oh! Sí, yo conozco ese lugar; pero ¿por qué estás caminando por este camino? Hay otro que es más corto y además vas a ver muchos animales y flores también.

—Gracias, señor. Voy a seguir su consejo— dijo Caperucita y tomó el camino recomendado por el lobo. Pero, Caperucita no sabía que el lobo feroz le había puesto una trampa. En realidad, el

lobo había tomado el camino más corto para llegar a casa de la abuelita. Inmediatamente que
llegó, el lobo llamó a la puerta, ton-toron-ton.

—¿Quién es?— preguntó la abuelita desde su cama.

Imitando la voz de Caperucita, el lobo respondió —Soy yo Caperucita Roja, Abuelita. Te he traído
unos taquitos, pan dulce y café también. Ábreme la puerta por favor.

—Empújala, hijita mía— le respondió la abuelita. El lobo abrió la puerta muy rápido, dió un gran
salto donde estaba la abuelita y se le tragó entera. Después se puso el camisón de la abuelita, se
cubrió la cabeza con una gorra verde y se metió a la cama y esperó que Caperucita llegara.

De pronto alguién llamó a la puerta, ton-toron-ton. —¿Quién es?— preguntó el lobo, imitando la
voz de la abuelita.

—Soy yo, Abuelita, Caperucita Roja; traigo unos taquitos, pan dulce, y café para tí.

—Pasa adelante, mi querida nietecita— respondió el lobo. Caperucita Roja entró y el lobo
escondido dentro de la cama de la abuelita le dijo —Muchas gracias por preocuparte por mí.
Pon las cositas sobre la mesa y acércate a mí. Caperucita vino a la cama, e inmediatamente notó
lo extraño que su abuelita vestía.

—Abuelita, ¡que orejas tan grandes tienes!

—Sí, mi nietecita, es para escucharte mejor.

—Abuelita, ¡que ojos tan grandes tienes!

—Sí, mi nietecita, es para verte mejor.

—Abuelita, ¡que dientes tan grandes tienes!

—Sí, mi nietecita, es para atraparte mejor.

Inmediatamente el lobo se lanzó sobre Caperucita y de una gran zarpada se la tragó.

Tiempo más tarde pasaban por allí unos cazadores quienes escucharon grandes ronquidos que
salían de la casa de la abuelita. Empujaron la puerta y entraron. Cual va siendo su sorpresa
cuando encontraron al lobo plácidamente dormido con el camisón y la gorra de la abuelita.
Ellos notaron que el estómago del lobo se movía en su interior y pensaron
que tal vez la abuelita podría estar adentro. Ellos dieron un gran grito
que despertó al lobo inmediatamente. Cuando el lobo abrió sus ojos
y vió a los cazadores enfrente de él, se puso muy miedoso. En
ese momento abrió su gran boca y la abuelita y la
nietecita salieron una por con una de la boca del lobo.
El lobo dió un par de saltos de la cama, todavía
vestido el camisón y el gorro de la abuelita, este dió
otro gran salto hacia la puerta, y corrió tan rápido
como pudo hasta desaparecer dentro del bosque.
Abuelita, Caperucita Roja y los cazadores se
abrazaron y estuvieron muy felices. Ellos
disfrutaron los taquitos, el pan dulce y café que
Caperucita había traído a la abuelita. Mientras ellos
disfrutaban de tan rica comida, Caperucita dijo a su
abuelita que nunca iría al bosque sola y que jamás
hablaría con ningún extraño.

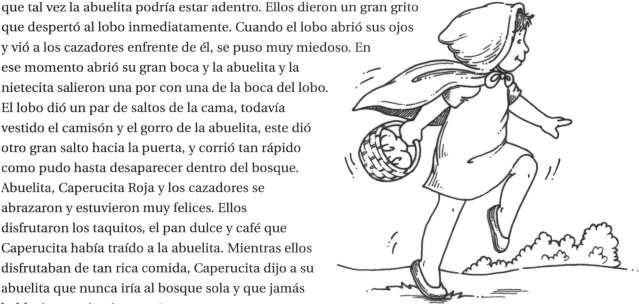

Perro: Una leyenda maya/ Dog: A Mayan Legend

(Listening Story)

Perro: Una leyenda tradicional maya

adaptado por Rafael Lara-Alecio

Hace mucho tiempo, el perro era la única creatura que podía hablar. Contó todos los secretos de la creación. Se decidió que como el perro no podía guardar un secreto, el Formador y el Creador tomaron la colita del perro y la pusieron en su boca. Luego el Formador y el Creador pusieron la lengua larga y chismosa donde su colita estaba. Por éso es que ahora, cuando un perro quiere decirte algo, él menea su colita.

Dog: A Traditional Mayan Legend

adapted by Rafael Lara-Alecio

Long ago, Dog was the only creature that could speak. He told all the secrets of creation. Deciding that Dog could not keep the secrets to himself, Shaper and Creator took Dog's short tail and put it in Dog's mouth. Then Shaper and Creator put Dog's long, loose tongue where his tail had been. That is why now, when Dog wants to tell you something, he wags his tail.

The Princess and the Pea/
La princesa y la arveja
(Listening Story)

The Princess and the Pea

by Hans Christian Andersen, adapted by Rafael Lara-Alecio and Beverly J. Irby

Once upon a time there was prince who wanted to marry a princess. But she had to be a real princess in every way. He traveled all over the world, but nowhere could he find the one he wanted. Everywhere he went, girls claimed they were real princesses, but it was difficult to find one he believed was truly a princess in every way. There was always something about each one that was not as it should be. So he would always return home sadly, because marrying a real princess was very important to him.

One evening there was a terrible storm. There was thunder and lightning, and the rain poured down in torrents. Suddenly a knock, knock, knocking was heard at the castle gate, and the prince's father, the old king, went to open it.

There stood a princess in front of the gate. But good gracious! What a sight the rain and the wind had made of her good looks. The water ran down from her hair and clothes. It ran down into the heels of her shoes and out again at the toes. And yet she said that she was a princess nonetheless.

She was brought into the palace and given dry clothing to wear and food to eat. The prince was quite pleased when he saw how pretty she was. But how could he be sure she was indeed a real princess?

"Well, we'll soon find that out," thought the prince's mother, the old queen. But she said nothing. Quietly, she slipped into the guest room and took 20 mattresses and laid them on a pea, and then she placed 20 feather comforters on top of the mattresses.

On this the princess had to lie all night. In the morning, the queen asked the princess how well she slept the night before.

"Oh, very badly!" she said. "I scarcely closed my eyes all night. Heaven only knows what was in the bed, but I was lying on something so hard that I am black and blue all over my body."

The old queen knew at once that the princess was a real princess because she had felt the pea through the 20 mattresses and the 20 feather comforters. No one but a real princess could be as sensitive as that. So the prince had found his princess. They married and lived happily ever after. The pea was put into the museum, where it may still be seen, if it has not been lost.

The Princess and the Pea/ La princesa y la arveja
(Listening Story)

La princesa y la arveja

por Hans Christian Andersen, adaptado por Rafael Lara-Alecio y Beverly J. Irby

Había una vez un príncipe que deseaba casarse con una princesa. Insistía en que la princesa fuese una princesa en todos el sentido de la palabra. Viajó por el mundo entero pero no pudo encontrar lo que deseaba. En todas partes, habían mujeres que se decían princesas verdaderas, pero ero muy difícil encontrar una que fuera una verdadera princesa en todos los aspectos. Siempre había algo en cada una que no era como debería ser. Después de cierto tiempo, volvió a casa triste y decepcionado.

Una tarde hubo una tormenta tremenda. Allí hubieron truenos, relámpagos y una lluvia torrencial. De repente, se oyeron unos golpes en el portal del castillo. El viejo rey fue a abrirlo. Allí, delante del portal, había una princesa. Pero, ¡oh, cielo!, su belleza estaba hecha un desastre por la lluvia y el viento. Su ropa y su pelo escurrían agua que entraba en sus zapatos y salía por los dedos. Sin embargo, insistió en que era una princesa.

La hicieron entrar y le dieron ropa seca para ponerse y algo de comer. Al príncipe le agradó su belleza. ¿Cómo podía saber realmente que era una princesa?

Pues bien, ésto lo descubriremos muy pronto, pensó la reina madre cuando se enteró de lo que estaba pasando. No dijo nada. Silenciosamente entró en la alcoba para huéspedes y puso una sola arveja sobre la cama. Luego puso veinte colchones encima de la arveja, con veinte cubiertas de plumas encima de los colchones. Sobre todo ésto dormiría la princesa toda la noche.

Al día siguiente, le preguntaron que tal había pasado la noche.

—¡Ay!, muy mal!— dijo. Apenas pude cerrar los ojos durante la noche. Sólo Dios sabe lo que había en esa cama, estaba acostada sobre algo tan duro que tengo manchas moradas por todo el cuerpo.

Entonces la reina madre sabía que ella era una princesa de verdad porque había sentido la arveja a través de los veinte colchones y las veinte cubiertas. Solamente una princesa de verdad sería tan sensible. Así que el príncipe se casó con ella y la arveja fue a parar al museo de la ciudad, donde hoy día se puede ver, a no ser que alguien la hubiese llevado a su casa.

The Three Billy Goats Gruff/
Los tres chivitos Gruff
(Listening Story)

The Three Billy Goats Gruff

adapted by Pam Schiller

Once upon a time, there were three billy goats called Gruff. In the winter, they lived in a barn in the valley. When spring came, they longed to travel up to the mountains to eat the lush, sweet grass.

On their way to the mountains, the three billy goats Gruff had to cross a rushing river, but there was only one wooden bridge across it. Underneath the bridge there lived a terrible, ugly troll. Nobody was allowed to cross the bridge without the troll's permission, and nobody ever got permission. He always ate them.

The smallest Billy Goat Gruff was first to reach the bridge. Trippity-trop, trippity-trop went his little hooves as he trotted over the wooden planks. Ting-tang, ting-tang went the little bell around his neck.

"Who's that trotting over my bridge?" growled the troll from under the planks.

"Billy Goat Gruff," squeaked the smallest goat in his little voice. "I'm only going up to the mountain to eat the sweet spring grass."

"Oh no, you're not!" said the troll. "I'm going to eat you for breakfast!"

"Oh no, please, Mr. Troll," pleaded the goat. "I'm only the smallest Billy Goat Gruff. I'm much too tiny for you to eat, and I wouldn't taste very good. Why don't you wait for my brother, the second billy goat Gruff? He's much bigger than I am and would be much more tasty."

The troll did not want to waste his time on a little goat if there was a bigger and better one to eat. "All right, you can cross my bridge," he grunted. "Go and get fatter on the mountain, and I'll eat you on your way back!" So the smallest Billy Goat Gruff skipped across to the other side.

The troll did not have to wait long for the second Billy Goat Gruff. Clip-clop, clip-clop went his hooves as he clattered over the wooden planks. Ding-dong, ding-dong went the bell around his neck.

"Who's that clattering across my bridge?" screamed the troll, suddenly appearing from under the planks. "Billy goat Gruff," said the second goat in his middle-sized voice. "I'm going up to the mountain to eat the lovely spring grass."

"Oh, no you're not!" said the troll. "I'm going to eat you for breakfast."

"Oh, no, please," said the second goat. "I may be bigger than the first Billy Goat Gruff, but I'm much smaller than my brother, the third Billy Goat Gruff. Why don't you wait for him? He would be much more of a meal than I would."

The troll was getting very hungry, but he did not want to waste his appetite on a middle-sized goat if there was an even bigger one to come. "All right, you can cross my bridge," he rumbled. "Go and get fatter on the mountain, and I'll eat you on your way back!" So the middle-sized Billy Goat Gruff scampered across to the other side.

The troll did not have to wait long for the third Billy Goat Gruff. Tromp-tramp, tromp-tramp went his hooves as he stomped across the wooden planks. Bong-bang, bong-bang went the big bell round his neck.

"Who's that stomping over my bridge?" roared the troll, resting his chin on his hands. "Billy Goat Gruff," said the third goat in a deep voice. "I'm going up to the mountain to eat the lush spring grass."

"Oh no you're not," said the troll as he clambered up on to the bridge. "I'm going to eat you for breakfast!"

"That's what you think," said the biggest Billy Goat Gruff. Then he lowered his horns, galloped along the bridge, and butted the ugly troll. Up, up, up, went the troll into the air, then down, down, down into the rushing river below. The troll swam across the river to the other side, jumped out, and ran away as fast as his little feet would carry him.

"So much for his breakfast," thought the biggest Billy Goat Gruff. "Now what about mine?" And he walked in triumph over the bridge to join his two brothers on the mountain pastures. From then on anyone could cross the bridge whenever they liked, thanks to the three Billy Goats Gruff.

The Three Billy Goats Gruff/ Los tres chivitos Gruff
(Listening Story)

Los tres chivitos Gruff

adaptado por Rafael Lara-Alecio y Beverly J. Irby

Había una vez tres chivitos apellidados Gruff. En el invierno vivían en un granero en el valle. Cuando venía la primavera añoraban subir las montañas para comer el pasto frondoso y dulce que crecía allí.

Cuando iban a las montañas, los tres chivitos Gruff tenían que cruzar un río torrencial. Pero solo había un puente para cruzarlo hecho de tablas de madera. Debajo del puente, vivía un duende feo y terrible. Nadie podía cruzar el río sin el permiso del duende y nunca daba permiso a nadie. Siempre se los comía. El chivito Gruff más pequeño fue el primero en llegar al puente. Tacatá, tacatá iba el chivito cuando cabalgaba por las tablas de madera. Tin tin, tin tan sonaba el cascabel que tenía en su pescuezo.

—¿Quién cabalga por mi puente?— gruñó el duende desde debajo del puente.

—El chivito Gruff— chilló en su tenue voz. Sólo me dirijo a la montaña para comer el pasto dulce de la primavera.

—¡Oh no, tú no vas!— dijo el duende—. ¡Te voy a comer de desayuno!

—Ay no, por favor, Señor Duende— suplicó el chivito—. Soy el chivito más pequeño. Soy muy diminuto para que usted me coma y no sabría bien. ¿Por qué usted no espera a mi hermano, el segundo chivito Gruff? Él es más grande que yo y sabría mucho mejor que yo.

El duende no quería perder el tiempo en un pequeño chivito si había uno más grande y de mejor sabor para comer.

—Está bien, puedes cruzar mi puente— refunfuñó él—. ¡Vete y ponte más gordito en la montaña y te comeré cuando vengas de regreso!

Así que el chivito Gruff más pequeño se fue saltando hasta el otro lado. El duende no tuvo que esperar mucho por el segundo chivito Gruff. Clip clop, clip clop iba el chivito al chapalear por las tablas de madera. Din don, din don sonaba el cascabel que tenía en su pescuezo.

—¿Quién chapalea por mi puente?— gritó el duende que de repente apareció desde abajo del puente—.

—El chivito Gruff— dijo el segundo chivito en su voz más fuerte—. Voy a subir la montaña para comer el pasto tierno de primavera. —¡Oh no, tú no vas!— dijo el duende—. Te voy a comer de desayuno.

—Ay no, por favor— dijo el segundo chivito—. Quizá yo sea más grande que el primer chivito Gruff, pero soy mucho más pequeño que mi hermano, el tercer chivito Gruff. ¿Por qué usted no lo espera? Él sería una mejor comida que yo.

El duende se enfurecía cada vez más, pero no quería desperdiciar su apetito en un chivito de tamaño mediano si había uno aún más grande para comer.

—Está bien, puedes cruzar mi puente— rugió él—. ¡Vete y ponte más gordito en la montaña y te comeré cuando vengas de regreso!

Entonces el chivito de tamaño mediano se fue correteando al otro lado. El duende no tuvo que esperar mucho por el tercer chivito Gruff. Pan pan, pan pan iba el chivito zapateando por las tablas de madera. Bin ban, bin ban sonaba el cascabel que tenía en su pescuezo.

—¿Quién está zapateando por mi puente?— dijo el duende, apoyando su barbilla sobre sus manos.

—El chivito Gruff— dijo con una voz muy fuerte—. Voy a subir la montaña para comer el pasto frondoso y tierno de primavera.

—Oh no, tú no vas— dijo el duende al trepar el puente—. ¡Te voy a comer de desayuno!

—Eso es lo que usted cree— dijo el chivito más grande Gruff.

Él bajó sus cuernos, galopeó por el puente y embistió al feo duende. Lo lanzó por el aire. El duende cayó al caudaloso río. Como pudo, nadó por el río hasta el otro lado y desapareció de aquel lugar.

El chivito Gruff ascendió a la enorme montañana donde sus dos hermanos lo esperaban para disfrutar del tierno pasto que crecía allí.

Desde ese entonces, todo el pueblo podía cruzar el puente cuando quisieran, sin temor de ser atrapado por el duende. Todo esto gracias a la inteligencia de los tres chivitios Gruff.

The Three Little Pigs/Los tres cerditos
(Listening Story)

The Three Little Pigs

adapted by Pam Schiller

Once upon a time, there were three little pigs that left their mother and father to find their places in the world. All summer long, they roamed through the woods and over the plains, playing games and having fun. No one was happier than the three little pigs, and they easily made friends with everyone. Wherever they went, they were given a warm welcome. But as summer drew to a close, they realized that folks were returning to their usual jobs and preparing for winter.

Autumn came, and it began to grow cold and to rain. The three little pigs decided they needed a home of their own. Sadly they knew that the fun was over. Now they must set to work like the others, or they'd be left in the cold and rain with no roof over their heads. They talked about what kind of a home they should build.

The first little pig said they should build a house made from straw. "It will only take a day," he said.

"It's too fragile," his brothers said. But the first pig didn't care. He was anxious to get back to playing, so he built a home for himself out of straw.

Not quite so lazy, the second little pig went in search of planks of seasoned wood.

"Clunk! Clunk! Clunk!" It took him two days to nail them together.

The third little pig did not like the wooden house. "That's not the way to build a house!" he said. "It takes time, patience and hard work to build a house that is strong enough to stand up to the wind and, rain, and snow, and most of all, to protect us from the wolf!"

The days went by, and the wisest little pig's house took shape, brick by brick. From time to time, his brothers visited him, saying with a chuckle, "Why are you working so hard? Why don't you come and play?"

"No," said the last little pig. He diligently continued his work.

Soon his work was done, just in time. One autumn day when no one expected it, along came the big, bad wolf, scowling fiercely at the first pig's straw house.

"Little pig, little pig, let me in, let me in!" ordered the wolf, his mouth watering.

"Not by the hair of my chinny, chin, chin!" replied the little pig in a tiny voice.

"Then I'll huff and I'll puff and I'll blow your house down!" growled the wolf angrily. The wolf puffed out his chest, and he huffed, and he puffed, and he blew the first little pig's house of straw right down.

Excited by his own cleverness, the wolf did not notice that the little pig had slithered out from underneath the heap of straw and was dashing towards his brother's wooden house. When he realized that the little pig was escaping, the wolf grew wild with rage.

"Come back!" he roared, trying to catch the pig as he ran into the wooden house. The second little pig greeted his brother, shaking like a leaf.

"Open up! Open up! I only want to speak to you!" growled the hungry wolf.

"Go away," cried the two little pigs. So the angry wolf puffed out his chest, and he huffed, and he puffed, and he blew the wooden house clean away.

Luckily, the wisest little pig had been watching the scene from the window of his own brick house, and he quickly opened the door to his fleeing brothers and slammed it shut once they were safely inside. And not a moment too soon, for the wolf was already hammering furiously on the door. This time, the wolf wasted no time talking. He puffed out his chest, and he huffed, and he puffed, and he blew and blew and blew, but the little brick house wouldn't budge. The wolf tried again. He puffed out his chest, and he huffed, and he puffed, but still the little house stood strong.

The three little pigs watched him, and their fear began to fade. Quite exhausted by his efforts, the wolf decided to try one of his tricks. He scrambled up a nearby ladder onto the roof to have a look at the chimney. However, the now-wiser little pigs knew exactly what the wolf was up to.

"Quick! Light the fire! He is coming down the chimney."

The big, bad wolf began to crawl down the chimney. It wasn't long before he felt something very hot on his tail. "Ouch!" he exclaimed. His tail was on fire. He jumped out of the chimney and put out the flames on his tail. Then he ran away as fast as he could.

The three happy little pigs, dancing round and round the yard, began to sing: "Tra-la-la! Tra-la-la! The big, bad wolf will never come back!" And he never did!

Los tres cerditos

adaptado por Rafael Lara-Alecio y Beverly J. Irby

Había una vez tres cerditos que dejaron a su mamá y a su papá para encontrar su propio lugar en el mundo. Durante todo el verano, caminaron por los bosques y por las llanuras, jugando y divirtiéndose. Nadie estaba tan contento como los tres cerditos. Se hacían amigos de todo el mundo fácilmente. Dondequiera que iban, eran calurosamente acogidos. A medida que se acercaba el fin del verano, se dieron cuenta de que todos estaban realizando de nuevo sus labores cotidianas y preparándose para el invierno.

Llegó el otoño y comenzó a hacer frío y a llover. Los tres cerditos decidieron buscar un hogar propio. Con tristeza, reconocieron que se había terminado la diversión. Ahora tenían que trabajar como los demás o se quedarían a la intemperie sin un techo que los protegiera del frío y de la lluvia. Hablaron del tipo de casa que debían construir.

El primer cerdito dijo que debían construir una casa de paja.

—Solo se necesitaría un día— dijo él.

—Es muy frágil— dijeron sus hermanos.

Al primer cerdito no le importó. Estaba ansioso por jugar de nuevo, así que construyó su propia casita de paja.

El segundo cerdito se fue en busca de tablas de madera curada. —Pon, pon, pon—. Le tomó dos días unir las tablas con clavos.

Al tercer cerdito no le gustó la casa de madera.

—Así no se construye una casa— dijo él. Toma tiempo, paciencia y trabajo arduo construir una casa que sea lo suficientemente fuerte para soportar el viento, la lluvia, la nieve y, sobre todo, protegernos del lobo feroz.

Pasaron los días y la casa del cerdito más sabio fue tomando forma, de ladrillo en ladrillo. De cuando en cuando, sus hermanos lo visitaban y decían en forma burlona,

—¿Por qué trabajas tan duro? ¿Por qué no vienes a jugar?—

—No— dijo el último cerdito mientras seguía trabajando arduamente. Pronto terminó su obra, justo a tiempo antes que llegara el invierno.

Un día de otoño cuando nadie lo esperaba, llegó el lobo feroz, frunciendo el entrecejo al mirar la casa de paja del primer cerdito dijo así.

—¡Cerdito, cerdito, déjame entrar, déjame entrar!— ordenó el lobo, con la boca echa agua.

—¡Ni por las barbas de mi abuelo!— replicó el cerdito en una voz muy firme.

—¡Entonces, soplaré y soplaré y tu casa derribaré!— gruñó el lobo ferozmente.

El lobo tomó bastante aire y sopló y sopló y derribó la casa de paja del primer cerdito.

Emocionado por su propio ingenio, el lobo no se dió cuenta que el cerdito se había escapado del montón de paja y corría hacia la casa de madera de su segundo hermano.

Cuando se dio cuenta de que el cerdito se había escapado, el lobo se enfureció.

—¡Regresa!— gruñó al tratar de capturar el cerdito mientras corría a la casa de madera. El segundo cerdito dejó entrar a su hermano, que temblaba de pies a cabeza.

—¡Abre la puerta! ¡Abre la puerta! Sólo quiero hablar contigo— gritó el lobo furioso.

—Vete— gritaron los dos cerditos.

Entonces el lobo furioso tomó aire y sopló y derribó la casa de madera.

Por suerte, el cerdito más sabio había estado observando la escena desde la ventana de su casa de ladrillos. Rápidamente les abrió la puerta a sus hermanos que huían. Sin que pasara mucho tiempo, el lobo llegaba a la casa del tercer cerdito. Esta vez, el lobo no perdió tiempo hablando. Tomó aire y sopló y sopló y volvió a soplar y sopló más, pero la casita de ladrillos no se caía. El lobo trató de nuevo. Tomó aire y sopló y sopló, pero la casa se mantuvo en pie.

Los tres cerditos lo observaron y comenzaron a sentir menos miedo. Muy cansado por su esfuerzo, el lobo decidió usar uno de sus trucos. Se subió al techo por una escalera que estaba cerca, para ver la chimenea. Pero, ahora los cerditos ingeniosos sabían qué planeaba el lobo.

—¡Rápido! ¡Prendamos el fuego! Se va a meter por la chimenea.

El malicioso lobo comenzó a bajarse por la chimenea. No había pasado mucho tiempo cuando sintió algo caliente en su cola.

—¡Ay!— exclamó.

Su cola se quemaba. Saltó de la chimenea y trató de apagar el fuego de su cola. Luego huyó tan rápidamente como pudo.

Los tres cerditos felices bailando en el jardín comenzaron a cantar:

—¡La la la, la la la! El lobo malicioso ya no volverá.

Y así fue. ¡Desde entonces, el lobo feroz buscó otros lugares para vivir!

This Is the House That Jack Built/
Esta es la casa que Juan construyó
(Cumulative Story)

This Is the House That Jack Built

Traditional

This is the house that Jack built.

This is the grain that lay in the house that Jack built.

This is the rat that ate the grain that lay in the house that Jack built.

This is the cat that chased the rat that ate the grain that lay in the house that Jack built.

This is the dog that worried the cat that chased the rat that ate the grain that lay in the house that Jack built.

This is the cow with the crumpled horn that tossed the dog that worried the cat that chased the rat that ate the grain that lay in the house that Jack built.

This is the maiden all forlorn that milked the cow with the crumpled horn that tossed the dog that worried the cat that chased the rat that ate the grain that lay in the house that Jack built.

This is the man all tattered and torn that kissed the maiden all forlorn that milked the cow with the crumpled horn that tossed the dog that worried the cat that chased the rat that ate the grain that lay in the house that Jack built.

This is the priest all shaven and shorn that married the man all tattered and torn that kissed the maiden all forlorn that milked the cow with the crumpled horn that tossed the dog that worried the cat that chased the rat that ate the grain that lay in the house that Jack built.

This is the cock that crowed in the morn that waked the priest all shaven and shorn that married the man all tattered and torn that kissed the maiden all forlorn that milked the cow with the crumpled horn that tossed the dog that worried the cat that chased the rat that ate the grain that lay in the house that Jack built.

This Is the House That Jack Built/
Esta es la casa que Juan construyó
(Cumulative Story)

Ésta es la casa que Juan construyó

adaptado por Rafael Lara-Alecio y Beverly J. Irby

Éste es el maíz que había en la casa que Juan
    construyó.

Ésta es la rata que se comía el maíz

que había en la casa que Juan construyó.

Éste es el gato que se comió a la rata

que se comía el maíz

que había en la casa que Juan construyó.

Éste es el perro que perseguía al gato

que se comió a la rata

que se comía el maíz

que había en la casa que Juan construyó.

Ésta es la vaca con cuernos retorcidos

que ahuyentó al perro

que perseguía al gato

que se comió a la rata

que se comía el maíz

que había en la casa que Juan construyó.

Ésta es la dama soltera

que ordeña la vaca con cuernos retorcidos

que ahuyentó al perro

que perseguía al gato

que se comió a la rata

que se comía el maíz

que había en la casa que Juan construyó.

Éste es el hombre andrajoso

que besó a la dama soltera

que ordeña la vaca con cuernos retorcidos

que ahuyentó al perro

que perseguía al gato

que se comió a la rata

que se comía el maíz

que había en la casa que Juan construyó.

Éste es el sacerdote bien afeitado, calvo,
    y limpio

que casó al hombre andrajoso

que besó a la dama soltera

que ordeña la vaca con cuernos retorcidos

que ahuyentó al perro

que perseguía al gato

que se comió a la rata

que se comía el maíz

que había en la casa que Juan construyó.

The Tortoise and the Hare/
La tortuga y la liebre
(Listening Story)

The Tortoise and the Hare (Aesop's Fable)

adapted by Pam Schiller

One day a hare was making fun of a tortoise. "You are a slowpoke," he said. "You couldn't run if you tried."

"Don't laugh at me," said the tortoise. "I bet that I could beat you in a race."

"Could not," replied the hare.

"Could," replied the tortoise.

"All right," said the hare. "I'll race you. But I'll win, even with my eyes shut."

They asked a passing fox to set them off.

"Ready, set, go!" said the fox.

The hare went off at a great pace. He got so far ahead, he decided he might as well stop for a rest. Soon he fell fast asleep.

The tortoise came plodding along, never stopping for a moment.

When the hare woke up, he ran as fast as he could to the finish line. But he was too late—the tortoise had already won the race!

The Tortoise and the Hare/ La tortuga y la liebre
(Listening Story)

La tortuga y la liebre (Fábula de Esopo)

adaptado por Rafael Lara-Alecio

Un día, una liebre se burlaba de una tortuga. —Eres una demorona— le decía—. No podrías ni correr aunque lo intentaras—.

—No te rías de mí— le dijo la tortuga—. Apuesto que podría ganarte en una carrera—.

—Ni soñarlo— dijo la liebre.

—Apuesto que sí— respondió la tortuga.

—Muy bien— dijo la liebre—. Te reto a una carrera. Te ganaré, aun con los ojos cerrados.

Le pidieron a un zorro que pasaba por ahí que fuera el árbitro.

—Listos, en sus marcas, fuera— dijo el zorro.

La liebre partió a grandes pasos. Se adelantó tanto, que decidió tomar un descanso. Pronto se quedó dormida.

La tortuga hacía el recorrido pausada y pesadamente, pero nunca se detuvo por un minuto.

Cuando la liebre se despertó, corrió tan rápido como pudo para poder llegar a la meta. Pero era demasiado tarde: ¡La tortuga ya había ganado la carrera!

Additional selections that support the Traditional Tales, Songs and Rhymes/Cuentos, canciones, y rimas tradicionales theme:

Weather/Tiempo

Mister Moon/Señora Luna

Mister Moon

Traditional

Oh, Mister Moon, Moon, bright and shiny Moon,
Won't you please shine down on me?

Oh, Mister Moon, Moon, bright and shiny Moon,
Won't you please set me fancy free?

I'd like to linger but I've got to run,
Mama's callin', "Baby, get your homework done!"

Oh, Mister Moon, Moon, bright and shiny Moon,
Won't you please shine down on,
Talk about your shine on,
Please shine down on me?

Señora Luna

adaptado por Rafael Lara-Alecio

¡Oh! Señora Luna, Luna que brillas
    y resplandeces,
¿Podrías brillar sobre mí?
¡Oh! Señora Luna, Luna que brillas
    y resplandeces,
¿Podrías librarme de preocupaciones para
    ser feliz?
Me quedaría más pero me tengo que apurar.
Mamá me llama para que mis tareas pueda
    terminar.
¡Oh! Señora Luna, Luna que brilla
    y resplandeces,
¿Podrías brillar sobre mí?
Hablando de tu brillo, ¡Por favor brilla sobre mí!

Cap, Mittens, Shoes, and Socks/Gorra, mitones, zapatos y medias

Tune: Head, Shoulder, Knees, and Toes

Cap, Mittens, Shoes, and Socks

by Pam Schiller

Cap, mittens, shoes, and socks,
Shoes and socks.
Cap, mittens, shoes, and socks,
Shoes and socks.
And pants and belt, and shirt and tie
Go together wet or dry,
Wet or dry!

Gorra, mitones, zapatos y medias

por Pam Schiller y Rafael Lara-Alecio

Gorra, mitones, zapatos y medias,
zapatos y medias.
Gorra, mitones, zapatos y medias,
zapatos y medias.
Pantalones, cinturón, camisa y corbata
se combinan secas o mojadas.
¡Secas o mojadas!

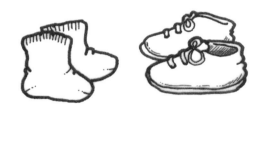

Dime, lluvia/Tell Me, Rain

Dime, lluvia

Tradicional

¿Dime, lluvia, si ya se divisan los cerros,
los cerros de mi pueblo;
aquellos cerros que debo caminar,
y las flores que debo recoger?

Tell Me, Rain

adapted by Rafael Lara-Alecio, Beverly J. Irby and Pam Schiller

Tell me, rain, can you make out the peaks,
The peaks of the mountains around my town,
Those peaks that I must cross over,
And the flowers that I must gather?

Mister Sun/Señor Sol

Mister Sun

Traditional

Oh, Mister Sun, Sun, Mister Golden Sun
Won't you please shine down on me?
Oh, Mister Sun, Sun, Mister Golden Sun
Hiding behind that tree.
These little children are asking you
To please come out so we can play
    with you.
Oh, Mister Sun, Sun, Mister
    Golden Sun,
Won't you please shine down
    on me?

Señor Sol

adaptado por Rafael Lara-Alecio

¡Oh, Señor Sol, Sol, Señor Sol de Oro!
¿Puedes alumbrarnos, por favor?
¡Oh, Señor Sol, Sol, Señor Sol de Oro!
Escóndete detrás de ese árbol.
Estos niños te lo piden.
Por favor ven para que podamos jugar contigo.
    ¡Oh, Señor Sol, Sol, Señor Sol de Oro!
    ¿Puedes alumbrarnos, por favor?

¡Que llueva, que llueva!/Rain, Rain

Tune: Ring Around the Rosie

¡Que llueva, que llueva!

Tradicional

¡Que llueva!, ¡que llueva!
¡Los niños en la cueva!
Los pajarillos cantan
las nubes se levantan.
¡Que sí! ¡Que no!
¡Que caiga el chaparrón!
¡Que toquen los tambores!
¡Porrón, porrón, pón, pón!
¡Que todos los niños tengan honores
y las nubes traigan muchos colores,
para jugar de a montón!

Rain, Rain (Chant)

by Pam Schiller

Rain dripping down the windowpane.
Outside birds aren't singing.
From every cloud falls rain, rain, rain.
Will it ever stop? I don't know!
More rain falling, first fast, then slow,
Making sounds of constant clatter,
Splish, splash, pit, pit, pitter-patter.
Hey! When the sun comes peeping through,
I'm going outside. How 'bout you?

Rain, Rain, Go Away/Lluvia, lluvia aléjate

Rain, Rain, Go Away

Traditional

Rain, rain, go away.
Come again another day.
Little children want to play.
So rain, rain, go away.

Additional verses:
Clouds, clouds, go away.
Come again another day.
Little children want to play.
So clouds, clouds, go away.

Thunder, thunder, go away.
Come again another day.
Little children want to play.
So thunder, thunder, go away.

Rain, rain, come back soon.
Come again another day.
Little flowers want to bloom.
So rain, rain, come back soon.

Lluvia, lluvia aléjate

adaptado por Rafael Lara-Alecio y Beverly J. Irby

Lluvia, lluvia aléjate.
Los niños quieren jugar.

Versos adicionales:
Nubes, nubes aléjense.
Los niños quieren jugar.

Truenos, truenos aléjense.
Los niños quieren jugar.

Lluvia, lluvia regresa pronto.
Las florecitas quieren brotar.

April Clouds/Nubes de abril

April Clouds

Traditional

Two little clouds one April day *(Hold both hands in fists.)*

Went sailing across the sky. *(Move fist from left to right.)*

They went so fast that they bumped their heads, *(Bump fists together.)*

And both began to cry. *(Point to eyes.)*

The big round sun came out and said, *(Make circle with arms.)*

"Oh, never mind, my dears.

I'll send all my sunbeams down *(Wiggle fingers downward like rain.)*

To dry your fallen tears."

Nubes de abril

adaptado por Rafael Lara-Alecio

Dos nubecitas en un día de abril *(Haz dos puños con tus manos.)*

se fueron navegando por el cielo. *(Mueve tus puños de izquierda a derecha.)*

Iban tan rápido que sus cabezas tropezaron, *(Junta los dos puños.)*

que ambas lloraron en pleno vuelo. *(Señala a tus ojos.)*

El gran Sol salió y dijo con alegría *(Haz con círculos con tus brazos.)*

—¡Oh, no se preocupen queridas nubecitas!

Enviaré mis grandes rayos *(Mueve tus dedos hacia abajo.)*

para secar sus dulces lágrimitas.

Cloud/Nube

Cloud

by Pam Schiller

What's fluffy white and floats up high, *(Point skyward.)*

Like a pile of cotton in the sky?

And when the wind blows hard and strong, *(Wiggle fingers moving horizontally.)*

What very gently floats along? *(Wiggle fingers moving downward.)*

What brings the rain? *(Open hands palms up.)*

What brings the snow

That showers down on us below?

When you look up in the high blue sky, *(Look up.)*

What is that thing you see float by?

A cloud.

Nube

adaptado por Rafael Lara-Alecio

¿Cuál es blanco, blando y flota alto alto alto *(Señala en dirección al cielo.)*

como una cadena de algodones en el cielo

y cuando el viento sopla duro y fuerte desaparece? *(Menea tus dedos horizontalmente.)*

¿Qué suavemente flotan? *(Menea tus dedos hacia abajo.)*

¿Qué trae la lluvia? *(Abre las palmas de tus manos hacia arriba.)*

¿Qué trae la nieve que nos cae sobre nosotros cuando tú miras al cielo? *(Mira al cielo.)*

¿Qué es aquello que ves flotando?

¡Una nube!

Five Little Snowmen/
Cinco muñecos de nieve

Five Little Snowmen

Traditional

Five little snowmen all in a row.
The first one said, "I'm not ready to go!"
The second one said, "We can stay 'til spring."
The third one said, "'Til the robins sing."
The fourth one said, "But then where will
    we go?"
The fifth one said, "To sleep, my friend, 'til
    next year's snow!" *(Place head on hands as
    if asleep.)*

Cinco muñecos de nieve

adaptado por Beverly J. Irby y Rafael Lara-Alecio

Había cinco muñecos de nieve, felices
    y contentos.
El primero dijo —¡Qué día tan lindo!
El segundo dijo —No debemos llorar.
El tercero dijo —Por siempre hay que durar.
El cuarto dijo —Y en mayo, ¿qué sucede?
El quinto dijo —¡Miren, nos derretimos en la
    nieve! *(Coloca tu cabeza sobre tus manos
    como si estuvieras durmiendo.)*

Adivinanza/Riddle

Adivinanza

por Rafael Lara-Alecio

¿Qué es, qué es,
que te da en la cara
y no lo ves?
(El viento)

Riddle

by Rafael Lara-Alecio

What is it, what is it
That touches your face and you don't see it?
(The wind)

Cold Fact/Un suceso invernal

Cold Fact

by Dick Emmons

By the time he's suited
And scarved and booted
And mittened and capped
And zipped and snapped
And tucked and belted,
The snow has melted.

Un suceso invernal

adaptado por Rafael Lara-Alecio

Para cuando él está vestido
y tiene la bufanda y está abotonado
y bien enguantado y engorrado
y bien cerrado y abrochado
y bien cocido y fajado,
y por fin bien vestido
la nieve ya se ha derretido.

I'm a Frozen Icicle/
Soy un carámbano congelado

I'm a Frozen Icicle

Traditional

I'm a frozen icicle
Hanging by your door.
When it's cold, I grow some more.
When it's warm, I'm on the floor!

Soy un carámbano congelado

*adaptado por Beverly J. Irby, Rafael Lara-Alecio y
Pam Schiller*

Soy un carámbano congelado
colgando por un lado.
Cuando está frío, yo crezco un poquito,
cuando está caliente, ¡yo estoy en el piso!

La Luna/The Moon

La luna

por Rafael Lara-Alecio

Mira la luna
comiendo su tuna
y echando las cáscaras
en esta laguna.

The Moon

by Beverly J. Irby

Look at the moon
Using a spoon
Dipping up Jell-O.
What a fine fellow!!

It's Raining, It's Snowing/Está lloviendo y está nevando

It's Raining, It's Snowing

Traditional

It's raining, it's raining,
I want to go outside to play.
It's raining, it's raining,
I want to go outside to play.

It's snowing, it's snowing,
I want to ride my sleigh today.
It's snowing, it's snowing,
I want to ride my sleigh today.

It's snowing, it's snowing,
I want to make a snowman round.
It's snowing, it's snowing,
I want to make a snowman round.

It's raining, it's raining,
I want to sail my boat today.
It's raining, it's raining,
I want to sail my boat today.

Está lloviendo y está nevando

adaptado por Rafael Lara-Alecio, Beverly J. Irby y Pam Schiller

Está lloviendo y está nevando
yo quiero ir a jugar.
Está lloviendo y está nevando
yo quiero ir a jugar.

Está nevando y está nevando
yo quiero usar mi trineo.
Está nevando y está nevando
yo quiero usar mi trineo.

Está nevando y está nevando
yo quiero hacer un muñeco.
Está nevando y está nevando
yo quiero hacer un muñeco.

Está lloviendo y está lloviendo
yo quiero navegar.
Está lloviendo y está lloviendo
yo quiero navegar.

March Winds/El viento

March Winds

Traditional

When the March wind blows oooooooooo
In a loud and boisterous way,
He's telling you to keep all warm.
He's blowing cold ooooooooo today.

But when the March wind blows oooooooooo
In a soft and tender way,
He's telling you to keep cool.
He's blowing warm oooooooo today.

El viento

adaptado por Rafael Lara-Alecio y Beverly J. Irby

Cuando el viento de marzo sopla uuuuuuuu
fuerte y ruidoso,
te está diciendo mantenerse abrigado.
Está soplando frío hoy.

El viento de marzo sopla
    uuuuuuuu
suave y tierno.
Te está diciendo quítate
    el abrigo
Hoy está soplando
    viento caliente.

The North Wind Doth Blow/
El viento del norte soplará

The North Wind Doth Blow

Traditional

The north wind doth blow,
And we shall have snow.
And what will the robin do then, poor thing?
He will sit in the barn and keep himself warm,
With his little head tucked under his wing,
    poor thing!

El viento del norte soplará

adaptado por Rafael Lara-Alecio

El viento del norte soplará
y mucha nieve traerá.
¿Qué del pobre robin? Pobre cosita, ¡su
    cuerpecito se congelará!
Se mantendrá en el establo y del frío se
    protegerá.
Con su cabecita acurrucadita bajo su alita todo
    el tiempo estará.
Pobre cosita, ¡estoy seguro que del invierno
    se salvará!

The Rain/La lluvia

The Rain

by Pam Schiller

Splish, splash,
Splish, splash,
Drip, drop,
Drip, drop,
Will the rain ever stop?

La lluvia

por Rafael Lara-Alecio

Tip, top
tip, top
la lluvia ya empezó.
Clip, clop
clip, clop
la lluvia ya arreció.

A Thunderstorm/Una tempestad

A Thunderstorm

by Pam Schiller

Boom, bang, boom, bang,
Rumpety, lumpety, bump!
Zoom, zam, zoom, zam,
Clippity, clappity, clump!
Rustles and bustles,
And swishes and zings!
What wonderful sounds
A thunderstorm brings.

Una tempestad

por Rafael Lara-Alecio, Pam Schiller y Beverly J. Irby

Bum, ban, bum, ban
¡Rumpeti, lumpeti, bum!
Zum, zam, zum, zam,
¡Clipeti, clapeti, clum!
Susureos y bullicios,
¡Chasquidos y zumbidos!
¡Qué maravillosos sonidos
los que una tempestad trae!

Whether the Weather/
Si hace buen tiempo

Whether the Weather

Traditional

Whether the weather be fine,
Or whether the weather be not,
Whether the weather be cold,
Or whether the weather be hot,
We'll weather the weather
Whatever the weather,
Whether we like it or not.

Si hace buen tiempo

adaptado por Rafael Lara-Alecio

Si hace buen tiempo,
o si hace mal tiempo,
de todos modos jugaremos.
Si hace un tiempo muy frío,
o si hace un tiempo muy caluroso,
de todos modos jugaremos.
¡Aún cuando no nos haga gracia,
sobreviviremos del bueno, o del mal tiempo!

The Wind/El viento

The Wind

by Pam Schiller

Swoosh, swirl, swoosh, swirl,
Watch the leaves tumble and twirl.

El viento

por Rafael Lara-Alecio

Sonido silbante,
remolineante,
vemos como las hojas
son lanzadas hacia delante.

The Ant and the Grasshopper/
La Hormiguita Tita y el Grillo Cantor
(Listening Story)

The Ant and the Grasshopper (Aesop's Fable)

adapted by Rafael Lara-Alecio and Beverly J. Irby

Once, on the land of an old farmer, there lived an ant and a grasshopper. A long, hard winter had just passed, and the ant, not wanting such a difficult winter again, began carefully planning for the next winter. As soon as spring came, the ant began storing up food and building a stronger home. The grasshopper, however, wanted to enjoy his summer. He paid no attention to the coming winter and played all day.

"Why are you working so hard?" inquired the grasshopper one day. "It is a beautiful day, and you are spending it all in work!"

"I am preparing for the winter," replied the ant. "And you should, too, or you will be sorry when it comes."

But the grasshopper ignored the ant and continued playing as the ant continued working throughout the summer.

By the time winter came, the ant was finished with his home. He knew he would be snug and warm all through the cold winter days. He began to worry about the grasshopper. He decided that a warm home with no one to share it was not nearly as cozy as it could be. He went out to search for the grasshopper and found him not far away. The snow was already beginning to fall and the grasshopper was shivering and shaking from his antennas to the tip of his wings.

"I have come to offer you my home," said the ant.

"Why?" said the grasshopper. "I have been foolish. I have played all summer and fall and I don't deserve to have a warm place to stay."

"We all make mistakes," said the ant. "The question is, have you learned your lesson?"

The grasshopper nodded.

The ant took the grasshopper into his anthill where they both spent a warm and cozy winter sitting by the fire. The ant discovered that the grasshopper didn't know how to read so he taught him. In return, the grasshopper taught the ant to sing. The ant and the grasshopper are still good friends today.

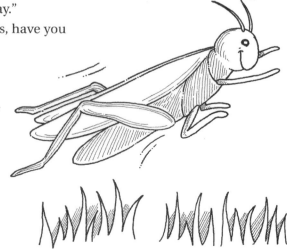

La Hormiguita Tita y el Grillo Cantor (Fábula de Esopo)

adaptado por Rafael Lara-Alecio y Beverly J. Irby

Un largo y duro invierno había acabado de pasar. La Hormiguita Tita, no deseaba un invierno tan difícil de nuevo. Por lo tanto, empezó meticulosamente a planear todo para el próximo invierno. Una vez que la primavera llegó, la Hormiguita Tita empezó a almacenar alimentos y a construir un fuerte hogar. El Grillo Cantor, sin embargo, deseaba disfrutar su verano. No puso ninguna atención al próximo invierno y cantaba y cantaba todo el día. —¿Por qué estás trabajando tan duro? —preguntaba el Grillo Cantor cada vez que miraba pasar a la Hormiguita Tita con sus provisiones del día—. ¡Hoy es un día bonito y tú lo pasas todo en trabajar!

—Me estoy preparando para el invierno —respondía la Hormiguita Tita—. Tú debes hacer lo mismo también, o te arrepentirás cuando el invierno venga de nuevo. El Grillo Cantor ignoraba el consejo de la Hormiguita Tita. Continuaba cantando y cantando mientras la Hormiguita Tita continuaba trabajando y trabajando a lo largo de todo el duro y asoleado verano. De pronto, el invierno llegó. Los árboles habían botado todas sus hojas. Las noches se hacían más y más frías. ¡Pobre el Grillo Cantor, no sabía que hacer! La Hormiguita Tita sabía que no había ninguna forma en que el Grillo Cantor pudiera tener sus provisones para el pesado y duro invierno que se acercaba. Ella recordaba todo lo que le había costado recoger sus provisiones y mejorar su hogar contra la lluvia, la nieve y el intenso frío. La nieve empezó a caer. El frío se hizo más intenso. A medida que los días avanzaban, los días eran más fríos. La nieve ya se había convertido en hielo. Una oscura y fría noche, el Grillo Cantor se estaba muriendo y como pudo, llegó hasta la casa de la Hormiguita Tita a pedirle ayuda. La Hormiguita Tita, leía sus libros favoritos sentada junto a la chiminea. Ton torón tón, sonó la puerta de la Hormiguita Tita.

—¿Quién es?— respondió desde adentro la Hormiguita Tita.

—Soy yo, Hormiguita Tita— respondió el Grillo Cantor—. Ayúdame por favor, me estoy congelando y me estoy muriendo. La Hormiguita Tita vino abrir la puerta rápidamente. Cuando abrió la puerta, débilmente el grillo podía sostenerse.

—¡Cuantas veces te dije amigo Grillo Cantor que te prepararas para el invierno y tu te reías de mis consejos. Ahora mírate como estás, mojado, enfermo y sin techo para protegerte de la lluvia, la nieve y el hielo— le dijo la Hormiguita Tita.

—Siento que me muero decía el Grillo Cantor. La Hormiguita Tita se compadeció de él y le brindó su casa. Le dió inmediatamente un té de manzanilla con limón y miel. ¡Qué rico estaba ese te de manzanilla. Además la Hormiguita Tita le sirvió una gran cena. Así ambos pasaron el frío invierno. La Hormiguita Tita aprovechó para enseñarle al Grillo Cantor a leer y a escribir. Éste agradeció infinitamente a la Hormiguita Tita toda su hospitalidad y le prometió que una vez llegara la primavera, iría con ella a traer provisiones para el siguiente invierno. La mejor lección que el Grillo Cantor había aprendido de la Hormiguita Tita es que la vida es corta y la mejor forma de preparse para ella es proveer lo indispensable para el futuro.

Weather/Tiempo
(Action Story)

Weather

by Pam Schiller

The children were excited. They jumped up and down with delight. (*Jump up and down.*) It was time to go outdoors.

They put on their coats. (*Pretend to put on a coat.*) They put on their mittens. (*Pretend to put on mittens.*) And then they put on their hats. (*Pretend to put on a hat.*)

They opened the door (*Pretend to open door.*), and out they ran.

The wind was strong. It blew hard against them. (*Pretend to walk against the wind.*) The children walked more slowly toward the swings and the slide. They swung for a while. (*Pretend to swing.*) The wind blew their swings crooked. (*Pretend to go crooked.*) They decided to try the slide. They climbed up the ladder. (*Pretend to climb.*) When they went down the slide, the wind pushed them faster. (*Pretend to slide and land on bottom.*)

Next, some of the children rode on the tricycles (*Pretend to pedal.*) while others played ball. (*Pretend to catch a ball.*)

Soon the children noticed that the wind had died down. They began to feel warm. (*Fan yourself.*) The children took off their mittens. (*Pretend to take off mittens.*) Then they went to play in the sand. (*Pretend to hold sand in your hand.*)

They were still hot. (*Pretend to fan yourself.*) They took off their hats. (*Pretend to take off hat.*) They took off their coats. (*Pretend to take off coat.*) They went back to play on the swings (*Pretend to swing.*) and the slide. (*Pretend to slide.*)

Just then, they began to feel raindrops. (*Hold out hand as if feeling for rain.*) The children picked up their mittens, their coats, and their hats and ran inside just in time. When they looked out the window (*Shade eyes as if looking.*), they saw a big, black cloud and lots and lots of raindrops.

Weather/Tiempo
(Action Story)

Tiempo

por Pam Schiller y Rafael Lara-Alecio

Los niños estaban muy emocionados. Saltaban y saltaban.

¡Era tiempo de ir afuera!

Se pusieron sus chaquetas *(Pretenda ponerse una chaqueta.).*

Se pusieron sus mitones. *(Pretenda ponerse sus mitones.)*

Luego se pusieron sus gorras *(Pretenda ponerse su gorra.)*

Ellos abrieron la puerta *(Pretenda abrir la puerta.)* y todos corrieron afuera.

El viento estaba fuerte. Éste soplaba duro contra ellos. *(Pretenda caminar contra el viento.)*

Los niños caminaron más despacio hacia los resbaladeros. Ellos se tambalearon por un rato.
   (Pretenda tambalearse.) El viento los hacía casi doblarse. *(Pretenda doblarse.)*

Ellos decidieron empezarar a resbalarzar. Ellos llegaron hasta la cima. *(Pretenda que suba
   una cima.)*

Cuando ellos venían hacia abajo, el viento los empujaba más rápido hacia abajo

Algunos de los niños montaron sus triciclos *(Prentenda pedalear.)*, mientras que otros jugaron
   pelota. *(Pretenda atrapar una pelota.)*

Inmediatamente los niños se dieron cuenta que el viento había casí desaparecido. Entonces
   empezaron a sentirse con mucho calor.

Los niños se quitaron sus mitones, entonces vinieron a jugar a la arena. *(Pretenda sostener arena
   con sus manos.)*

Ellos estaban más y más calurosos. Se quitaron sus gorras. *(Pretenda que se quita la gorra.)*

Ellos se quitaron sus abrigos. *(Pretendan que se quitan sus abrigos.)* Entonces vinieron a jugar a los
   columpios. *(Pretendan que se columpian.)* Luego se deslizaron de nuevo. Justo a tiempo,
   empezaron a sentir una gotas de lluvia. *(Abran sus mano como que reciben gotas de lluvia.)*

Los niños recogieron sus mitones, sus chaquetas, y sus gorras. Corrieron adentro justo a tiempo
   que la lluvia venía más y más fuerte.

Cuando ellos miraron a través de las ventanas, ellos vieron una inmensa nube de color negro que
   dejaba caer una intensa lluvia. Momentos más tarde ellos, asombrados, miraban como se había
   formado un hermoso arco iris.

Weather/Tiempo
(Play)

Weather

by Pam Schiller

Directions: Prepare the props for each type of weather. Assign each child a prop. Read the story and have the children follow the actions as their turn in the story arrives.

Props

Sun: Cut a large circle out of yellow poster board or construction paper.

Clouds: Cut several "scalloped edged" circles from white poster board or construction paper. Cut two clouds in shapes that look like common objects, such as an ice cream cone or an elephant's head. Whatever shapes you cut can be worked into the play.

Dark Clouds: Cut several "scalloped edged" circles from gray poster board or construction paper.

Lightning: Cut several zigzags out of poster board and cover with foil.

Thunder: Cut several large circles out of black poster board.

Wind: Fold several sheets of copy paper accordion style to make fans.

Rain: Provide plastic spray bottles.

There's nothing like a sunny day. We wake up and the sun is sitting high in the sky. You know he is saying hello when you feel his warmth kiss your face. *(Child holds sun high in the air and moves to the center of the stage area.)*

Sometimes clouds gather and float across the bright blue sky. Sometimes there are so many clouds they cover the sun. But Mr. Sun is only playing "Peekaboo." He will show his face again. *(Children hold clouds over their heads and walk across the stage. One child moves his or her cloud in front of the sun. The sun moves from behind the cloud in order to be seen again. Each child with a cloud finds a place to stand on the stage.)* Sometimes the clouds make shapes that look familiar. You might see an ice cream cone or even an elephant's head. *(Children holding these shapes walk across the stage and then find a place to stand.)*

When the wind is still the clouds stay in the sky as if they were painted there. But when the wind blows the clouds move across the sky, sometimes slowly and sometimes quickly. *(Children with clouds move slowly and then quickly across the stage and exit the stage.)*

Sometimes on a perfectly clear day the clouds grow dark. *(Children with dark clouds enter.)* The sun seems to go away but he is only covered by the darkness of the clouds. *(Two dark clouds cover the sun.)* Lightning begins to strike all around. *(Children who are representing lightning enter the stage and move the lightning bolts up and down as they walk. Sun stays behind the dark clouds.)*

Weather/Tiempo
(Play)

Tiempo

por Rafael Lara-Alecio y Pam Schiller

Direcciones: Prepare los accesorios para cada tiempo. Asigne a cada niño una condición. Lea el cuento y permita que los niños sigan la acción mientras el cuento se desarrolla.

Condiciones

Sol: Usando cartulina, corte un círculo largo de color amarillo.

Nubes: Usando cartulina, corte varios circulos en forma de nubes. Corte dos nubes en forma como de un cono de helado, o una cabeza de elefante. Cualquiera que asimile una nube.

Nubes oscuras: Usando cartulina, corte varios círculos y coloréelos de color gris oscuro.

Relámpagos: Usando cartulina, corte varias piezas en forma de zigzag y cúbralas con papel de aluminio.

Tornado: Con cartulina, corte varios círculos largos y coloréelos de color oscuro.

Viento: Doble varias hojas de papel en forma de acordeón para hacer abanico.

Lluvia: Provea botellas de plástico con agujeros.

No hay nada como un día asoleado. Nos despertamos y el sol está puesto en lo alto del cielo. Tú sabes, él está diciendo —¿Qué tal? —cuando tú sientes sus tibios rayos tocando tu rostro. *(Permita que el niño sostenga el sol alto en el aire y se mueva al centro del escenario.)*

Algunas veces las nubes se juntan y flotan a través del inmenso y brillante cielo azul. Algunas veces hay muchas nubes que cubren el sol. El Señor Sol solamente está jugando. El mostrará su cara de nuevo. *(Que los niños sostengan nubes sobre sus cabezas y caminen a lo largo de la clase. Un niño mueve su nube en frente del sol. El sol se mueve detrás de la nube a modo que se vea de nuevo. Cada niño con una nube encuentra un place a permanecer en el escenario.)*

Algunas veces, las nubes tienen formas que miran como alguna cosa. Puedes ver un helado de crema, o muchas veces una cabeza de elefante. *(Que los niños sostengan estas formas y caminen a través de la clase y encuentren un lugar a permancer.)*

Cuando no hay viento, las nubes permanecen en el cielo como si ellas estuvieran pintadas allí. Pero cuando el viento sopla, las nubes se mueven a lo largo del cielo, algunas veces muy despacio y algunas veces muy rápido. *(Que los niños se muevan con las nubes despacio y luego rápido a través de la clase.)*

Algunas veces en un día perfectamente claro, algunas nubes se obscurecen.. *(Que entren los niños en una nube oscura.)* El sol parece ir lejos, pero el sol solo está cubierto por las nubes oscuras. *(Dos nubes oscuras, cubren el cielo.)* Los relámpagos empiezan a escucharse alrededor. *(Niños quienes están representando a los relámpagos entren por la puerta y muevan los relámpagos de arriba hacia abajo como que si caminaran. El sol permanece detrás de las nubes oscuras.)*

Entonces los tornados empiezan a escucharse *(Niños quienes están representando a los tornados vengan y pretendan como que golpean juntas pelotas negras. Opcional: Platillos pueden ser usados para representar el choque del tornado en la tierra.)* Algunas veces sus sonidos no se escuchan porque los tornados están muy lejos de nosotros. Algunas veces es un ruido extravagante que casi sentimos que está detrás de nosotros. Esto da mucho miedo, porque un tornado puede dañarnos e incluso hasta provocar la muerte.

Ahora la lluvia está cayendo. *(Niños con botellas de plástico, pretendan que llueve.)* Ésto hace un sonido maravilloso cuando la lluvia toca la tierra. Suena mejor cuando cae sobre los techos de las casas.

El viento sopla y las nubes oscuras se alejan. *(Que los niños con abanicos entren y alejen las nubes.)* El relámpago se ha ido. *(Que los niños con relámpagos dejen el escenario al igual que los niños quienes representan los tornados.)* Las nubes oscuras también se marchan, excepto las dos que están cubriendo el sol. El tornado para de sonar, la lluvia también y todo es tranquilo. *(Que los niños quienes representan la lluvia dejen el escenario.)*

Las nubes oscuras se marchan y el sol aparece nuevamente por detrás. *(Niños sosteniendo la nube oscura, dejen el escenario.)* Ahora todo es fresco y limpio. Las suaves y livianas nubes vuelven dentro del brillante cielo azul. *(Niños con nubes blancas muévanse hacia atrás del escenario.)* Es un día bello. ¿Puedes pensar de alguna cosa que te gustaría hacer en un día bello?

The Wind and the Sun/ El viento y el sol
(Listening Story)

The Wind and the Sun (Aesop's Fable)

adapted by Beverly J. Irby and Rafael Lara-Alecio

The wind and the sun were arguing about which one of them was stronger. Suddenly they saw a traveler coming down the road, and the sun said, "I see a way to decide our argument. The one of us who can cause that traveler to take off his coat shall be regarded as the stronger. Go ahead, you begin."

So the sun hid behind a cloud, and the wind began to blow as hard as he could upon the traveler. But the harder he blew, the more closely the traveler wrapped his coat around him. At last the wind had to give up in despair. Then the sun came out and shined very brightly upon the traveler. The traveler was so hot that he had to take off his coat. Who was stronger—the wind or the sun?

El viento y el sol (Fábula de Esopo)

adaptado por Rafael Lara-Alecio y Beverly J. Irby

El viento y el sol discutían sobre cuál de los dos era más fuerte.

—Sin duda soy mucho más fuerte— afirmaba el viento—. Puedo tumbar un árbol, puedo derribar una casa, puedo…

—Puedes ser muy presumido, querido amigo— añadió el sol—. Si de verdad eres tan poderoso, demuéstralo en esta prueba. ¿Ves a aquel hombre que avanza por el camino? Quien haga que el hombre vaya sin abrigo sera el vencedor.

—Me parece bien— contestó el viento—. Yo empezaré. El sol se ocultó tras una nube y el viento comenzó a soplar, pero el hombre se envolvía tenazmente en su abrigo.

—Un gran trabajo, querido amigo; sospecho que ese individuo no tiene intención de perder su abrigo— dijo el sol.

—Espera un poco— contestó el viento antes de tomar aire para soplar con todas sus fuerzas. El viento sopló y sopló, pero el hombre se sujetaba el abrigo con tanto empeño que fue imposible arrebatárselo.

—Me rindo, este tipo es demasiado duro— dijo el viento—. Ahora envíale tus mejores rayos. El sol se asomó por detrás de la nube y brilló con todo su poder. El caminante sintió el calor y enseguida se quitó el abrigo. El viento entendió como la delicadeza es más poderosa que la fuerza.

Additional selections that support the Weather/Tiempo theme:

This Is the Way We Dress for Summer/Ésta es la forma que vestimos para el verano (page 108)

This Is the Way We Dress for Winter/Así nos vestimos en el invierno (page 109)

The Circus Is Here/El circo ya llegó

Tune: Are You Sleeping?

The Circus Is Here

by Pam Schiller

Elephants walking.
Elephants walking.
They're so big,
Really big.
Funny clowns in cars,
Ponies with bright stars,
Circus fun.
Circus fun.

El circo ya llegó

por Beverly J. Irby y Rafael Lara-Alecio

Elefantes caminando.
Elefantes caminando.
Ellos son grandes.
Ellos son pesados.
Caminan por aquí,
caminan por allá.
El circo viene.
El circo viene.

Payasos divertidos,
payasos divertidos.
En carros de madera van,
en carros de madera van.
Divertámonos
divertámonos
¡El circo ya está aquí!
¡El circo ya está aquí!

Calliope Song/Canción de Calliope

Calliope Song

Traditional

(Divide children into four groups. Instruct group one to make sound 1, group two to make sound 2, and group three to make sound 3. Group four will hum the circus song (the song you generally hear on a merry-go-round).

Group 1: Um pa pa, um pa pa…

Group 2: Um tweedli-dee, um tweedli-dee…

Group 3: Um shhh, um shhh, um shhh…

Group 4: Hum "The Circus Song."

Canción de Calliope

adaptado por Rafael Lara-Alecio

(Divida a los niños en cuatro grupos. Pídales al primer grupo hacer el sonido 1, al segundo grupo, hacer el sonido 2, al tercer grupo, hacer el sonido 3. El grupo cuarto, silbará la canción del circo (lo que se oye en el tiovivo.)

Group 1: Um pa pa, um pa pa…

Group 2: Um tuidi-di, um tuidi-di…

Group 3: Um shhh, um shhh, um shhh…

Group 4: cantará "La canción del circo"

One Funny Clown/Un payaso divertido

Tune: One Elephant

One Funny Clown

by Pam Schiller

One funny clown went out to play,
Out on a trampoline one day.
He had such fantastic fun,
He called for another funny clown to come.

Un payaso divertido

por Rafael Lara-Alecio y Beverly J. Irby

Un payasito, muy divertido,
vino a mi casa a jugar
y cuando lo vieron otros amiguitos,
fueron a mi casa a disfrutar.

Man on the Flying Trapeze/ Un hombre volando en el trapecio

Man on the Flying Trapeze

by George Leybourne (Traditional-adapted)

Oh, he floats through the air,
With the greatest of ease,
The daring young man,
On the flying trapeze.
His actions are graceful,
All kids he does please,
My dad is that man on the flying trapeze!

Un hombre volando en el trapecio

adaptado por Rafael Lara-Alecio

¡Oh! el trapecista flota a través del aire
con gran facilidad.
Es un hombre valiente
que en el trapecio va.
Sus movimientos son muy elegantes
    y divertidos y
complace a niños y a grandes.
¡Mi papá es el trapecista que en el aire
    volando va!

Did You Ever See?/ ¿Has visto alguna vez?

Tune: Did You Ever See a Lassie?

Did You Ever See?

by Beverly J. Irby and Rafael Lara-Alecio

Did you ever see a trapeze artist,
A trapeze artist, a trapeze artist?
Did you ever see a trapeze artist?
Do this and do that?
Do this and do that; do this and do that.
Did you ever see a trapeze artist
Do this and do that?

¿Has visto alguna vez?

por Rafael Lara-Alecio y Beverly J. Irby

¿Has visto a un hombre que hace piruetas?
¿Has visto a un hombre que camina así
camina así, camina así?
¿Has visto a un hombre que camina así?

¿Has visto a un hombre que hace piruetas?
¿Has visto a un hombre que canta así
que canta así, que canta así?
¿Has visto a un hombre que canta así?

¿Has visto a un hombre que hace piruetas?
¿Has visto a un hombre que baila así
que baila así, que baila así?
¿Has visto a un hombre que baila así?

Hoy todos somos payasos/ We're All Clowns Today

Tune: Farmer in the Dell

Hoy todos somos payasos

por Rafael Lara-Alecio y Beverly J. Irby

Hoy todos somos payasos,
hoy todos somos payasos,
hoy todos somos payasos,
como la letra U.

Hoy todos somos payasos,
hoy todos somos payasos
hoy todos somos payasos,
como saltas tú.

We're All Clowns Today

by Beverly J. Irby and Rafael Lara-Alecio

We're all clowns today,
We're all clowns today,
Heigh-ho the derry-o
We're all clowns today!

Additional verses:
elephants, monkeys, tigers, bears…

Ramón el Leoncito/Little Larry Lion

Tono: La cucaracha

Ramón el Leoncito

por Rafael Lara-Alecio y Beverly J. Irby

Ramón el Leoncito, Ramón el Leoncito
le gusta jugar así,
se jala el pelo, se jala el pelo
con sus manos de marfil.

Ramón el Leoncito, Ramón el Leoncito
le gusta cantar así,
abre su boca, cierra su boca
y a todos hace reír.

Ya se va Ramón el Leoncito, Ya se va
    para dormir
porque mañana muy temprano a otros niños
    va a divertir.

Little Larry Lion

by Beverly J. Irby and Rafael Lara-Alecio

Little Larry Lion, Little Larry Lion,
You like to hiss and roar.
Little Larry Lion, Little Larry Lion,
When you jump you soar.

Little Larry Lion, Little Larry Lion,
Leap through the fiery ring.
Little Larry Lion, Little Larry Lion,
You are the circus king.

Little Larry Lion, king of the circus show,
It's time to sleep.
Tomorrow the children will come again
To see you hiss, and roar, and leap.

Take Me Out to the Circus/Llévame al circo

Tune: Take Me Out to the Ball Game

Take Me Out to the Circus

Traditional

Take me out to the circus,
Take me out to the ring.
See the trapeze swinging back and forth,
It makes me want to get up and swing.
Oh, the clowns are all acting so funny,
The elephants walk in a row.
Oh, we're hap, hap, happy, oh, honey.
Please, let's get on with the show!

Llévame al circo

por Rafael Lara-Alecio y Beverly J. Irby

Llévame pronto al circo.
Llévame pronto allí.
Mira el trapecio viniendo allá
quiero ir al parque a columpiar.
Los payasos se ríen,
al compás de tambor.
¡Oh! Es uno, dos, tres elefantes
Que danzan con clamor.

The Ringmaster in the Circus/
Los payasos en el circo

Tune: Wheels on the Bus

The Ringmaster in the Circus

by Pam Schiller

The ringmaster in the circus says,
"Come one, come all."
"Come one, come all."
"Come one, come all."
The ringmaster in the circus says, "Come
    one and all."
At the start of the show!

Additional verses:

The clowns at the circus says, "Ha, ha, ha" …All
    through the show.
The people at the circus go clap, clap, clap …All
    through the show.
The vendors at the circus say, "Popcorn, sir."
    …All through the show.
The monkeys in the circus say, "Tee-hee-hee"
    …All through the show.
The horses in the circus say, "Neigh, neigh,
    neigh" …All through the show.

Los payasos en el circo

por Rafael Lara-Alecio y Beverly J. Irby

Los payasos del circo cantando van, cantando
    van, cantando van.
Los payasos del circo cantando van, por
    la ciudad.

Versos adicionales:

Los leones del circo rugen grr, grr, grr.
Los elefantes del circo llaman rr,rr,rr.
Los monitos del circo llaman cui, cui, cui.
Los caballitos del circo relinchan neei,
    neei, neei.
Los vendedores del circo dicen —Palomitas
    de maíz…

At the Circus/En el circo

At the Circus

by Pam Schiller

At the circus you can see *(Point to your eyes.)*
Everything from A to Z. *(Turn left hand over,
    then right hand over.)*
Acrobats turning flips, *(Circle index fingers
    around each other.)*
Enormous hippos with painted lips, *(Draw lips
    on your face.)*
Dancing bears on their toes, *(Walk fingers on
    right hand up left arm.)*
Funny clowns in wacky clothes, *(Make a face.)*
Tightrope walkers overhead, *(Point up.)*
Smiles on the face of every kid. *(Smile.)*
At the circus you can see *(Point to your eyes.)*
Everything from A to Z. *(Turn left hand over,
    then right hand over.)*

En el circo

por Rafael Lara-Alecio y Beverly J. Irby

En el circo puedes ver *(Señala hacia tus ojos.)*
muchs cosas que no vas a creer. *(Voltea
    la mano izquierda, luego voltea la
    mano derecha.)*

Acróbatas dan vueltas en el aire. *(Circula con los
    dedos índices uno alredededor del otro.)*
Bailarinas hacen muchas piruetas. *(Pon los
    dedos de tus mano derecha en tu brazo
    izquierdo y baila tus dedos.)*
Cebras son montadas por el fraile. *(Mueve más
    rápido los dedos.)*
Dulces son regalados en bicicletas. *(Haz como
    que repartes dulces con tus manos.)*

Elefantes visten elegantes. *(Señala con tu dedo
    a otra niño.)*
Fanáticos aplauden la función. *(Aplaude.)*
Girafas llevan los guantes. *(Pretende que te
    pones guantes.)*
Helados, los niños piden con emoción.
    (Pretende que comes un helado.)

Iguanas van de la mano con el payaso. *(Toma
    de la mano a otro niños.)*
Joyas decoran las osas. *(Exclama con
    tus brazos.)*
Leones con sus melenas frondosas. *(Haz como
    que tienes bastante pelo en tu cabeza.)*

Monos pidiendo cacahuates. *(Haz como que pides algo.)*

Niños y adultos miran a los leones en acción *(Pon tus manos sobre tus ojos como que miras algo.)*

Orangutangos jugando con los bates. *(Haz como que juegas con un bate.)*

Payasos y perros ponen atención. *(Haz como que pones atención.)*

Quince palomas vuelan en la carpa. *(Haz con tus dos manos como que vuelas.)*

Ratones viniendo por montones. *(Menea todos los dedos de tus manos.)*

Sapos tocando el harpa. *(Haz como que tocas un harpa.)*

Tigres jugando en los balcones. *(Mueve los dedos de tus manos unos sobre los otros.)*

Una foca pide una foto. *(Haz como que pides una foto.)*

Vacas con sus terneros caminan de dos en dos. *(Haz como que caminas con otro niño.)*

Walter, el hipopótamo, viste un pantalón roto. *(Haz un círculo con los dedos de tu mano.)*

Xavier, el maestro, tiene mucha tos. *(Lleva tu mano hacia tu boca y toce.)*

Zumba que zumba, en el circo puedes ver. *(Señala hacia tus ojos.)*

Zumba que zumba, muchas cosas que no vas nunca a creer. *(Voltea la mano izquierda, luego voltea la mano derecha.)*

Five Happy Clowns/Cinco payasos felices

Five Happy Clowns

by Beverly J. Irby, Rafael Lara-Alecio, and
Pam Schiller

(Use fingers to count down the clowns.)
Five happy clowns jumping up and down.
One jumped through the door,
Now there are four.
Four happy clowns jumping up and down.
One climbed up a tree,
Now there are three.
Three happy clowns jumping up and down.
One tripped on his shoe,
Now there are two.
Two happy clowns jumping up and down.
One said, "All done,"
Leaving only one.
One happy clown jumping up and down.
Jumping 'round and 'round,
Up…down…up…down…
One happy jumping… "up and down" clown.

Cinco payasos felices

por Rafael Lara-Alecio

(Use los dedos para contar a los payasos.)
Cinco payasos felices saltando van,
    saltando van;
uno de ellos se va con Renato
y ahora solo veo cuatro.
Cuatro payasos felices saltando van,
    saltando van;
uno de ellos lo llama Andrés
y ahora sólo veo tres.
Tres payasos felices saltando van, saltando van;
uno de ellos se fue con el señor del arroz
y ahora sólo veo dos.
Dos payasos felices saltando van, saltando van;
uno de ellos se fue con don Bruno
y ahora sólo veo a uno.
Un payaso feliz saltando va, saltando va
de pronto se sube a un árbol de aceituno
y ahora no veo a ninguno.
¡Colorín colorado, ésta canción de los cinco
    payasos ha terminado!

Circus Clowns/Los payasos del circo

Circus Clowns

by Pam Schiller

(Suit the actions to the words.)
One colorful clown riding in a car,
Two more clowns swinging on a star.
Three funny fellows blowing up balloons,
Four more fellows acting like baboons.
Five circus clowns in size 20 shoes,
Six more circus clowns singing the blues.
Seven painted men juggling china plates,
Eight more men skating figure eights.
Nine jolly jokesters playing tug of war,
Ten more jokesters getting in a car.
Ten in one car? Ten clowns in a car?
Have you ever seen ten clowns in a car?

Los payasos del circo

por Rafael Lara-Alecio y Beverly J. Irby

(Haga lo que las palabras sugieren.)
Un payaso vestido de muchos colores
    manejando un carrito va,
dos payasos divertidos columpiándose en una
    estrella están,
otros tres payasos divertidos inflando
    globos van,
cuatro payasos más con colas de monos
    saltando por la pista están.
Cinco payasos del circo con largos zapatos de
    muchos colores y formas desfilando están.
Seis payasos más cantando canciones van.
Siete hombres pintados de colores lanzando
    platos de china al aire van.
Ocho payasos más patinando por la pista de
    colores van.
Nueve payasos más diciendo muchas bromas a
    la gente están.
Diez divertidos payasos dentro de un carrito en
    la pista van.
¿Diez payasos en un carrito?
¿Has visto alguna vez diez payasos en
    un carrito?

Elephant Walk/La elefante camina

Elephant Walk

by Beverly J. Irby and Rafael Lara-Alecio

The elephant walks *(Get down on all fours and walk back and forth.)*
This way and that way.
She's really tall *(Stand tall and stretch arms up.)*
And she's really wide. *(Stretch arms way out to sides.)*
She has big feet, *(Point to your feet.)*
And big gray toes, *(Touch your toes.)*
She has floppy ears
And a long funny nose! *(Hold your nose between fingers and thumb of left hand; put your arm out beside it in front and wave your arm.)*

La elefante camina

por Beverly J. Irby y Rafael Lara-Alecio

La elefante camina
hacia delante y hacia atrás.
La elefante se arrodilla
con sus dos patas.
Ella realmente es muy alta. *(Pónte de pie y lleva tus brazos para arriba.)*
Ella es realmente ancha también. *(Lleva tus brazos hacia los lados.)*
Ella tiene patas y dedos muy grandes. *(Lleva tus manos para arriba y cierra tus dedos de las manos.)*
Su cola es pequeña y se mueve también.
Ella tiene orejas grandes y delgadas,
y ella tiene una trompa muy larga también.
(Tóma tu nariz entre tus dedos y el dedo pulgar de la mano izquierda, ponga el brazo derecho como un círculo hasta formar la trompa de la elefante.)

The Fun House/La casa divertida

The Fun House

by Rafael Lara-Alecio and Beverly J. Irby

I like to go into the fun house
To look into the mirror.
My face—wiggly,
My arms—long,
My body—squiggly,
My legs—strong.

La casa divertida

por Rafael Lara-Alecio

Me gusta ir adentro de la casa divertida.
Sí, realmente es muy divertida.
En la casa divertida,
me gusta mirarme frente al espejo.
Mi cara se menea,
mis brazos son largos.
Mi cuerpo tiembla y
mis piernas son fuertes.

Payasos/Clowns

Payasos

por Beverly J. Irby y Rafael Lara-Alecio

Mira los payasos.
Mira sus ropas.
Mira sus corbatas.
Mira sus zapatos.

Mira los payasos.
Mira sus sombreros.
Mira sus cabellos.
Mira sus gorros bellos.

Payasos en los circos,
payasos balanceándose,
payasos actuando chistosos,
payasos resbalándose.

Mira los payasos.
Mira sus caras.
Mira los payasos.
Mira sus capas.

Mira los payasos.
Mira sus ropas.
Mira los payasos.
Mira sus zapatos.

Clowns

by Beverly J. Irby, Rafael Lara-Alecio, and Pam Schiller

Look at the clowns.
Look at their noses.
Look at their frowns.
Look at their roses!

Clowns in the circus,
Clowns everywhere,
Clowns in the circus,
Look at their hair!

Look at the clowns.
Look at their eyes.
Look at their frowns.
Look at their size!

Clowns in a row,
Clowns in a pile,
Clowns with a bow,
Clowns with a smile!

Look at the clowns.
Look at their ears.
Look at the clowns.
Look at their rears!

The Tightrope Walker/
El volatinero caminante

The Tightrope Walker

by Beverly J. Irby, Pam Schiller, and Rafael Lara-Alecio

Above the circus crowd so high,
The tightrope walker leaps and spins.
Effortlessly across the wire,
He glides, he bows, he spins, he grins.

Then suddenly his right foot slips,
And above the crowd he hovers.
The silver wire jiggles and dips,
The crowd cheers as he recovers.

The tightrope walker leaps higher,
He glides, he bows, he spins, and grins.
Gracefully across the wire
From where it starts to where it ends.

El volatinero caminante

por Rafael Lara-Alecio

Arriba de la muchedumbre
el volatinero va.
Arriba de la muchedumbre
el volatinero está.

Él casi toca el tope de la tienda del circo,
abajo del cielo del circo.

¡Ay! Uno de sus pies se ha resbalado.
La muchedumbre se queda en silencio.
Pero como todo un gato cortés, el
   volatinero Andrés,
¡Graciosamente camina en el alambre al
   derecho y al revés!

The Roller Coaster/Mi carrito

The Roller Coaster

by Beverly J. Irby and Rafael Lara-Alecio

Roller coaster crawling on the track
To the tippy, tippy top.
Roller coaster going fast
Bippity, bippity, bop.
Roller coaster, I was scared
At the tippy, tippy top.
But even worse, when we went down
Bippity, bippity, bop.

Mi carrito

por Rafael Lara-Alecio y Beverly J. Irby

Mi carrito a lo largo de la pista va
¡A la vin, a la van, a la vin, bom va!
Ahora mi carrito para arriba va
¡A la vin, a la van, a la vin, bom va!
Ahora mi carrito para abajo va
¡A la vin, a la van, a la vin, bom va!
Ahora mi carrito para la izquierda va
¡A la vin, a la van, a la vin, bom va!
Ahora mi carrito para la derecha va
¡A la vin, a la van, a la vin, bom va!
Finalmente mi carrito en la meta está
¡A la vin, a la van, a la vin, bom va!

Tres tristes tigres/Three Terrifying Tigers

Tres tristes tigres

Tradicional

Tres tristes tigres comían trigo en un trigal.
En tres tristes trastos tres tristes tigres estaban
  en un trigal.
En tres tristes trastos en un trigal,
tres tristes tigres comían trigo en un trigal.
Tres tristes tigres tragaban trigo en un trigal.
Bajo tres tristes platos de trigo,
tres tristes tigres tragaban trigo en un trigal.

Three Terrifying Tigers

by Pam Schiller

Three terrifying tigers.
Terrifying teeth,
Terrifying tails,
Terrifying toes.
Terrifying tigers,
Three totally
  terrifying tigers.

El circo/The Circus

(Listening Story)

El circo

por Beverly J. Irby, Rafael Lara-Alecio y Linda Rodriguez

Una carpa sola no hace un circo.

Dos tigres solos no hacen un circo.

Tres elefantes solos no hacen un circo.

Cuatro payasos solos no hacen un circo.

Cinco caballos solos no hacen un circo.

Séis monos solos no hacen un circo.

Siete bailarinas solas no hacen un circo.

Ocho perros solos no hacen un circo.

Nueve músicos solos no hacen un circo.

Diez niños solos no hacen un circo.

¡Pero todos juntos hacemos el circo,

y todos juntos nos divertimos en el circo!

The Circus

by Beverly J. Irby, Rafael Lara-Alecio, and Linda Rodriguez

A tent does not make a circus.

Two tigers do not make a circus.

Three elephants do not make a circus.

Four clowns do not make a circus.

Five horses do not make a circus.

Six monkeys do not make a circus.

Seven dancers do not make a circus.

Eight dogs do not make a circus.

Nine musicians do not make a circus.

Ten children do not make a circus.

But all together they make a circus, and

All together we'll have lots of fun!

Peanut, the Teeniest, Tiniest Pup/ Maní, el perrito más pequeñito
(Listening Story)

Peanut, the Teeniest, Tiniest Pup

by Pam Schiller

Peanut was the happiest, teeniest, tiniest dog in the world. He lived on the fairgrounds and was the star attraction at the fair. Everyone loved Peanut, and every day people would come from miles around just to see him.

It was a good thing that so many people loved Peanut because Peanut didn't have a mommy and a daddy—at least not a mommy and a daddy that he remembered. Peanut had always lived at the fair. The pigs had raised him. One night in the middle of a huge thunderstorm, Peanut had wandered into the pigpen to get out of the rain. The pigs liked him right away. They fed him and kept him warm.

When Jerry, the owner of the fair, saw Peanut in the pigpen the next morning, he was shocked. He picked up Peanut and looked at him closely. He said, "You're not a pig. You are, however, the teeniest, tiniest puppy I have ever seen. You will make a great addition to the fair. You will be my star attraction."

So every day after that, Jerry would put a small ruffled collar and a little clown hat on Peanut and gently place him under a teeny tiny box. Then he would say, "Come one, come all, to see the teeniest, tiniest pup on the planet!" When Jerry lifted the box, everyone would gasp. They couldn't believe their eyes. No one had ever seen a puppy that small before. Things went on like that for quite awhile.

One day, however, something awful happened: Peanut began to grow. He grew, and he grew, and he grew. Soon he was not the teeniest, tiniest, puppy on the planet. He wasn't even close. He probably grew because he was so loved and well cared for now. Now Peanut had nothing to do at the fair. No one wanted to come see an ordinary dog. He was very sad. His little collar and hat wouldn't even fit on his foot. The little box that used to cover him wouldn't even hold his dinner.

Days passed, and Peanut continued to grow not only in size, but also in sadness. He knew he would have to leave the fair and find something else to do.

But then something else happened: Peanut kept on growing, and very quickly too. He grew, and he grew, and he grew. He grew so large, that he no longer fit in the pigpen. When Jerry saw how big Peanut had become, he laughed out loud. He said, "Peanut, you will be my star attraction again. Now you are the biggest dog on the entire planet." He made Peanut a new collar and hat and built a new, very large box to cover him. Then he said, "Come one, come all to see Peanut, the largest, grandest dog of all." People traveled from all around to see Peanut again. They couldn't believe their eyes. Under the box was the largest, grandest, happiest dog they had ever seen!

Peanut, the Teeniest, Tiniest Pup/ Maní, el perrito más pequeñito
(Listening Story)

Maní, el perrito más pequeñito

por Rafael Lara-Alecio y Pam Schiller

Maní era el perro más feliz y pequeñito del mundo. Vivía en los terrenos de la feria y era la estrella de la feria. Todos amaban a Maní y todos los días venía gente de todas partes a conocer a Maní.

Maní no tenía ni mamá ni papá. Sin embargo, Maní recibía cariño de todos. Maní siempre había vivido en la feria. Unos cerditos lo habían criado. Una noche de invierno cuando hubo una gran tormenta, para protegerse de la lluvia, Maní se fue a refugiar al corral de los cerditos. A los cerditos les encantó Maní inmediatamente. Ellos lo alimentaron y le dieron cobijo.

Al día siguiente, César, el dueño de la feria, vio a Maní en el corral de los cerditos, él se asombró. Tomó a Maní y lo observó de cerca. Él dijo —¡Tú no eres un cerdito! Pero eres el perrito más pequeñito que nunca haya visto yo antes. Serías una gran atracción en la feria. ¡Serás la estrella!

César le colocó a Maní un cuello con pliegues y un sombrerito de payaso. Con mucha gentileza lo puso en una cajita pequeñita. Muchos anuncios fueron dados al público. Estos decían: —¡Vengan todos a ver al perrito más pequeñito del mundo!— Cuando César alzaba la caja, todos quedaban asombrados. No podían creer lo que veían. Nadie jamás había visto un perrito tan chiquito. Todo siguió igual durante un buen tiempo.

Sin embargo, un día sucedió algo inesperado. Maní empezó a crecer. Creció, creció y creció. Pronto, dejó de ser el perrito más pequeñito del planeta. Seguramente había crecido porque ahora tenía mucho amor y admiradores. Ahora Maní ya no tenía ningún papel en la feria. Nadie quería ir a ver un perro común y corriente. Maní estaba muy triste. Su collar y su sombrero no le quedaban ni en las patas. La cajita que antes lo cubría ya no servía ni para poner su cena.

Pasaron los días, semanas y meses. Maní seguía creciendo no sólo en tamaño sino en tristeza. Sabía que tenía que irse de la feria y buscar otra cosa que hacer.

Sucedió algo inusitado. Maní siguió creciendo y creciendo y creciendo. Creció tanto que ya no cabía en el corral de los cerditos. Cuando César vió lo grande que estaba Maní, soltó una carcajada. Dijo —Maní, serás la estrella de la feria de nuevo. Ahora eres el perro más grande de todo el planeta. Le hizo un nuevo collar y un nuevo sombrero y le construyó una caja muy grande para cubrirlo. Luego muchos anuncios fueron dados al público. Estos decían: —¡Vengan todos a ver a Maní, el perro más grande del planeta. De nuevo, gente de todas partes del mundo iba a ver a Maní. No podían creer lo que veían. ¡En la caja estaba el perro más grande y feliz que nunca hubieran visto!

Additional selections that support the Circus Time/Tiempo del circo theme:
One Elephant Went Out to Play/La tela de una araña (page 377)

My Dog Rags/Mi perra Perla

My Dog Rags

Traditional

(Stand to sing.)

I have a dog and his name is Rags.
  (Point to self.)

He eats so much that his tummy sags. *(Put hands together in front of stomach.)*

His ears flip flop and his tail wigwags, *(Bend first left and then right hand at ears.)*

And when he walks he zig, zig, zags!
  (Shake hips.)

Flip flop, wig wag, zig zag. *(Place hands by ears and flip first one hand, then the other.)*

Mi perra Perla

por Rafael Lara-Alecio, Beverly J. Irby y Pam Schiller

Tengo una perra y su nombre es Perla. *(Señálate a ti mismo.)*

Come tanto que su barriguita le tiembla. *(Pon tus manos juntas enfrente del estómago.)*

Su cola menea y sus orejas le cuelgan *(Doble primero la mano izquierda y después voltee la mano derecha.)*

y cuando camina hace pan, pan, pan. *(Mueve la cabeza de un lado para otro.)*

Menea, cuelgan, pan pan.

Las mascotas de Amelia/Amelia's Pets

Tono: Mary tenía una corderita

Las mascotas de Amelia

por Beverly Irby y Rafael Lara-Alecio

Amelia tiene siete mascotas, siete mascotas,
   siete mascotas.
Amelia tiene siete mascotas todas en su casa.
Amelia tiene un lorito, un lorito, un lorito.
Amelia tiene un lorito que habla en su casa.
Amelia tiene un gatito, un gatito, un gatito.
Amelia tiene un gatito que duerme en su casa.
Amelia tiene un perrito, un perrito, un perrito.
Amelia tiene un perrito que ladra en su casa.
Amelia tiene una tortuguita, una tortuguita,
   una tortuguita.
Amelia tiene una tortuguita que camina en
   su casa.
Amelia tiene dos pajaritos, dos pajaritos,
   dos pajaritos.
Amelia tiene dos pajaritos que cantan en
   su casa.
Amelia tiene una gallinita, una gallinita,
   una gallinita.
Amelia tiene una gallinita que va en
   su bicicleta.

Amelia's Pets

by Beverly Irby and Rafael Lara-Alecio

Amelia has seven pets, seven pets, seven pets.
Amelia has seven pets living at her house.
Amelia has a funny parrot, funny parrot,
   funny parrot.
Amelia has a funny parrot talking at her house.
Amelia has a playful cat, playful cat, playful cat.
Amelia has a playful cat sleeping at her house.
Amelia has a romping dog, romping dog,
   romping dog.
Amelia has a romping dog barking at her house.
Amelia has a little turtle, little turtle, little turtle.
Amelia has a little turtle walking at her house.
Amelia has two happy birds, happy birds,
   happy birds.
Amelia has two happy birds singing at
   her house.
Amelia has a silly hen, silly hen, silly hen.
Amelia has a silly hen riding on a bike.

Los diez perritos/Ten Puppies

Los diez perritos

Tradicional—adaptado por Rafael Lara-Alecio y Beverly J. Irby

(Pon tus dedos hacia arriba. Cuenta siguiendo el ritmo de la canción.)

Yo tenía diez perritos.

Yo tenía diez perritos.

Uno se cayó en la nieve.

No me quedan sino nueve,

nueve, nueve, nueve, nueve.

De los nueve que tenía.

De los nueve que tenía.

Uno se comió un bizcocho.

No me quedan sino ocho,

ocho, ocho, ocho, ocho.

(Continúa el ritmo, contando en orden descendente)

Uno se comio un molcajete.

Uno se fue con Moisés.

Uno se fue con don Jacinto. *(Dobla el pulgar de tu mano derecha.)*

Uno se metió en un teatro. *(Dobla el dedo índice.)*

Uno se fue con Andrés. *(Dobla el dedo medio.)*

Uno sufrió de una tos. *(Dobla el dedo anular.)*

Uno se fue con don Bruno. *(Dobla el dedo meñique.)*

Fue el que se dió una resbalada.

y ahora no me queda nada, nada, nada.

Ten Puppies

by Beverly J. Irby and Rafael Lara-Alecio

(All fingers up. Count down with the rhyme.)

I had ten puppies. I had ten puppies.

One fell on the snow. I only have nine left. Nine, nine, nine, nine.

From the nine I had, from the nine I had,

One ate a cake. Now I have just eight. Eight, eight, eight, eight.

(Continue the rhyme, counting down to none and inserting these verses:)

One ate a stone.

One ate a bone.

One left with Mr. Weather. *(Bend thumb of right hand.)*

One found a little feather. *(Bend index finger.)*

One left with Connie. *(Bend middle finger.)*

One saw a bunny. *(Bend ring finger.)*

One left with Suzy's son. *(Bend little finger.)*

Now I am left with none.

El cerdito en el mercado/ Porky Goes to Town

El cerdito en el mercado

por Rafael Lara-Alecio y Beverly J. Irby

Abuelita tenía un cerdito
que estaba muy gordito.
Un día lo llevé al mercado
y todo el mundo estaba asombrado.

Porky Goes to Town

by Beverly J. Irby and Rafael Lara-Alecio

Granny had a porky.
He's just a little quirky.
He waddled up to town one day
And all the people ran away.

El Gato/The Cat

El Gato

Tradicional

Cuatro patas
tiene un gato,
una, dos, tres, cuatro.

The Cat

adapted by Beverly J. Irby and Rafael Lara-Alecio

The cat's feet on the floor.
One, two, three, four.

Un Gato/A Cat

Un Gato

Tradicional

Había una vez un gato
con los pies de trapo
y los ojos al revés.
¿Quieres que te lo cuente otra vez?

A Cat

adapted by Beverly J. Irby and Rafael Lara-Alecio

Once there was a little cat
One eye looked like this, the other like that!
He had rags for feet and red color skin!
Do you want to hear this story again?

My Pet/Mi mascota

My Pet

by Pam Schiller

I wanted a fish, but a fish doesn't want to be
    petted.
I wanted a bird, but birds don't want to snuggle.
I wanted a turtle, but turtles don't want to
    play ball.
I wanted a frog, but frogs don't like to go
    for walks.
I wanted a hamster, but hamsters don't
    show affection.
I decided on a puppy, and now I have a
    friend who
Loves to be petted,
Always wants to snuggle,
Likes to play ball,
Enjoys going for a walk,
And really loves to love me.

Mi mascota

por Rafael Lara-Alecio y Beverly J. Irby

Yo quiero un periquito de mascota, pero…
Peri Pérez Periquito picotea todo el día.
    ¡Ay, no, no!
Yo quiero un león de mascota, pero…
Leo Leononcio León lame todo el día.
    ¡Ay, no, no!
Yo quiero un borrego de mascota, pero…
Borre Bali Borrego bala todo el día. ¡Ay, no, no!
Yo quiero un león de ratón, pero…
Rati Roque Ratón roe todo el día. ¡Ay, no, no!
Yo quiero una iguana de mascota, pero…
Iliana Irana Iguana imagina todo el día.
    ¡Ay, no, no!

Old Gray Cat/El viejo gato gris

Old Gray Cat

adapted by Pam Schiller, Beverly J. Irby, and Rafael Lara-Alecio

The old gray cat is sleeping, sleeping, sleeping.
The old gray cat is sleeping in the house.
(One child pretends to be the gray cat and curls up, pretending to sleep.)

The little mice are creeping, creeping, creeping.
The little mice are creeping through the house.
(Other children are mice creeping around sleeping cat.)

The old gray cat is waking, waking, waking.
The old gray cat is waking through the house.
(Cat slowly sits up and stretches.)

The old gray cat is chasing, chasing, chasing.
The old gray cat is chasing through the house.
(Cat chases the mice.)

All the mice are squealing, squealing, squealing.
All the mice are squealing through the house.
(Mice squeal; when cat catches a mouse, that mouse becomes the cat.)

El viejo gato gris

adaptado por Rafael Lara-Alecio, Beverly J. Irby y Pam Schiller

El viejo gato gris está durmiendo, durmiendo, durmiendo.
El viejo gato gris está durmiendo en la casa.
(Un niño pretenda ser el gato gris y pretenda dormir acurrucadito.)

Los ratoncitos están retozando, retozando, retozando.
Los ratoncitos están retozando por toda la casa.
(Otros niños son ratoncitos corriendo alrededor del gato que duerme.)

El viejo gato gris está caminando, caminando, caminando.
El viejo gato gris está caminando por toda la casa.
(El gato se despierta y se relaja.)

El viejo gato gris está persiguiendo, persiguiendo, persiguiendo.
El viejo gato gris esta persiguiendo por toda la casa.
(El gato persigue a los ratoncitos.)

Todos los ratones están chillando, chillando, chillando.
Todos los ratones están chillando por toda la casa.
(Los ratoncitos lloran; cuando el gato atrapa a un ratoncito, ese ratoncito se convierte en gato.)

I've Got a Dog/Tengo un perro

I've Got a Dog

Traditional

(Suit actions to the words.)
I've got a dog as thin as a rail,
He's got fleas all over his tail.
Every time his tail goes flop,
The fleas on the bottom all hop to the top.

Tengo un perro

adaptado por Rafael Lara-Alecio y Beverly J. Irby

(Haga lo que las palabras sugieren.)
Tengo un perro muy delgado, delgado, delgado,
y tiene pulgas por todos lados, lados, lados,
cada vez que mueve su cola, cola, cola,
todas las pulgas van para abajo y para arriba
 solas.

El Señor don Gato/Sir Tomcat

El Señor don Gato

adaptado por Rafael Lara-Alecio

Estaba el Señor don Gato, ole plum, sentadito
 en su tejado.
Ole plum, cataplúm, cataplúm.
Estaba el Señor don Gato, ole plum, sentadito
 en su tejado.
Ole plum, cataplúm, cataplúm.

Mister Tomcat

by Beverly J. Irby and Rafael Lara-Alecio

There was Mister Tomcat, cat.
There on the roof he sat, sat, sat.
Looking for Mister Rat, rat, rat,
There on the roof he sat, sat, sat.

Tres conejitos/Three Little Rabbits

Tres conejitos

por Rafael Lara-Alecio

Tres conejitos tuvo mamá.
Ellos nacieron junto a papá.
Uno es de color barcino
y su nombre es Tino.
El otro es de color café
y su nombre es José.
El ultimo es de color negro
¿Qué nombre le pondrías tu?

Three Little Rabbits

by Beverly J. Irby

Three little rabbits have a mama.
Three little rabbits have a papa.
One rabbit is red—his name is Fred.
Another one is black—his name is Jack.
The last one is brown—
What name shall we give him?

Tres perritos juguetones/ Three Playful Puppies

Tres perritos juguetones

por Rafael Lara-Alecio, Beverly J. Irby y Pam Schiller

(Haga lo que las palabras sugieren.)
Tres perritos juguetones en la tienda están.
Ansiosos están y por ti esperarán.
Cada perrito tiene un collar nuevecito.
Cada perrito tiene un lazo azulito.
Cada perrito tiene un juguete bonito.
Cada perrito quiere darte cariñito.
¿Cuál perrito juguetón quieres amar?
¿Cuál perrito de la tienda te quieres llevar?

Three Playful Puppies

by Pam Schiller

(Suit actions to the words.)
Three playful puppies in the pet store,
Waiting for you to come through the door.
Each puppy has a collar that's new.
Each puppy has a bowl that is blue.
Each puppy has a toy he can chew.
Each puppy has love just
    for you.
Which playful puppy will
    you adore?
Which puppy will you take
    from the store?

El burrito enfermo/
My Sick Little Donkey
(Traditional Spanish Song used as Listening Story)

El burrito enfermo

Tradicional—adaptado por Rafael Lara-Alecio

A mi burrito, a mi burrito le duele la cabeza,
su doctor le manda una gorrita negra,
una gorrita negra, una gorrita negra.
Ahora mueve las patitas
tapa, tepe, tipi, topo, tap.

A mi burrito, a mi burrito le duele la garganta
su doctor le manda una bufanda blanca,
una bufanda blanca, un bufanda blanca.
Ahora mi burrito tiene una gorrita negra,
una bufanda blanca y mueve sus patitas
tapa, tepe, tipi, topo, tap.

Ahora a mi burrito le duelen las costillas,
su doctor le manda una chaqueta amarilla,
chaqueta amarilla,
una bufanda blanca,
una gorrita negra
y mueve las patitas
tapa, tepe, tipi, topo, tap.

Ahora a mi burrito le duele el corazón
y su doctor le ordena tomar unas gotas de
    limón.
Gotitas de limón,
chaqueta amarilla,
una bufanda blanca,
una gorrita negra
y mueve las patitas
tapa, tepe, tipi, topo, tap.

A mi burro, a mi burro ya no le duele nada,
y su doctor le manda trocitos de manzana,
trocitos de manzana,
gotitas de limón,
chaqueta amarilla,
una bufanda blanca,
una gorrita negra
y mueve las patitas
tapa, tepe, tipi, topo, tap.

El burrito enfermo/ My Sick Little Donkey

(Traditional Spanish Song used as Listening Story)

My Sick Little Donkey

by Beverly J. Irby and Rafael Lara-Alecio

My donkey has a headache. My donkey
    cannot play.
The vet will soon deliver a black hat and
    some hay.
A black hat and some hay,
Now click your little hooves.
Tap, tap, tap, tap. Hooray!

My donkey has a sore throat. My donkey
    cannot play.
The vet will soon deliver a white scarf and
    some hay.
A white scarf and some hay,
A black hat for the headache,
Now click your little hooves.
Tap, tap, tap, tap, tap. Hooray!

My donkey's ribs are very sore. My donkey
    cannot play.
The vet will soon deliver a yellow coat and
    some hay.
A yellow coat and some hay,
A white scarf and some hay,
A black hat for the headache,
Now click your little hooves.
Tap, tap, tap, tap, tap. Hooray!

My donkey's heart is aching. My donkey
    cannot play.
The vet will soon deliver lemon drops and
    some hay.
Lemon drops and some hay,
A yellow coat and some hay,
A white scarf and some hay,
A black hat for the headache,
Now click your little hooves.
Tap, tap, tap, tap, tap. Hooray!

My donkey is very happy. My donkey can
    now play,
The vet will soon deliver green apples and
    some hay.
Green apples and some hay,
Lemon drops and some hay,
A yellow coat and some hay,
A white scarf and some hay,
A black hat for the headache,
Now click your little hooves.
Tap, tap, tap, tap, tap. Hooray!

My Very Own Pet/Mi propia mascota
(Listening Story)

My Very Own Pet

by Pam Schiller

Austin wanted a pet. He had wanted one for a long time. All his friends had pets. Austin dreamed about pets at night. He thought about pets all day. He thought about elephants, and giraffes, and lions, just like those he saw at the zoo. But he knew his mother would certainly say "No!" to those big animals.

Austin had found a turtle once and brought it home. But his mom said that it needed to go back to its home in the lake because it wouldn't be happy in Austin's room.

Another time he tried to hide a lizard in his pocket. But it jumped out at the dinner table, and his mom shooed it out the back door.

Once his best friend, Chen, gave him a frog. Austin used a box to make a house for it to live in. He made sure the box had a lid, so it wouldn't jump out. But Austin's mother was not convinced the frog belonged in the house either. She said, "Don't bring any more pets in this house!" Austin was beginning to think he would never have a pet of his very own.

Yesterday was Austin's birthday. He had asked for a pet, but he knew he would probably get a tricycle. As he finished getting dressed, he tried not to think about pets so he wouldn't be disappointed. Just then he heard his mom coming into his room. When Austin turned around, was he ever surprised!

Yep, there it was! Not a tricycle at all. Standing there next to his mom was a puppy just for him. At last, Austin had a pet of his very own.

My Very Own Pet/Mi propia mascota
(Listening Story)

Mi propia mascota

por Pam Schiller y Rafael Lara-Alecio

Austin quería tener una mascota. Hacía tiempo que quería tener una. Todos sus amigos tenían mascotas. Durante la noche, Austin soñaba con mascotas. Durante el día, pensaba en mascotas. Pensaba en elefantes, jirafas y leones como los que veía en el zoológico pero en el fondo sabía que su mamá no aceptaría ningunos de esos grandes animales en casa.

Un día, Austin se encontró una tortuga y la llevó a casa, pero su mamá le dijo que la tortuga tenía que regresar a su verdadero hogar en el lago. Ella no sería feliz en el cuarto de Austin.

En otra ocasión, Austin trató de esconder una lagartija en el bolsillo pero ésta se salió y saltó a la mesa durante la cena. La mamá la correteó hasta la puerta trasera.

Una vez, Chen, su mejor amigo, le regaló una rana. Austin le hizo una caja para que viviera en ella. Se aseguró de que la caja tuviera una tapa para que no saltara y se saliera como lo había hecho la lagartija. Pero la mamá de Austin no estaba muy convencida de que la rana debiera quedarse dentro de la casa. Ella dijo —No traigas más animalitos a esta casa. Austin empezó a pensar que nunca podría tener un animalito propio.

Hoy era el cumpleaños de Austin. Él había pedido que le regalaran una mascota pero sabía que probablemente le iban a regalar un triciclo. Mientras terminaba de vestirse intentó dejar de pensar en mascotas para no desanimarse. En ese momento oyó los pasos de su mamá que entraba en su cuarto. Cuando Austin se dio vuelta, se llevó la sorpresa de su vida.

¡Sí! Allí estaba. No era un triciclo. Era un cachorrito para él. Una mascota propia.

Additional selections that support the Pet/Mascotas theme:
Mary Had a Little Lamb/Mary tenía una corderita (page 248)

Farm Animals/ Los animales de la granja

Five Little Ducks/Los cinco patitos

Five Little Ducks

Traditional

Five little ducks went out one day,
Over the hills and far away.
Papa duck called with a "Quack, quack, quack."
And four little ducks came swimming back.
*(Repeat, losing one more duck each time until
you are left with one duck. Have Mama duck
call and end with "Five little ducks came
swimming back.")*

Los cinco patitos

adaptado por Rafael Lara-Alecio y Beverly J. Irby

Los cinco patitos fueron a pasear,
y en la colina fueron a caminar.
Papá pata les dice —cua, cua, cua.
Los cinco patitos nadando van a regresar.
*(Repita perdiendo un patito cada vez hasta que
sólo le quede un patito. Deje que la mamá
pata los llame y termine con "Los cinco
patitos regresaron nadando".)*

Baa, Baa, Sweet Sheep/Be, ba, oveja buena

Baa, Baa, Sweet Sheep

Traditional

Baa, baa, sweet sheep, have you any wool?
Yes sir, yes sir, three bags full.
One for my mother, one for me,
One for the little boy who lives by the sea.
Baa, baa, sweet sheep, have you any wool?
Yes sir, yes sir, three bags full.

Be, ba, oveja buena

adaptado por Rafael Lara-Alecio y Beverly J. Irby

Be, ba, oveja buena, ¿tienes tú lana?
Sí señor, sí señor, de tres sacos manan,
uno para mi dueño, uno para la dama
y uno para el niño que vive en Montana.
Be, ba, oveja buena, ¿tienes tú lana?
Sí señor, sí señor, de tres sacos manan.

Bingo/Bingo

Bingo

Traditional

There was a farmer had a dog,
And Bingo was its name-o.
B-I-N-G-O,
B-I-N-G-O,
B-I-N-G-O,
And Bingo was its name-o.
*(Sing the song a second time, having the children
    clap once to replace singing the letter "B." Sing
    the song a third time, having the children
    clap two times to replace singing the letters
    "B-I," and so on until the dog's name is
    clapped entirely.)*

Bingo

adaptado por Rafael Lara-Alecio y Beverly J. Irby

Había una vez un perro en una granja
y Bingo se llamaba.
B-I-N-G-O,
B-I-N-G-O,
B-I-N-G-O,
y Bingo se llamaba.
*(Canten la canción por
    segunda vez y que los
    niños aplaudan una
    vez para sustituir el
    canto de la letra B.
    Canten la canción una
    tercera vez y que los
    niños aplaudan dos
    veces para sustituir el
    canto de las letras B-I, y así, sucesivamente
    hasta que el nombre del perrito sea aplaudido
    en su totalidad.)*

La granja/The Farm

La granja

Tradicional

Vengan a ver mi granja que es hermosa.
El patito hace así —cuá, cuá.
El patito hace así —cuá, cuá.

Coro:
¡Oh! vengan, amigos,
vengan, amigos,
vengan, amigos, vengan.

Versos adicionales:
El pollito hace así —Pío, pío…
La vaquita hace así —Mu, mu…
El burrito hace así —Jija, jija…
El perrito hace así —Guau, guau…
El gallito hace así —Kikiriki…
El gatito hace así —Miau, miau…

The Farm

adapted by Beverly J. Irby and Rafael Lara-Alecio

Oh, come to see my farm
For it is beautiful.
The duck says "hello," quack, quack.
The duck says "hello," quack, quack.

Chorus:
Oh, come, my good friends,
Oh, come, my good friends,
Oh, come and visit my farm.

Additional verses:
The chick says "hello," peep, peep…
The cow says "hello," moo, moo…
The pig says "hello," oink, oink…
The donkey says "hello," hee-haw, hee-haw…
The dog says "hello," bow, wow…
The rooster says "hello," cock-a-doodle-doo…
The cat says "hello," meow, meow…

Old MacDonald/El viejo MacDonald

Old MacDonald

Traditional

Old MacDonald had a farm,
E-I-E-I-O.
And on this farm she had a cow,
E-I-E-I-O.
With a moo, moo here,
And a moo, moo there,
Here a moo, there a moo,
Everywhere a moo, moo.
Old MacDonald had a farm,
E-I-E-I-O!

Additional verses:
Pig—oink, oink
Cat—meow, meow
Dog—bow-wow
Horse—neigh, neigh

El viejo MacDonald

adaptado por Rafael Lara-Alecio y Beverly J. Irby

El viejo MacDonald tenía una granja,
I-A-I-A-U.
Y en su granja tenía una vaca,
I-A-I-A-U.
Con un mu, mu aquí,
y un mu, mu, allá,
un mu aquí, un mu allá,
dondequiera un mu.
El viejo MacDonald tenía una granja,
I-A-I-A-U.

Versos adicionales:
Cerdo—Oink, oink
Gato—Miau, miau
Perro—Guau, guau
Caballo—Jiii, jiii

This Little Piggy/Este cerdito

This Little Piggy

Traditional

This little piggy went to market, *(Wiggle big toe.)*

This little piggy stayed home, *(Wiggle second toe.)*

This little piggy had roast beef, *(Wiggle middle toe.)*

This little piggy had none, *(Wiggle fourth toe.)*

And this little piggy cried "Wee-wee-wee!" all the way home. *(Wiggle little toe.)*

Este cerdito

adaptado por Rafael Lara-Alecio y Beverly J. Irby

Este cerdito fue al mercado. *(Menea el dedo grande del pie.)*

Este cerdito se quedó en casa. *(Menea el segundo dedo del pie.)*

Este cerdito comió rosbif. *(Menea el dedo medio del pie.)*

Este cerdito no comió nada. *(Menea el cuarto dedo del pie.)*

Y este cerdito chilló —¡ui-ui-ui!— hasta llegar a su casa. *(Menea el dedo pequeñito del pie.)*

Two Horsies/Dos caballitos

Two Horsies

by Pam Schiller

Two little horsies running this way, *(Use index fingers for horses.)*

Two pretty horsies on a summer day.

Gallop, trot, run, frisky and gay,

Two little horsies just loving to play.

Dos caballitos

por Rafael Lara-Alecio y Beverly J. Irby

Dos caballitos corriendo están. *(Usa los dedos índices para caballos.)*

Dos caballitos corriendo van.

Galopean, trotan, corren y saltan.

Dos caballitos sonriendo van.

Los pollitos/The Baby Chicks

Los pollitos

Tradicional

(Para el primer verso, un niño representa la gallina y el resto de los niños caminan alrededor de la gallina en un círculo, moviendo sus codos hacia arriba y hacia abajo imitando a los pollitos. Para el segundo verso, el círculo se detiene y la gallina camina alrededor buscando alimento y alimentando a los pollitos. Para el tercer verso, los pollitos se sientan y cierran sus ojitos para descansar, mientras la gallina camina alrededor de ellos.)

Los pollitos dicen —Pío, pío, pío—
cuando tienen hambre, cuando tienen frío.
Su mamá les busca el maíz y el trigo,
les da la comida y les presta abrigo.
Bajo sus dos alas acurrucaditos
hasta el otro día duermen los pollitos.

The Baby Chicks

adapted by Beverly J. Irby and Rafael Lara-Alecio

(For the first verse, one child represents the hen, and the rest of the children walk around the hen in a circle, moving their elbows up and down to imitate baby chicks. For the second verse, the circle stops moving and the hen walks around looking for food and feeding the chicks. For the third verse, the chicks sit down and close their eyes to rest, while the hen walks around comforting them .)

Baby chicks are singing, "Pío, pío, pío,"
Because they are hungry, because they are cold.
Mama gets the corn, Mama gets the wheat.
Mama feeds them dinner, Mama warms
    their feet.
Under Mama's wings all nestled in the hay,
Sleeping very soundly until the next day.

Lo que dicen los animales/ What Animals Say

Lo que dicen los animales

por Rafael Lara-Alecio y Beverly J. Irby

El perro ladra —Guau, guau, guau.

El gato maúlla —Miau, miau, miau.

El pato hace —Cua, cua, cua.

El borrego bala —Baa, baa, baa.

La vaca muge —Muu, muu, muu.

El burro hace —Jija, jija, jija.

El gallo canta —Quí quí riquí.

El pollito pía —pío, pío, pío.

La gallina cacarea —ca ca ra ca.

What Animals Say

by Beverly J. Irby and Rafael Lara-Alecio

The dog says, "Arf, arf, arf."

The cat says, "Meow, meow, meow."

The duck says, "Quack, quack, quack."

The little sheep says, "Baa, baa, baa."

The cow says, "Moo, moo, moo."

The donkey says, "Hee-haw, hee-haw, hee-haw."

The rooster says, "Cock-a-doodle-doo."

The chick says, "Peep, peep, peep."

The hen says, "Cluck, cluck, cluck."

WOOF!

Henny-Penny/Gallinita-Nita

(Listening Story)

Henny-Penny

Traditional—adapted by Pam Schiller

Once upon a time there was a little hen named Henny-Penny. She lived in a barnyard with her friends Cocky-Locky, Ducky-Lucky, Turkey-Lurkey, and Goosey-Loosey. Every day the farmer's wife would scatter seeds and grain for Henny-Penny and her friends to eat.

One day while Henny-Penny was peck, peck, pecking the seeds and grains the farmer's wife had scattered, something hit her right on top of her head. "What was that?" said Henny-Penny. She looked up at the sky and, seeing nothing but sky, she began to cluck loudly. "Something just hit me on the head. The sky is falling. I must go quickly and tell the king."

So off Henny-Penny went walking as fast as she could. Soon she met Cocky-Locky. "Where are you going?" said Cocky-Locky. Without even looking back, Henny-Penny answered, "The sky is falling! I'm off to tell the king."

Cocky-Locky looked up at the sky. He said, "The sky looks fine to me."

"A piece of the sky fell right on my head" said Henny-Penny.

"Oh, my!" said Cocky-Locky, and he joined Henny-Penny in her journey.

So on Henny-Penny and Cocky-Locky went walking as fast as they could. Soon they met Ducky-Lucky.

"Where are you going?" said Ducky-Lucky. Without even looking back, Henny-Penny answered, "The sky is falling! We're off to tell the king."

Ducky-Lucky looked up at the sky. She said, "The sky looks fine to me."

"A piece of the sky fell right on my head," said Henny-Penny.

"Oh, my!" said Ducky-Lucky and she joined Henny-Penny and Cocky-Locky in their journey.

So on Henny-Penny, Cocky-Locky, and Ducky-Lucky went walking as fast as they could. Soon they met Turkey-Lurkey. "Where are you going?" said Turkey-Lurkey.

Without even looking back, Henny-Penny answered, "The sky is falling! We're off to tell the king."

Turkey-Lurkey looked up at the sky. He said, "The sky looks fine to me."

"A piece of the sky fell right on my head," said Henny-Penny.

"Oh, my!" said Turkey-Lurkey and he joined Henny-Penny, Cocky-Locky, and Ducky-Lucky in their journey.

So on Henny-Penny, Cocky-Locky, Ducky-Lucky, and Turkey-Lurkey went walking as fast as they could. Soon they met Goosey-Loosey. "Where are you going?" said Goosey-Loosey. Without even looking back, Henny-Penny answered, "The sky is falling! We're off to tell the king."

Goosey-Loosey looked up at the sky. She said, "The sky looks fine to me."

"A piece of the sky fell right on my head," said Henny-Penny.

"Oh, my!" said Goosey-Loosey and she joined Henny-Penny, Cocky-Locky, Ducky-Lucky, and

Turkey-Lurkey in their journey. Soon the five friends met Foxy-Loxy. "Where are you going?" asked Foxy-Loxy.

"The sky is falling. We're off to tell the king." The five answered together.

"May I show you the way?" asked Foxy-Loxy. The five friends suddenly realized that they did not know where the king lived. So they said, "Oh, thank you, Foxy-Loxy."

Foxy-Loxy took Henny-Penny, Cocky-Locky, Ducky-Lucky, Turkey-Lurkey, and Goosey-Loosey straight to his den and they were never seen again. Do you know what happened to them?

Henny-Penny/Gallinita-Nita
(Listening Story)

Gallinita-Nita

adaptado por Pam Schiller y Rafael Lara-Alecio

Érase una vez una gallinita llamada Gallinita-Nita, quien vivía en un granero con sus amigos Gallo-Callo, Pata-Nata, Pavo-Lavo y Ganso-Manso. Todos los días, la esposa del granjero esparcía semillas para que se las comieran Gallinita-Nita y sus amigos.

Un día, mientras Gallinita-Nita picoteaba y picoteaba las semillas y los granos que había esparcido la esposa del granjero, algo le cayó justo encima de la cabeza—¿Qué fue eso?—se dijo Gallinita-Nita. Miró al cielo pero sin notar nada sino el cielo, comenzó a cloquear con fuerza.

—Algo acaba de golpearme en la cabeza. El cielo se está cayendo. Debo ir a contárselo al rey.

Y así se fue corriendo Gallinita-Nita tan rápido como podía. Pronto se encontró con Gallo-Callo.

—¿A dónde vas? —le preguntó Gallo-Callo.

Sin siquiera darse vuelta, Gallinita-Nita contestó—¡El cielo se está cayendo! Debo ir a decírselo al rey.

Gallo-Callo alzó la vista y miró al cielo. Le dijo— No veo nada malo con el cielo.

—Un trozo del cielo cayó justo encima de mi cabeza —dijo Gallinita-Nita.

—¡Ay, no! —exclamó Gallo-Callo—y se unió a Gallinita-Nita.

Y así se fueron corriendo Gallinita-Nita y Gallo-Callo tan rápido como podían. Pronto se encontraron con Pata-Nata.

—¿A dónde van? —les preguntó Pata-Nata.

Sin siquiera darse vuelta, Gallinita-Nita contestó— ¡El cielo se está cayendo! Debo ir a decírselo al rey.

Pata-Nata miró al cielo. Les dijo —No veo nada malo con el cielo.

—Un trozo del cielo cayó justo encima de mi cabeza —dijo Gallinita-Nita.

—¡Ay, no! —exclamó Pata-Nata—y se unió a Gallinita-Nita y Gallo-Callo.

Y así se fueron corriendo Gallinita-Nita, Gallo-Callo y Pata-Nata tan rápido como podían. Pronto se encontraron con Pavo-Lavo.

—¿A dónde van? —les preguntó Pavo-Lavo.

Sin siquiera darse vuelta, Gallinita-Nita contestó— ¡El cielo se está cayendo! Debemos ir a decírselo al rey.

Pavo-Lavo miró al cielo. Les dijo —No veo nada malo con el cielo.

—Un trozo del cielo cayó justo encima de mi cabeza— dijo Gallinita-Nita.

—¡Ay, no!—exclamó Pavo-Lavo—y se unió a Gallinita-Nita, Gallo-Tato y Pata-Nata.

Y así se fueron corriendo Gallinita-Nita, Gallo-Callo, Pata-Nata y Pavo-Lavo tan rápido como podían. Pronto se encontraron con Ganso-Manso.

—¿A dónde van? —les preguntó Ganso-Manso.

Sin siquiera darse vuelta, Gallinita-Nita contestó— ¡El cielo se está cayendo!

Debo ir a decírselo al rey.

Ganso-Manso miró al cielo. Les dijo —No veo nada malo con el cielo.

—Un trozo del cielo cayó justo encima de mi cabeza— dijo Gallinita-Nita.

—¡Ay, no! —exclamó Ganso-Manso —y se unió a Gallinita-Nita, Gallo-Callo, Pata-Nata y Pavo-Lavo.

Y así se fueron corriendo Gallinita-Nita, Gallo-Callo, Pata-Nata, Pavo-Lavo y Ganso-Manso tan rápido como podían.

Pronto los cinco amigos se encontraron con Zorro-Gorro.

—¿A dónde van? —les preguntó Zorro-Gorro.

—¡El cielo se está cayendo! Debemos ir a decírselo al rey —contestaron al unísono los cinco amigos.

—¿Les puedo mostrar el camino? —les preguntó Zorro-Gorro.

Los cinco amigos se dieron cuenta de repente de que no sabían dónde vivía el rey. Así es que contestaron —Gracias, Zorro-Gorro.

Zorro-Gorro llevó a Gallinita-Nita, Gallo-Callo, Pata-Nata, Pavo-Lavo y Ganso-Manso derecho a su guarida y nadie vió nunca más a los cinco amigos. ¿Sabes lo que les pasó?

The Little Red Hen/La gallinita roja
(Listening Story)

The Little Red Hen

Traditional—adapted by Pam Schiller

Once upon a time, there was a little red hen who shared her tiny cottage with a goose, a cat, and a dog. The goose was a gossip. She chatted with the neighbors all day long. The cat was vain. She brushed her fur, straightened her whiskers, and polished her claws all day long. The dog was sleepy. He napped on the front porch all day long. The little red hen did all the work. She cooked, she cleaned, and she took out the trash. She mowed, she raked, and she did all the shopping.

One day on her way to market, the little red hen found a few grains of wheat. She put them in her pocket. When she got home she asked her friends, "Who will plant these grains of wheat?"

"Not I," said the goose.

"Not I," said the cat.

"Not I," said the dog.

"Then I will plant them myself," said the little red hen. And she did.

All summer long she cared for the wheat. She made sure that it got enough water, and she hoed the weeds out carefully between each row. And when the wheat was finally ready to harvest, the little red hen asked her friends, "Who will help me thresh this wheat?"

"Not I," said the goose.

"Not I," said the cat.

"Not I," said the dog.

"Then I will cut and thresh it myself," said the little red hen. And she did.

When the wheat had been cut and threshed, the little red hen scooped the wheat into a wheelbarrow and said, "This wheat must be ground into flour. Who will help me take it to the mill?"

"Not I," said the goose.

"Not I," said the cat.

"Not I," said the dog.

"Then I will do it myself," said the little red hen. And she did. The miller ground the wheat into flour and put it into a bag for the little red hen. Then all by herself, she pushed the bag home in the wheelbarrow.

One cool morning a few weeks later, the little red hen got up early and said, "Today is a perfect day to bake some bread. Who will help me bake it?"

"Not I," said the goose.

"Not I," said the cat.

"Not I," said the dog.

"Then I will bake the bread myself," said the little red hen. And she did. She mixed the flour with milk and eggs and butter and salt. She kneaded the dough. She shaped the dough into a nice plump loaf. Then she put the loaf in the oven and watched it as it baked.

The smell of the bread soon filled the air. The goose stopped chatting, the cat stopped brushing, and the dog woke up. One by one, they came into the kitchen. When the little red hen took the bread from the oven she said, "Who will help me eat this bread?"

"I will," said the goose.

"I will," said the cat.

"I will," said the dog.

"You will?" said the little red hen. "Who planted the wheat and took care of it? Who cut the wheat and threshed it? Who took the wheat to the mill? Who baked the bread? I did it all by myself. Now I am going to eat it all by myself." And she did!

The Little Red Hen/La gallinita roja
(Listening Story)

La gallinita roja

adaptado por Rafael Lara-Alecio

Érase una vez una gallinita roja que vivía en su pequeña cabaña junto con una gansa, un gato y un perro. A la gansa le encantaba contar todo lo que escuchaba. Se llevaba todo el día conversando con los vecinos. La gata era una vanidosa. Se cepillaba el pelaje, se enderezaba los bigotes y se pulía las garras todo el día. El perro era un dormilón. Dormía en el porche de la entrada todo el día. La gallinita roja hacía todo el trabajo. Cocinaba, limpiaba y sacaba la basura. Cortaba el césped, rastrillaba las hojas y hacía todas las compras.

Un día cuando iba camino al mercado, la gallinita se encontró unos granos de trigo y se los metió en el bolsillo. Cuando llegó a casa les preguntó a sus amigos—¿Quién quiere plantar estos granos de trigo?

—Yo no puedo— dijo la gansa.

—Ni yo tampoco— dijo la gata.

—Yo tampoco puedo— dijo el perro.

—Entonces los plantaré yo misma— dijo la gallinita roja. Y así lo hizo.

Durante todo el verano, la gallinita cuidó el trigo. Se aseguró que recibía suficiente agua y arrancó las malezas cuidadosamente en cada hilera. Y cuando finalmente el trigo estaba maduro para cosecharse, la gallinita roja les preguntó a sus amigos.

—¿Quién quiere ayudarme a desgranar el trigo?

—Yo no puedo— dijo la gansa.

—Ni yo tampoco— dijo la gata.

—Yo tampoco puedo— dijo el perro.

—Entonces lo cortaré y desgranaré yo misma— dijo la gallinita roja. Y así lo hizo.

Una vez que hubo cortado y desgranado el trigo, la gallinita roja puso el trigo en una carreta y dijo
—Debemos moler el trigo para hacerlo harina. ¿Quién quiere ayudarme a llevarlo al molino?

—Yo no puedo— dijo la gansa.

—Ni yo tampoco— dijo la gata.

—Yo tampoco puedo— dijo el perro.

—Entonces lo haré yo misma— dijo la gallinita roja. Y así lo hizo. El molinero molió el trigo
convirtiéndolo en harina. Luego colocó la harina en una bolsa y se la dio a la gallinita roja,
quien por su propia cuenta, se la llevó a casa en la carreta.

Una fresca mañana unas semanas más tarde, la gallinita roja se levantó temprano y dijo —Hoy es
un día perfecto para hacer pan. ¿Quién quiere ayudarme a hacerlo?

—Yo no puedo— dijo la gansa.

—Ni yo tampoco— dijo la gata.

—Yo tampoco puedo— dijo el perro.

—Entonces lo haré yo misma— dijo la gallinita roja. Y así lo hizo.

La gallinita mezcló la harina con leche, huevos, mantequilla y sal. Lo amasó y amasó. Le dio a la
masa la forma de un molde muy rollizo. Luego colocó el molde en el horno
y lo miró mientras se horneaba. Pronto, el aire se llenó del olor del pan
que se horneaba. La gansa dejó de hablar mucho. La gata dejó de
cepillarse y el perro se despertó. Uno por uno, se acercaron a la
cocina. Cuando la gallinita roja sacó el pan del horno, ella les dijo

—¿Quién quiere ayudarme a comer este pan?

—Yo quiero— dijo la gansa.

—Yo también— dijo la gata.

—Yo también quiero— dijo el perro.

—¿Ustedes quieren ayudarme ahora?— dijo la gallinita roja—.
¿Quién plantó el trigo y lo cuidó? ¿Quién cortó el trigo y lo
desgranó? ¿Quién lo llevó al molinero? ¿Quién hizo el pan?
Todo éso lo hice yo sola. Pues bien, ahora me lo voy a comer
yo sola.

Y así lo hizo.

Additional selections that support the Farm Animals/Animales de la granja theme:

The Farmer in the Dell/ El granjero en la cañada (page 72)

The Great Big Turnip/El nabo gigante (page 136)

Five Little Fishes Swimming in the Sea/Cinco pececitos nadando en la mar

Tune: Over in the Meadow

Five Little Fishes Swimming in the Sea

Traditional

No little fishes swimming in the sea,
Splishing and a-splashing and rocking to
    the beat.
Everybody wave 'cause don't you know;
Here comes a fish and away we go.

One little fish swimming in the sea,
Splishing and a-splashing and rocking to
    the beat.
Here comes another fish—uh, say hello.
Two little fishes swimming in a row.

Two little fishes swimming in the sea,
Splishing and a-splashing and rocking to
    the beat.
Here comes another fish—uh, say hello.
Three little fishes swimming in a row.

Three little fishes…
Four little fishes…
Five little fishes swimming in the sea.
Everybody wave 'cause don't you know;
Five little fishes have got to go.
Ou-ahh, away they go. Yeah!

Cinco pececitos nadando en la mar

adaptado por Rafael Lara-Alecio y Pam Schiller

Ningún pececito nadando en la mar
Salpicando, chapoteando y bailando al
    compás está.
Todos saludan ¿no sabes por qué?,
Porque aquí viene un pececito y ahí vamos
    otra vez.

Un pececito nadando en la mar está.
Salpicando, chapoteando y bailando al compás.
Otro pez saluda y con él se van.
Dos pececitos en una hilera van.

Dos pececitos nadando en la mar
Salpicando, chapoteando y bailando al compás.
Otro pez saluda y con él se van.
Tres pececitos en una hilera van.

Tres pececitos…
Cuatro pececitos…
Cinco pececitos nadando en la mar.
Todos saludan ¿no sabes por qué?
Cinco pececitos se tienen que ir,
¡Ay! ¡Ay! Y ya se van por ahí.

Counting Rhyme/Rima de contar

Counting Rhyme

Traditional

One, two, three, four, five,
I caught a fish alive.
Six, seven, eight, nine, ten,
I let it go again.
Why did I let him go?
Because he bit my finger so!
Which finger did it bite?
The little one on the right.

Rima de contar

adaptado por Rafael Lara-Alecio y Beverly J. Irby

Uno, dos, tres, cuatro, cinco, seis.
Yo tengo un pez.
Siete, ocho, nueve,
yo lo regresé a la nieve.
¿Por qué lo dejé ir?
¡Porque me mordió mi dedo!

Five Dancing Dolphins/Cinco delfines bailarines

Five Dancing Dolphins

by Pam Schiller

(Suit the actions to the words. Hold up one more dancing finger as dolphins are added.)

One dancing dolphin on a sea of blue,
She called her sister,
Then there were two.
Two dancing dolphins swimming in the sea,
They called for Mother,
Then there were three.
Three dancing dolphins swimming close
to shore,
They called for Daddy,
Then there were four.
Four dancing dolphins in a graceful dive,
They called for baby,
Then there were five.
Five dancing dolphins on a sea of blue.

Cinco delfines bailarines

por Rafael Lara-Alecio y Pam Schiller

(Haz lo que las palabras sugieren. Sube un dedo cada vez que se agregue un delfín.)

Un delfín bailaba en el océano azul.
Él llamó a su hermana,
entonces allí habían dos.
Dos delfines bailando nadaban en el océano.
Ellos preguntaron por mamá,
entonces allí habían tres delfines.
Tres delfines bailando nadaban cerca de
la playa.
Ellos preguntaron por papá,
entonces allí habían cuatro delfines.
Cuatro delfines bailaban graciosamente.
Ellos preguntaron por bebé,
entonces allí habían cinco delfines.
¡Cinco delfines bailaban en el océano azul!

Lindo pececito/Pretty Little Fish

Lindo pececito

por Rafael Lara-Alecio y Beverly J. Irby

Lindo pececito que saltas en la mar,
quiero ser tu amigo vamos a jugar.
Yo no soy pez, niño es lo que soy.
Sube a mi barquito vamos a remar.
Ese pececito no quiere salir.
Le dice su mamá, no salgas de aquí.
El mar es tu casa, la tierra es de él.
¡Tú sigue nadando y deja que reme él!

Pretty Little Fish

by Beverly J. Irby and Rafael Lara-Alecio

Pretty little fish that jumps in the sea
Your good friend I want to be.
I am not a fish. I am a boy!
Please hop in my boat, don't be coy!

I am not a boy. I am a fish.
Staying here is my mother's wish.
The land is your home, mine is the sea;
I'll swim, and you row your boat right
beside me!

Fish Games/Juegos de peces
(Listening Story)

Fish Games

by Pam Schiller

Many small and beautiful fish live, swim, and
play in the big, blue sea. Freddie and Frankie
are fish friends. They live in the coral reef.
Freddie is an angelfish, and Frankie is a
rainbow fish. They play together every day.

Freddie and Frankie love to swim in the coral
reef. They believe they have the best
playground anywhere in the whole ocean.
They love to play Fish Tag. In and out, in and
out, in and out of the coral reef they race.

Freddie and Frankie have many fish friends.
Their friends often join in the games that
Freddie and Frankie play. The fish play
Musical Shells like we play Musical Chairs.
They use the sounds of the waves as their
music. Freddie always wins this game.

They play "jump seaweed" like we play "jump
rope." Here is one of the chants they use
when jumping:

"Little fishes in the ocean blue,

Little fishes swimming two by two,

Little fishes, if you make a wish,

How many wishes will come true?

One, two, three…"

Frankie and Freddie play Hide and Seek in an
old boat that sank to the bottom of the sea
many years ago. There is a trunk inside the
boat, and it is full of necklaces and jewels
that the fish love to wear when they play
Dress-Up with their friends.

At school, the fish play a game called Salmon
Says. Can you think of a game we play that
might be just like it?

Juegos de peces

por Rafael Lara-Alecio y Pam Schiller

Muchos peces pequeños y hermosos viven,
nadan y juegan en el gran mar azul. Julio y
Federico son peces amigos. Viven en el
arrecife de coral. Julio es un pez ángel y
Federico es un pez arco iris. Juegan juntos
todos los días.

A Julio y Federico les encanta nadar en el
arrecife de coral. Piensan que tienen el mejor
patio de recreo de todo el océano. Les
encanta jugar a atraparse. Están
constantemente entrando y saliendo del
arrecife de coral.

Julio y Federico tienen muchos peces amigos. A
menudo éstos también juegan con Julio y
Federico. Los peces juegan a las conchas
musicales, que es parecido a las sillas
musicales. Usan los sonidos de las olas como
música. Julio siempre gana este juego.

Ellos juegan a saltar las algas, parecido a
saltar la cuerda. Ésta es una de las
canciones que ellos usan cuando saltan las
cadenas de algas.

—Pequeños peces en la mar azul están.

Pequeños peces en parejas van.

Pequeños peces, pidan un deseo,

¿Cuántos de ellos se concederán?

Uno, dos, tres… —

Julio y Federico juegan al escondite en un bote
viejo que se hundió hace muchos años y
llegó al fondo del mar. En el bote hay un baúl
que está lleno de collares y joyas que a los
peces les encanta usar cuando juegan a
disfrazarse con sus amigos.

En la escuela, los peces juegan una actividad
que se llama —Salmón dice—. ¿Puedes
pensar a qué juego se parece?

Going on a Whale Watch/
Vamos a ir a mirar ballenas
(Action Story)

Going on a Whale Watch

by Pam Schiller

We're going on a whale watch.
Want to come along?
Well, come on then.
Let's go!
(Walk in place.)
Look! There's our boat.
Can't go over it.
Can't go under it.
Can't go around it.
We'll need to get in it.
(Pretend to walk into a boat and locate a good
   place to stand. Shade eyes as if watching for a
   whale and begin tapping fingers as if
   impatiently waiting.)
Look! There's a ship.
Can't go over it.
Can't go under it.
Can't go through it.
We'll have to go around it.
(Pretend to steer around the ship and then
   resume tapping fingers and watching for a
   whale.)
Look! There's an iceberg.
Can't go over it.
Can't go under it.
Can't go through it.
We'll have to go around it.
(Pretend to steer around the iceberg and then
   resume tapping fingers and looking for
   a whale.)

Look! There's a spout of water.
Is it a whale?
Ooh, I think it might be.
(Look straight ahead, squinting.)
I see a huge head.
Wonder what it is.
I see a tail.
It's big.
It's a whale! We found a whale!
Look out, here comes a s-p-l-a-s-h!
Too late. We're soaked!
(Add verses to make the story as long as
   you want.)

Going on a Whale Watch/
Vamos a ir a mirar ballenas
(Action Story)

Vamos a ir a mirar ballenas

por Rafael Lara-Alecio y Pam Schiller

Vamos a ir a mirar ballenas.

¿Quieren ir?

¡Vengan!

¡Vámonos! *(Pretende que estas nadando.)*

¡Miren! Allí está nuestro bote.

No podemos ir sobre éste.

No podemos ir debajo de éste.

No podemos ir alrededor de éste; necesitamos llegar a él. *(Pretende entrar a un barco y localiza un buen lugar donde pararte. Llévate la mano a la cejas como que si observaras una ballena y empieza a golpear los dedos como que esperas impacientemente.)*

¡Miren! Allí hay un barco no podemos ir sobre éste.

No podemos ir bajo éste.

No podemos ir a través de éste.

Tendremos que ir alrededor de éste. *(Pretende esquivar un témpano y después vuelve a golpear con los dedos en busca de una ballena.)*

¡Miren! Allí hay un témpano de hielo

No podemos ir sobre éste

No podemos ir bajo éste.

No podemos ir a través de éste.

Tendremos que ir alrededor de éste.

¡Miren, allí hay un chorro de agua!

¿Es éso una ballena?

¡Oh! pienso que éso podría ser una ballena

Veo una enorme cabeza.

Me pregunto ¿Qué podría ser?

Veo una cola y es muy grande.

¡Es una ballena!

¡Miren allí como la ballena s-a-l-p-i-c-a!

Demasiado tarde, ¡Estamos todos mojados!

(Añaden versos para hacer el cuento tan largo como quieras.)

Sammy the Rodeo Seahorse/ Omar, el caballito de mar
(Listening Story)

Sammy the Rodeo Seahorse

by Pam Schiller

Sammy is a seahorse. He lives in the ocean. He loves the ocean. It is the only home he has ever known. However, Sammy dreams of being a real horse. He wants to be a rodeo horse.

You might wonder how a little seahorse in the middle of the Atlantic Ocean even knows about rodeo horses. Well, since Sammy was a baby seahorse, his daddy has told him rodeo stories. You see, there are lots of rodeos in Texas, and Sammy's daddy once lived in an aquarium in San Antonio, Texas. Sammy's daddy loved to hear the people talk about rodeos, especially the rodeo horses. Of course, all of that was a long time ago before the people at the aquarium decided to let Sammy's daddy return to the ocean.

Early every morning, Sammy plays in the waves pretending to be a bucking rodeo horse. Around noontime, he heads home for lunch pretending to ride herd on a school of fish. He thinks the fish make great cattle. The fish ignore him, but he doesn't care. He heads on down to the bottom of the ocean and nibbles on seaweed pretending all the while that it is a bale of hay.

After lunch, Sammy darts in and out of the coral pretending to be a cutting horse carrying a rider around the barrels. He has gotten really good at moving quickly in and out of tight places.

When a school of brightly colored parrotfish comes along, Sammy pretends that they are rodeo clowns. He likes to think that they have come to rescue him from the horns of an angry bull.

Sammy knows he will never get to be in a real rodeo, but that's all right with him. He loves living in the ocean and wouldn't want to leave it. Besides, he has lots of fun just pretending in his world of make-believe.

Sammy the Rodeo Seahorse/
Omar, el caballito de mar
(Listening Story)

Omar, el caballito de mar

por Rafael Lara-Alecio y Pam Schiller

Omar es un caballito de mar. Él vive en el océano y lo ama. Es el único hogar que conoce. Sin embargo, Omar sueña con ser un verdadero caballo. Él quiere ser un caballo de rodeo.

Quizás te preguntas cómo un caballito de mar en el medio del océano Atlántico sabe de los caballos de los rodeos. Bueno, desde que Omar era un bebé caballito de mar, su papá le ha contado de los rodeos de caballos. Mira, hay muchos rodeos en Texas y el papá de Omar vivió una vez en el acuario Mundo Marino en San Antonio, Texas. Al papá de Omar le encantaba oír a la gente hablar sobre los rodeos especialmente los caballos de rodeo. Por supuesto, todo eso fue hace mucho tiempo antes de que las personas de Mundo Marino decidieran dejar que el papá de Omar regresara a la mar.

Omar pretende ser un caballo de rodeo todos los días por la mañana. Casi al mediodía se va para su casa a almorzar y pretende montar ganado sobre una escuela de peces. Él cree que los peces son un buen ganado. Los peces lo ignoran pero a él no le importa. Él se va hasta el fondo del mar y corta un poco de alga para que crean que es una pila de heno.

Después de almorzar, Omar entra y sale rápidamente del corral y finge ser un caballo de montar llevando a un jinete alrededor del cilindro. Él ha mejorado mucho al entrar y salir rápidamente de lugares estrechos.

Cuando un grupo de peces papagayo se acerca, Omar cree que son payasos de rodeo. A él le gusta pensar que ellos van a rescatarlo de los cuernos de un toro enojado.

Omar sabe que él nunca estará en un rodeo de verdad pero a él no le importa. A él le encanta vivir en el océano y no le gustaría dejarlo. Además, él se divierte mucho viviendo en un mundo de fantasía.

Wild Animals/Los animales salvajes y del bosque

Six White Ducks/Los seis patos blancos

Six White Ducks

Traditional

Six white ducks that I once knew,

Fat ducks, skinny ducks, they were, too.

But the one little duck with the feather on
   her back,

She ruled the others with a quack, quack, quack!

Down to the river they would go,

Wibble, wobble, wibble, wobble all in a row.

But the one little duck with the feather on
   her back,

She ruled the others with a quack, quack, quack!

Los seis patos blancos

adaptado por Rafael Lara-Alecio y Beverly J. Irby

Una vez conocí seis patos blancos.

Habían también patos gordos, patos flacos,

pero el patito con las plumas de atrás,

guiaba a los otros con un cua, cua, cua.

Ellos irán río abajo.

Menea, tambalea, menea, tambalea, todos en
   una fila,

pero el patito con las plumas de atrás,

guiaba a los otros con un cua, cua, cua.

Birdie, Birdie, Where Is Your Nest?/ ¿Pajarito, pajarito, dónde está tu nido?

Birdie, Birdie, Where Is Your Nest?

Traditional

Birdie, birdie, where is your nest?
Birdie, birdie, where is your nest?
Birdie, birdie, where is your nest?
In the tree that I love best.

¿Pajarito, pajarito, dónde está tu nido?

adaptado por Rafael Lara-Alecio, Pam Schiller y Beverly J. Irby

Pajarito, pajarito, ¿dónde está tu nido?
Pajarito, pajarito, ¿dónde está tu nido?
Pajarito, pajarito, ¿dónde está tu nido?
¡Está en lo alto del árbol que más quiero!

La casa de Peña/ On the Way to Paula's House

La casa de Peña

Tradicional

Cuando me voy
a la casa de Peña,
con la patita
le hago la seña.
Menea la pata,
perro viejo.
Menea la pata
de conejo.

On the Way to Paula's House

adapted by Pam Schiller

On the way to Paula's house
I found a small gray mouse.
I tried to get a close up peek.
The frightened mouse went "eek."

He ran right under a sleeping dog.
I screamed and jumped like a frightened frog.
Let this be a lesson on the reason why,
It's better to let a sleeping mouse lie.

Five Little Speckled Frogs/ Cinco ranitas manchadas

Five Little Speckled Frogs

Traditional

(Five children sit in a row and the other children sit in a circle around them. All the children act out the words to the song.)

Five little speckled frogs *(Hold up five fingers.)*
Sitting on a speckled log
Eating a most delicious bug. *(Pretend to eat bugs.)*
Yum! Yum!
One jumped into the pool, *(One child from center jumps back into the circle.)*
Where it was nice and cool. *(Cross arms over chest and shiver.)*
Now there are four little speckled frogs.
Burr-ump!
(Repeat, counting down until there are no little speckled frogs.)

Cinco ranitas manchadas

adaptado por Rafael Lara-Alecio y Beverly J. Irby

(Cinco niños se sientan en una fila y los otros niños se sientan en círculo alrededor de ellos. Todos los niños representan las palabras de la canción.)

Cinco ranitas manchadas *(Muestre cinco dedos.)*
sentadas en un madero manchado están.
Comiéndose un insecto delicioso están.
(Pretenda comer un insecto.)
¡Um! ¡Um! ¡Um!
Una se lanzó a la charca *(Un niño que está en el centro, salta dentro del círculo.)*
que estaba agradable y fría. *(Cruce los brazos sobre el pecho y tiembla como que tuvier a frío.)*
Ahora sólo hay cuatro ranitas manchadas.
¡Burrup!
(Repita, contando en forma descendente hasta que ya no hallan más ranitas manchadas.)

Una paloma/Here Comes the Turtle Dove

Una paloma

Tradicional

Por aquí pasó una paloma,
chiquitita y voladora.
En su pico lleva flores,
y en sus alas mis amores.

Here Comes the Turtledove

adapted by Beverly J. Irby and Rafael Lara-Alecio

Here comes a turtledove, small and white,
   flying high.
On her wings she carries flowers,
With her mouth she sings songs of my love.

Little Ducky Duddle/El patito Tito

Little Ducky Duddle

Traditional

Little Ducky Duddle went wading in a puddle,
Went wading in a puddle quite small.
"Quack, quack!" said he,
"It doesn't matter how much I splash
   and splatter.
I'm only a ducky after all. Quack, quack!"

El patito Tito

adaptado por Rafael Lara-Alecio

El patito Tito nadaba en un lago,
Nadaba en un lago de agua azul. —¡Cua, cua!—
—No importa que salpiques y a todo el
   mundo empapes;
Pues sólo un patito eres y nada más.
   ¡Cua, cua!—

¿Quieres ir al zoológico?/Oh, Do You Want to See the Zoo?

Tono: La hora de limpiar

¿Quieres ir al zoológico?

por Pam Schiller, Rafael Lara-Alecio y Beverly J. Irby

¿Quieres ir al zoológico
zoológico, zoológico?
¿Quieres ir al zoológico?
¿Y a todos los animales conocer?

Los monos nos divertirán,
divertirán, divertirán.
Los monos nos divertirán,
y nos harán reír.

Los elefantes sus trompas alzarán,
alzarán, alzarán,
Los elefantes sus trompas alzarán,
y te saludarán.

Los gorilas se balancearán,
balancearán, balancearán.
Los gorilas se balancearán,
para lucirse así.

Los leones así rugirán,
así rugirán, así rugirán.
Los leones así rugirán
pero no nos harán huir.

A un paseo nos vamos a preparar,
a preparar, a preparar.
A un paseo nos vamos a preparar,
para el zoológico disfrutar.

Oh, Do You Want to See the Zoo?

by Pam Schiller

Oh, do you want to see the zoo,
See the zoo, see the zoo?
Oh, do you want to see the zoo
And find out who is who?

The monkeys will do funny tricks,
Funny tricks, funny tricks.
The monkeys will do funny tricks,
To make you laugh out loud.

The elephants will lift their trunks,
Lift their trunks, lift their trunks.
The elephants will lift their trunks
To wave hello to you.

The gorillas will swing on vines,
Swing on vines, swing on vines.
The gorillas will swing on vines,
Just showing off for you.

The lions will roar ferociously,
Ferociously, ferociously.
The lions will roar ferociously,
But we won't run away.

So let's get ready to take a trip
Take a trip, take a trip.
So let's get ready to take a trip
To see the zoo today.

Over in the Meadow/Sobre la pradera

Over in the Meadow

Traditional

Over in the meadow, in the sand, in the sun,
Lived an old mother frog and her little
    froggie one.
"Croak!" said the mother. "I croak!" said
    the one,
So they croaked and they croaked in the sand,
    in the sun.

Over in the meadow, in the stream so blue,
Lived an old mother fish and her little
    fishies two.
"Swim!" said the mother. "We swim!" said
    the two.
So they swam and they swam in the stream
    so blue.

Over in the meadow, on a branch of the tree,
Lived an old mother bird and her little
    birdies three.
"Sing!" said the mother. "We sing!" said
    the three,
And they sang and they sang on a branch
    of the tree.

Sobre la pradera

adaptado por Rafael Lara-Alecio y Beverly J. Irby

Sobre la pradera, en la arena, en el sol.
Vivía la vieja mamá rana y su pequeña ranita,
—Croa— dijo la mamá y —Croa— dijo
    la pequeña.
Todos croaron y croaron en la arena, en el sol.

Sobre la pradera, donde el arroyo es tan azul,
vivía la vieja mamá pez y sus dos pequeños
    pececitos.
—A nadar— dijo la mamá y —Nademos—
    dijeron los dos.
Todos nadaron y nadaron en el arroyo azul.

Sobre la pradera, en la rama de un árbol.
Vivía la vieja mamá pájaro y sus tres pequeños
    pajaritos.
—A cantar— dijo la mamá y —Cantemos—
    dijeron los tres.
Y todos cantaron y cantaron en la rama
    del árbol.

Los pajaritos/The Birds

Tono: Las ruedas del bus

Los pajaritos

por Rafael Lara-Alecio y Beverly J. Irby

Los pajaritos que van por el aire
Por el aire, por el aire.
Los pajaritos que van por el aire
vuelan, vuelan, vuelan.
Los pequeñitos vuelan, vuelan,
vuelan, vuelan, vuelan.
Los pequeñitos vuelan, vuelan,
vuelan, vuelan, vuelan.
Los pajaritos parados en el árbol,
parados en el árbol, parados en el árbol.
Los pajaritos parados en el árbol
cantan, cantan, cantan,
cantan, cantan, cantan, cantan
y los pequeñitos cantan, cantan, cantan,
cantan, cantan.

The Birds

by Beverly J. Irby and Rafael Lara-Alecio

The little birds fly in the air, in the air, in the air.
The little birds fly in the air,
Only if they dare.

The little birds sing in tree, in the tree, in
the tree.
The little birds sing in the tree,
They sing songs just for me.

Sapito/Froggie

Tune: G C C E C C, G C C E D, D F F F D D, G G A B C

Sapito

por Rafael Lara-Alecio

Sapito, sapito, sapito, pin pom.
¿Por qué estás tan triste? Sapito, pin pom,
*(Niños piensen en otros versos que rimen con la
frase um, um.)*
sapito, sapito, sapito, um, um.
¿Por qué estás tan triste? Sapito um, um,
sapito, sapito, sapito, pin, pom.
Manaña es Domingo. Sapito, pin pom,
sapito, sapito, sapito, pin pom.
Vamos a jugar, Sapito pin pom,
con tus amigitos, Sapito pin pom.

Froggie

by Rafael Lara-Alecio and Beverly J. Irby

Froggie, oh, froggie, oh, froggie, pin pom.
Why are you so sad? Oh, froggie, pin pom.
*(Children think of another verse that rhymes
with the phrase um, um.)*
Froggie, oh, froggie, oh, froggie, um, um.
Why are you so sad? Oh, froggie, um, um.
Froggie, oh, froggie, oh, froggie, pin pom.
Tomorrow is Sunday. Oh, froggie, pin pom.
Froggie, oh, froggie, oh, froggie, pin pom.
We're going to play, oh, froggie, pin pom,
With all our friends, oh froggie, pin pom.

One Elephant Went Out to Play/ La tela de una araña

One Elephant Went Out to Play

Traditional

(Children sit in a circle. One child places one arm out in front to make a trunk, and then walks around the circle while the group sings the song. When the group sings, "called for another elephant to come," the first child chooses another to become an "elephant." The first child extends her free hand between her legs to make a tail. The second child extends one arm to make a trunk and grabs hold of the first child's tail. The two walk trunk to tail as the song continues.)

One elephant went out to play
Upon a spider's web one day.
He had such enormous fun
He called for another elephant to come.

Two elephants went out to play
Upon a spider's web one day.
They had such enormous fun
They called for another elephant to come.

Three elephants went out to play
Upon a spider's web one day.
They had such enormous fun
They called for another elephant to come.

La tela de una araña

Tradicional

(Niños, siéntense en un círculo. Un niño coloca su brazo al frente para semejar la trompa del elefante. Entonces, camina alrededor del círculo mientras el grupo canta la canción. Cuando el grupo canta, llame a otro niño-elefante. El primer niño escoge otro niño para que sea un elefante. El primer niño extiende su mano libre entre sus piernas para similar una cola. El segundo niño, extiende un brazo para similar una trompa de elefante y toma la cola del primer niño. Los dos caminan trompa y cola mientras la canción continua.)

Un elefante se columpiaba
sobre la tela de una araña
y como vieron que resistía,
fueron a llamar a otro elefante.

Dos elefantes se columpiaban
sobre la tela de una araña
y como vieron que resistía,
fueron a llamar a otro elefante.

Tres elefantes se columpiaban
sobre sobre la tela de
    una araña
y como vieron
    que resistía,
fueron a llamar
    a otro
    elefante.

Ten Little Monkeys/Los monitos

Tune: Bumping Up and Down in My Little Red Wagon

Ten Little Monkeys

by Pam Schiller

One, two, three, little monkeys,
Four, five, six, little monkeys,
Seven, eight, nine, little monkeys,
Ten little monkeys at the zoo.

One little monkey doing some tricks.
Two little monkeys picking up sticks.
Three little monkeys standing in lines.
Four little monkeys swinging on vines.

One, two, three, little monkeys,
Four, five, six, little monkeys,
Seven, eight, nine, little monkeys,
Ten little monkeys at the zoo.

Los monitos

*por Rafael Lara-Alecio, Beverly J. Irby y
Pam Schiller*

Uno, dos y tres monitos,
cuatro, cinco y seis monitos,
siete, ocho y nueve monitos,
diez monitos son.

Un monito hace piruetas.
Dos monitos recogiendo palitos.
Tres monitos en la línea paraditos están.
Cuatro monitos en las ramas colgaditos están.

Uno, dos y tres monitos,
cuatro, cinco y seis monitos,
siete, ocho y nueve monitos,
diez monitos son.

Three Tricky Turtles/
Tres tortugas tramposas

Tune: Three White Mice

Three Tricky Turtles

by Pam Schiller

Three pokey turtles, three pokey turtles,
See how they move. See how they move.
They all decided to race a deer.
Their friends and family began to cheer.
The deer got beat by a trick, I hear.
Three tricky turtles, three tricky turtles.

Tres tortugas astutas

*por Rafael Lara-Alecio, Beverly J. Irby y
Pam Schiller*

Tres tortugas lentas van. Tres tortugas
   lentas van.
Mira cómo se mueven. Mira cómo se mueven.
Todos empezaron a decir que con un venado
   querían competir.
Ganaron con astucia, si quieres oír.
Tres tortugas astutas, tres tortugas astutas.

Three White Mice/Tres ratones blancos

Tune: Traditional

Three White Mice

by Barbara Drolshagen and JoAnn Rajchel

Three white mice, three white mice,
See how they dance. See how they dance.
They danced and danced for the farmer's wife,
Who played for them on a silver fife.
Did you ever see such a sight in your life
As three white mice!

Tres ratones blancos

por Rafael Lara-Alecio y Beverly J. Irby

Tres ratones blancos, tres ratones blancos
bailando están, bailando están.
Bailaron y bailaron para la esposa del granjero
quien tocó para ellos en un flautín y
   un sombrero.
¿Nunca has visto ratones con suerte
como éstos tres ratones blancos?

We're Going to the Zoo/Vamos al Zoo

Tune: The Farmer in the Dell

We're Going to the Zoo

by Pam Schiller, Beverly J. Irby, and Rafael Lara-Alecio

We're going to the zoo.
We're going to the zoo.
I'll see a kangaroo,
And you can see one too!

We're going to the zoo.
We're going to the zoo.
We can see a monkey,
Just come along with me.

We're going to the zoo.
We're going to the zoo.
We'll see a crocodile,
In just a little while.

Vamos al Zoológico

por Rafael Lara-Alecio y Beverly J. Irby

Vamos al zoológico,
vamos al zoológico,
yo miraré un monito
Llevando un sombrerito.

Vamos al zoológico,
vamos al zoológico,
yo miraré un canguro
¿qué es el amigo?

Vamos al zoológico,
vamos al zoológico,
yo miraré un elefante,
que viste elegante.

Vamos al zoológico,
vamos al zoológico,
yo miraré una girafa
viniendo hacia don Rafa.

Vamos al zoológico,
vamos al zoológico,
yo miraré un cocodrilo,
nadando hacia el nilo.

Vamos al zoológico,
vamos al zoológico,
yo miraré un oso
¡Qué hoy estará perezoso!

There Was a Little Turtle/
Había una tortuguita

There Was a Little Turtle

Traditional

There was a little turtle *(Make a fist.)*
Who lived in a box. *(Draw a square in the air.)*
He swam in a puddle. *(Pretend to swim.)*
He climbed on the rocks. *(Pretend to climb.)*
He snapped at a mosquito. *(Use your hand to make a snapping motion.)*
He snapped at a flea. *(Use your hand to make a snapping motion.)*
He snapped at a minnow. *(Use your hand to make a snapping motion.)*
And he snapped at me. *(Use your hand to make a snapping motion.)*
He caught the mosquito. *(Clap hands.)*
He caught the flea. *(Clap hands.)*
He caught the minnow. *(Clap hands.)*
But he didn't catch me. *(Wave index finger as if saying "no-no.")*

Había una tortuguita

adaptado por Rafael Lara-Alecio, Pam Schiller y Beverly J. Irby

Había una tortuguita *(Haga un puño.)*
que en una caja vivía *(Trace un cuadrado en al aire.)*
En un pozo nadó. *(Pretenda nadar.)*
Y por las rocas subió. *(Pretenda que sube.)*
A un mosquito golpeó. *(Use la mano para hacer un movimiento.)*
Y a una pulga también. *(Use la mano para hacer un movimiento.)*
A un pececillo golpeó. *(Use la mano para hacer un movimiento.)*
Y a mí también me golpeó. *(Use la mano para hacer un ruido.)*
Al mosquito atrapó *(Junte las manos para atrapar al mosquito.)*
Y a la pulga también atrapó. *(Junte las manos para atrapar a la pulga.)*
Al pececillo atrapó
pero a mí no me golpeó. *(Mueva el dedo índice como diciendo no.)*

Three Little Monkeys/Tres monitos

Three Little Monkeys

Traditional

Three little monkeys sitting in a tree *(Hold up three fingers and bounce them.)*

Teasing Mr. Alligator:

"Can't catch me! Can't catch me!" *(Point and shake index finger.)*

Along came Mr. Alligator,

Quiet as can be—snap! *(Walk index and middle fingers up arm.)*

Two little monkeys sitting in a tree. *(Hold up two fingers and bounce them.)*

(Keep counting down until there are no little monkeys sitting in a tree teasing Mr. Alligator.)

Tres monitos

adaptado por Rafael Lara-Alecio, Beverly J. Irby y Pam Schiller

Tres monitos molestones sentados en un árbol están *(Levante tres deditos y luego déjelos caer.)*

al señor lagarto molestando están.

—¡No nos puedes atrapar! ¡No nos puedes atrapar!— le decían. *(Señale con el dedito índice y menéelo.)*

El señor lagarto se acercó muy despacio

y a uno de ellos atrapó. *(Haga caminar los dedos índices y medios sobre el brazo.)*

Ahora, dos monitos molestones sentados en un árbol están *(Ahora, levante dos deditos y menéelos.)*

al señor lagarto molestando están.

—¡No nos puedes atrapar! ¡No nos puedes atrapar!— le decían.

¡Zas! Al segundo de ellos atrapó.

Ahora, sólo un monito molestando y sentado en un árbol está.

Al señor lagarto molestando está.

—¡No me puedes atrapar! ¡No me puedes atrapar! Le decía.

¡Zas! Al último de ellos atrapó.

(Continúe en orden descendente hasta que no queden más monitos sentados en el árbol molestando al señor lagarto.)

Two Little Blackbirds/Dos mirlos

Two Little Blackbirds

Traditional

Two little blackbirds *(Hold up index finger of each hand)*
Sitting on a hill.
One named Jack. *(Hold right hand and finger forward.)*
One named Jill. *(Hold left hand and finger forward.)*
Fly away, Jack. *(Wiggle right finger and place behind your back.)*
Fly away, Jill. *(Wiggle left finger and place behind your back.)*
Come back, Jack. *(Bring right hand back.)*
Come back, Jill. *(Bring left hand back.)*

Dos mirlos

adaptado por Rafael Lara-Alecio y Beverly J. Irby

Dos mirlos sentados en una colina. *(Levanta el dedo índice de cada mano.)*
Uno se llama Juan. *(Levanta la mano derecha con el dedo índice hacia adelante.)*
Y la otra se llama Lena. *(Levanta la mano izquierda con el dedo índice hacia adelante.)*
Vuelate, Juan. *(Mueva el dedito derecho y colócalo atrás de la espalda.)*
Vuelate, Lena. *(Mueva el dedito izquierdo y colócalo atrás de la espalda.)*
Ven aquí, Juan. *(Regrese la mano derecha hacia adelante.)*
Ven aquí, Lena. *(Regresa la mano izquierda hacia adelante.)*

Five Little Monkeys/Cinco monitos

Five Little Monkeys

Traditional

(Invite the children to act out this rhyme.)
Five little monkeys jumping on the bed.
One fell off and bumped her head.
Mama called the doctor, and the doctor said,
"No more monkeys jumping on the bed!"

(Repeat, subtracting a monkey each time.)
Four little monkeys…
Three…
Two…
One…
No little monkeys jumping on the bed.
None fell off and bumped their heads.
Mama called the doctor, and the doctor said,
"Put those monkeys straight to bed!"

Cinco monitos

adaptado por Rafael Lara-Alecio

(Invite a los niños a actuar en esta rima.)
En la cama saltan cinco monitos.
Uno se cayó y se golpeó su cabecita.
La mamá llamó al doctor, y éste indicó
    lo siguiente:
—¡Qué los monitos no den más saltitos!

(Repita, quitando un monito cada vez.)
…cuatro monitos.
…tres monitos.
…dos monitos.
…un monito.
En la cama no salta ningún monito.
Ninguno se cayó ni golpeó su cabecita.
La mamá llamó al doctor, y éste indicó lo
    siguiente:
—¡Que a dormir se vayan pronto los monitos!

Los cinco lobitos/Five Little Wolves

Los cinco lobitos

Tradicional—adaptado por Rafael Lara-Alecio y Beverly J. Irby

Cinco lobitos
tiene la loba.
Blancos y negros son.
Detrás de la alcoba.

Cinco lobitos,
juegan allá.
¡Para todos ellos
la sopa prepara mamá!

Five Little Wolves

adapted by Rafael Lara-Alecio and Beverly J. Irby

Five baby wolves had a mother.
Five baby wolves loved no other.
They were black and they were white.
They slept in the day and played all night.

Little Mouse/El ratoncito

Little Mouse

by Pam Schiller

Walk little mouse, walk little mouse. *(Tiptoe around.)*
Hide little mouse, hide little mouse. *(Cover eyes with hands.)*
Here comes the cat! *(Look around.)*
Scat, scat, scat! *(Walk quickly to the circle area and sit down.)*

El ratoncito

por Rafael Lara-Alecio y Pam Schiller

Camina ratoncito, camina ratoncito.
Escóndete ratoncito, escóndete ratoncito. *(Cúbrase los ojos con las manos.)*
¡Aquí viene el gato! *(Mire su alrededor.)*
Corre ratoncito, corre ratoncito. *(Camine rápido al círculo del área y siéntese.)*

El pajarito de amor/The Bird of Love

El pajarito de amor

por Rafael Lara-Alecio

Por aquí pasó un pajarito,
chiquitito y volador. *(Junte los dedos pulgares
    para simular un pájaro volando.)*
En su piquito llevaba flores *(Sostenga la mano
    simulando un pico y coloque la otra mano
    sobre el pico simulando flores.)*
  y en sus alitas mil amores. *(Dése un abrazo.)*

The Bird of Love

by Beverly J. Irby and Rafael Lara-Alecio

There flew a little birdie *(Hook thumbs together
    to make a flying bird.)*
From the branches of a tree.
The little birdie is a white dove. *(Continue to
    flap the "wings of the bird.)*
On his wings he brings us love. *(Give yourself
    a hug.)*

El Toro Torojil/The Big Bull Bill

El Toro Torojil

Tradicional

Vamos a la vuelta del Toro Torojil
a ver a la rana comiendo perejil.
La rana no está aquí
estará en su vergel
cortando una rosa y sembrando un clavel.
¿Cómo amaneció mi ranita?
—¡Bien gracias!— o,
—¡Muy llena para caminar!

The Big Bull Bill

adapted by Beverly J. Irby and Rafael Lara-Alecio

Let's go around and 'round
Round the big bull Bill.
Let's go see the little frog
Who's eating on the hill.
The frog is not on her log,
Is she cutting roses in the garden?
Is she eating veggies in her garden?
How is the frog this morning?
"Very well, thank you!" or
"Too full to walk!" *(Children choose the
    frog's answer.)*

Muévete como yo/Move Like Me

Muévete como yo

por Rafael Lara-Alecio y Beverly J. Irby

Mueve el cuerpo como yo.

Grande soy y gris también.

Tengo orejas de gigante

y una trompa así. *(Mueva la trompa como un elefante y camine alrededor del salón para que todos los estudiantes le sigan.)*

¡El elefante! *(Estimule a los niños a responder en voz alta.)*

Mueve el cuerpo como yo.

Fuerte soy y feroz.

Tengo una melena grande.

De la selva el rey yo soy. *(Camine alrededor del salón para que los estudiantes le sigan.)*

¡El león! *(Estimule a los niños a responder en voz alta.)*

Mueve el cuerpo como yo.

Soy pequeño y no hago ruido.

Tengo aletas de colores

y en el agua vivo.

¡El pez! *(Estimule a los niños a responder en voz alta.)*

Move Like Me

by Beverly J. Irby and Rafael Lara-Alecio

Move your body just like me.

I am big and I am gray.

I have enormous ears, you see.

I have a trunk to get my hay. *(Move like an elephant; swing one arm in front like a trunk.)*

What am I? *(Encourage the children to answer aloud.)*

An elephant!

Move your body just like me.

I am ferocious and I am strong.

I have a grand mane, you see.

I am the king of the jungle. *(Roar like a lion and fluff your hair.)*

What am I? *(Encourage the children to answer aloud.)*

A lion!

Move your body just like me.

I am small and make no sound.

I have fins and a tail, you see.

I am water bound. *(Pretend to swim like a fish.)*

What am I? *(Encourage the children to answer aloud.)*

A fish!

La rana/The Frog

La rana

Tradicional—adaptado por Rafael Lara-Alecio

Cucú, cucú, cantaba la rana.
Cucú, cucú, debajo del agua,
Cucú, cucú, pasó un caballero.
Cucú, cucú, con capa y sombrero.
Cucú, cucú, paso una señora.
Cucú, cucú, con traje de cola.
Cucú, cucú, pasó un marinero.
Cucú, cucú, vendiendo romero.
Cucú, cucú, le pidió un ramito.
Cucú, cucú, para su hermanito.
Cucú, cucú, este ratoncito.
Cucú, cucú, se fue en un arado.
Cucú, cucú, esta canción ha terminado.

The Frog

adapted by Beverly J. Irby and Rafael Lara-Alecio

Ribbit, ribbit, sang the froggie.
Ribbit, ribbit, he saw a doggie.
Ribbit, ribbit, a man walked by.
Ribbit, ribbit, with a coat and tie.
Ribbit, ribbit, a woman walked by.
Ribbit, ribbit, her dress was all dry.
Ribbit, ribbit, the boat set sail.
Ribbit, ribbit, the cat moved her tail.
Ribbit, ribbit, there's a lily pad.
Ribbit, ribbit, but the frog is sad.
Ribbit, ribbit, night sounds are blending.
Ribbit, ribbit, the story is ending.

The Zebra/La cebra

The Zebra

by Pam Schiller

The zebra looks just like a horse
Except for all those stripes, of course.
I wonder if he's black with stripes of
   snowy white,
Or is he snowy white with stripes as black
   as night?

La cebra

por Rafael Lara-Alecio y Pam Schiller

La cebra y el caballo tienen el mismo aspecto
excepto que la cebra tiene todas esas rayas,
   por supuesto.
¿Tendrá rayas blancas como la nieve sobre una
   piel de negro oscuro
o rayas tan negras como la noche sobre una piel
   de blanco puro?

Mr. Fox and Mr. Stork/
El Señor Zorro y El Señor Cigüeña
(Listening Story)

Mr. Fox and Mr. Stork

Aesop's Fable adapted by Beverly J. Irby

Once upon a time, Mr. Fox and Mr. Stork appeared to be very good friends. Mr. Fox invited Mr. Stork to supper and played a joke on his friend. This was the joke: For supper Mr. Fox gave Mr. Stork some soup in a very shallow bowl. Mr. Fox drank the soup, but Mr. Stork could not drink from the shallow bowl. All he could do was to put his beak into the bowl. Mr. Stork left the table hungry, but, of course, Mr. Stork was a gentleman and didn't say a word. Mr. Fox, with a sly grin said, "I am sorry that you did not like your soup." Mr. Stork replied, "Oh, you don't have to apologize, just come to supper tomorrow night with me." So the next evening Mr. Fox went to have supper with Mr. Stork. When Mr. Fox sat down to the table he found a very long-necked bottle with a very narrow mouth just big enough for Mr. Stork to get his beak into, but not big enough for Mr. Fox to insert his snout. All he could do was to lick around the top of the bottle. Mr. Stork, with a sly grin said, "I am sorry that you did not like your supper." Before Mr. Fox left, he turned to Mr. Stork, "Let's forget about the jokes now and prepare a grand meal that we each can enjoy." "Okay, friend," said Mr. Stork. So they both enjoyed a grand supper together. They each ate until full, talking and laughing about the joke each had played on the other.

Mr. Fox and Mr. Stork/
El Señor Zorro y El Señor Cigüeña
(Listening Story)

El Señor Zorro y El Señor Cigüeña

Fábula de Esopo adaptado por Rafael Lara-Alecio

En un pueblo no muy lejos de aquí, vivían dos buenos amigos, el Señor Zorro y el Señor Cigüeña. Una tarde el Señor Zorro invitó al Señor Cigüeña para cenar. Además el Señor Zorro pensó hacerle una broma al Señor Cigüeña. Ésta fue la broma: para cenar el Señor Zorro dió al Señor Cigüeña una sabrosa sopa, pero ésta fue servida en un plato casi plano al punto tal que por más que el Señor Cigüeña trataba de tomar la sopa en su largo pico ésto se le hacía imposible. Apenas lograba llevar su pico al plato pero no podía recoger nada de sopa. Después de probar varias veces, se marchó hambriento pero gentilmente no dijo una sola palabra. El Señor Zorro astutamente dijo —Lo siento mucho Señor Cigüeña que no haya podido disfrutar mi deliciosa sopa—.

El Señor Cigüeña le contestó —¡Ay! De ninguna manera debe disculparse. Yo había pensado en invitarlo a una cena también y mucho me gustaría si pudiera venir a cenar mañana por la noche.

—Lo haré con gusto—. Así sucedió. El Señor Zorro vino a la casa del Señor Cigüeña. Cuando el Señor Zorro se sentó a la mesa, encontró dos largas botellas las cuales tenían en el fondo uno de los manjares más exquisitos de los zorros, carne molida. Estas botellas tenían una boca muy, pero muy, angosta donde sólo alguien con un pico largo podría llegar al fondo de la botella y disfrutar el delicioso manjar. El Señor Zorro por más que trataba y trataba de introducir su boca ni siquiera le permitía introducirla en la boca de la botella. Por su parte, el Señor Cigüeña introducía con mucha naturalidad su largo y fuerte pico y llevaba con mucho facilidad toda la comida a su estómago.

Todo lo que el Señor Cigüeña pudo decirle al Señor Zorro fue —Lo siento mucho, querido amigo, que no haya podido disfrutar de esta exquisita cena.

Antes de partir, y entristecido el infortunado Señor Zorro le dijo a su amigo —¿Por qué no nos olvidamos de estas bromas y en vez de ponernos obstáculos, disfrutemos juntos estas excelentes comidas?— Así lo hicieron. Ambos prepararon juntos sus exquisitas sopas y con dos velas en la mesa celebraron juntos sus muchos años de amistad y el arte de cocinar.

Going on a Bear Hunt/ Vamos a cazar un oso
(Action Story)

Going on a Bear Hunt

Traditional

(Add verses to make the story as long as you want.)
We're going on a bear hunt.
Want to come along?
Well, come on then.
Let's go! *(Walk in place.)*
Look! There's a river.
Can't go over it.
Can't go under it.
Can't go around it.
We'll have to go through it. *(Pretend to go across a river and walk in place again.)*
Look! There's a tree.
Can't go under it.
Can't go through it.
We'll have to go over it. *(Pretend to climb up a tree and walk in place again.)*
Look! There's a wheat field.
Can't go over it.
Can't go under it.
Can't go around it.
We'll have to go through it. *(Make swishing sounds with hands, then walk again.)*
Look! There's a cave.
Want to go inside?
Ooh, it's dark in here. *(Look around, squinting.)*
I see two eyes.
I wonder what it is. *(Reach hands to touch.)*
It's soft and furry.
It's big.
It's a bear! Let's run! *(Retrace steps, running in place, through wheat field, in place, over tree, in place, across river, in place, then stop.)*
Home safely. Whew!

Going on a Bear Hunt/
Vamos a cazar un oso

(Action Story)

Vamos a cazar un oso

adaptado por Rafael Lara-Alecio

(Añada versos para hacer el relato tan largo como lo desee.)

Vamos a cazar un oso

¿Quieres ir solo?

Bien, anda pues.

¡Vamos! *(Todos caminen por el aula.)*

¡Mira, un río!

No podemos ir sobre el río.

Tampoco podemos ir debajo del río.

Tampoco podemos ir alrededor del río.

Bien, tenemos que ir a lo largo del río. *(Todos pretendan que atraviesan un río y caminen por el aula de nuevo.)*

Miren, allí hay un árbol.

No podemos ir debajo de éste.

No podemos ir a través de éste.

Bien, tenemos que ir a lo largo de éste. *(Todos pretendan que suben a un árbol y caminen por el aula de nuevo.)*

Miren, allí hay un campo de trigo.

No podemos ir sobre éste.

No podemos ir debajo de éste.

No podemos ir a través de éste. *(Con las manos, hagan un sonido como de barrer y caminen por el aula de nuevo.)*

Bien, tenemos que ir sobre de éste.

(Añada versos a fin de hacer el cuento tan largo como quiera.)

¡Mira una cueva!

¿Veamos que hay adentro?

¡Ay! está oscuro allí. *(Todos miren alrededor, como asombrados.)*

Veo dos ojos.

Me pregunto que podrá ser.

Es suave y parece piel. *(Todos pongan las manos para tocar.)*

Es grande.

¡Es un oso, vámonos de aquí! *(Que den un paso para atrás, corran en su mismo lugar, pretendan que atraviesan un campo de trigo, luego pasan árboles y luego un río, luego paren.)*

Estamos sanos y salvos en nuestro hogar. ¡Qué alegría!

Monkey See, Monkey Do/ Los monos ven, los monos hacen

(Action Story)

Monkey See, Monkey Do

by Pam Schiller

When my friends and I go to the zoo, our favorite spot is the monkey house. We love to watch the funny things the monkeys do. I think perhaps the monkeys like to watch us too. I wonder if they think we are as funny as we think they are. I am never really sure exactly who is watching whom.

Hey, I have an idea! You pretend to be the monkeys, and I'll be me. I'll show you what happens at the zoo. Listen carefully, because sometimes you will be leading. Remember, you are the monkeys. (*The teacher is the storyteller and the children are the monkeys. Suit your actions to the words.*)

When we run up to the monkey cages, we clap our hands with glee. In no time at all, the monkeys are clapping their hands too. They jump up and down, and so do we. We make funny faces, and so do they. They turn in circles, and so do we. We swing our arms monkey-style *(Swing arms all around.)*, and they do the same. They lift their legs up monkey-style *(Turn legs out to the side and lift them up and down.)*, and we do the same.

We scratch our heads, and they scratch their heads. They scratch under their arms, and we scratch under our arms. We pull our ears, and they pull theirs. They sit on the ground and count their toes. We pretend to do the same. Then they laugh *tee-hee-hee, tee-hee-hee.* That makes us roll on the ground with laughter. Guess what the monkeys do then? You got it! They roll on the ground with laughter.

Have you ever seen the monkeys at the zoo? You really must go to see them.

When you get there, be sure to play our funny game of Monkey See, Monkey Do.

Monkey See, Monkey Do/ Los monos ven, los monos hacen

(Action Story)

Los monos ven, los monos hacen

por Rafael Lara-Alecio y Pam Schiller

Cuando mis amigos y yo vamos al zoológico, nuestro lugar favorito es la casa de los monos. Nos encanta ver las cosas graciosas que hacen los monos. A lo mejor, a los monos también les gusta vernos. ¿Me pregunto si ellos creen que nosotros somos tan graciosos como nosotros creemos que ellos son? ¡Nunca estoy seguro de quién observa a quién!

Oigan, tengo una idea. Finjan que son unos monos y yo seré yo. Les mostraré qué sucede en el zoológico. Escuchen cuidadosamente porque a veces, ustedes guiarán. Recuerden, ustedes son los monos. *(Lee el cuento, mientras los niños pretenden ser los monos. Haga lo que las palabras sugieren que mejor vayan con las palabras.)*

Cuando corremos hacia la casa de los monos, aplaudimos. En poco tiempo los monos también aplauden. Ellos saltan de arriba abajo y nosotros también. Hacemos movimientos graciosos y ellos también. Ellos giran en círculos y nosotros también. Nosotros balanceamos los brazos como lo hacen los monos *(Que los niños caminen alrededor haciendo toda clase de movimiento.)* y ellos lo hacen también. Ellos levantan las piernas *(Que los niños levanten las piernas para arriba y para abajo.)* y nosotros hacemos lo mismo.

Nos rascamos la cabeza y ellos se rascan también. Ellos se rascan debajo de los brazos y nosotros también. Nosotros nos jalamos las orejas y ellos se jalan las de ellos. Ellos se sientan en el suelo y se cuentan sus dedos de los pies. Nosotros fingimos hacer lo mismo. Luego ellos se ríen *tee-hee-hee, tee-hee-hee.* Éso nos hace reír y rodar por el suelo. ¿Adivinen lo que los monos hacen después? ¡Así es! Ellos se ríen y ruedan por el suelo.

¿Alguna vez han visto lo que hacen los monos en el zoológico? Deberías ir a verlos. Cuando lleguen allí, asegúrense de jugar nuestro juego divertido de los monos ven, los monos hacen.

Ellie's Party/La fiesta de Ellie
(Listening Story)

Ellie's Party

by Pam Schiller

Lots and lots of animals live at the zoo: animals of all kinds—elephants, gorillas, snakes, turtles, lions, and ostriches, too! They all live at the zoo but in separate houses. Each morning the animals all say good morning to each other—the lion roars a mighty roar, the gorilla proudly pounds his chest, the elephant trumpets a loud tune, the snake quietly hisses, the ostrich lets out a jolly laugh, and the shy little turtle pokes her tiny head in and out of her shell.

One evening, after all the children and other visitors had gone home and the zoo was silent, Ellie Elephant felt very lonely. "Gosh," she said to herself, "I wish I had someone to talk to. Better yet… I wish I could have visitors!" She suddenly got a great idea. "I'll have a party and invite all my friends."

And so it was. The word went out, "PARTY TONIGHT AT ELLIE'S!" Bernie Snake slid out of his house and opened everyone's doors, and off they all marched to a dinner party at Ellie Elephant's house. What a feast they had! They all ate, laughed, danced, and had a great time! They ate and danced so much that they got v-e-r-y tired. In fact, they got so tired that they all fell sound asleep at Ellie's house.

When Katie the zookeeper arrived the next morning, she had the surprise of her life! "Morning, Bernie," she called out to Bernie Snake. There was no answer. Bernie was gone! She went to each animal's house, and the same thing happened. No one was home! At last, she reached Ellie's house. There, all in the same house, were all of her animals, asleep with great big smiles on their faces.

After waking them up, Katie had to get all the animals back to their own houses. The zoo would be opening any minute, and visitors would begin arriving! How would Katie group all the animals? She needed to group the animals somehow. Suddenly Katie had an idea! What do you think Katie did? How would you group the animals? Is there another way?

Ellie's Party/La fiesta de Ellie
(Listening Story)

Fiesta de Ellie

por Rafael Lara-Alecio y Pam Schiller

En el zoológico viven muchos animales. Hay elefantes, gorilas, serpientes, tortugas, leones y...
¡también avestruces! Todos ellos viven en el zoológico pero en casas separadas.

Todas las mañanas, los animales se saludan con un alegre —¡Buenos días!— El león lanza un fuerte
rugido. El gorila orgulloso se golpea el pecho. La elefanta trompetea en un tono agudo. La
serpiente silba tranquilamente. El avestruz suelta una divertida carcajada y la tímida tortuga
mete y saca su cabecita del caparazón.

Una tarde, después de que todos los niños y otros visitantes se fueron, el zoológico se quedó en
silencio. Ellie, la elefanta, se sintió muy sola.

—¡Ay! —dijo Ellie—. Me encantaría tener a alguien con quien conversar. ¡Pero, me gustaría más
que vinieran a visitarme! De pronto, se le ocurrió una gran idea. Voy a hacer una fiesta e invitaré
a todos mis amigos.

Y así fue. Se corrió la voz: ESTA NOCHE HAY FIESTA EN CASA DE ELLIE.

Bernie, la serpiente, se deslizó fuera de su cueva, le abrió las puertas a todos los animales y fueron
a la fiesta en la casa de Ellie. ¡Qué banquete tuvieron! Ellie había preparado la comida favorita
de todos. Comieron, se rieron, bailaron y se divirtieron muchísimo. Comieron y bailaron tanto
que se quedaron profundamente dormidos en la casa de Ellie.

Todas las mañanas, Katie, la guardiana del zoológico, pasaba y les deseaba a todos un buen día.
Esa mañana, ¡se llevó una gran sorpresa! Cuando llegó a la casa de Bernie, la serpiente.

—Buenos días, Bernie —dijo. Pero nadie le contestó. ¡Bernie no estaba! Fue a la casa de todos los
animales y en todas partes le ocurrió lo mismo. ¡No había nadie en su casa! Por último, llegó a la
casa de Ellie y allí, amontonados, estaban todos los animales durmiendo con grandes sonrisas
en sus rostros.

Después de despertarlos, Katie se enteró de que todo había ocurrido porque Ellie se sentía muy
sola. Se alegró de que todos se hubieran divertido tanto, pero era hora de que regresaran a sus
casas. El zoológico iba a abrir dentro de poco y se iba a llenar de visitantes. ¿Cómo podría Katie
agrupar a los animales para acompañarlos hasta sus casa? Ella tenía que agruparlos de alguna
manera. ¿Qué creen que hizo Katie? ¿Se podrían agrupar de distintas maneras? ¿Cómo los
agruparían ustedes?

Additional selections that support the Wild Animal/Animales salvajes y del bosque theme:

Mosquitoes/Mosquitos

Tune: Mary Had a Little Lamb

Mosquitoes

by Pam Schiller

Mosquitoes like it wet and damp,
Wet and damp, wet and damp.
Mosquitoes like it wet and damp,
They hang out where you camp.

Mosquitoes fly around in swarms,
Around in swarms, around in swarms.
Mosquitoes fly around in swarms.
They have wings for arms.

Mosquitoes bite your arms and face,
Arms and face, arms and face.
Mosquitoes bite your arms and face,
They like the way you taste.

Mosquitos

por Rafael Lara-Alecio, Pam Schiller y Beverly J. Irby

A los mosquitos les gustan lo húmedo,
húmedo, húmedo.
A los mosquitos les gustan lo húmedo,
zumbando, zumbando en tu campo.

Los mosquitos vuelan en un enjambre,
un enjambre, un enjambre.
Los mosquitos vuelan en un enjambre,
ellos tienen alas por brazos.

Los mosquitos pican tus brazos y tu cara,
brazos y cara, brazos y cara.
Los mosquitos pican tus brazos y tu cara,
¡A ellos les gusta tu sabor!

The Ants Go Marching/Las hormiguitas marchan

The Ants Go Marching

Traditional

The ants go marching one by one,
Hurrah, hurrah.
The ants go marching one by one,
Hurrah, hurrah.
The ants go marching one by one,
The little one stops to suck his thumb.
And they all go marching down
Into the ground
To get out
Of the rain.
BOOM! BOOM! BOOM!

Additional verses:
Two…tie her shoe…
Three…climb a tree…
Four…shut the door…
Five…take a dive…

Las hormiguitas marchan

adaptado por Rafael Lara-Alecio

Las hormiguitas marchan una por una
hurra, hurra.
Las hormiguitas marchan una por una
hurra, hurra.
Las hormiguitas marchan una por una,
una de ellas se chupa la patita.
Y todas siguen marchando.
Van marcando
y de la lluvia
van huyendo.
¡BUM! ¡BUM! ¡BUM!

Versos adicionales:
Dos…amarran sus zapatos…
Tres…se suben a un árbol…
Cuatro…cierran la puerta…
Cinco…se zambullen…

Baby Bumblebee/Abejorro bebé

Baby Bumblebee

adapted by Richele Bartkowiak

I caught myself a baby bumblebee.
Won't my mommy be so proud of me!
I caught myself a baby bumblebee.
Ouch! He stung me!
I'm talking to my baby bumblebee.
Won't my mommy be so proud of me!
I'm talking to my baby bumblebee.
"Oh," he said, "I'm sorry."
I let go of my baby bumblebee.
Won't my mommy be so proud of me!
I let go of my baby bumblebee.
Look, he's happy to be free!

Abejorro bebé

adaptado por Rafael Lara-Alecio

Atrapé un abejorro bebé.
Mi mamá está orgullosa de mí.
¡Ay! ¡Me pinchó!
Le hablo a mi abejorro bebé.
Mi mamá está orgullosa de mí.
Le hablo a mi abejorro bebé
¡Oh! Él dijo —Lo siento.
Lo estoy dejando ir a mi abejorro bebé
Mi mamá está orgullosa de mí
a mi abejorro bebé dejo ir.
¡Mira él está feliz de verse libre de nuevo!

The Insect Song/La canción del insecto

Tune: Head, Shoulders, Knees, and Toes

The Insect Song

by Pam Schiller

Head, thorax, abdomen,
Abdomen.
Head, thorax, abdomen,
Abdomen.
Six legs, four wings, antennae two.
Head, thorax, abdomen,
Abdomen.

La canción del insecto

por Rafael Lara-Alecio y Pam Schiller

Cabeza, tórax, abdomen, abdomen tengo.
Cabeza, tórax, abdomen, abdomen tengo.
Seis patas, cuatro alas, dos antenas
cabeza, tórax, abdomen, abdomen tengo.

Itsy Bitsy Spider/La araña pequeñita

Itsy Bitsy Spider

Traditional

The itsy bitsy spider went up the waterspout.
Down came the rain and washed the spider out.
Out came the sun and dried up all the rain,
And the itsy bitsy spider went up the
    spout again.

The big, enormous spider went up the
    waterspout.
Down came the rain and washed the spider out.
Out came the sun and dried up all the rain,
And the big, enormous spider went up the
    spout again.

La araña pequeñita

Tradicional

La araña pequeñita subió, subió, subió.
Vino la lluvia y se la llevó.
Salió el sol y todo lo secó,
Y la araña pequeñita subió, subió, subió.

La araña grandotota subió, subió, subió.
Vino la lluvia y se la llevó.
Salió el sol y todo lo secó,
y la araña grandotota subió, subió, subió.

Los mosquitos/The Mosquitoes

Tono: Diez perritos

Los mosquitos

por Rafael Lara-Alecio

Los mosquitos son insectos.
Los mosquitos son insectos.
Que les gusta tu sabor.
Que les gusta tu sabor.
Que les gusta tu sabor.
Sí no quieres que te piquen.
Sí no quieres que te piquen.
No los dejes más entrar.
No los dejes más entrar.
No los dejes más entrar.
Yo tenía un mosquito.
Yo tenía un mosquito.
Que se fue con don Bruno.
Ahora no tengo a ninguno,
a ninguno, a ninguno.

The Mosquitoes

by Beverly J. Irby and Rafael Lara-Alecio

The mosquitoes are insects.
The mosquitoes are insects.
They enjoy your flavor.
They enjoy your flavor.
They enjoy your flavor.
If you don't want them to bite you,
If you don't want them to bite you,
Don't let them in.
Don't let them in.
Don't let them in.
I used to have a mosquito.
I used to have a mosquito.
He went away with Ling Ling.
Now I don't have anything,
Anything, anything, anything.

Little Ants/Las hormiguitas

Tune: This Old Man

Little Ants

by Pam Schiller

Little ants marching by,
In a line that's mighty long.
With a hip, hop, happy, hi
Won't you join my song?
Little ants are marching on.

Little ants hopping high,
In a line that's mighty long.
With a hip, hop, happy, hi
Won't you join my song?
Little ants are hopping on.

Little ants dancing by,
In a line that's mighty long.
With a hip, hop, happy, hi
Won't you join my song?
Little ants are dancing on.

Little ants spinning by,
In a line that's mighty long.
With a hip, hop, happy, hi
Won't you join my song?
Little ants are spinning on.

Little ants sneaking by,
In a line that's mighty long.
With a hip, hop, happy, hi
Won't you join my song?
Little ants are sneaking on.

Little ants waving bye,
In a line that's mighty long.
With a hip, hop, happy, hi
Won't you join my song?
Little ants are waving bye.

Las hormiguitas

por Rafael Lara-Alecio y Beverly J. Irby

Las hormiguitas marchando van.
Formando una línea ellas van,
con una patita para arriba
y una patita para abajo.
¿No quieres unirte a esta canción?

Las hormiguitas saltando van.
Formando una línea ellas van,
con una patita para arriba
y una patita para abajo.
¿No quieres unirte a esta canción?

Las hormiguitas bailando van.
Formando una línea ellas van,
con una patita para arriba
y una patita para abajo.
¿No quieres unirte a esta canción?

Las hormiguitas dando vueltas van.
Formando una línea ellas van,
con una patita para arriba
y una patita para abajo.
¿No quieres unirte a esta canción?

Las hormiguitas escondiéndose van.
Formando una línea ellas van,
con una patita para arriba
y una patita para abajo.
¿No quieres unirte a esta canción?

Las hormiguitas saludando van
Formando una línea ellas van,
con una patita para arriba
y una patita para abajo
¿No quieres unirte a esta canción?

Anthill/El hormiguero

Anthill

by Beverly J. Irby

I found an anthill, *(Make fingers into a fist,
     palm up.)*
But no ants were in sight.
I called to the ants
With all of my might,
"Come out and play
Little ants of mine."
And so they came
All in a straight line—
One, two, three, four, five! *(Open fist
     and extend fingers one at a
     time.)*

El hormiguero

por Rafael Lara-Alecio

Una vez ví un hormiguero. *(Con los dedos
     hagan un puño, luego pongan la palma
     hacia arriba.)*
Al no ver a las hormigas,
decidí llamar primero:
—¡Hola queridas hormigas!
¿No saldrán de su agujero?
Sin miedo las hormigas
desfilaron por el sendero
¡Una, dos, tres, cuatro hormigas *(Abra el puño y
     extienda todos los dedos de una sola vez.)*
salieron del hormiguero!

The Beehive/El enjambre

The Beehive

by Beverly J. Irby and Rafael Lara-Alecio

Here is a beehive. *(Hold up fist.)*
Where are the bees?
Hiding inside where nobody sees.
Watch and you'll see them come out of the hive.
One…two…three…four…five! *(Open hand one
     finger at a time.)*

El enjambre

por Rafael Lara-Alecio

Aquí hay un enjambre *(Cierre la mano.)*
¿Dónde están las avispas?
Escondidas adentro donde nadie las ve
Míralas viniendo del enjambre
Una.. dos.. tres… cuatro.. cinco. *(Abra la mano y
     muestre con los dedos, uno por uno.)*

Big Brown Bee/La gran abeja café

Big Brown Bee

Traditional

A big brown bee came out of a barn. *(Enclose forefinger in fist of other hand.)*
He carried a cane under his arm.
And he went "buzz, buzz, buzz." *(Bring finger out, circle around with buzzing noise.)*

La gran abeja café

adaptado por Rafael Lara-Alecio y Pam Schiller

Una gran abeja café vino del establo. *(Meta el dedo dentro del puño de la otra mano)*
Llevaba un bastón bajo su brazo.
Y vino diciendo —bizz, bizz, bizz. *(Traiga el dedo hacia afuera, y haga un círculo con un sonido como de bizz, bizz, bizz.)*

Five Little Ladybugs/Cinco mariquitas

Five Little Ladybugs

by Pam Schiller

Five little ladybugs dancing on my door;
One flew home, leaving only four.
Four dainty ladybugs looking for the sea;
One went back, leaving only three.
Three tiny ladybugs drinking morning dew;
One joined a friend, leaving only two.
Two pretty ladybugs bathing in the sun;
One left to eat, leaving only one.
One friendly ladybug still in the sun;
She came home with me, and now there
    are none.

Cinco mariquitas

por Rafael Lara-Alecio y Beverly J. Irby

Cinco mariquitas bailan en mi puerta,
cuatro quedaron después que una se fue
    con Berta.
Cuatro elegantes mariquitas volaron hacia
    el desierto.
una regresó y ahora quedan tres con Humberto.
Tres mariquitas beben del rocío,
una se quedó con un amigo y sólo quedan dos.
Dos lindas mariquitas están bajo el sol,
una se fue a comer y la otra fue a un juego
    de beisbol.
Una mariquita aún bajo el sol,
conmigo se fue a casa y ninguna ya quedó.

The Caterpillar/La oruga

The Caterpillar

by Beverly J. Irby

More slowly than the turtle
The caterpillar crawled. *(Crawl left index finger up right arm.)*
Upon the big, strong branches
He was tired and there he sprawled.
Under a nice green leaf
He spun a big cocoon. *(Wrap right hand over left fist.)*
He slept away the hours
Under the sun and under the moon. *(Keep right hand closed over left fist.)*
Suddenly the spring arrived
And woke up that sleepyhead. *(Shake left fist with right hand.)*
He stretched and stretched and stretched again
As he got out of his nice soft bed. *(Spread fingers and look into hand.)*
He opened his left eye, then his right.
Now a butterfly, he took flight! *(Move hand in flying motion.)*

La oruga

por Rafael Lara-Alecio y Beverly J. Irby

Más lenta que una tortuga, *(Lleve el dedo índice hacia arriba del brazo derecho.)*
hasta lo alto de una rama
se va arrastrando una oruga
para allí tejer su cama.
Su cama es un capullo de hilo
donde bien acurrucadita
pasa un invierno tranquilo
sin preocuparse de nada. *(Haga un puño con la mano izquierda y póngala dentro de la otra mano.)*
Tras varios meses de espera
le grita la primavera, *(Mantenga la mano derecha cerrada y póngala sobre la mano izquierda.)*
¡Despiértate perezosa, *(Mueva el puño izquierdo con la mano derecha.)*
que la mañana está hermosa
y cuando salgas afuera *(Abra el puño lentamente y mire dentro de él.)*
volarás cual mariposa! *(Mueva la mano en señal de volar.)*

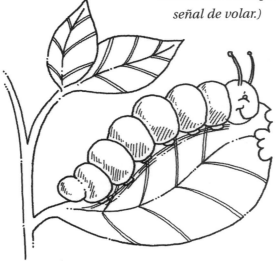

Fuzzy, Wuzzy Caterpillar/La oruga veloz

Fuzzy, Wuzzy Caterpillar

by Pam Schiller

Fuzzy wuzzy caterpillar
Into a corner will creep. *(Make fingers creep.)*
He'll spin himself a blanket,
And then go fast asleep. *(Rest head on hands.*
Close eyes.)
Fuzzy wuzzy caterpillar
Wakes up by and by *(Awaken.)*
To find he has wings of beauty
Changed to a butterfly.

La oruga veloz

por Rafael Lara-Alecio, Pam Schiller y
Beverly J. Irby

La oruga veloz y andrajosa
dentro de una esquina moviéndose va. *(Mueva*
los dedos como una oruga.)
Hilando una cobija para su cama estará
y entonces va rápido a dormir. *(Descanse la*
cabeza sobre los manos. Cierra los ojos.)
La oruga velóz y andrajosa despierta ya, *(Que los*
niños despierten.)
despierta ya para encontrar que tiene bellas alas
cambiadas a mariposa.

La hormiguita/The Ant

La Hormiguita

Tradicional—adaptado por Rafael Lara-Alecio

(Use los dos dedos para caminar sobre la otra
mano; pretenda que está nevando. Que los
dos dedos corran rápido bajo el brazo.)
Andaba una hormiguita
Juntando su leñita.
De pronto cayó una nievecita
Y corrió rápido a su casita.

The Ant

adapted by Beverly J. Irby and Rafael Lara-Alecio

(Walk two fingers over clenched hand; rain
fingers down. Run two fingers quickly towards
the little house, under the arm.)
A little ant on the go
Went to get some firewood.
Big gray clouds brought some snow!
So she ran home as fast as she could!

The Little Worm/La lombricita

The Little Worm

by Pam Schiller

A tired little worm on a cold, stormy day,
Crept out on a branch of a tree (*Hold up left
  hand to form tree branch. Use index finger of
  right hand to make a worm creep on branch
  of tree.*)
And spun a wee house out of spider web
  threads, (*Make spinning motion.*)
Where he slept safe and warm as could be.
The snowflakes fell softly down from the cold
  sky (*Flutter hands to ground.*)
And the north wind cried, "Woo-ee-woo-ee!"
But the worm did not care. (*Shake head from
  left to right.*)
He was fast, fast asleep
In his tiny, warm house in the tree. (*Close left
  hand over right finger.*)

La lombricita

*por Rafael Lara-Alecio, Pam Schiller y Beverly J.
Irby*

Una cansada lombricita
En un frio y tormentoso día
caminó en la rama de un árbol (*Levante la
  mano izquierda para formar la rama de un
  árbol. Use el dedo índice de la mano derecha
  para hacer una lombriz caminando sobre la
  rama de un árbol.*)
e hila una casita con su delicada tela de araña.
  (*Haga un movimiento de hilar.*)
En ella, ahora, la lombricita
duerme calientita y segura.
Los copos de nieve caen suavemente desde lo
  alto del cielo frío (*Haga con los dedos
  movimientos de arriba hacia abajo.*)
El viento del norte susurrea como diciendo,
  UUUU, UUU, UUU.
A la lombricita no le importa. (*Mueva la cabeza
  de izquierda a derecha.*)
El se duerme rápido
en su pequeñita y calientita casa en el
  árbol. (*Cierre la mano izquierda sobre el
  dedo derecho.*)

Mariposa linda/Beautiful Butterfly

Mariposa linda

por Rafael Lara-Alecio y Beverly J. Irby

Ayer que fuimos al campo.
Ví una linda mariposa. (*Pon la mano enfrente de
  la cara como si examinaras algo precioso.*)
Pero ella, al verme tan cerca,
voló y voló presurosa. (*Haga otro ademán
  de volar.*)

Beautiful Butterfly

by Beverly J. Irby and Rafael Lara-Alecio

Yesterday I visited the countryside.
There I saw a beautiful butterfly (*Hook thumbs
  together and uses fingers as wings to make
  a butterfly.*)
But when I came close to her,
She flew away in a whrrrrrr! (*Twirl index finger
  around in the air.*)

Adivinanza/Riddle

Adivinanza

Tradicional—adaptado por Rafael Lara-Alecio

Zumba que te zumbarás,
Van y vienen sin descanso,
de flor en flor trabajando
y nuestra vida endulzando.
¿Quiénes son?
(Las abejas)

Tradicional

En alto vive,
en alto mora
en alto teje
le tejedora.
¿Quién es?
(La araña)

Riddle

adapted by Beverly J. Irby

Buzzing, buzzing, buzzing
Go and come without resting.
From flower to flower working
And our life sweetening.
Who are they?
(Bees)

adapted by Beverly J. Irby

Up high she lives,
Up high she stays,
Up high she sews,
The sewing lady.
Who is it?
(A spider)

La hormiguita y Ratón Pérez/ Ms. Ant and Mr. Mouse

La hormiguita y Ratón Pérez

por Rafael Lara-Alecio

La hormiguita y el Ratón Pérez
se casaron anteayer.
¿Dónde fue la boda? Yo no lo sé,
Qué coloretín, qué coloretón.
¡Qué viva la hormiga,
qué viva el ratón!
Ella es buena y hacedosa,
y él es muy trabajador.
Qué coloretón, qué coloretón.
¡Qué viva la hormiga,
qué viva el ratón!

Ms. Ant and Mr. Mouse

by Beverly J. Irby and Rafael Lara-Alecio

Ms. Ant and Mr. Mouse
Got married the day before.
Where was the wedding? I don't know.
A la bim bon bouse, a la bim bouse,
Long life to Ms. Ant.
Long life to Mr. Mouse.
She is good and does everything,
He is good and hardworking.
A la bim bon bouse, a la bim bon bouse
Long life to Ms. Ant.
Long life to Mr. Mouse.

Metamorphosis/Metamorfosis

Metamorphosis

Traditional

I'm an egg. *(Curl up in fetal position.)*
I'm an egg.
I'm an egg, egg, egg!

I'm a worm. *(Open up and wiggle on
the ground.)*
I'm a worm.
I'm a wiggly, humpty worm!

I'm a cocoon. *(Curl up in a fetal position with
hands over the face.)*
I'm a cocoon.
I'm a round and silky cocoon!

I'm a butterfly. *(Stand and fly around using
arms for wings.)*
I'm a butterfly.
I'm a grand and glorious butterfly!

Metamorfosis

adaptado por Rafael Lara-Alecio

Yo soy un huevo. *(Haga con la mano un puño.)*
Yo soy un huevo.
Yo soy un huevo, huevo, huevo.

Yo soy una lombriz. *(Abra el puño y muévalo
en el suelo.)*
Yo soy una lombriz.
Yo soy una movediza y escurridiza lombriz.

Yo soy un capullo. *(Ponga los dos puños hacia
la cara.)*
Yo soy un capullo.
Yo soy un capullo de seda redondo.

Yo soy una mariposa. *(Permanezca y vuele
alrededor usando los brazos como alas.)*
Yo soy una mariposa.
¡Yo soy una mariposa, grande y gloriosa!

Ms. Bumblebee Gathers Honey/ La avispa Zumbi lleva miel
(Listening Story)

Ms. Bumblebee Gathers Honey

by Pam Schiller

Ms. Bumblebee spends her day gathering honey. Every morning she gets out of bed, walks to the edge of the beehive, and looks out at the beautiful spring flowers. Most days, she starts with the red flowers because red is her favorite color. She swoops down from the hive, circles around, and lands right on the biggest red flower she can find. She drinks nectar from the flower and then carries it back to the hive to make honey.

Next Ms. Bumblebee tries the nectar of the blue flowers. Again she swoops from the hive and dances toward the flower. She drinks the nectar and then returns to the hive.

She continues to the yellow flowers, which are the queen bee's favorite flowers. She drinks the nectar and returns to the hive. A bee's work is very hard, but Ms. Bumblebee thinks it is also a lot of fun…and very tasty.

The last flowers Ms. Bumblebee visits are the orange zinnias. She likes them because they have lots of petals that make a big place for her to land. She takes a minute to look over the field of flowers before drinking and returning to the hive.

Ms. Bumblebee is tired. She is glad this is the last nectar for the day. Wait! What's this? Oh, it's that bear again. He wants to take the honey from the hive. Ms. Bumblebee is buzzing mad. She flies out and stings the bear right on the nose. The bear cries out, grabs his nose, and runs away. Ms. Bumblebee puts away her last bit of nectar and falls fast asleep.

Ms. Bumblebee Gathers Honey/
La avispa Zumbi lleva miel
(Listening Story)

La avispa Zumbi lleva miel

por Rafael Lara-Alecio y Pam Schiller

La avispa Zumbi trabaja todo el día recogiendo miel. Cada mañana cuando se levanta de su cama, camina hacia la puerta del enjambre y desde allí mira hacia fuera a todas las bellas flores de la primavera.

Casí todos los días, ella empieza con las flores rojas porque el rojo es su color favorito. La avispa Zumbi se abalanza hacia abajo desde su enjambre, hace un par de círculos y aterriza exactamente sobre la flor roja más grande que ella puede encontrar. La avispa Zumbi toma el néctar de la flor y entonces lo lleva al enjambre para fabricar la miel.

Enseguida, La avispa Zumbi prueba el néctar de las flores azules. De nuevo, ella se abalanza desde el enjambre y danza hacia la flor. Ella toma el néctar y lo lleva a su enjambre.

Luego, ella continúa con las flores amarillas, las cuales son las preferidas de la reina. Ella toma el néctar y retorna al enjambre. El trabajo de una avispa es muy duro, pero la avispa Zumbi piensa que todo ésto es muy divertido… y muy rico al paladar.

Las últimas flores que la avispa Zumbi visita son las zinnias anaranjadas. A ella le gustan mucho estas flores porque ellas tienen muchos pétalos que forman un buen lugar para aterrizar. Ella toma un minuto y mira las flores del campo antes de tomar el néctar y llevarlo de nuevo al enjambre.

La avispa Zumbi está cansada. Ella está complacida que ésta es la última flor del día. ¡Esperen! ¿Qué es éso? ¡Oh! Allí hay el oso de nuevo. Él quiere la miel del enjambre. La avispa Zumbi se pone muy enojada. Vuela hacia el oso y le pincha su nariz. El oso empieza a llorar, se lleva sus patas a su nariz y corre presuroso del enjambre. La avispa Zumbi deposita la última gota de néctar en el enjambre y ¡cae profundamente dormida!

Little Caterpillar/La oruga
(Action Story)

Little Caterpillar

by Pam Schiller

(Suit actions to the words.)

The little caterpillar poked her head out of the egg that had been her home for two weeks. She looked all around her. She felt like she was in a forest. Everything was green. She looked down; all she saw were green leaves. She looked to the left; all she saw were green leaves. She looked to the right; again, all she saw were green leaves. Then she looked up, but the bright sun made her turn her head quickly back toward the ground. She took a breath of fresh air and realized she was extremely hungry.

She took a bite of the leaf that she had crawled onto. That was yummy. She took another bite, and another bite, and another bite. When she looked up, she noticed that she was very close to another caterpillar on a nearby leaf.

She nodded, and the other caterpillar nodded back. Then both caterpillars began to eat again. Soon, they were trying to race each other to see which one could eat faster. The two caterpillars ate greedily. Day after day and night after night they ate. How could anyone be so hungry?

Then one day, the first little caterpillar felt full and sleepy. She stretched out on a leaf and began to cover herself with a silk blanket. Soon she was fast asleep. Warm and snug, she slept in her cocoon for several days.

When she awoke, she felt much better. She stretched and pushed out of her cocoon. Something was different. She felt full of energy as she flapped her wings. Her what? Do you know what had happened to her while she slept? She flapped her beautiful new butterfly wings and left the forest to begin her new life fluttering through the sky.

Little Caterpillar/La oruga
(Action Story)

La oruga

por Rafael Lara-Alecio y Pam Schiller

(Haga lo que las palabras sugieren.)

La oruguita sacó su cabecita del huevo que ha sido su hogar por dos semanas. Ella vió todo a su alrededor. Se sentía como si estuviera en un bosque. Todo era verde. Ella vió hacia abajo y todo lo que vió eran hojas verdes. Ella vió a la izquierda y todo lo que vió eran hojas verdes. Vió a la derecha otra vez y todo lo que vió eran hojas verdes. Luego ella vió hacia arriba pero el sol brillante hizo que volteara rápidamente su cabeza hacia la tierra. Ella respiró aire fresco y se dió cuenta de que tenía mucha hambre.

Ella mordió la hoja a la que estaba pegado el huevo que fue su hogar. Estaba deliciosa. La mordió otra vez y otra vez y otra vez. Cuando vió hacia arriba se dió cuenta de que estaba muy cerca de otra oruga en otra hoja.

Ella inclinó la cabeza y la otra oruga inclinó la suya también. Luego las dos comenzaron a comer otra vez. Muy pronto, las dos comenzaron a ver quién comía más rápido. Las dos orugas eran voraces. Días tras día y noche tras noche comían. ¿Cómo puede haber alguien con tanta hambre?

Entonces, la primera oruga estaba llena y soñolienta. Ella se recostó sobre una hoja y se comenzó a tapar con una cobija de seda. Pronto, estaba dormida. Ella durmió calientita y cómoda en su capullo durante días.

Cuando despertó, se sintió mucho mejor. Ella se estiró y salió de su capullo. Algo era diferente. Se sentía llena de energía mientras agitaba sus alas. ¿Qué? ¿Saben lo que le había sucedido a ella? Batió sus bellas alas de mariposa y se fue del bosque para comenzar su nueva vida volando por el cielo.

Wally Worm's World/ El mundo del gusano Wally
(Listening Story)

Wally Worm's World

by Pam Schiller

"I'm long now," Wally Worm told his mother. "It's time for me to leave home. I think I'll wiggle
   around the world."

"Don't leave the forest soil," his mother said. "It's dark and damp and cool. It has food that's good
   for you."

But Wally wanted to see the world. His mother said good-bye to him as he tunneled away. He had
   just begun to pick up speed when... THUMP!!! He ran into something very hard.

"Ow!" he said. "This isn't soil. It must be a rock. Mother told me about rocks."

Wally wiggled around the rock. He went on, but he wiggled more carefully now. The soil began to
   feel loose and dry.

"This must be sand," Wally said. "Mother told me about sand."

It was fun to wiggle through the loose sand, but Wally began to feel warm and dry. He was hungry
   and thirsty too. Still he pushed on and on. The sand began to feel wet. Wally poked his head up
   into the air and looked around. Standing between him and the ocean was a sandcastle just the
   right size for a worm.

Wally wiggled up into the sandcastle and peeked out. He could see the ocean on one side and
   sandy beach on the other. He was feeling like the king of all worms when…SLOSH!!! A wave
   knocked his castle down. Soggy, sandy lumps lay all around him.

"I've seen enough of the world," Wally said. "I'm going back to the forest soil." And away
   he wiggled.

Wally Worm's World/
El mundo del gusano Wally
(Listening Story)

El mundo del gusano Wally

por Rafael Lara-Alecio y Pam Schiller

—Mira lo largo que estoy— le dijo Wally a su mamá—. Ya puedo marcharme de casa. Creo que voy a recorrer el mundo.

—No salgas del bosque— le dijo su mamá—. Es oscuro, húmedo y fresco. En el bosque encontrarás la comida que necesitas.

Wally quería conocer el mundo. Su mamá le dijo adiós mientras lo veía alejarse. Ya estaba empezando a ganar velocidad, cuando…PUM!!! tropezó con algo muy duro.

—¡Ay!—exclamo Wally—. Ésto no es tierra. Debe ser una roca. Mamá me habló de ellas.

Wally con dificultad subió por la roca. Siguió su camino moviéndose ahora con más cuidado. La tierra se sentía más seca y poco firme.

—Ésto debe de ser arena— dijo Wally—. Mamá tambien me habló de la arena.

Era divertido moverse por la arena pero empezaba a sentir mucho calor y la piel se le estaba secando. También tenía hambre y sed. Aun así, continuó moviéndose. La arena empezó a sentirse húmeda. Wally levantó su cabeza y miró a su alrededor. Entre él y el océano se encontraba un castillo de arena ideal para un gusano.

Wally subió por el castillo y se asomó a una ventanita. Hacia un lado vió el océano, y hacia el otro, la playa arenosa. Se sentía el rey de todos los gusanos cuando, de pronto, una ola tumbó el castillo. Wally se encontró rodeado de montoncitos de arena mojada.

—Ya he visto bastante del mundo— dijo Wally—. Voy a regresar a la tierra del bosque y se alejó contornéandose de allí.

La tierra es nuestra hogar/ The Earth Is Our Home

Tono: El granjero en la cañada

La tierra es nuestra hogar

por Beverly Irby y Rafael Lara-Alecio

La tierra es nuestra hogar.
La tierra es nuestra hogar.
Para la gente, las plantas y los animales
la tierra es nuestra hogar.

Tengamos la casa limpia.
Tengamos la casa limpia.
Toda la gente, las plantas y los animales
tengamos la casa limpia.

La tierra es nuestra hogar.
La tierra es nuestra hogar.
Para la gente, las plantas y los animales
la tierra es nuestra hogar.

The Earth Is Our Home

by Beverly J. Irby and Rafael Lara-Alecio

The earth is our home.
The earth is our home.
For people and for animals,
The earth is our home.

Let's keep our home clean.
Let's keep our home clean.
For people and for animals,
Let's keep our home clean.

The earth is our home.
The earth is our home.
For people and for animals,
        The earth is our home.

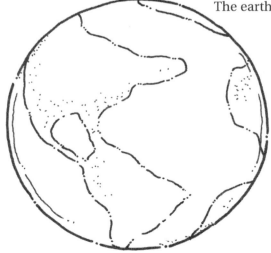

Al árbol de olivo subí/I Climbed the Olive Tree

Tono: Yankee Doodle

Al árbol de olivo subí

Tradicional

Al olivo, al olivo, al olivo subí.
Por cortar una rama del olivo caí.
Del olivo caí. ¿Quién me levantará?
Esa guapa morena que la mano me da,
que la mano me da, que la mano me da,
   lo hará,
esa guapa morena que la mano me da, lo hará.

I Climbed the Olive Tree

adapted by Beverly J. Irby and Rafael Lara-Alecio

I climbed to the top of the olive tree.
I fell down cutting a branch.
Who is going to help me up?
A pretty little girl who gave me a hand,
Who gave me a hand, who gave me a hand,
Was a pretty little girl who gave me a hand,
Who gave me a hand, who gave me a hand.

I Love the Mountains/Amo las montañas

I Love the Mountains

Traditional

I love the mountains.
I love the rolling hills.
I love the flowers.
I love the daffodils.
Boom-de-otta, boom-de-otta, boom-de-otta,
   boom-de-otta.

Amo las montañas

adaptado por Rafael Lara-Alecio y Beverly J. Irby

Amo las montañas.
Amo las sierras.
Amo las flores.
Amos los nardos.
Bum-de-ata, bum-de-ata, bum-de-ata, bum-
   de-ata.

Johnny Appleseed/
Juanito semilla de manzana

Johnny Appleseed

Traditional—adapted by Pam Schiller

Oh, the Earth is good to me,
And so I thank the Earth,
For giving me the things I need—
The sun, the rain, and the apple seed.
The Earth is good to me.

Juanito semilla de manzana

adaptado por Rafael Lara-Alecio y Beverly J. Irby

¡Oh! La tierra es buena para mí.
Así que yo agradezco a la tierra
por darme las cosas que necesito,
El sol, la lluvia, y la semilla de manzana.
¡La tierra es buena para mí!

La semillita/The Little Seeds

Tono: Las ruedas del bus

La semillita

por Beverly Irby y Rafael Lara-Alecio

La semillita recién plantada sin un rayo de luz,
    sin una pizca de aire está.
Gotitas de agua le caen,
y ahora la semilla empieza a crecer, Despacito
    buscando la luz,
con toda su fuerza, que ella puede tener,
el trabajo de la semillita está casi terminado,
para crecer tan alto y viendo al sol.

The Little Seeds

by Beverly J. Irby

The little seeds are under the ground, under the
    ground, under the ground.
The little seeds are under the ground, and they
    begin to grow.

The stem of the plant begins to grow…and the
    leaves begin to appear.
The leaves of the plant make the plant
    food…and soon the flowers will grow.
The flowers of the plant open up…and make
    more little seeds.
The little seeds fall to the ground…and they are
    born again.

Los planetas/The Planets

Tono: La muñeca vestida de azul

Los planetas

por Rafael Lara-Alecio

Tengo nueve planetas en mi sistema solar.
Tengo nueve planetas, te los voy a nombrar:
Mercurio, Venus, Tierra, Marte, Júpiter,
Saturno, Urano, Neptuno y el pequeño Plutón.

The Planets

by Beverly J. Irby and Rafael Lara-Alecio

There are nine planets in our solar system.
There are nine planets; now I will name them:
Mercury, Venus, Earth, Mars, Jupiter, four to go,
Saturn, Uranus, Neptune, and small Pluto.

Twinkle, Twinkle, Little Star/ Brilla, brilla estrellita

Twinkle, Twinkle, Little Star

Traditional

Twinkle, twinkle, little star,
How I wonder what you are!
Up above the world so high,
Like a diamond in the sky.

Chorus:
Twinkle, twinkle, little star,
How I wonder what you are!

When the blazing sun is set,
And the grass with dew is wet,
Then you show your little light,
Twinkle, twinkle, all the night.
Chorus

Then the traveler in the dark
Thanks you for your tiny spark.
How could he see where to go
If you did not twinkle so?
Chorus

In the dark-blue sky you keep,
And often through my curtains peep,
For you never shut an eye,
'Til the sun is in the sky.
Chorus

As your bright and tiny spark
Lights the traveler in the dark,
Though I know not what you are,
Twinkle, twinkle, little star.
Chorus

Brilla, brilla estrellita

adaptado por Rafael Lara-Alecio

Brilla, brilla estrellita.
Me pregunto ¿Dónde estás?
Observando al mundo desde allá,
como un diamante haz de estar.

Coro:
Brilla, brilla estrellita.
¡Me pregunto dónde estás!

Cuando brillan los rayos del sol,
y la hierba se humedece con el rocío
luego muestras tu pequeño brillo.
Brilla, brilla con el canto del grillo.
Coro

Luego el viajero de la noche
agradece tu pequeño resplandor.
¿Cómo podría ver él hacia dónde va
si tú no brillas más?
Coro

Sigues en el oscuro cielo azul
y por mi cuarto pasa tu bello brillo
luego tienes siempre un ojo abierto.
Hasta que el Sol brilla en el cielo de nuevo.
Coro

Con tu brillo y pequeño resplandor
guías al viajero en la oscuridad con amor.
Aunque no sé dónde estás,
¡Brilla, brilla, estrellita siempre brilla!
Coro

Do a Good Deed/Haz una buena acción

Do a Good Deed

by Pam Schiller

Dig a little hole.
Plant a little seed.
Give it some water.
What a good deed!

Haz una buena acción

por Rafael Lara-Alecio y Pam Schiller

Abre un hoyito pequeñito.
Planta una semillita.
Échale agua fresquita y
verás como crecerá de bonita.
¡Qué buena acción!

Pretending to Be a Rose/ Quiero ser una rosa

Pretending to Be a Rose

by Beverly J. Irby

I like to pretend my hand is a rose
That quietly unfolds as it slowly grows.
My fist is a rosebud closed up tight,
With not a tiny speck of light.
Then slowly the petals each unfold.
And a full-grown rose in my hand I hold!

Quiero ser una rosa

por Rafael Lara-Alecio y Beverly J. Irby

Yo quiero ser una rosa
que crece y crece muy hermosa.
El capullo está cerrado
porque la luz no ha llegado.
Los pétalos se han abierto.
Es una rosa, ¿No es cierto?

I Love the Ocean/Amo el océano

I Love the Ocean

by Pam Schiller

I love the ocean.
I love the sandy shore.
I love the seashells,
Rolling on the ocean floor.
I love the taste of salt in the air.
I love the feel of nary a care.
I love the thought of sand in my hair.
Tangled and wet—I really don't care.
I love the sight of gulls in the sky.
I love the sound of waves rushing by.
I love the pattern of shells on the beach.
And little sea creatures just out of my reach.
I love the ocean from sunrise to sunset.
I make lots of memories I'll never forget.

Amo el océano

por Rafael Lara-Alecio, Pam Schiller y Beverly J. Irby

Amo el océano.
Amo la costa arenosa.
Amo las conchas,
dando vueltas en el fondo de la mar.
Amo el sabor de sal en el aire y
amo no tener preocupaciones.
Amo pensar en la arena en mi pelo y
no me importa que esté mojado y enredado.
Amo ver las gaviotas volando y
amo oír el sonido de las olas cuando rompen.
Amo los patrones que las conchas forman en la
    playa
y las criaturas de mar que siempre se me
    escapan.
Amo el océano desde la mañana hasta la noche.
¡Me formo en mi mente muchas memorias que
    nunca olvidaré!

I'm Glad the Sky Is Painted Blue/ Complacido que el cielo está pintado de azul

I'm Glad the Sky Is Painted Blue

Traditional

I'm glad the sky is painted blue
And the earth is painted green,
With such a lot of nice fresh air
All sandwiched in between.

Complacido que el cielo está pintado de azul

adaptado por Rafael Lara-Alecio

Estoy complacido que el cielo está pintado
    de azul
y la tierra pintada de verde.
Estoy complacido que ambos colores hacen
    una sinfonía,
¡porque todos queremos vivir en armonía!

The Music of Nature/La música de la naturaleza

The Music of Nature

by Beverly J. Irby

The rain falls pitter, patter, splash.
Snowflakes fall without a sound.
Thunder crackles boom, bam, boom, crash.
Lightning strikes without a sound.
Winter winds rustle swish, swoosh, swash.
The breeze stills without a sound.
Sweet is the music of nature.
Balancing sounds all around.

La música de la naturaleza

por Rafael Lara-Alecio

La lluvia cae golpeteando y chapoteando.
Un copo de nieve cae sin hacer sonido alguno.
Los truenos crujen, bom, bom, bom,
    en estampida.
Los relámpagos golpean sin hacer sonido
    alguno.
Los vientos del invierno susurrean y se
    van silbando.
La brisa sopla sin hacer sonido alguno.
Dulce es la música de la naturaleza
¡Todos los sonidos se balancean alrededor!
¡Que bella es la naturaleza!

Nature Walk/Pasearse en el campo

Nature Walk

by Pam Schiller

Going for a walk is so much fun.
We don't hurry and we don't run.
We look at all the pretty trees,
And listen for birds and buzzing bees.

Pasearse en el campo

por Rafael Lara-Alecio

Es muy divertido pasearse en el campo.
No tenemos que correr ni sentirnos
    apresurados.
Miramos todos los árboles bonitos.
Escuchamos los pájaros y el zumbido de
    las abejas.
¡Qué agradable es pasearse en el campo!

Tiny Seeds/La semillita

Tiny Seeds

by Pam Schiller

Tiny seed planted just right,
Not a breath of air, not a ray of light.
Rain falls slowly to and fro,
And now the seed begins to grow.
Slowly reaching for the light,
With all its energy, all its might.
The little seed's work is almost done,
To grow up tall and face the sun.

La semillita

por Rafael Lara-Alecio y Beverly J. Irby

La semillita recién plantada
sin un rayo de luz,
sin una pizca de aire está.
Gotitas de agua le caen
y ahora empieza a crecer. Despacito buscan
   la luz,
con toda la fuerza que ella puede tener.
El trabajo de la semillita está casi terminado,
para crecer tan alto y viendo al sol.

Shade Trees/Árboles que dan sombra

Shade Trees

Traditional

First I was a little seed.
Then I was a stem.Then I grew some branches
That turned into mighty limbs.In spring my
   shiny green leaves
Are sprouting all around,
And I'm a lovely shade tree
All green and cool and brown.

Árboles que dan sombra

adaptado por Rafael Lara-Alecio y Beverly J. Irby

Una semilla primero fuí.
Luego en tallo me convertí.
Después unos brazos me nacieron
y en grandes ramas se convirtieron.
En primavera mis hojas verdes
nacen por todas partes.
Y ahora un árbol soy
para darte sombra estoy.

Trees/Árboles

Trees

Traditional

Elm trees stretch and stretch so wide, Their
    limbs reach out on every side.
Pine trees stretch and stretch so high, They
    nearly reach up to the sky.
Willows droop and droop so low, Their
    branches sweep the ground below.

Árboles

adaptado por Rafael Lara-Alecio y Beverly J. Irby

Los árboles de olmo se extienden muy anchos.
Sus ramas abarcan a todo lo ancho.
Los árboles de pino se elevan muy alto,
arriba, casi alcanzan el cielo.
Los sauces caen tan y tan bajo,
que sus ramos al suelo barren.

¿Qué nos dan los árboles?/ What Do Trees Give Us?

¿Qué nos dan los árboles?

*por Beverly Irby, Rafael Lara-Alecio y Linda
Rodriquez*

Mi nombre es pino y doy conos.
Mi nombre es roble y doy bellotas.
Mi nombre es aguacate y doy aguacates.
Mi nombre es nogal y doy nueces.
Mi nombre es arce y doy jarabe de arce.
Mi nombre es pera y doy peras.
¡Todos somos árboles y damos frutos!
Nosotros damos oxígeno;
¡El aire que respiramos!

What Do Trees Give Us?

adapted by Pam Schiller

Pine trees give us pinecones,
Mighty oaks give us shade,
And lumber for our homes.

Fruit trees give us tasty fruits,
Pretty flowers, and sweet scents,
From their branches, leaves, and roots.

The air we breathe, the food we eat,
Paper, lumber, shade, and heat,
All of these things and more, you see,
Are gifts from trees, for you and me.

My Grandmother's Garden/
El jardín de mi abuela
(Listening Story)

My Grandmother's Garden

by Pam Schiller

My grandmother's garden is one of the most beautiful places I know. She has every kind of flower you can think of: chrysanthemums, violets, lilies, daisies, sunflowers, tulips, daffodils, morning glories, petunias, and pansies. And that's naming only some of them. If I named them all, we would be here all day. I must tell you about one more flower, though, because it is my grandmother's favorite. It is her roses. When she bends down to smell her roses she always says "Ah-h-h."

My grandmother lets me help take care of the flowers in her garden. We water them. We pull the weeds. We trim back the flowers that have grown too big. We fertilize some of the flowers to make them grow bigger, and we dust them with bug powder to keep the bugs away. We always trim back her roses, dust them for bugs, and of course, we always take a minute to enjoy their beauty. My grandmother says there are no flowers that smell as good as her roses.

Sometimes I just sit in my grandmother's garden and watch all the birds, bees, and butterflies that live there. My grandmother loves the animals too. She says that insects, such as ladybugs, bees, and butterflies, are good for her flowers. Ladybugs eat the aphids that destroy the leaves on the flowers. The bees and the butterflies help pollinate the flowers so new flowers will grow. One time I caught a ladybug. It was on my grandmother's favorite flowers, the roses. My grandmother let me keep the ladybug all day. But at the end of the day, my grandmother said I had to let the ladybug go back to nature so it could do its job. I put it back on the roses.

When company is coming to dinner, we always pick some flowers from the garden to put on the table. We cut yellow flowers, purple flowers, orange flowers, and we always cut red roses. My grandmother says the color red makes people feel extra hungry, and the smell of the roses helps people feel calm and relaxed. She wants people to enjoy her dinners.

If you ever come to Texas, you must stop to see my grandmother's garden. You will surely say it is beautiful. If you stay for dinner, you can help me pick the flowers. You can cut the roses. When you leave to go back home, my grandmother will give you a few of her roses. Then you can have some roses at your house, too.

My Grandmother's Garden/
El jardín de mi abuela
(Listening Story)

El jardín de mi abuela

por Rafael Lara-Alecio y Pam Schiller

El jardín de mi abuela es uno de los lugares más hermosos que conozco. Ella tiene cualquier tipo de flor en la que puedas pensar: crisantemos, violetas, lilas, margaritas, girasoles, tulipanes, narcisos, campanillas, petunias y pensamientos. Ésas son sólo algunas. Si las nombrara todas, estaríamos todo el día aquí. Aunque, te debo hablar de una flor más que es la favorita de mi abuela. Son sus rosas. Cuando ella se agacha para oler sus rosas siempre dice —Ah-h-h—.

Mi abuela me deja ayudarla a cuidar las flores de su jardín. Las regamos, quitamos la maleza y podamos las flores que han crecido demasiado. Fertilizamos algunas de las flores para hacerlas crecer más y las rociamos con polvo contra insectos para alejar a los insectos. Siempre podamos sus rosas ,las rociamos para alejar a los insectos y, por supuesto, siempre pasamos un minuto disfrutando su belleza. Mi abuela dice que no hay flores que huelan tan bien como sus rosas.

A veces, me siento en el jardín de mi abuela y miro todos los pájaros, las abejas y las mariposas que viven allí. Mi abuela también ama los animales. Ella dice que los insectos, como las mariquitas, las abejas y las mariposas son buenas para las flores. Las mariquitas comen afasias que destruyen las hojas de las flores. Las abejas y mariposas ayudan con la polinización de las flores para que crezcan flores nuevas. Una vez yo atrapé una mariquita. Estaba sobre las rosas, las flores favoritas de mi abuela. Mi abuela dejó que me quedara con la mariquita todo el día. Al final del día, mi abuela me dijo que tenía que dejar que la mariquita regresara a la naturaleza para que pudiera hacer su trabajo. La puse sobre las rosas.

Cuando llegan invitados a cenar siempre recogemos algunas flores del jardín para ponerlas en la mesa. Cortamos flores amarillas, flores moradas, flores anaranjadas y siempre cortamos rosas rojas. Mi abuela dice que el color rojo hace que las personas se sientan con mayor apetito y el olor de las rosas ayuda a las personas a calmarse y relajarse. Ella quiera que la gente disfrute sus cenas.

Si alguna vez vas a Tejas, debes detenerte para visitar el jardín de mi abuela. Ciertamente dirás que es hermoso. Si te quedas a cenar, me puedes ayudar a recoger las flores. Tú puedes cortar las rosas y cuando te vayas a tu casa, mi abuela te dará unas cuantas rosas. Entonces también podrás tener algunas rosas en tu casa y disfrutar cada día de su encantador aroma y belleza.

The Story of Johnny Appleseed/ La historia de Juan Semillita

The Story of Johnny Appleseed

adapted by Pam Schiller

Johnny Appleseed lived a long time ago—almost one hundred and fifty years ago. Although he lived a long time ago, the fruits of his work, apple trees, are still with us today. He is famous for planting apple trees all over the country.

Johnny Appleseed's real name is John Chapman. People just call him Johnny Appleseed because of how much he loved apple trees.

Johnny was a simple man who spent most of his time alone and out under the stars and trees he loved so much. He was a friend to everyone he met and to every creature he encountered. People say that the animals would walk right up to Johnny. They weren't afraid of him at all.

Here are some fun things to know about Johnny Appleseed:

He went barefoot most of the time even when the weather was cold. Shoes were hard to come by back in the days when Johnny was alive and as much as he walked he would have surely worn out many a pair of shoes.

Johnny wore a cooking pot on his head instead of a hat. Can you imagine that? The truth is he probably tied it to his back for most of his journey.

He was a small man and people often show pictures of him in clothing that looks like it is two sizes too big.

Johnny Appleseed preferred to walk instead of ride. He walked along planting apple seeds everywhere he went. Some people say we would not have the abundance of apples we have today if it hadn't been for the work he did one hundred and fifty years ago.

Johnny loved all people but the people he loved best were children. He would tell them stories and read to them by firelight at night after dinner. People say he was a little sad that he had no children of his own.

Next time you take a bite of an apple you might want to say a quiet "thank you" to Johnny Appleseed.

The Story of Johnny Appleseed/
La historia de Juan Semillita

La historia de Juan Semillita

adaptado por Rafael Lara-Alecio y Pam Schiller

Juan Semillita vivió hace mucho tiempo, hace casi ciento cincuenta años. Hoy en día todavía puedes ver los frutos de su trabajo, el manzano. Él es famoso por sembrar manzanos por todo el país.

El nombre real de Juan Semillita era John Chapman. Él se ganó ese sobrenombre porque amaba mucho a los manzanos. Algunas personas dicen que si no fuera por el trabajo que hizo hace casi ciento cincuenta años no tendríamos tantos manzanos como los que tenemos actualmente.

Juan era un hombre sencillo que pasaba la mayoría del tiempo solo, sembrando árboles durante el día y durmiendo bajo las estrellas durante la noche. Él era un amigo para todos los que lo conocían y para todos las criaturas a las que se encontraba. La gente dice que los animales se acercaban a Juan. No le tenían miedo.

Él prefería caminar en vez de pasear sembrando semillas de manzana por dondequiera que pasaba. En esa época era difícil conseguir zapatos, así que la mayoría de las veces andaba descalzo aún durante el clima frío. Como caminaba tanto, ciertamente habría gastado muchos pares de zapatos.

Juan era un hombre pequeño quien, a menudo, usaba ropa dos números de su talla. Él usaba una olla en su cabeza en vez de sombrero. ¿Puedes imaginar ésto? La verdad es que probablemente se la amarraba a su espalda durante la mayor parte del viaje.

Quien que más amaba Juan eran los niños. Él les contaba cuentos y les leía a la luz de una fogata después de la cena. La gente dice que él estaba un poco triste porque no tenía sus propios hijos.

Somos muy afortunados de que a Juan Semillita le gustara tanto sembrar manzanos por todo el país. ¡La próxima vez que comas una manzana, quizás le quieras dar las gracias a Juan Semillita!

Additional selections that support the Earth/La tierra theme:
Rain, Rain Go Away/Lluvia, lluvia aléjate (page 302)
Weather/Tiempo Action Story (page 314)
Weather/Tiempo Play (page 316)
The Wind and the Sun/El viento and el sol (page 318)
A Thunderstorm/Una tempestad (page 310)

Appendix
Spanish Language Resources

All-Around Spanish Language Resource:
http://www.donquijote.org/spanishlanguage/

E.L. Easton Languages Online:
http://eleaston.com/spanish.html
    Test Your Spanish
    Grammar
    Quizzes and Tests
    Exercises for Textbooks
    Dictionaries

The Spanish Alphabet—Hear It Spoken:
http://mts.admin.wsfcs.k12.nc.us/Sgarden/alfa
    beto.html

Basic Spanish Words With Pronunciation:
http://members.aol.com/alvareze/spanish/fra
    me.html

Spanish Audio Dictionary: Over 700 Words
http://spanish.allinfo-about.com/
    pronunciation/audiodictionary.html

Spanish to English Dictionary (and vice versa):
http://www.freedict.com/onldict/spa.html

Free Online Translation (also offers translation services):
http://www.freetranslation.com/

About.com on Spanish:
http://spanish.about.com/

Spanish Grammar From About.com:
http://spanish.about.com/od/learnspanishgra
    mmar/

Several Dialects of Spanish—Complete Resource Guides for:
    Spanish in Argentina
    Spanish in Ecuador
    Spanish in Mexico
    Spanish in Nicaragua
    Spanish in Spain
http://langmedia.fivecolleges.edu/lm_
    collection.html

Common Phrases in Spanish (includes audio):
http://www.fodors.com/language/

Lingolex Compilation of Links to Sites for Learning Spanish:
http://www.lingolex.com/spanish.htm

Pronunciation—Hear Words Spoken in a Native Spanish Tongue:
http://www.lingolex.com/pronounce/

Pronunciation Site From the Internet Public Library with Tutorials and Audio Clips:
http://www.ipl.org/div/kidspace/hello/spanish.
    html

Free Online Tutorial Site With Other Resources:
    http://www.studyspanish.com/freesite.htm
    Pronunciation Tutorial
    Grammar Tutorial
    Vocabulary Tutorial
    Verb Drills
    Word-a-Day
    Travel Helper
    Cultural Notes
    Spanish Schools
    Survey
    Idiom Generator
    Top Ten List

Fun Ways to Learn Spanish:
http://www.studyspanish.com/links/fun.htm

Online Translator for Adults Learning Spanish, With Free Lessons:
http://www.spanishunlimited.com/

Language Learning Resources; Film, Music, and Visual Arts; Cultural Resources; and Textual Resources by the University of Chicago:
http://humanities.uchicago.edu/depts/romance/resources/spanish/

"All Info About Spanish" website:
http://spanish.allinfo-about.com/
With a Specific "Spanish for Beginners" Page:
http://spanish.allinfo-about.com/beginnerschecklist.html

Collection of Links (hundreds) to Spanish Language and Culture-Related Websites:
http://www.uni.edu/becker/Spanish.html

Online Lessons for Young Children and Beginners:
http://www.literacycenter.net/lessonview_es.htm#

Links for Teacher Resources in ESL and Bilingual Classrooms:
http://www.sitesforteachers.com/resources_sharp/esl.html

Tips for Teachers in ESL and Multicultural Classrooms:
http://members.aol.com/adrmoser/tips/tips.html

Foreign Language Teacher's Forum Compilation of Links:
http://www.cortland.edu/flteach/flteach-res.html

List of Useful Books (Resources for Multicultural Ministry):
http://www.ethnicharvest.org/index.htm has a list of useful books:

Books to Help Children Learn Spanish:
500 palabras nuevas para ti (500 Words to Grow On) by Harry McNaught
My 1st Spanish Word Book: A Bilingual Word Book by Angela Wilkes
Spanish Language Pack by Berlitz Kids
The Usborne Book of Everyday Words in Spanish by Jo Litchfield
The Usborne First Thousand Words in Spanish: With Easy Pronunciation Guide by Heather Amery, Nicole Irving, and Stephen Cartwright
Usborne Flashcard Spanish by Jo Litchfield

Índice

Songs Index

Fingerplays Index

Rhymes and Chants Index

Stories Index

Index